经济与管理专业基础课系列教材

课程思政示范教材

天津市课程思政优秀教材

领导科学基础

（第六版）

曹晓丽　林　枚◎编著

LINGDAO KEXUE JICHU

首都经济贸易大学出版社
Capital University of Economics and Business Press
·北　京·

图书在版编目（CIP）数据

领导科学基础 / 曹晓丽，林枚编著. -- 6 版. 北京 ： 首都经济贸易大学出版社，2024. 8. -- ISBN 978-7-5638-3743-4

Ⅰ. C933

中国国家版本馆 CIP 数据核字第 2024VM8439 号

领导科学基础（第六版）
曹晓丽　林　枚　编著

责任编辑	晓　地
封面设计	砚祥志远·激光照排 TEL：010-65976003
出版发行	首都经济贸易大学出版社
地　　址	北京市朝阳区红庙（邮编 100026）
电　　话	(010)65976483　65065761　65071505(传真)
网　　址	http://www.sjmcb.com
E-mail	publish@cueb.edu.cn
经　　销	全国新华书店
照　　排	北京砚祥志远激光照排技术有限公司
印　　刷	北京市泰锐印刷有限责任公司
成品尺寸	170 毫米×240 毫米　1/16
字　　数	402 千字
印　　张	21.75
版　　次	2007 年 6 月第 1 版　2011 年 1 月第 2 版 2016 年 3 月第 3 版　2019 年 1 月第 4 版 2022 年 1 月第 5 版　**2024 年 8 月第 6 版** 2024 年 8 月总第 11 次印刷
书　　号	ISBN 978-7-5638-3743-4
定　　价	45.00 元

图书印装若有质量问题，本社负责调换

第六版序言

2007 年,《领导科学基础》第一版由首都经济贸易大学出版社正式出版,至今已有 17 载春秋。本书自出版以来,受到各地高校师生的广泛欢迎,被二十余所高校作为“领导科学”相关课程的教材。经过多次修订,本书的知识体系日益系统完善,篇章结构更加合理,内容更加充实并紧跟领导科学发展的脚步,更加贴合领导实践发展。在此,谨向广大读者,特别是使用本书和对本书提出宝贵建议的师生表示诚挚的感谢。恳请不吝赐教并提出宝贵意见,以便本书进一步完善。

本书作为一部适宜本科生和研究生使用的教材,力图从科学和艺术两个层面系统介绍领导科学的基本理论、内容、方法及前沿发展。对于未来的职场人,为更好地了解领导活动的发生及发展,努力挖掘自身领导潜质,适应领导活动的现实需要提供了理论参考。

领导现象贯穿于人类文明发展的各阶段,成为社会组织共有的现象,推动着人类社会的进步和发展。领导科学既是一门科学,又是一门艺术。在领导科学的学习过程中,既可以体会到领导理论的震撼力,又能够感受到领导艺术的感染力。领导者既需要掌握领导科学的客观规律,又必须灵活运用领导方法和手段,展现并提升领导的艺术性。这成为本书编撰的重要出发点。

第六版修订的重点在于新增了学习卡片,拓展了领导科学的前沿研究成果,丰富了课程思政元素,将习近平新时代中国特色社会主义思想、党的二十大精神、党的创新领导理论引入教材。“领导科学”课程具有先天的思政基因,蕴含着丰富的思政元素,对学生三观塑造,思想素质提升,人文情怀培养,品格养成具有重要的引领作用。学习卡片的新增、前沿理论的拓展和课程思政元素的丰富,将进一步提升本书在教学中的使用效果，方便广大师生使用。

本书内容分为四篇十二章，分别从理论、主体、实践和拓展方面围绕领导科学理论和实践的发展进行分析，以便更好地帮助学生了解领导科学发展的现状及进展。

第一篇为理论篇，包括第一章领导与领导科学和第二章领导理论。第一章介绍了领导的相关概念和内容，阐述了领导科学的研究对象和学科规定性；第二章展现领导理论的发展历程，借助代表性的理论和观点使学生了解领导理论的发展脉络和演变过程。

第二篇为主体篇，包括第三章领导者、第四章被领导者和第五章领导环境。第三章围绕领导者展开，界定领导者的含义，认识领导者角色，阐述领导权力和领导体制的内涵，分析领导者所需具备的基本素质；第四章围绕被领导者展开，概述被领导者的分类和作用，认识被领导者的角色和权力，阐述领导关系的内涵和形式，分析领导关系的构成和变化规律；第五章通过对领导环境的界定、特点及分类的描述，阐述领导环境对领导活动的影响，强调领导活动对领导环境的反作用。

第三篇为实践篇，包括第六章领导决策、第七章领导授权、第八章领导用人、第九章领导沟通和第十章团队管理。第六章领导决策，介绍决策的含义、特征、类型、原则，展现领导决策的程序、方法和艺术；第七章领导授权，简要介绍授权的含义、特点、基本原则，阐述领导授权的方法和艺术；第八章领导用人，阐述用人的内涵和原则，展示知人善任和激励的领导用人方法和艺术；第九章领导沟通，介绍沟通的定义、特点和基本原则，展现提升领导沟通的途径和技巧；第十章团队管理，在介绍团队的定义和作用的同时，阐述不同发展阶段团队领导的变化以及各种新型团队带来的领导变化。

第四篇为拓展篇，包括第十一章领导效能评价和第十二章领导变革。第十一章领导效能评价与领导伦理，阐述领导效能的内涵、构成和影响因素，介绍领导效能评价的原则和方法，强调领导监督的特点、原则和方法；第十二章领导变革，分析未来组织和领导的变化，阐述领导变革的力量和构成，介绍领导变革的程序和未来的发展。

首都经济贸易大学出版社杨玲社长和薛捷老师为本书第六版的修订和出版提供了大力支持和帮助，在此表示衷心感谢。感谢天津商业大学刘显迪、莫程凯、丁秋月、丁贤、肖斯涵、程艺琳同学为本书的编辑整理及书稿校对所做的大量工作。本书在编写过程中还参考了大量的国内外相关文献和书籍，借鉴了同行学者的研究成果。但由于篇幅有限，除注明出处的部分以外，还有部分参考文献未能一一列出，在此，对相关文献和资料的原作者表示诚挚的感谢！本书若有不足之处，希望得到来自读者和专家的批评指正。

目录

CONTENTS

第一篇 理论篇

第二篇 主体篇

第三篇　实践篇

第四篇　拓展篇

第一篇

理 论 篇

第一章 1

领导与领导科学

学习目标

领导现象普遍存在于人类的社会活动中。通过本章学习，要求掌握领导的概念、特征、性质和作用，了解领导的内容和基本职能，理解领导科学的研究对象和学科规定性，熟悉领导科学的发展及学习领导科学的意义和方法。

引导案例

智利矿难中的领导者——乌尔苏亚

2010年8月5日，智利北部圣何塞铜金矿发生塌方事故，导致在井下作业的33名矿工陷于700米深的地下，生死未卜。

路易斯·乌尔苏亚，54岁，矿难发生时担任值班长。8月5日的事故发生后，由于矿道内满是尘土，矿工们直到事故发生两三个小时后才搞清楚面临的状况。矿工们试图走出矿道进行自救，但均以失败告终。虽然紧张焦虑的情绪让矿工们采取了并非最佳选择的行动，但大家仍然保持秩序，避免了在自救过程中发生伤亡。从矿难发生的那一刻起，乌尔苏亚就组织工人自救。他命令矿工聚集在一起不要分开，自己带领三人查看情况。最初矿工们认为几天内就可以获救，他们也确信救援人员正在地面上进行挖掘和救援，但5天后，受困的矿工们意识到情况远比他们想象的严峻。

乌尔苏亚充分展示了他的领导才能，他完成了卓越的领导者应该做的几件事。

第一，统一行动，团结协作，形成自救群体。当时井下可用空间主要包括1公里多长的狭窄隧道和不足30平方米的避难所，乌尔苏亚将这些区域分为工作区、休息区和公共卫生区。他将一辆小货车用作自己的办公室，下令矿工轮班工作和休息，每班12小时。矿工们定时开启和关闭一辆卡车的前灯，模拟白天和晚上。尽管形势严峻，矿工们并没有放弃希望，他们仍然坚信能够获救。63岁的马里奥·戈麦斯成为临时的牧师，每天带领大家祈祷。乌尔苏亚和戈麦斯还将33名矿工分成11组，3人一组，所有的组都被委派了收集水源、打扫卫生、分配补给等工作任务，他们互相监督并相互竞争。有医疗救护技能的矿工被指派看护有疾病症状的矿工。集体的力量让受困的矿工感觉到依靠，产生了希望。

第二，保全生存资源。确定受困大约700米地下后，乌尔苏亚立即制定规则，包括食物配给。他们从避难所中找到120罐金枪鱼罐头、一些饼干和几罐牛奶。为了尽可能坚持更长时间，矿工们对食物进行严格管理，每人平均两天才进食一次，只能食用两汤匙金枪鱼罐头、半杯牛奶。在有经验的老矿工指挥下，大家收集了井下一切照明资源和可以找到的各种设备。光明带来了希望，经过大家的努力，他们用一台可钻破岩层的机械成功挖出了地下水，水使生命得到了延续。

第三，不断派出有经验的矿工出去观察周围环境，寻找任何可能求生的机会。在乌尔苏亚的带领下，矿工们花费了大量的时间绘制出一份受困地地图。乌尔苏亚说，虽然自己有时也会突然情绪低落，但仍然不停地给矿工们打气，向他们解释当前的情况，鼓励他们振作精神。得益于严厉有序的管理，矿工们情绪比较稳定，尽管遭遇食物不足等困难，33名矿工仍在未能与外界取得联系的状态下平安度过了在井下的17天。

8月20日，乌尔苏亚和他的同伴们听到了头上传来熟悉的钻井声。在地下被困17天后，8月22日凌晨6时，救援人员的钻头终于进入了庇护所。矿工何塞·奥赫达的信立刻被传遍世界——“我们全部33人都在避难所内，全部安好”。矿工借助探测器将便条传递给地面救援人员，便条上面的信息简洁、明确，标注有日期，表明受困矿工组织有序。智利卫生部长海梅·马纳利奇说，显然这些信息不是匆忙间写成的，“乌尔苏亚早已准备好这些材料，他知道地面将展开救援行动”。后来，当乌尔苏亚与智利总统通话时，他说：“总统先生，我们需要您提供有力及时的救援。请不要抛下我们。”

乌尔苏亚每天定时与地面多名人员通话，和救援行动负责人定期磋商救援细节，商定矿工如何配合救援行动，以避开透水和塌方的威胁。参与救援的美国航空航天局心理学家阿尔·霍兰德说：“矿工们充满活力，已经证明他们可以有效地组织起来。他们是自己命运的主人。”乌尔苏亚用清醒的思路、严格的管理和有条不紊的工作带领受困矿工经过长达69天的漫长等待后，终于全体获救，创造了矿难救援的奇迹。10月14日，作为最后一位被救的矿工，乌尔苏亚重新回到了地面。智利总统紧紧地拥抱住他：“头，您可以下班了！”

《21世纪经济报道》的记者鲍勇剑认为，以前所未有的工作难度和无以比肩的精神高度来衡量，乌尔苏亚带领的33位智利矿工创造了只有登月之旅可以相比的人类奇迹。回顾智利圣荷塞铜金矿矿难援救的整个过程，没有乌尔苏亚非凡的领导力，就不可能出现这次救援的奇迹。

领导作为人类特有的活动方式之一，与人类社会的发展相伴并在社会活动中发挥着重要作用。作为群居动物，人类以集体方式共同生活和生产，必然出现领导活动和领导者。从发展进程来看，人类社会如果没有领导者或领导活动，将无法与大自然抗争，无法获得生存和发展。

第一节　领导概述

人类社会从其诞生开始，就有了领导活动，领导活动与人类生活相伴始终。

从古到今，大量的历史文献都充分反映了人类领导活动的发展。领导活动伴随着人类社会的发展与进步而不断提升其活动的水平，越来越多地影响着人类社会活动的发展方向和最终结果。特别是进入到近代社会，大规模组织的出现以及组织的日益复杂化、跨越地区的活动、成千上万的人开展的群体活动……更加凸显了领导活动的重要。

一、领导的概念

把握领导的概念要从领导的本义入手。

在汉语中，"领导"是从"领"和"导"的本义中引申来的。元结《宿回溪翁宅》："老翁八十犹能行，将领儿孙行拾稼。"其中"领"的含义为率领、引导，如领唱、领路等。"领"还包含了管理和统领的含义，如领土、领海、领空等。《汉书·魏相传》："总领众职"。"导"的含义为引导。《孟子·离娄下》："有故而去，则使人导之出疆。"如领导、前导等。因此，领导的本义包含了指引和率领的含义。

领导一词源于西方，在英语中对领导也有多种的解释。按照《朗文当代英语词典》的解释，领导主要有以下含义。

(1) *lead*, v, to go with or in front of (a person or animal) so as to take them to a place or show them the way.

(2) *lead*, n, a guiding suggestion or example.

(3) *leader*, n, a person who guides or directs a group, team, organization, etc.

将领导运用于具体管理实践中，不同的学者和实践者得出了不同的认识和定义。泰瑞认为，领导是影响人们自动地达成群体目标而努力的一种行为；坦南鲍姆认为，领导就是在某种情况下，经过意见交流过程所实现出来的一种为了达成某种目标的影响力；理查德 L. 达夫特认为，领导是在领导者和追随者之间有影响力的一种关系；弗兰奇认为，领导是一个人所具有并施加于别人的控制力；孔兹则认为，领导是一门促使其下属充满信心，满怀热情来完成他们任务的艺术。笔者将各种观点分为三类，归纳如下。

第一类：从领导活动的角度进行定义。该类型定义认为，领导是指领导活动，是指领导者在一定的环境下，为实现既定目标，对被领导者进行统御和指引的行为过程。领导是领导者的权力和权威的作用过程，是一种支配性的活动，是依靠权力和权威做出决策并带领被领导者或追随者实现决策目的的过程和活动。

第二类：从领导过程的角度进行定义。该类型定义强调领导活动的开展过程，认为领导是在社会活动中，具有影响力的个人或集体，在特定的结构中通过示范、说服、命令等途径，动员下属实现群体目标的过程。这一界定涉及领导活动的前提、主体、结构、手段和目标五个环节。

第三类：从领导影响力的角度进行定义。该类型定义强调领导是一种影响力。领导是在领导者和追随者之间产生影响力的一种关系。领导意味着影响力，产生于人群中，人们期望发生重要的变化，并且这种变化反映着领导者和追随者的共同目标。领导者并不是站在群体的后面推动和激励，而是要置身于群体之前，促动群体前进，鼓励群体为实现组织目标而努力。

不同的定义可以反映领导研究的不同角度，也有助于理解领导者和被领导者的关系及领导过程。

综上所述，笔者认为，从过程角度定义领导活动，将有助于读者领会和把握领导活动的基本内涵。因此，可将领导定义为：领导是领导者率领、引导、激励和协调被领导者，在特定环境下努力实现组织预定目标的行动过程。

理解上述领导的定义可以从以下方面入手。

（一）领导的目的性

领导活动的目的在于达成组织预定的目标和完成特定的任务。组织的目标规定了领导活动的方向，并将领导者和被领导者有机地联系在一起，使得他们共同努力。领导目的是领导活动的归宿。

（二）领导的主体

领导活动是由领导者和被领导者共同完成的行为过程。领导活动的主体是领导者和被领导者，二者是决定与从属、影响与服从的关系。具体而言，领导活动必须有被领导者。没有被领导者的领导者就谈不到领导。领导者处于主导的地位，被领导者处于从属而不可替代的地位。领导者是领导活动的发起者与组织者，他们成为领导活动是否成功的关键；然而，被领导者的追随和服从在很大程度上影响到领导过程，也是不能忽略的重要方面。现代社会活动中，领导者和被领导者之间的关系在发生动态的变化，相互影响，共同作用，最终保证了组织目标的实现。

（三）环境决定性

领导活动必须在特定环境下进行，借助于领导者和被领导者的双方互动加以实现。失去了特定环境条件的制约，领导活动将没有任何意义，即领导活动受到环境的作用和影响。环境因素的研究将包括资源、组织、工作及人等多重环境构成的条件和要素，它们共同构成了对领导活动的影响，决定领导活动的成效。

（四）领导活动是动态的行动过程

领导活动是领导者为实现预定目标，运用权力和权威，采用特定的形式和方法，借助率领、引导、指挥、激励、协调和控制等手段以影响被领导者共同开展活动的过程。领导是领导者和被领导者在特定的环境中进行动态的相互影响的过程。领导者拥有影响被领导者的能力和力量。领导正是领导者运用领导权力而实施领导的过程。

二、领导的特点

领导活动作为人类社会中的常见现象，表现在社会活动的多个层面，通过各种类别的活动形式表现出来。上至国家和地区的宏观领导活动，下至企业、单位、社团的微观领导活动，再到组织内部纵向划分高中低各个层面的领导活动，以及现实社会中的各种方式的领导活动等，都有着共同的特点。

（一）领导的系统性

从系统的观点出发，领导是社会生活及生产的需要，它被看作是涉及多因素、多方面、多层次的系统活动所组成的领导系统。领导系统是由领导者、被领导者和领导环境等领导要素共同构成的。在领导系统中，领导者往往是占据组织、决策、指挥、协调和控制地位的个人或群体，在领导活动中处于主导的重要地位，决定组织运行的方向；被领导者可以是个人或群体，他们按照领导者的决策与意图，为实现组织预定的目标和任务而共同开展各种活动；领导者与被领导者构成了领导活动的主体，他们是实现组织预定目标的基本力量，二者是权威和服从的关系。领导环境是独立于领导者之外的客观存在，是对领导活动产生影响的各种因素的总和。任何领导活动都是在特定的时间、地点、背景条件下发生的，领导活动实际上是领导要素共同作用、共同影响，通过有机联系形成的系统化的领导行为，从而形成实现组织预定目标的过程。

（二）领导活动的动态性

发展是人类社会活动的主题。领导活动作为人类行为过程，领导要素处于相互作用之中，相互联系并共同作用，促进了领导的发展。因此在人类社会发展的各个阶段和不同时期，领导活动呈现出不同的特点和状态，这不仅是领导活动的必然趋势，也反映了客观环境的要求。

（三）领导的权威性

权威是使人信服的力量和威望，它来自职位赋予领导者的权力和领导者自身所具有的经验、专长和人格魅力等。权威是领导者在领导过程中所形成的对被领导者的影响和感召，同时也反映了被领导者对领导权力和威望的认可和服从。现代意义上的领导权威是一种理性权威，其特征在于它的合法性，在于它在活动过程中表现出的规章制度取向。领导活动的成功与否最终还要取决于人们对权威的接受。因此，领导者要借助于权威对被领导者施加影响。

（四）领导活动的预见性

领导活动的目的性决定领导活动必然面向未来。领导者在制定战略规划和确定发展方向等决策活动中，必须具有超前性的思维方式，能够借助预测能力提高决策的准确性、战略规划和发展方向的正确性。从领导活动的有效性来看，领导决策的正确与否是关键。为保证领导决策的正确性，在复杂多变的现代社会，领导者应当善于学习，具有远见卓识，能够准确判断未来发生的变化、确定组织未来的发展方向，并根据预测及时做出战略决策与战略规划，预先对内部做出调整，以适应外部环境的变化。缺乏预见性必然会导致组织决策的盲目与混乱，最终使组织陷于困境甚至灭亡的境地。

（五）领导的综合性

领导的综合性首先体现为领导内容的综合性，即领导作为一种活动，其职能包括决策、控制、组织、协调、用人和沟通等诸多方面，共同构成了复杂的领导过程，以改变或推动被领导者的行为，实现组织目标。领导职能的发挥实际上是多种手段和方式共同作用的结果。领导内容的复杂性和综合性决定了领导者必须具有全面综合的素质。其次，领导者所开展的各种活动需要领导者必须具备多视角、多层次、多学科的知识整合能力和多元化技能综合，以使领导者能够综合地进行整体性的统领和协调，从宏观上把握领导活动的整体过程。

（六）领导的服务性

社会主义领导的本质是领导活动必须为人民群众服务，为人民群众的利益服务。在新的历史条件下，领导者与被领导者的关系发生了根本性的变化，从简单的决策与执行,命令与服从的关系,转为决策和保障的关系。能否为被领导者提供有效的服务,是领导者和被领导者关系能否得到维系的前提和基础。

三、领导的本质

本质是事物本身所固有的、决定事物性质、面貌和发展的根本属性。领导的本质由领导活动的性质或基本属性决定,因此,领导活动作为管理的重要职能,从性质上看具有二重性。

领导活动作为人类社会的群体活动,在任何一种社会制度中主要是通过统一的意志和一定的权力加以体现,表现为具有组织、指挥和决策等共同职能。领导活动作为物质生产过程的一部分,反映生产力发展的要求,具有永恒的自然属性,即领导的自然属性。领导的自然属性表现为领导活动具有指挥、引导、激励和协调的特性,它反映社会生产发展和分工协作的要求,是各种不同社会生产方式下共有的科学方法和手段的总结。自然属性产生于人类社会的共同劳动和生活的自然需要。国家、企业、机构或组织的正常运行都离不开有效的领导。因此,领导的自然属性主要体现为领导活动在任何人类社会的不同发展阶段都客观存在,并不以人的意志而转移,也不会因为社会制度或意识形态的不同而有所改变。

从人类社会的发展过程看,领导活动不仅客观存在,同时还建立在一定的生产关系基础上,它归根结底要反映一定生产方式的内在要求。因此,领导活动反映了一定的生产关系和政治关系,体现出领导者的意志。领导的社会属性由社会生产关系决定,反映了一定社会形态中统治阶级的要求,必然受到生产关系或经济基础的影响或制约。反映特定阶级和社会集团的利益,按统治阶级的意志调整人与人之间的相互关系,维护和完善社会生产关系,这使得不同社会制度下的领导活动带有鲜明的特点。

领导二重性相互依存、相互联系。适应社会生产力发展的领导自然属性存在于具体的社会生产关系的领导社会属性之中,即在不同的社会生产关系条件下,领导的自然属性都是为了社会生产力的发展与进步。但是,领导的本质由其社会属性决定,受一定社会经济关系制约的社会属性占主导地位并发挥决定作用,使得不同社会制度下的领导活动呈现出不同的面貌和本质特点。

四、领导的要素

领导作为特定的社会活动过程,通过领导者、被领导者、领导环境之间的相互作用、相互影响而实现,是领导者和被领导者在特定领导环境下发生相互关系的

过程。因此,有学者将领导过程表示为领导者与被领导者、领导环境之间的函数关系,具有动态性的特征。用公式表示如下:

$$领导=f(领导者、被领导者、领导环境)$$

(一)领导者

领导者是指履行一定领导职责的个人或群体。领导者作为领导活动的主体在领导活动中发挥主导作用。领导者既是组织、群体、集团的成员,又是当权者、决策者和指挥者。领导者本身的背景、知识、经验、能力、个性和价值观念等都会影响到组织目标的确定、领导方式的选择,是决定领导成效的重要因素。成为一名优秀的领导者必须具备优良的素质和较高的能力,能够按照领导活动的客观规律开展相应的工作。在现代社会共同协作的环境中,领导更多地以领导群体的方式开展活动。优秀的领导群体必须是充分协作、分工合理、结构合理的领导团队,它包括能力互补、性格互补、年龄结构合理的成员,从而形成灵活沟通、步调一致、应变能力强的整体,以确保领导活动的顺利开展。

补充材料

谷歌优秀领导者的八大行为

1. 成为一个好的教练。
2. 对团队充分授权并不进行局部干涉。
3. 对团队成员的成功及他们的健康表示关心。
4. 不做胆小鬼,工作高效并以结果为导向。
5. 做一个良好的沟通者并倾听团队的需要。
6. 帮助你的员工进行职业生涯发展。
7. 拥有对团队的清晰眼光及战略。
8. 拥有核心的专业技能从而能够给团队建议。

资料来源:达夫特. 领导学[M]. 北京:清华大学出版社,2018:23.

(二)被领导者

被领导者指领导者所管辖和统领的个人或组织。领导者与被领导者是权威与服从关系。被领导者的背景、专业知识、经验、技能、个性等同样对领导活动产生影响。被领导者既决定领导方式和方法的选择,又影响领导活动的效率。因此,被领导者也是领导的构成要素之一。

在领导活动中，被领导者不是被动的而是能动的要素，是领导活动的基础。被领导者既接受领导者的领导，又参与领导活动，监督领导者工作。被领导者对组织或团体的关心程度、对完成本职工作的自觉性和主动性、被领导者的素养和能力等，从根本上决定着领导绩效。领导者必须了解、相信并依靠被领导者，得到他们的爱戴和拥护，才能带领他们前进。从发展的角度看，随着环境因素的变化，职权分散化和权力分享成为领导发展的重要趋势，被领导者越来越倾向于承担新的领导任务和责任，导致领导者和被领导者之间存在着动态转换关系。

（三）领导环境

领导环境指领导活动所面对的特定情境条件，是领导者率领被领导者活动的舞台，是领导活动不可或缺的基本要素。领导环境可以直接地表现为组织内部的环境条件，包括组织的规模与性质、工作任务的性质和目标、形势的压力与时间的紧迫性、上级领导的期望与行为以及组织文化与政策等方面；此外，组织外部的环境，包括政治、经济、技术、法律和文化等方面的影响也形成了对组织领导活动的制约和影响。

领导过程是领导活动三要素互相联系、互相作用的过程，领导活动可以被看作是领导者、被领导者和环境三者之间互动的必然结果，从而产生了领导活动的基本规律，也形成了适合于不同环境下的领导行为和领导方式，产生了不同的领导成效。美国学者通过研究发现，与特定领导环境相适应的领导方式才是有效的，反之则是无效的。由于领导者和被领导者面对的是日益复杂的客观环境，因此对领导成效的研究不能离开三者之间的互动及相互作用的内在联系。理查德·哈格斯和他的同事将之称作领导分析的互动框架。见图 1-1。

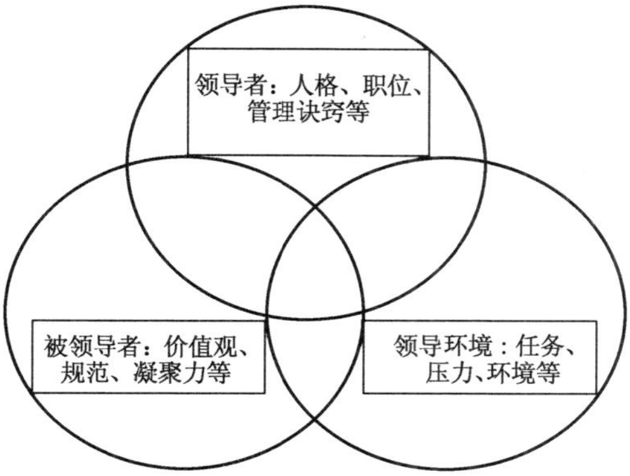

图 1-1　领导分析的互动框架

资料来源：哈格斯，吉纳特，柯菲. 领导学[M]. 4 版. 朱丹译. 北京：清华大学出版社，2004.

在互动分析框架中,包括领导者、被领导者和领导环境三方面的互动和相互作用。其中,不仅有领导者与被领导者的关系,还包括领导者与被领导者同客观环境之间的关系构成。领导活动作为领导者、被领导者和领导环境互相联系、互相作用的完整体系,决定了有效的领导在实施领导的过程中除了着眼于使领导者和被领导者因素处于最佳状态,同时还要尽力创造和充分利用有利的环境条件,才能保证领导活动正常开展并达成预定目标。

五、领导力

现实生活中,领导力常被用于形容领导者的领导能力。无论身处何种组织中的何种职位,领导力已经成为现任领导职位必须具备的能力要求。大量领导力研究及相关文献充分证实了这一点。何种职位,都应该或多或少地具备一定的领导力。

(一)领导力的定义

领导力是社会科学中研究最多的现象,因为领导行为是人类普遍关注的行为。

领导力是领导者在特定的情境中吸引和影响被领导者与利益相关者并持续实现群体或组织目标的能力。领导力是决定领导者领导行为的内在力量,是实现群体或组织目标、确保领导过程顺畅运行的动力。领导力是一种特殊的影响力,组织中的每个人都会影响他人,也要接受他人的影响,因此每个员工都具有潜在的和现实的领导力。在组织中,领导者和成员共同推动团队向既定的目标前进,从而构成一个有机的系统。

领导力在领导系统中是一个根本性、战略性的范畴,是领导者凭借个人素质的综合作用,在一定条件下对特定个人或组织所产生的人格凝聚力和感召力,是保持组织卓越成长和可持续发展的重要驱动力。当今时代,领导力已经成为综合领导能力不可缺少的构成因素之一。

领导力无处不在,既存在于组织的日常管理活动中,也存在于个体的自我管理中。著名管理学大师詹姆斯·库泽斯曾说过:“领导力是普通人也能使用的,把他们自己和其他人的最好状态发挥出来的一个过程,当你把自身的领导力释放出来的时候,你就能成就非凡的事业。”

(二)领导力的层面

任正非带领华为从代理销售交换机的小公司开始,用了不到 30 年时间成为通信行业第一名;马云用短短十几年时间把一家互联网黄页公司做成了遍布全球的新零售领军企业;韦尔奇作为通用电气最年轻的首席执行官,用 20 年时间把通用电气从臃肿的官僚公司改造成充满活力的企业巨头，市值增加30倍；郭士纳让濒临倒闭的IBM起死回生，转型软件和服务，实现让大象跳舞。以上这些企业家强大的个人领导力毋庸置疑，然而他们不能替公司中的每个领导者做出决策并领导团队工作。除了明星领袖以外，成功企业拥有的是强大的组织领导力。

领导力可以分为两个层面：一是组织的领导力，即组织作为一个整体，对其他组织和个人的影响力。这个层面的领导力涉及组织的文化、战略及执行力等。二是个体领导力，对于企业来讲，就是企业各级管理者和领导者的领导力。组织领导力的基础是个体的领导力，如何突破和提升领导力，如何由一个领导自己的人成为一个领导他人的人，再成为一个卓越的领导者，是领导者当前面临的迫切需要解决的问题。领导就是“给组织带来愿景，并带来实现愿景的能力”的人。

（三）领导力的构成

【学习卡片】

华为干部九条

第一条　关注客户

第二条　建立伙伴关系

第三条　团队领导力

第四条　塑造组织能力

第五条　跨部门合作

第六条　成就导向

第七条　组织承诺

第八条　战略性思维

第九条　理解他人

——节选自《训战出英雄：华为干部九条》

领导力的研究在国际上可以追溯到1900年，距今已有100多年的历史了。其研究的内容主要涉及领导者的特质和行为，以传统领导特质、现代领导特质和领导行为理论为代表。

美国领导学学者詹姆斯·库泽斯和巴里·波斯纳在《领导力》一书中列出了卓越领导者的五种行为和十个使命。其中卓越领导者的五种行为是：以身作则、共启愿景、挑战现状、使众人行和激励人心。十个使命包括：明确自己的理念，找到自己的声音；使行动与共同的理念保持一致，为他人树立榜样；展望未来，想象令人激动的各种可能；诉诸共同的愿景，感召他人为共同的愿景奋斗；通过追求变化、成长、发展和革新的道路猎寻机会；进行试验和冒险，不断取得小的成功，从错误中学习；通过强调共同的目标和建立信任来促进合作;通过分享权力来增加他人的实力;通过表彰他人的卓越表现来认可他人的贡献;通过创造一种集体主义精神来庆祝价值的实现和胜利。

美国领导学学者卡什曼从领导能力开发的角度讨论了领导力。他认为,领导是由内向外的,领导不是一个人所做的事情,它源自个体内部的某个地方。一个人可以通过七种路径实现由内至外的领导,这七种路径分别是目标控制、变化控制、人际控制、本质控制、平衡控制、行动控制和个人控制。事实上,卡什曼提出的七条路径也就是领导者必须具备的七种能力。

英国领导学学者亚岱尔认为,领导者在履行职责时需要展现以下品质或特性:群体影响力、指挥行动、冷静、判断力、专注和责任心。美国学者哈维·罗森认为,领导者必须具备八项要素,即前瞻性、信任、参与意识、求知精神、多样性、创造性、笃实精神和集体意识。

美国学者查普曼和奥尼尔在《发现,然后培育你的领导力》中提出了一个经典的领导力形成模式,该模式包括六个要素,即充满理想色彩的使命感、果断而正确的决策、共享报酬、高效沟通、足够影响他人的能力和积极的态度。需要注意,领导力深深扎根于赖以生存的土壤——被赋予力量的被领导者,领导者的力量来源于被领导者而不是他们的上级。

领导力之父沃伦·本尼斯在其经典著作《领导者》中指出,领导力与领导者的品格有关;要保持组织的竞争力,领导者必须创造出可以产生智力资本的社交架构,需要具备专注、灵活、快速、友好和乐趣;建立并维持信任的能力是领导力的核心要素;实现目标、达成愿景的决心与激情的重要性无论怎样强调都不过分;真正的领导者能够通过自身的乐观感染周围的员工,把他们吸引到组织的愿景中去;领导者必须扎扎实实地积极行动,才能把愿景和目标转变成为现实的能力。

领导力是成功组织背后的核心动力,而要想创造一个有生机有活力的组织,就必须利用领导力去帮助组织形成一个全新的愿景,并动员起整个组织向这个新的愿景努力。新型的领导者能够把人调动起来,能够把追随者转变成领导者,又把领导者转变成变革者,形成变革领导力。

补充材料

领导力测评:领导潜力还是管理潜力?

现在	符合	不符合
1. 当我有许多工作或作业需要完成时,我会将任务按照重要性排列,并将各个任务协调好以在截止日期前完成		
2. 当我的意见被否定时,我将继续坚持并努力说服别人直到分歧被解决		
3. 我宁愿待在电脑前面也不愿意将时间花费在他人身上		
4. 我会参与到其他人的活动、讨论中去		
5. 我有事业、家庭等内容的长远规划		
6. 当遇到需要解决的问题时,我倾向于自己进行分析而不是和其他人一起探讨如何解决		
成为部门主要领导时	符合	不符合
7. 我会帮助我的下属弄清组织目标并告诉他如何达到这个目标		
8. 我会帮助人们建立一种长远任务感及更高使命感		
9. 我会确保工作能够及时完成		
10. 我会寻找新产品或服务的机会		
11. 我会赞扬那些做好本职工作的人		
12. 我会赞扬不因循守旧的信仰和价值观		
13. 我会建立工作标准程序以使部门的运行更加顺畅		
14. 我会语言清晰地表述自己和组织的更高价值		

说明:问题1~6与你现在状况相关。问题7~14用于了解当你是一家公司主要部门的领导者时的行为模式。通过选择基本不符合及基本符合来表示某一项目是否描绘了你的近况,及某一项目是否符合当你成为部门领导者时会采取的行动。

分数及说明

(1)偶数项中基本符合的个数:(　　)

(2)奇数项中基本符合的个数:(　　)

(3)比较两个分数,并分析个人领导潜力:(　　)

偶数项的内容是领导的典型行为和活动特征。领导者会亲身参与塑造组织的观念、价值观、愿景及变革。他们通常利用直觉来为部门或组织开发新构想、寻找新方向。

奇数项的内容涉及传统的管理活动。管理者在处理组织问题时不带有人情味,他们基于理性进行抉择,他们的工作目标是维持稳定和高效。

如果你在偶数项内容中选择肯定的个数多于奇数项中选择肯定的个数,那么你有成为领导者的潜在能力。反之,你有成为管理者的能力。对于新建组织的领导而言,管理能力是非常重要的,因为这个组织首先要实现的就是有效地运行。领导能力对于提高绩效有一定的效果。管理能力与领导能力都能够随着认识与经验的增加而不断发展完善。

资料来源:JOHN P KOTTER. Leading change[M]. Boston, MA: Harvard Business School Press, 1996:26.

第二节 领导的职能

一、领导职能的构成

美国学者弗雷德·菲德勒指出:“凡是有人类群体活动的场合,就有领导作用的发生。领导的好坏是决定群体和组织能否生存和取得成功的最重要因素之一。”①领导职能是领导所具有的功能和作用的具体体现,是领导本质的外在表现形式。现实活动中,人类活动的多样性、层次性、动态性和复杂性导致领导职能展现出多种内涵,并通过不同的行为方式反映出来。领导职能是确定合理组织机构、实现领导科学化的重要标志,体现了领导活动过程的内在规律,反映了领导活动的内在联系。领导活动对组织绩效具有决定性影响,领导职能在领导活动中占据着举足轻重的作用。因此领导活动的职能也备受关注。

在回答“领导者应该做什么”的问题时,人们常常有着不同的回答。著名的领导学家华伦·本尼斯认为:“最重要的一点就是:在世界经济发生如此巨变的时代,企业员工需要他们的领导为他们提供三样东西——指引、信任和希望。所有的领导,不管是总经理、国家领导,还是非营利企业的领导者,都必须提供这三条。”②

另一项调查发现,尽管每个人回答的侧重点有所不同,但是每份答案看上去

---

① 菲德勒等.领导效能新论[M].北京:三联书店,1989:7.

② 本尼斯.怎样成为领导[M].北京:九州图书出版社,1999:3.

都以这样或那样的方式涉及三个共同的主题：第一主题是需要系统化地建立并有效地沟通组织的愿景；第二主题是领导者需要为自己的企业建立共同的价值观；最后一个主题是组织的领导者必须能够激励自己的下属。综合起来，领导职能主要表现在以下方面。

（一）指挥和引导

在领导活动中，领导者需要通过分析外部环境和内部组织状况建立组织目标，并借助率领、指挥、指导等手段，带领被领导者努力实现组织目标。领导者不是站在组织成员的后面去推动、督促他们，而是站在队伍的前面，作为带头人用自己的行为来引导被领导者前进，将他们引向正确的方向。领导者可以借助宣传、沟通、让组织全体成员参与等措施吸引组织成员的注意力与兴趣，明确组织目标并得到认同与接受，从而塑造起组织共同的价值和组织文化，赋予员工工作的意义，激发他们的工作热情，最终实现组织目标。

当代领导科学研究已经将领导的作用进行拓展，更多的研究者倾向于"领导是第二生产力"的观念。这种观点强调领导是走在组织前面的一种引导力量，它所具有的发展取向和变革取向，证明领导不仅仅是在维持一种既定的秩序，而且通过资源的有机组合，尤其是人力资源的有机组合以达到扩充资源总量的目的。

（二）激励和鼓舞

任何组织都是由具有不同需求、欲望和态度的个人所组成，通常组织成员的个人目标与组织目标不可能完全一致。领导活动必须将个人目标与组织目标进行有机结合，并采用各种有效的方法引导组织成员为实现组织目标做出贡献。为此，领导者通过认真分析被领导者的个人需求，选择适当的激励方式和手段，最大限度地调动他们的积极性和主动性，以高昂的士气自觉为组织做出贡献。如果领导不具备激励、鼓舞的能力，那么组织目标将难以达成。

（三）组织和协调

随着社会的发展、科技的进步、组织规模的日愈扩大，社会变革的步伐越来越快，组织面临着越来越复杂的外部环境和内部状况。随着组织目标的不断提升，领导要将物质、信息、技术和人力等各种资源进行有效整合，按照组织目标设计组织结构、建立领导体制、分配权力、明确职责并且配备人员，最终达成组织所希望的结果。同时，组织中员工高素质、高水平、年轻化及个性的充分发展，使得组织内分化趋势日益明显，也使组织内部的统一意志与指挥的重要性显得更加突出。面对组织成员在认识、态度、行为和绩效等方面的差异、分歧甚至矛盾等，领导者需要通过有效的沟通，及时向组织成员传达计划和目标，消除分歧和偏差，缓和冲突，解决矛盾，使得组织成员能够步调一致地朝着共同目标而努力。因此，组织和协调就成为领导的重要内容和作用。

（四）决策和规划

在特定的环境中，正确地选择活动目标和行为步骤本身是一种创造性工作，因此领导者必须具有超前把握事态发展和环境变化趋势的能力。当面对越来越复杂的环境和关系时，领导者对环境的预测与分析能力、对组织资源的统御与协调能力直接关系到组织的生存与发展。预测与规划成为组织未来发展的重要保障。

领导职能规定了领导活动的发展方向，同时也制约着领导活动的效能。正确认识领导的职能对于领导作用的发挥具有重要意义。

二、领导与管理

领导作为一种人类社会活动，也是普遍的管理行为。关于领导和管理始终存在不同的观点和认识。可以肯定的是二者是相互关联的概念，有着不同的内涵和功能。

（一）领导与管理的区别

在一项对美国最大的 1 000 家公司的高级主管所做的调查中发现，几乎 50%的人认为，领导能力是现代管理者最重要的素质，37%的人把沟通技巧和人际交往技巧列在最前面。对组织而言，管理和领导都非常重要。现代组织的发展既需要传统的管理来保证组织的正常运营，履行对顾客、股东、雇员和其他人的各种义务，同时还需要领导来规划未来的发展、激励员工并有效地适应变化的环境。

另一项调查发现，有将近 2/3 的被调查者表示，他们的组织中有太多的人只善于管理而不具备领导才能，这使得美国学者沃伦·本尼斯得出了如今的公司都是“管理过度，领导不足”的看法。

补充材料

约翰·科特：管理不是领导

取得成功的方法就是：75%～80%的领导和 20%～25%的管理，而不能反过来。——约翰·科特博士。

领导行为不等于管理行为

哈佛商学院的终身教授、从事领导与变革研究的大师约翰·科特博士，通过对 1 000 多位世界知名企业的高层管理人员的访谈，找到了领导和管理的区别，并总结出一套能让企业变革成功的规律与步骤。

他在领导与管理这一领域中的理论贡献非凡，因此被美国《商业周刊》(Business Week)评为"20 世纪对世界经济最有影响的 50 位大师"之一。就领导与管理这一话题，笔者对约翰·科特博士进行了专访。

"领导行为和管理行为各自的主要功能不同，前者能带来有用变革，后者则是为了维持秩序，使事情高效运转。有效的领导和高效的管理相结合将有助于产生必要的变革，同时使混乱的局面得到控制。但领导行为自身永远不可能使一项活动年复一年地按时、按预算保持运作；而管理本身也永不可能创造出重大的有用变革。"科特一开始就滔滔不绝，阐述领导和管理各自的妙处。

"那么，领导和管理可以各自独立地对企业产生作用？""不是。企业要发展，领导与管理两者缺一不可。"科特说，"一个企业要成功，不仅必须持续地满足顾客、股东、雇员和其他人的当前需要，还必须确定并适应这些主要对象随时不间断变化的要求。为此，它不仅必须以令人满意的、系统的、合理的方式来计划、预算、组织和配备人员，控制和解决问题，以实现预期的日常目标，而且还必须确定一个合适的未来发展方向，必要时对这一方向不断进行调整，联合群众朝此方向不懈努力，即使是付出沉痛代价，也要激励雇员们进行变革。"

企业实务中领导行为高于管理行为

我在采访中经常想，企业实务中领导行为是不是就高于管理行为？科特在记者采访时画了两座冰山，两座冰山从山顶到山脚三面都同样分布着"领导、经理和员工"三要素。两者的区别是，第一座冰山从上到下三者是均匀分布、上下间距很大；他在第二座冰山顶层写的"LEADER"(领导)变成了"LEAERS"(领导们)，而且三者之间相互交融，科特把它们画得头碰脚、脚碰头。他说，我们仍然是在一个战争时代，企业与企业之间的竞争甚至拼杀非常激烈。中国企业同样如此，面对的只有一个词"竞争"！要赢得这样的战争，就必须变革；如果要变革，就必须加强领导，重大的变革必须是领导做出来的。

资料来源：吴刚. 约翰·科特：管理不是领导[N]. 国际金融报，2002-05-17.

不同的观点反映出对领导和管理这个问题在认识上的差异。在很多情况下，领导和管理的关系是相互联系甚至是重合的，但两者的作用也可以进行明确的区分。将领导和管理的区别加以整理，见表 1-1。

表 1-1 领导和管理的区别与联系

	领导	管理
区别	关注方向、前景、目标和效果 指明方向 制定目标和战略 强调战略 探讨变革与创新 挑战现状 开拓局面 注重开发 注重人力资源 激发信任,鼓舞士气 目光远大,关注未来 注重全局 做正确的事情	致力于效率、方式和短期的效应 选择方法 制订计划和预算 强调战术 寻求稳定和执行 接受现实 维持运转 维持原状 注重企业结构 依赖控制,建立秩序 注重细节 关注近期 将事情做正确

(二)领导与管理的联系

作为人类社会活动之一,领导和管理都源于人类群体共同的生产和生活,因此领导与管理密不可分。然而,随着组织活动规模的不断扩大、活动水平的不断提高,特别是分工使得领导从管理中分化出来成为一项特殊的活动,这也使得领导与管理的联系紧密而广泛。管理的重要职能是领导,领导与管理的关系相辅相成,因此领导活动和管理活动具有较强的相容性与复合性。

科特承认领导和管理的差异,但同时认为管理和领导相互并不排斥。他指出:“没有任何理由认为,一个人有一定学历和经验却不能同时把两方面都做好。管理和领导两者相互补充,有时是重叠的。制定那些带有完整战略的规划经常需要计划和预算。同样,建立有许多部门参加的规划实施体系也经常要求来自各个方面的大力合作。同时,管理和领导也可能存在很大的差异。领导者拥有的正式组织以及他所需要的协作关系网之间可能有相当大的差异。同样,人员控制过程与激励过程也可能有很大的差异。管理不同于

【学习卡片】

领导是做正确的事,管理是把事情做正确。

——彼得·德鲁克

把梯子正确地靠在墙上是管理的职责,领导的作用在于保证梯子靠在正确的墙上。

——杰克·韦尔奇

领导,管理更加正规、更科学、更为普遍。在各种企业的环境中,人们以十分相似的手法在使用管理工具和技术。”①

在现实生活中,管理者在从事管理工作的同时也承担了领导工作。但任何组织中离开了领导的管理和缺乏管理的领导都将带来问题。领导活动的目标只有在有效的管理之下才能达成,而管理的成效也必须依靠正确的领导才能实现。

第三节　领导科学概述

一、领导科学简介

(一)领导科学研究对象

由于领导活动是由特定要素构成的统一体,是由领导者、被领导者和领导特定环境相互结合、相互作用的运动过程。领导活动要遵循着自身运动规律开展才能取得应有的结果。领导规律有别于其他事物的运动规律,决定了领导基本要素之间结合与作用的基本规律和作用方式,因此,领导科学的研究对象是整个领导现象、领导活动以及相关的行为主体、外在环境、内在因素和内在矛盾及其运动规律。王乐夫教授将国内学者有关观点进行归纳,将有关领导规律描述为以下方面:①关于领导的本质和目的;②关于领导活动的基本要素及其相互关系;③关于领导的职能和作用;④关于领导者及其素质;⑤关于领导活动过程和机制;⑥关于领导方法和领导艺术。

(二)领导科学研究的特点

领导科学的研究对象决定了领导科学研究的范围,决定了领导科学的知识体系和理论体系的构成。领导科学研究具有以下特点。

1. 综合性。领导活动本身的特点决定了领导活动是高度综合的活动,不仅涉及领导者、领导过程和领导环境等多种因素,并且领导活动要解决的问题几乎都是综合性的问题。在现代社会大生产的特定环境下,综合性将更加突出。从知识运用方面,领导科学综合了许多相关学科的理论成果而形成和发展起来,涉及哲学、法学、政治学、社会学、经济学、管理学、心理学、数学和现代科学技术等方面的理论和方法;从研究的内容方面,包括社会科学领域有关上层建筑、生产关系等方面的问题,还涉及自然科学领域的对生产力的组织协调、客观环境的分析及控制等方面,以及人文学科中的人际关系、社会交往等诸多问题。

领导科学的学科综合性不仅体现在领导活动本身所涉及的对象上,而且体现

---

① 科特.现代企业的领导艺术[M].史向东,颜艳,译.北京:华夏出版社,1997.

在现代领导者的综合素质和领导科学知识体系的综合性上。大量实践表明,领导者面临的问题大多复杂多变,要从战略上解决这些复杂的综合性问题,需要领导者具备多方面的知识和高超的领导艺术。从领导者具备的素质角度,则要求包括思想道德、知识、心理素质和身体素质等一般素质,还要有决策、组织、沟通、激励、用人和授权等方面的领导能力,只有这样才能够面对复杂的问题开展工作;此外,领导者的社会知觉、思维模式和创新能力也是现代领导者所必需的。因此,以领导活动规律及其应用为研究对象的领导科学是一门综合性学科。

2. 应用性。领导职能决定了领导科学是应用性很强的学科。首先,领导科学所揭示的领导活动的基本规律及领导方法,来源于领导活动的具体实践,是人们进行领导活动经验的概括和总结。因此,离开了实践活动,领导科学就成为无源之水,无本之木。其次,领导科学的相关理论和知识的正确与否,要接受实践的检验,直接地运用于领导实践,为领导者开展领导活动提供指导。因此,领导科学和领导实践紧密相连,为解决领导工作的实际问题而开展研究,为领导者的实践提供科学的理论依据,推动领导实践的不断发展和进步。所以领导科学是一门应用性很强的学科。

3. 动态性。领导科学是实践发展和时代进步的产物。在人类社会发展的过程中,不同社会制度下的领导活动具有不同的特殊性质。在同一社会的不同发展时期,领导活动也被赋予不同的特征。领导科学不仅要研究特定时期和特定条件下领导活动的具体方式,同时也探讨不同领导发展阶段的特点,提出适合特定时期领导活动的具体方法。随着时代的发展和变化,对领导活动的要求也在不断提高,追求效益的目标也驱使人们不断探索更加有效的领导方式和领导方法,由此推动了领导科学的发展。因此,领导科学便成为一个动态发展的学科,不断地发展、变化并获得提升。

(三)领导科学的任务

领导科学的根本任务在于提高领导活动的成效。具体而言,领导科学的任务在于研究领导现象产生的原因和条件,研究现代领导活动的要素与过程,揭示现代领导活动中的规律性和艺术性的特征,研究各个领域、各个层面的领导活动,如政治、行政和经济等领域中特殊的规律性和艺术性的内容,研究领导主体的内在构成及变化发展规律,研究直接导致领导实践成败得失的主观因素和客观因素,总结领导实践的成功经验和惨痛教训,为今后的领导实践提供指导和帮助。在指导领导工作的实践中,领导科学不仅要提高领导工作的质量和效率,用科学决策代替经验决策,促进领导工作的科学化;而且要培养和造就一大批符合现代化建设需要的领导人才,提高干部队伍的质量,推动人们更好地开创新时期领导工作的新局面。我国领导科学发展的长期任务在于不断探索现实的领导工作规律，在总结中外领导工作经验和教训的基础上，创立具有中国特色的现代领导科学。

（四）领导科学与相关学科的联系

现代科学技术发展的一个显著特点是在高度分化基础之上的高度综合。学科越分越细，门类越来越多，学科之间的联系日益紧密，相互交叉并相互交融。

领导科学具有自己的特定研究对象和专有的研究领域，因而与其他学科相互区别而成为一门独立的学科。由于领导科学具有综合性、应用性和动态性等特点，因此，它同其他学科之间不是相互割裂的，而是呈现出相互交叉、相互渗透、相互融合的现象，这符合现代科学发展的一般规律。从领导科学自身的研究对象和方法来看，领导科学同哲学、管理学、政治学、心理学、社会学和党建学说等学科既紧密联系又相互区别。

1. 领导科学与哲学。哲学是关于自然、社会和思维知识的概括和总结，通过探究事物的本质而认识世界。哲学研究物质运动和发展的一般规律和基本原理，揭示自然界和人类社会发展变化的一切现象和过程，为各学科的理论研究和实践应用提供世界观和方法论。哲学原理具有普遍的适应性。马克思主义哲学是人们认识世界和改造世界的世界观层次的科学，为领导科学提供了重要的思想武器，指导领导科学的发展。因此，哲学是领导科学的思想理论基础。

2. 领导科学与管理学。领导科学和管理学属于相近的研究领域，两者既有联系又有区别。管理是组织的管理者通过实施计划、组织人员配置、指导与领导、控制等职能协调他人的活动，使他人同自己一起实现既定目标的活动过程。管理学是系统研究管理活动基本规律和一般方法的科学。从研究对象和内容上，领导科学与管理学存在着重合的部分。在现代组织中，领导者也是管理者的情形比比皆是。从发展的角度，领导科学的形成和发展脱离了管理学而建立和发展，但从广泛意义上看，管理和领导共同形成对组织中的人类共同活动的驾驭、协调和控制，以保证组织目标的实现；从具体的活动方式上，现代经营管理的原理、原则和方法同样适用于领导活动的开展，因此二者之间存在密切的联系。

领导科学和管理学也存在明显的不同。首先，研究角度不同。领导科学的研究角度是站在决策层面，是对社会发展、组织活动特别是涉及整体利益和权力分配的决定性活动和创造性活动进行宏观指导和决策优化；管理学的研究角度是站在社会和组织活动的执行层面，注重各种具体管理活动的规律和特点，如生产运营管理、财务管理、市场营销管理和质量管理等，协调性、秩序化和注重效益是管理的特点，为达成组织正常、高效地运营而进行科学的分析和研究。其次，研究范围不同。领导科学主要研究组织活动中有关领导活动的主体、领导体制、领导职能和领导艺术等方面的问题，以揭示领导者、被领导者和领导环境之间的关系和发展规律；管理学则研究管理者的心理、行为和管理过程，研究管理资源的最佳配置和有效利用，以探求管理活动的基本规律。其三，研究的倾向性不同。同样作为科学和艺术的综合，领导科学和管理学表现出不同的研究倾向。领导科学研究建立在对领导活动基本规律进行探索的基础上，注重领导艺术的发掘和超前性的研究。由于领导所面临的很多问题偶然性、随机性大，并无确定的精确答案，同样的情况会产生不同的领导模式，创造性余地较大；科学的方法可以成为领导者的有力工具，但在更多的方面和问题上，还难以用数学工具来描述，必须依靠领导者的智慧和经验。而管理学倾向于用科学、规范的方法和手段提高组织绩效和管理效率，为此采用了大量自然科学和社会科学的方法，形成了各种不同的专业操作理论，制定了严格的工作程序和精确的工作方法，并运用计算机进行多方面的管理以最大限度地提升管理效率。最后，应用范围不同。领导科学综合性强，适用于所有组织中承担了领导职责的领导者，有着普遍的指导意义。尽管如此，领导科学的研究内容还必须和现实活动中的具体内容有机结合才能发挥其成效。而管理学则表现出较强的专业特性。在适应社会多元分工的大环境中管理学也形成了各具特点、各有其运用的专业领域，如质量管理、人力资源管理、财务管理和市场营销管理等。如此，决定了两个学科之间的差异和不同。

3. 领导科学与政治学。政治学是研究政治关系及其发展规律的科学，以科学态度和科学方法从事研究，以探求政治关系的发展规律作为目标和任务。政治学研究的核心问题是国家政权问题，着重研究的是如何建设国家、管理国家的问题。因此，政治学与领导科学存在相关性，现代政治学是构成领导科学的学理基础之一。然而政治学的研究对象和研究方法与领导科学不同。从研究对象来看，政治学研究的是人类社会中的政治关系问题，领导科学研究的是人类活动中领导活动的基本规律。研究方法方面，马克思主义政治学的研究方法以唯物辩证法作为基本哲学原则，采用规范的分析手段，在注重客观事实，强调调查研究的基础上进行研究；领导科学则是在对领导活动的实践经验基础上进行的专门研究，科学化的同时突出艺术化的特点。

4. 领导科学和行政学。行政学又称行政管理学，主要研究国家行政机关及其官员依法管理国家事务、社会公共事务和机关内部事务的客观规律的科学。其研究的主体对象是行政机关，在我国即国务院和地方各级人民政府；研究的客体对象是国家事务、社会事务和行政机关的内部事务；行政管理学的根本目的在于探讨行政管理的客观规律，实现行政管理的科学化。从研究权力的规范化操作和管理效率而言，领导科学和行政管理学是一致的。但领导科学研究的重点在于人，在于领导者、被领导者和领导环境三者之间的互动关系；而行政管理学的研究重点注重国家行政机关的活动及其规律性，行政机关中的人并不是行政管理学研究的重点。因此两者之间存在联系又互有区别。

综上所述，领导科学与上述各学科之间在研究对象、研究范围、研究方法等方面既相互联系又相互区别。各学科不能涵盖领导科学的研究领域，也不能够取代它的作用。因此，领导科学具有独特的地位，对社会科学的发展有着重要的作用。

（五）领导科学部分分支学科的发展

经过多年的积累和不断探索，领导科学的发展已经基本形成体系并呈现出细分化的趋势。领导科学从学科领域而言，内部划分为许多分支学科，形成了多层次、多行业和多领域的学科体系。领导科学包括以下分支学科：

1. 领导基础理论分支。领导基础理论分支包括领导学、领导体制学、领导哲学、领导方法学、领导艺术、领导心理学和领导史学等。领导基础理论主要从理论角度研究领导活动的基本矛盾和基本规律。

2. 应用领导理论分支。应用领导理论与领导实践紧密结合，围绕具体领导活动的主要过程和主要方面，进行规律探索而形成相关理论，包括领导决策学、领导权力学、领导方法与艺术和领导绩效考评等。

3. 领导科学行业理论分支。将领导理论按照行业或部门特点展开的应用领导理论，包括政治领导学、行政领导学、军事领导学、企业领导学、科技领导学和教育领导学等，以适应在不同专业或行业中有效地开展领导活动。

4. 领导科学的层次理论分支。不同层次的领导活动包涵各种不同活动具有不同的特点，因此领导科学研究还包括国家领导学、省地领导学、基层领导学和乡镇领导学等。

二、领导科学的研究方法

大量的研究者使用了多种方法对领导科学展开研究，主要可分为定性方法和定量方法两大类。

（一）定性方法

定性研究方法是社会科学研究中普遍使用的方法，是对研究对象进行“质”的方面的分析，即运用归纳、演绎、分析、综合、抽象、概括等方法，针对事物的发生、发展、基本运行状态等方面，对现实中的各种现象及获得的材料进行思维加工，达到揭示事物本质和内在规律的目的。

领导科学研究中典型的定性方法是案例研究。案例研究是对特定领导者、领导活动或现象进行深入分析,获得有关领导规律的基本认识。案例分析通常以领导者丰富的实践为对象,以现实的领导情景、丰富的领导活动内容为领导科学研究提供大量的素材,为领导者提供在不同领导情景下的参考意见。

(二)定量方法

定量研究的目的是为认识社会现象的不同性质提供量的说明,通过量的研究了解事物的性质,或者通过量的分析了解某一社会现象各要素之间的数量关系。对于领导科学而言,定量研究是指运用概率、统计方法对领导活动中的各种现象、关系和过程等方面进行的研究,从而进一步准确把握领导活动发展的内在规律。

领导科学研究的典型定量方法是相关性分析方法。相关性研究用于衡量领导者的特性、精神能力或行为与各种领导效力的度量尺度之间的统计关系。

美国学者理查德·哈格斯形象地描述了领导研究的过程。在一种理论中,研究者就特定的领导特征或行为将如何系统地影响特定的领导效力尺度做出公开的预测。接下来,研究者按该理论的规定性收集领导评估和效力的数据,并进行统计分析来确定自己的预测得到了支持还是遭到驳斥。例如,假定研究者预测,支配性的人格特征(渴望控制他人)和可靠性的人格特性(作为一名可靠的、值得信赖的且努力工作的雇员)与其在电脑零售业中的销售业绩之间存在正向关联。研究者可以用书面人格测量方法评估商店经理的支配性和可靠性程度,接下来可以收集每个商店的年度销售成果,再做一项相关性研究来确定这三个变量之间关系的性质和强度。研究者接下来可能将研究结果发表在某一科学杂志上,以便其他研究者进一步收集能支持或驳斥原创性理论和成果的信息。公开预测各领导变量之间的交互关系、系统收集和处理数据、同行评议研究成果,都使理论成为科学研究的核心内容。随着研究者收集、分析和发表其关于某些理论的研究成果,理论不断得到修正。

第四节 学习领导科学的意义和方法

一、学习领导科学的意义

(一)学习领导科学是适应社会发展的必然要求

人类社会的发展已经证实,领导活动对经济和社会的发展发挥了至关重要的作用。早在古代,大量的思想和论著涉及国家治理、军事战争、发展经济等,无不与有效领导有关。许多著名的杰出人士也正是因为他们的领导才华和突出的功绩而名留青史，为后人所传颂。随着社会生产力的发展，人类社会不断进入新的发展时期。19 世纪中叶，西方的产业革命表明人类社会进入了以大机器生产为特征的工业经济逐步取代分散经营的传统的农业经济时代，引起了社会生产方式和生活方式的巨大变化。第二次世界大战以后，全球经济得以重新呈现繁荣的景象，生产力得到飞速发展，科技不断创新，带来了社会的不断进步，由此带动了科学研究的发展。领导科学也正是在这种环境中得以迅速发展，并逐渐形成了自己的学科体系。

当今社会正处在高速发展时期，科技进步日新月异，知识更新明显加快，通信手段实现了现代化，经济全球化趋势日益显著，形成了发展的有利外部环境；同时，组织规模日益扩大，结构复杂并且功能多样，给领导带来了许多问题。在这种变化的环境中，人们的生产方式、生活方式、教育模式、思维方式和价值观念正在发生重大变化，而领导观念、手段和方式等也必须适时地变革与创新，才能适应未来的挑战。学习领导科学的重要意义就在于与时俱进，根据面临的问题，在继承和发扬传统领导科学精华的同时，不断总结和丰富领导理论体系，充实并完善现有的领导科学体系，从而加强和改进现有的领导体系和领导方法，以更好地达成组织目标。

（二）学习领导科学是理论和实践相结合的需要

领导科学既具有很强的理论性，又具有很强的实践性。学习和研究领导科学的目的在于更新人们的领导观念，培养真正的领导者。从理论角度而言，学习和研究领导科学，可以对于深入了解领导活动的基本规律和发展趋势，帮助领导者从经验提升到科学，从感性认识发展到理性认识奠定基础；同时对于领导科学的学习有助于帮助领导者探索适合中国特色的领导科学理论。更重要的是，领导实践的创新又为领导科学研究提供了可供分析的素材和宝贵的经验教训。两者的有机结合和相互弥补，驱动了领导科学的发展与繁荣。

从我国的具体情况出发，坚持以马克思列宁主义、毛泽东思想、邓小平理论、“三个代表”重要思想、科学发展观、习近平新时代中国特色社会主义思想为指导，是我国社会主义现代化建设的根本，也是建设具有中国特色领导科学的出发点。为推进我国现代化建设的发展需要，必须努力探索符合我国特点的领导科学体系，正确认识和解决我国领导活动中各种复杂情况和问题，把握领导活动的本质和规律，阐明领导科学和艺术的有关理论、原则和方法，以更好地指导领导工作的正常开展，加快我国的现代化建设。同样，领导科学的学习和研究也必须从我国现代化建设的实际出发，在发展中积极探索，在解决问题中不断积累经验，在变化的环境中不断创新，以更好地总结和积累并形成理论的概括，从而有效地发展领导科学，服务于我国现代化建设的需要。

（三）学习领导科学是全面建成社会主义现代化强国的客观需要

党的二十大是在全党全国各族人民迈上全面建设社会主义现代化国家新征程，向第二个百年奋斗目标进军的关键时刻召开的一次十分重要的大会。二十大报告中对全面建成社会主义现代化强国两步走战略安排进行展望，重点部署未来5年的战略任务和重大举措，展现了一幅令人向往、催人奋进的壮美蓝图：展望2035年，我国经济实力、科技实力、综合国力大幅跃升，人均国内生产总值迈上新的台阶，达到中等发达国家水平；实现高水平科技自立自强，进入创新型国家前列；建成现代化经济体系，形成新发展格局，基本实现新型工业化、信息化、城镇化、农业现代化；基本实现国家治理体系和治理能力现代化，全过程人民民主制度更加健全，基本建成法治国家、法治政府、法治社会；建成教育强国、科技强国、人才强国、文化强国、体育强国、健康中国，国家文化软实力显著增强；人民生活更加幸福美好，居民人均可支配收入再上新台阶，中等收入群体比重明显提高，基本公共服务实现均等化，农村基本具备现代生活条件，社会保持长期稳定，人的全面发展、全体人民共同富裕取得更为明显的实质性进展；广泛形成绿色生产生活方式，碳排放达峰后稳中有降，生态环境根本好转，美丽中国目标基本实现；国家安全体系和能力全面加强，基本实现国防和军队现代化。从2035年到本世纪中叶，在基本实现现代化的基础上，再奋斗15年，把我国建成富强民主文明和谐美丽的社会主义现代化强国。

社会主义现代化强国的全面建成需要依赖一支具有创造力、凝聚力和战斗力的领导干部队伍。领导干部作为党和国家事业发展的“关键少数”，其素质高低直接决定着党的执政能力和领导水平。深入学习领导科学的基本理论和基本方法，掌握领导科学的基本能力是对新时代领导干部的基本要求，学习领导科学是我国全面建成社会主义现代化强国的客观需要。

【学习卡片】

全面建设社会主义现代化国家，必须有一支政治过硬，具备领导现代化建设能力的干部队伍。组织部门必须知责担责、知重负重，瞄准新征程新目标新要求，着眼现代化建设需要打造“铁军”队伍，为贯彻新发展理念、构建新发展格局提供坚强组织保证。

——节选自《求是》杂志发表的习近平总书记文章《新发展阶段贯彻新发展理念必然要求构建新发展格局》

(四)学习领导科学是造就高素质领导队伍的需要

党的二十大明确了新时代新征程中国共产党的使命任务,擘画了以中国式现代化全面推进中华民族伟大复兴的宏伟蓝图,凝聚起亿万人民共同为全面建成社会主义现代化强国而团结奋斗的磅礴力量。党的二十大报告指出,“全面建设社会主义现代化国家,必须有一支政治过硬、适应新时代要求、具备领导现代化建设能力的干部队伍。”习近平总书记在中央党校建校 90 周年庆祝大会暨 2023 年春季学期开学典礼上发表重要讲话时,再次重申了提升领导干部各方面本领的要求,强调要“重点提升领导干部推动高质量发展本领、服务群众本领、防范化解风险本领”,同时要“加强斗争精神和斗争本领养成”,着力增强防风险、攻难关、迎挑战、抗打压能力,不断提高专业化水平,更好胜任领导工作。

学习领导科学是领导队伍建设的重要途径。现代领导工作对领导者提出了更高的要求。理论方面,要求领导者必须了解领导科学的理论框架,掌握领导的基本知识,拓宽理论视野,加强理论思维,努力提高领导工作的水平;树立与中国式现代化建设相适应的科学领导观念,努力学习领导科学知识,尽快掌握领导中国式现代化建设所必需的各种知识和能力,提高实践能力;能力发展方面,学习与能力发展是紧密相关的。领导者只有努力学习,勇于实践,在实践中培养领导工作的基本技能,提升领导者的经验,感悟领导艺术,增强适应领导工作的信心与能力,才能适应中国式现代化建设过程中领导工作的需要。

二、学习领导科学的方法

学习领导科学,应当根据领导科学的学科特征选择适当而且有效的方法。领导科学作为一门理论性和实践性结合的学科,其综合性、应用性和动态性的特点要求必须采用以下方法,才能取得良好的效果。

(一)理论联系实际的方法

理论与实际相统一的学风,是马克思主义的基本原则,也是学习和研究领导科学的根本方法。从我国实际出发,学习和研究领导科学,必须以马克思列宁主义、毛泽东思想、邓小平理论、“三个代表”重要思想、科学发展观、习近平新时代中国特色社会主义思想为指导,把学习马克思主义关于科学领导的论述同深入研究领导工作的客观规律结合起来,要把学习研究领导科学同深刻领会党的路线、方针和政策结合起来,加深对党的路线、方针和政策的认识和理解,才能正确地确定领导目标并实施科学领导;要把学习研究领导科学同自身的领导工作实践结合起来,结合领导工作的实践经验和具体问题,在实践中学习,在解决问题的过程中努力提升,不断提高工作水平和领导能力,以适应领导工作的需要。

随着领导活动的不断发展变化，领导科学也得到了不断发展。尽管如此，领导科学依然是一门尚未完全成熟的学科，有许多现象和问题还有待进一步研究和探索，需要大量的领导实践来不断地补充和创造新经验，并且逐渐上升到理论，使领导科学得到不断充实和完善，以适应领导工作未来发展的需要。符合中国国情的领导科学的发展是至关重要的问题。我国社会主义的发展面临着许多新的问题，机遇和挑战并存。如何有效领导现代化建设有待于在实践中摸索，在理论发展中前进，因此，理论联系实际是学习和研究有中国特色领导科学的重要方法和途径。

（二）系统分析的方法

系统分析是运用系统论的观点分析领导活动的方法，是社会科学研究中的常用方法。系统分析方法是根据客观事物和人类活动所具有的系统特征，从事物的整体性质和整体功能出发，着眼于分析系统的构成要素、研究系统的内在结构、揭示系统的整体性质和整体功能并探究系统的外部环境，从而更好地把握与理解社会现象的一种分析方法。

在学习领导科学过程中运用系统分析方法，即将领导活动看作系统，从分析领导活动的构成要素入手，深入研究领导各要素的内部构成方式和联结方式，把握领导活动的性质和功能，探究改变领导活动的方式方法，以提高领导活动的工作水平和绩效。系统分析方法同时通过探究领导外部环境中各种因素对领导活动的影响，分析领导活动与环境之间的关系，确保领导活动的顺利开展。采用系统分析方法可以保证对领导活动的整体性、系统性和复杂性的把握，便于对领导活动的各个要素和内在运行规律的正确认识，以提高对领导科学的理解和掌握。

（三）案例分析的方法

案例分析方法是通过对特定的环境、客观条件、具体领导活动的状况和领导者的行为进行再现，提出相应的分析和评价的研究方法。案例分析的目的在于提出解决问题的可行方案，供人们参考，因此它已成为领导经验研究的重要方式。由于环境因素和主观条件的影响，任何领导活动的发生和发展都不尽相同，同样的状况也不能够完全重现，但其中的经验教训往往可以成为后人的前车之鉴。

在我国丰富的文化遗产中，蕴含了大量的领导思想、智慧和经验，如《周易》中的领导哲学、《孙子兵法》中的领导思想、李世民的“君臣民共治”观念以及商鞅变法、三国谋略、近代孙中山的领导风范等，直到今天仍然可以为后人带来可供参考的内容和方法，并且不少依然在发挥着重要作用。对这些重要思想和经验进行认真研究，去粗取精、去伪存真，将会从中得到许多值得借鉴和继承的东西。

西方一些发达国家经历了长期的社会大生产实践，在社会、经济、政治等方面积累了丰富的领导经验，并且已经形成了领导科学的体系和结构，成为学习领导科学的重要理论基础。许多国家的政治制度和领导机构改革、大型跨国公司的管理与领导模式改革案例也可成为领导科学分析和研究的对象，提供了可尝试的途径和启示，为更加深刻地认识领导活动奠定了基础。

（四）比较研究的方法

比较研究方法是人们认识客观事物的基本思维方法。人们认识事物常常是从区分事物开始的，通过对不同事物或同一事物在不同历史时期、不同客观环境条件下、不同国家、不同地域等进行比较，从中找出共同点和不同点以及运行发展的规律性特点，以研究事物的普遍现象和客观规律。

领导科学的比较研究方法是在研究和学习不同国家、不同地区、不同文化背景和不同社会发展阶段条件下领导活动的发生、发展的基本规律，以区分不同的领导模式、探索领导活动的发展和变化的趋势，并对领导科学的各种理论进行检验和发展，便于不同国家、不同组织领导活动的相互借鉴和相互比较。中国的现代化建设与其他国家相比有着自己独特的发展条件和环境，也有着不同的问题和矛盾。其他国家的领导理论和领导实践，特别是西方发达国家的成功领导经验，可以给我国的领导实践提供借鉴并带来启发，有助于我们更好地认清客观环境，根据具体情况选择可行的领导路线、方针和政策。

（五）实证研究方法

实证研究法是认识领导活动客观现象，提供科学、有用、精确的领导科学知识的研究方法，其重点是研究领导现象本身“是什么”的问题。实证研究法试图超越价值判断，致力于揭示客观领导现象的内在构成因素及普遍联系，归纳概括领导现象的本质及其运行规律。实证研究方法的研究步骤通常包括：第一，确定所要研究的领导活动对象，分析研究对象的构成因素、相互关系以及影响因素，搜集并分类相关的事实资料。第二，设定假设条件。研究对象的行为是由其特征所决定的，必须对某一理论所使用的条件进行设定。运用实证研究法研究问题，必须正确设定假设条件。第三，提出理论假说。假说是对于领导现象进行客观研究所得出的暂时性结论，也就是未经过证明的结论。假说是对研究领导活动的经验性概括和总结，但还不能说明它是否能成为具有普遍意义的理论。第四，验证。在不同条件和不同时间对提出的假说进行检验，用事实检验其假设正确与否。采用科学的计量模型、统计方法、统计工具等进行研究假说的验证，最终得出领导活动规律的有效结论，进而补充和完善领导科学的研究成果。

课程思政学习专题

中国共产党领导理论的发展

在党的领导历史进程中形成的基本经验分为四个阶段进行阐述。

第一阶段:党的领导理论在新民主主义革命时期的发展

党在领导新民主主义革命的进程中,十分重视把党的领导作为完成党的中心任务的关键环节。党中央先后作出一系列决定,如《关于调查研究的决定》《关于领导方法的决定》《关于统一抗日根据地党的领导及调整各组织间关系的决定》等。毛泽东同志在《关心群众生活 注意工作方法》《实践论》等一系列著作中,提出了许多重要的思想观点,如"没有调查,没有发言权""既要弄清思想,又要团结同志""从群众中来,到群众中去""善于当'班长',学会'弹钢琴'""要胸中有数"等。

第二阶段:党的领导理论在社会主义建设时期的发展

新中国成立后,党成为执政党,更加重视党的领导工作。党中央陆续作出一系列重要决定和指示,如《中共中央关于开展反对官僚主义、反对命令主义、反对违法乱纪的指示》《关于增强党的团结的决议》等。毛泽东同志在《不要四面出击》《工作方法六十条》等重要著作中,提出许多符合实际的思想方法和领导方法,如抓住重点;抓两头带中间;以真正平等的态度对待干部群众;多谋善断;大兴调查研究之风;先民主,后集中,从群众中来,到群众中去等。

第三阶段:党的领导理论在改革开放新时期的发展

党的十一届三中全会之后,党中央从拨乱反正和改革开放的需要出发,相继作出一系列重要决定和指示,如《关于党内政治生活的若干准则》等。邓小平同志在《坚持党的路线,改进工作方法》等一系列著作中,提出许多重要的思想观念、领导与工作方法,如注意工作方法,克服官僚主义等。党的十三届四中全会以来,党中央从改革开放新阶段的实际出发,通过《关于加强统一战线工作的通知》《中共中央关于加强党的建设几个重大问题的决定》等重要决定,开创了党的领导工作的新局面。江泽民同志在《为把党建设成更加坚强的工人阶级先锋队而斗争》等著作中,提出一系列重要而精辟的关于党的领导的思想观点,如改善党的领导方式;不断创新,与时俱进等。党的十六大以来,党中央从新世纪的形势和任务出发,作出一系列重要指示,如《中共中央关于加强党的执政能力建设的决定》等,党的领导工作方兴未艾。胡锦涛同志在《群众利益无小事》等一系列著作中,提出许多重要而精辟的关于党的领导的思想观点，如居安思危，增强忧患意识；进一步完善党的领导体制和领导方式；按照总揽全局、协调各方的原则；解放思想，改革创新等。

第四阶段：马克思主义党的领导理论中国化在中国特色社会主义新时代的发展

党的十八大以来，党中央从新时代的形势和任务出发，作出一系列重要指示，如《中共中央关于全面深化改革若干重大问题的决定》《中共中央关于全面推进依法治国若干重大问题的决定》等，党的领导工作进入新时代。习近平同志在《努力造就一支忠诚干净担当的高素质干部队伍》《全党必须始终不忘初心牢记使命 在新时代把党的自我革命推向深入》等重要著作中，提出一系列关于党的领导的思想观点，如坚持依法治国和以德治国相结合；解放思想，勇于突破，大胆试，大胆闯，自主改；在常学常新中加强理论修养，在知行合一中主动担当作为；增强推进党的政治建设的自觉性和坚定性等。

上述四个阶段，党的领导理论积累了丰富的经验。这些基本经验，来之不易，弥足珍惜，必须作为加强党的领导的重要指导原则长期坚持，并在实践中不断丰富发展。

资料来源：张世飞．中国共产党领导学的科学体系[J]．湖南社会科学，2023(5):45-51.

本章小结

领导是领导者率领、引导、激励和协调被领导者，在特定环境下努力实现组织预定目标的行动过程。领导的特点包括系统性、动态性、权威性、预见性、综合性和服务性，领导的本质是由领导活动的本质属性决定的，包括自然属性和社会属性，领导的要素包括领导者、被领导者和领导环境，领导这一社会活动过程，是通过领导者、被领导者、领导环境之间相互作用、相互影响而实现的，是领导者和被领导者之间在特定情境下发生相互关系的过程。领导的职能包括指挥和引导、激励和鼓舞、组织和协调及决策和规划。领导与管理是不同的概念，有着不同的内涵和功能，但又相互联系彼此补充。领导科学是系统研究领导活动基本规律和一般方法的科学，是有关领导实践的知识体系和理论体系，是将领导科学和领导艺术有机结合的整体。领导科学研究具有综合性、应用性和动态性的特点。学习领导科学是适应社会发展的必然要求，是理论和实践相结合的需要，是我国全面建成社会主义现代化强国的客观需要,是造就高素质领导队伍的需要。学习领导科学的方法包括:理论联系实际的方法、系统分析的方法、案例分析的方法和比较研究的方法。

思考题

1. 什么是领导?为什么人们对领导有不同的认识?
2. 为什么要关注领导的性质?
3. 为什么领导既是一门科学又是一门艺术?
4. 简要分析领导和管理的区别和联系。
5. 学习领导科学的意义和方法是什么?

教学实训

一、背景资料

繁忙的领导

张常青是位大忙人,他一身兼二职,是总公司的总经理兼党委书记。由于是本市的优秀企业家,他还兼任了不少社会职位,重要的有市人大代表、市工商联副主席、市企业家协会副会长等。张常青所在的企业产品销量、经济效益在同行业中名列前茅,这同张常青的工作密不可分。四年前,企业严重亏损,张常青走马上任,企业第一年就扭亏为盈,第二年各项技术经济指标恢复到历史最高水平。从去年开始,企业的经营状况又跃上一个新台阶,现在正紧锣密鼓,为企业的股票在沪市上市、发行紧张地做着各项准备工作。

下午4:00,他坐在办公室里,看着记事本,心中盘算着明天上午的工作安排。记事本上记载着,明天上午有四件事要他参加和处理:

1. 上午9:00。省发改委的王处长带着一批相关处室的干部到公司视察工作,听取关于企业重组、股票上市的准备工作进展情况的汇报。张常青准备乘此机会提出一些企业自身难以解决的问题,请主管领导给予帮助和组织协调。前天公司领导班子成员碰头时,商定由张常青主持汇报会,主管经营的刘副总经理负责汇报本公司的工作。

2. 上午9:00。德国某大公司的副总裁要到公司来,跟张常青谈判一个重要的合资项目。这个项目已谈了半年多,双方意见已相当接近。这次副总裁专程到来,将对合资中的一些主要问题如双方出资比例、技术转让、产品返销率等进行最后"敲定"。如果谈判顺利有可能在本周签订协议。张常青去年去德国考察访问时同这位副总裁有过交往,成了朋友,彼此有一定了解,这次德国的企业让这位副总裁来谈判和签约就充分考虑到了人际关系这个因素。

3. 上午8:30是每周一次的公司会议。按常规张常青要出席并主持会议。这次会议的主要议程是讨论一项技改项目的实施方案,这个技改项目对提高产品档次、质量及降低物料消耗有重要作用,对企业发展的后劲关系很大。经过较深入的研究,这个技改项目在技术上完全可行,技改经费拟准备从股票发行筹集到的资金中解决。现在要讨论这一项目的具体实施方案:如何缩短施工安装周期,如何使生产同技改衔接,以及维修配件、人员培训如何同步等。已确定由周总工程师向会议报告初步的实施方案(事先已在公司的核心领导小组会上议论通过),目的是听取各方面代表的意见和建议,以便进一步完善这一实施方案。

4. 慰问伤员。公司里有位销售副科长出了车祸受伤住院。这位销售科干部是公司里的"有功之臣",为企业打开西南地区产品销售市场做出过不小的成绩,这次又是因公受伤,所幸还不会致残,而且伤势已经稳定。张常青历来很关心本公司职工的生活疾苦,所以这次准备亲自去医院探视和慰问,已请公司办公室准备好了鲜花、慰问品及慰问金。

张常青考虑,这几项工作都挺重要,但时间上有冲突。正在这时,公司办公室又来电话告知,市里来催要一个关于改制上市方案的最后修订方案,明天上午必须送去。这个修订方案,经公司讨论后由总会计师负责修订,因工作量很大,今晚加班,明天早上才能打出正式文件。公司办公室主任说,这个修订方案有几处重要的修改,为慎重起见,在明天上午送走以前要请张总经理最后过目审定。张常青听后心想:又多了一件要办的急事。这么多事,都要张常青参加,一个人分不开身,怎么办呢?这种情况张常青经常遇到,有着丰富的处理经验。他不慌不忙,心中盘算着:什么事该急着办,什么事可以改期或拖延一下;什么事必须亲自参加,什么事可以授权别人代为处理。不一会儿,他脑中就有了安排的方案。

二、教学组织:

1. 教师将学生划分成小组。

2. 学生自主阅读背景材料,进行讨论,完成小组方案。

3. 教师组织小组展示小组方案。

4. 各小组针对其他小组的方案进行质疑和答疑。

三、问题讨论：

1. 假如你是张总经理，你应当怎样来处理工作呢？请给出具体的方案。
2. 你认为领导活动的主要内容是什么？

第二章 2

领导理论

学习目标

领导理论是人类对领导活动进行研究的经验总结和智慧结晶。通过本章学习,要求了解领导理论的发展历程,认识各具代表性的领导理论学派和观点,理解中国领导科学研究和发展的现状。

引导案例

马化腾的权变领导

腾讯计算机系统有限公司(以下简称“腾讯”)成立于1998年11月,于2004年6月在香港联交所主板公开上市。腾讯公司雄踞国内互联网企业三甲,是中国服务用户最多的互联网企业,其产品和服务包括社交通信服务、游戏平台、网站以及网络视频等。

大学之前的成长经历使得马化腾有着沉静的一面,塑造了他不善与人交流但能静心做事的性格特点。而大学生活磨砺了他现实主义的一面和特有的领导潜质。在处理问题时,他尊重他人,善于站在中立的视角看待问题,这使他逐渐成为小团体的核心,为之后的领导生涯奠定了基础。马化腾的性格特征可以用‘稳重沉静、通权达变”形容,他的领导方式稳重严肃,但又懂得变通,不墨守成规,透露出权变的领导思想。

1. 马化腾的早期领导行为

在腾讯的初创期,技术出身的马化腾担任产品体验官和架构师的角色。重视客户体验是马化腾反复强调的,他经常坐在电脑前研究产品,一度被腾讯的员工誉为最佳产品体验官。马化腾会试用腾讯的所有产品和服务,以普通网民的身份去感受并对很多细节提出改进建议。他曾在深夜给腾讯的同事打电话,告诉对方网站上有一个错字。在腾讯邮箱的初创阶段，马化腾的产品体验官角色也发挥了重大作用，400 多个创新点有 300 多项是由马化腾发现和提出的。他反复使用腾讯邮箱，在与研发团队的沟通过程中，拒绝使用除腾讯邮箱之外的通信工具。受马化腾的影响，腾讯自上而下形成了不成文的规定，各负责人长期以用户身份体验公司的产品和服务。产品之外马化腾对工作效率的要求也颇为严格，使得腾讯上至高层管理者下至普通员工对问题的处理都很及时。在保证合理性的前提下，新项目的立项速度非常快，最快的一次从项目提出到形成项目的详细方案仅用了 18 个小时。他对于产品的实用性和商业价值有着天生的敏锐感，使他能抓到企业发展的核心要素。腾讯创立之初，马化腾充当架构师的角色，成功把握住了腾讯的发展战略，打通了腾讯逐步壮大的路径。

2. 马化腾的当期领导行为

伴随腾讯的快速成长，马化腾的领导风格表现出不同之处。与之前的内敛低调相比，他更加开放，偶尔接受媒体采访，更多地打开自己，重视沟通和表达，重视愿景的作用和对员工的精神激励。这一时期，马化腾的管理角色更多是企业的精神领袖。“要把腾讯做成一个受人尊重的企业”，是马化腾在当期的领导中反复提起的一句话，也是他为所有腾讯员工塑造的愿景。他还赋予员工明确的发展方向，“就像日常生活中人们对水和电的依赖一样，我们要做成互联网上的水和电”，他总是反复与下属强调这种方向感。马化腾精神领袖的角色还体现在他对团队建设的重视上。首先，他能够听取不同观点，使腾讯一直保持着民主决策的风格；其次，他更加关注员工需求，会切实考虑员工的福利，从精神上激励员工。例如，每年春节之后的开工日，他会拉着箱子给近 5 000 名腾讯员工派发红包。

马化腾的领导风格在企业发展的不同阶段有所变化。早期，他的领导风格更加关注工作和效率，更多地表现出交易型领导的行为特征。而随着腾讯的持续成长，马化腾变得更加开放，在关注工作之外，加强了对员工激励、知识分享、合作创新的重视，更多表现出变革型领导的行为特征。这种转变并不是对原有领导风格的颠覆，而是侧重点有所转移。

马化腾早期的领导行为侧重于交易型领导，当期的领导行为则更偏向变革型的领导风格。他立足变革，关注长远，强调愿景和企业发展的方向感，注重灵活创新，重视对员工的精神鼓舞，这些领导行为使得员工能够意识到自己工作的价值，激发他们的活力和创造力。

资料来源：刘静，李朋波. 马化腾领导风格演变对腾讯企业文化塑造的影响研究：基于领导权变理论的视角[J]. 中国人力资源开发，2015(20)：99~104.

领导理论的发展反映了人们对领导活动的理性认识和领导研究的最终成果。从古到今，人们从不同角度对领导活动进行概括和描述，形成了不同时期、不同特色的领导理论，指导人们开展实践，推动了领导工作的发展。本章将按照时间顺序简要介绍国外和国内领导理论的发展状况。

第一节 领导理论发展概述

领导活动自古有之。在人类社会的漫长发展过程中，通过浩瀚的历史记载，我们可以发现许多有关领导的记述和思想。领导活动从人类的共同劳动中产生，随着社会分工的发展而发展。关于领导问题的研究一直是人们所关注的诸多问题之一，然而受到实践和认识上的种种限制，直到领导科学出现之前尚未形成独立的研究学科和领域，与社会、国家、政治和经济等多种活动缺乏密切结合。从人类社会发展的历史轨迹来看，领导活动大致经历了原始社会的民主领导、奴隶社会和封建社会君主专制的家长制领导、资本主义社会的民主领导和社会主义社会的民主领导等多种发展类型。在漫长的历史岁月中，古今中外的统治者、领导者、政治家和军事家等通过对社会现象和活动的观察分析，总结了大量领导活动的体会或经验，包括许多根据自己的、前人的成败得失进行的大量相当深度的分析和研究，提出了丰富宝贵的领导思想和领导理论，也成为领导科学发展的重要思想基础。

一、中国领导思想的发展

（一）中国古代领导思想的发展

中国作为历史悠久的文明古国，从有文字记录的历史开始就有有关领导的记载。中国历史上记载的领导思想所研究的内容，涉及领导哲学、理想社会模式、治国方略、领导职能、施政方针、领导环境、领导关系、政治权术、领导方式方法手段艺术、领导素养及领导效能、领导体制与领导制度理论等方面。

中国经历了五千年的风云变幻、大规模经济开发、波澜壮阔的政治斗争、你死我活的军事交战和各具特色的科学文化发展……这些都为领导实践提供了丰富的社会基础和实践平台，带来了中国领导思想的发展。从商周一直到清王朝，“大一统”和“君权至上”的封建主义领导管理思想始终是中国古代领导管理思想的主流。

先秦时期，中国经历了夏、商、西周、春秋战国等不同阶段，成为中国领导思想形成和逐渐繁荣发展的阶段，以《尚书》中记载夏商的神权与王权统一思想到西周的君权神授统治、周公的敬德保民思想、姜尚的治国韬略、《易经》中的领导哲学等为标志。

战国时期出现了儒、法、道、墨、阴阳、纵横、杂家等诸子百家，也出现了孔子、孟子、荀子、商鞅、韩非、老子、庄子和孙子等思想家，各种学派、各种观点既互相批判又相互吸收融合，形成了中国古代思想史上“百花齐放、百家争鸣”的繁荣局面，对中国领导思想产生了重大而深远的影响。这一时期形成的儒家和法家思想成为中国历朝历代统治者的基本治国方略。

儒家主张实行礼治、德治、仁政、王道，其核心是主张“以德治国、以德服人”，通过“德治”达到天下太平，国泰民安。儒家思想主要依靠君主和各级官吏个人的能力品德来治理国家，忽视法制的作用，将国家的兴亡、民族的安危祸福寄托在个人或少数人，即明君、贤臣、清官、廉吏的身上；儒家主张礼治，提倡伦理至上，以德治国，主要方法是礼仪教化、等级名分、典章制度、行为规范等，将道德政治化、政治伦理化，把伦理纲常作为治国的根本，把修养教化作为管理社会的主要手段；儒家思想强调统治者要修身正己、廉洁自律、以德服人，要有爱民之心，爱民恤民，使百姓安居乐业。

法家主张法制、霸道，实行“法治”，强调暴力统治，其核心是凭借严峻的刑法来实现国家大治。法家重视法制，认为人性本恶，用说服教育的方法不可能使百姓归顺，只有靠严厉的法治才能统治国家；法治通过重法严刑加以实现，通过立法、普法、执法，实施君主专制和独裁；重视权势和权术的运用，积极变法；重视法制队伍建设。到了汉武帝时期，董仲舒以儒家路线为基础，以法家路线为辅助，兼采道家的合理思想，奠定了中国封建社会统治思想的基本格局。儒家和法家虽然在治国主张上根本对立，但在长达两千多年的封建统治过程中，历代的统治者把两者作为工具结合起来运用，外儒内法，儒法相济，德刑相辅，根据统治的实际需要交替使用这两种思想，以巩固和维护其统治，形成了中国独特的传统文化。

秦汉三国时期，秦始皇完成了国家统一后，建立了专制主义的封建体制，确立了中央集权的政治制度和官僚机构，开始了“皇权至上，依法治国”的实践，实行专制独裁；西汉刘邦通过深刻总结秦朝灭亡的历史教训，确定和实践了“与民休息”的治国方针，提出了“重用人才，发挥其长”的用人思想，为西汉的发展奠定了基础；董仲舒提出的政治和文化的“大一统”理论为封建君主统治天下奠定了理论基础，“天人合一”的政治主张神化了君权，强化了君主专制，他所主张的德治主义思想确立了中国古代“趋善求治”政治文化的基本模式；汉武帝刘彻在位期间，励精图治，深谋远虑，知人善任，尊儒重法，整治吏治，加强集权，统制经济，形成以“文治武功”为特色的治国之道，将儒家思想提升成为领导思想的主流，对我国传统的领导思想产生了重大的影响；三国魏晋南北朝时期，曹操以其重视谋士、广纳百言，严明法纪和“唯才是举，用天下之贤”的主张大力实施政治和经济改革，对北方的安定和经济恢复发挥了重要作用；诸葛亮以“选贤任能、知人善任”的用人方略，“法主德辅，科教严明”的治军策略，“鞠躬尽瘁，唯贤唯德”的高尚人格，成为后人的榜样。

隋唐宋时期是中国封建社会的鼎盛时期，其中隋文帝“以仁行政”的治国之道主要体现在改革行政制度、广纳优秀人才、德法并重、崇俭戒奢和发展经济等方面；唐太宗李世民的“君舟民水、安人宁国”的重民思想，“为政之要，唯在得人”的用人之道，广开言路、虚怀纳谏的开明作风，“君臣合契，共理百姓”的共治观念使他成为中国历史上最杰出的政治家之一；北宋政治家司马光强调君主三德“仁、明、武”是治国安邦造福百姓的条件，用人标准要坚持“德才兼备，以德为帅”，治国之策在于“宽政养民，信赏必罚”。他主持编写的《资治通鉴》所载史实几千年，以“究天人之际，通古今之变”的笔触，总结中国历朝历代兴衰成败的经验教训，内容丰富，纲目清晰，从权变思想、用人观念、价值取向等方面提出了符合历史发展的有价值的观点，其中有许多关于领导方面的论述为后来的历代统治者和政府官员所必读，成为中国政治思想的集中体现。

明清时期是中国封建社会进入极端发展的时期，也是日趋没落的时期。此时社会矛盾、阶级斗争、民族冲突、外来入侵等交织在一起加速了封建社会的灭亡。明朝朱元璋借鉴历史经验，提出了“严于治吏，明于用贤，宽以养民，外儒内法”的主张，实行政治、军事、管理方面的改革，努力恢复和发展社会经济，高度强化中央专制集权，为明朝的发展奠定了基础。康熙作为“康乾盛世”的开创者，提出了“宽仁为本、以德服人、尚德缓刑”的主张，他励精图治，任贤选能、奖廉罚贪，好学敏求，勤政务实，为后人留下了丰富的治国经验。

（二）中国近代领导思想的发展

近代中国，面对西方资本主义国家的日益强盛和科学技术的发展，以曾国藩、李鸿章等为代表的洋务派开始摒弃传统的“闭关锁国、妄自尊大”的陈腐观点，主张向西方学习，改变中国在经济、军事和科学技术领域的落后现状。曾国藩主张“端本清源，以礼治国，王霸并用，刑德兼施”。他深知人才对于江山社稷的重要，因此强调“知人善任，唯才是举”。以王韬、郑观应、康有为、梁启超等为代表的资产阶级维新派，以变法改制为主张，希望通过改革封建专制政体，建立君主立宪制，发展资本主义。他们宣传资本主义民主思想，号召建立议会政治，主张变革，实现平等，改造国民，提高民众素质。

辛亥革命以后，西方近代民主科学的思想传入中国，启发了中国的思想界。但在实践上，君权至上的传统仍然居于统治地位。以孙中山为代表的近代资产阶级民主革命派提出了反对封建专制，主张以民为主的革命思想治理国家。孙中山颠覆了封建社会的君民关系和等级观念，提出了"主民官仆"的国民公仆思想，他注重人才培养，建立制度选拔人才，运用任用与监督并重等原则，形成了"人尽其才"的用人思想。孙中山先生以其宏伟的气度、坚强的意识、无畏的精神、天下为公的主张博得了世人的敬仰，成为近代中国领导思想的代表。

（三）中国现代领导思想的发展

十月革命和五四运动后，马克思主义传入中国。中华人民共和国建立至今，在中国革命和建设的实践中，以毛泽东同志、邓小平同志、江泽民同志、胡锦涛同志、习近平同志为代表的中国共产党人，创造性地把马克思主义基本原理运用于中国革命、发展和建设中，并创新性地提出符合新中国特点的、崭新的领导理念和方法，用以指导、推动国家的发展和社会的进步。

2021 年，中国共产党建党 100 周年。中国共产党从其诞生之日起就始终以先进的科学理论作为自己的指导思想，以马克思列宁主义、毛泽东思想、邓小平理论、"三个代表"重要思想、科学发展观、习近平新时代中国特色社会主义思想作为自己的行动指南，成为中国共产党思想建设、政治建设、组织建设、作风建设、文化建设、制度建设和反腐倡廉建设的理论基础。

马克思列宁主义：十月革命和五四运动后，马克思主义传入中国。1921 年中共一大，将"马克思列宁主义"作为自己的指导思想。中国共产党创造性地将马克思主义基本原理同中国革命、建设和改革的具体实际相结合、同中华优秀传统文化相结合，坚持马克思主义的同时，又发展马克思主义。

毛泽东思想：新民主主义革命时期，以毛泽东同志为主要代表的中国共产党人，把马克思列宁主义的基本原理同中国革命的实践相结合，创立了毛泽东思想，经过北伐战争、土地革命战争、抗日战争、解放战争，带领中国人民浴血奋战，成功开辟了农村包围城市、武装夺取政权的中国革命道路，打败日本帝国主义，推翻国民党反动统治，推翻帝国主义、封建主义、官僚资本主义三座大山，建立了人民当家作主的中华人民共和国，实现了中国从封建专制政治向人民民主的伟大飞跃，为实现中华民族伟大复兴创造了根本社会条件。1945 年中共七大将"毛泽东思想"写入党章并确立为党的指导思想。

邓小平理论：改革开放和现代化建设时期，以邓小平同志为代表的中国共产党人总结新中国成立以来的经验，借鉴世界社会主义历史经验，解放思想，实事求是，做出把党和国家工作重心转移到经济建设上来、实行改革开放的历史性决策，明确提出走自己的路、建设中国特色社会主义,深刻揭示社会主义的本质,确立社会主义初级阶段基本路线,科学回答了建设中国特色社会主义的一系列基本问题,实现了从计划经济体制到社会主义市场经济体制、从封闭半封闭到全方位开放的历史性转变,制定实现社会主义现代化的发展战略,成功开创了中国特色社会主义,为实现中华民族伟大复兴提供了充满新活力的体制保证和快速发展的物质条件。1997 年中共十五大将“邓小平理论”写入党章并确立为党的指导思想。

“三个代表”重要思想:党的十三届四中全会以后,以江泽民同志为代表的中国共产党人坚持党的基本理论、基本路线,加深了对什么是社会主义、怎样建设社会主义和建设什么样的党、怎样建设党的认识,形成了“三个代表”的重要思想,在国内外形势复杂、世界社会主义面临严峻考验面前捍卫了中国特色社会主义,确立了社会主义市场经济体制的改革目标和基本框架,确立了社会主义初级阶段的基本经济制度和分配制度,开创了全面改革开放新局面,推进党的建设新的伟大工程,成功把中国特色社会主义推向 21 世纪。2002 年中共十六大将“三个代表”重要思想写入党章并确立为党的指导思想。

科学发展观:党的十六大以后,以胡锦涛同志为代表的中国共产党人在全面建设小康社会进程中推进实践创新、理论创新、制度创新,深刻认识和回答了新形势下实现什么样的发展、怎样发展等重大问题,形成了科学发展观,抓住重要战略机遇期,聚精会神搞建设,一心一意谋发展,强调坚持以人为本、全面协调可持续发展,提出构建社会主义和谐社会,着力保障和改善民生,促进社会公平正义,推动建设和谐世界,推进党的执政能力建设和先进性建设,在新的形势下坚持和发展了中国特色社会主义。2007 年中共十七大将“科学发展观”写入党章,2012 年中共十八将其大确立为党的指导思想。

习近平新时代中国特色社会主义思想:党的十八大以来,以习近平同志为代表的中国共产党人,从理论和实践结合上系统回答了新时代坚持和发展什么样的中国特色社会主义、怎样坚持和发展中国特色社会主义这个重大的时代课题,创立了习近平新时代中国特色社会主义思想。

习近平新时代中国特色社会主义思想具有鲜明突出、一以贯之的主题,即坚持和发展中国特色社会主义。习近平新时代中国特色社会主义思想,涵盖新时代坚持和发展中国特色社会主义的总目标、总任务、总体布局、战略布局和发展方向、发展方式、发展动力、战略步骤、外部条件、政治保证等基本问题,并根据新的实践对经济、政治、法治、科技、文化、教育、民生、民族、宗教、社会、生态文明、国家安全、国防和军队、“一国两制”和祖国统一、统一战线、外交、党的建设等各方面做出理论概括和战略指引,蕴含着系统丰富的内容,体现了包括战略思维、历史思维、辩证思维、创新思维、法治思维、底线思维在内的严整的思维逻辑体系，反映了理论逻辑与实践逻辑的有机统一，是指导我们党治国理政、执政兴国的科学理论体系。

习近平新时代中国特色社会主义思想，坚持马克思主义立场观点方法，坚持科学社会主义基本原则，科学总结世界社会主义经验教训，提出了一系列具有开创性意义的新理念新思想新战略，内容丰赡，思想成熟，系统完整，体现了理论逻辑、实践逻辑、历史逻辑的集成统一，彰显了科学体系，以崭新的思想内容丰富和发展了马克思主义，是当代中国马克思主义、21世纪马克思主义。2017年中共十九大将"习近平新时代中国特色社会主义思想"写入党章并确立为党的指导思想。

2022年，中国共产党第二十次全国代表大会在人民大会堂胜利召开，习近平总书记做的党的二十大报告，站在关键在党、关键在人的高度，对深入推进新时代党的建设新的伟大工程作出全面部署。报告指出，全面建设社会主义现代化国家，必须有一支政治过硬、适应新时代要求、具备领导现代化建设能力的干部队伍。推进中国式现代化是一项前无古人的开创性事业，必然会遇到各种可以预料和难以预料的风险挑战、艰难险阻甚至惊涛骇浪，习近平总书记强调"要增强斗争本领""注重在严峻复杂斗争中考察识别干部"。同时，习近平总书记在学习贯彻党的二十大精神研讨班开班式上强调，要加强能力提升，让领导干部特别是年轻干部经受严格的思想淬炼、政治历练、实践锻炼、专业训练，在复杂严峻的斗争中经风雨、见世面、壮筋骨、长才干。

伴随中国现代企业制度的建立，西方现代领导思想流派和实践模式涌入中国，被中国企业和企业家们接受和吸纳，并进一步内化为具有中国特色的领导观念和领导方式。科学有效的领导助推，使中国涌现出阿里巴巴、腾讯、华为、百度等一系列领导有序、发展迅速的中国式企业。同时，中国企业的领导实践经验也进一步丰富了现有领导理论和研究结论。积极有序的领导实践为中国领导学的发展提供了极为有利的环境和条件，同时也成为提高领导水平和艺术的重要基础。

二、西方国家领导思想的发展

历史学家的研究表明，约公元前9000年，人类就已经组成氏族和部落，出现了萌芽状态的管理。从古巴比伦人的《汉穆拉比法典》、古希腊人的城邦管理、罗马帝国时期的中央集权制等管理实践，到军事家居鲁士、亚历山大大帝、汉尼巴尔及恺撒大帝，在军事战略、指挥控制等方面都做出了突出的贡献；从柏拉图的《理想国》、亚里士多德的《政治学》、莫尔的《乌托邦》、马基雅维利的《君王论》、孟德斯鸠的“三权分立”学说，到卢梭的《社会契约论》和“天赋人权”思想等，都从不同的侧面，对人类社会领导活动及其产生发展的过程、社会领导体制和领导结构等问题做了一定的研究和论述。尽管尚未上升为系统的理论，或者受社会阶级的局限而未得出科学的结论而形成有效的理论体系，但这些实践和思想为后来领导理论的发展奠定了思想基础。

(一)古代领导思想的发展

古代西方世界，从古埃及、巴比伦到希腊、罗马，已经出现了灿烂的文明，其大规模的水利工程和战争等都是在大规模管理组织形式下完成的。约公元前5000年，苏美尔人创制并使用楔形文字为了管理而记录账目；约公元前4000年，古埃及人以非凡的领导和管理能力，建造了大批金字塔，并且发展了规模庞大的灌溉系统和运河，基督教的《圣经》集中反映了古埃及人的管理思想……在社会经济、政治、法律和军事活动的不断发展和推动下，领导思想也逐渐发展起来。

(二)近现代领导思想的发展

中世纪早期，许多思想家围绕管理特别是领导者的品质和领导方式展开研究，突出计划、组织和控制等方面的内容。如威尼斯兵工厂的计划合同安排、成本控制决策、内部组织机构的平衡及构建有效的控制系统等。随着西方产业革命的发展和资本主义的兴起，由于工厂制度的需要，管理作为一种独立的活动成为被研究的对象。从管理职能的提出，计划和决策、指挥和领导、人事活动等方面的观点开始得到宣传和推广。领导作为管理的重要职能引起更多的关注，其中苏格兰经济学家肯尼汉特别强调领导的作用，亚当·斯密、纽曼、约翰·穆勒、马歇尔等人集中提出了管理人员所需要的品质的相关论述。

19世纪末20世纪初管理学成为独立学科。1911年，美国工程师泰罗发表了《科学管理原理》一书，标志着管理从经验管理发展到科学管理时代，现代管理思想的产生推动管理学向科学化和规范化方向发展并建立了许多分支学科，诸如企业管理、工程管理、行政管理和经济管理等，还创立了一系列的管理理论和管理方法。领导作为管理的重要职能构成了管理学的重要组成部分，大量的有关领导者素质、领导结构、领导权力和领导行为的研究成为管理者和理论家探索的重要方面，各种研究成果也不断出现在管理学论著、论文和研究成果中。在现有的各种经济管理文献中，管理和领导在理论上是合为一体的，如彼得·德鲁克的《有效的管理者》、孔茨的《管理学》、明茨伯格的《管理者的工作：传闻与事实》、麦格雷戈的《X理论和Y理论》、费德勒的《权变控制和领导的动态学理论》等一些有影响的管理学著作，或多或少地都涉及了对领导者和领导科学的研究。由于社会生产力的进一步发展，尤其是在发达的资本主义国家，随着管理和领导的分离，加速了管理理论与领导理论的分化，领导科学成了相对独立的研究领域，因此领导科学作为一门新兴学科开始建立起来。

20世纪70年代以后，随着社会生产力的快速增长和现代科学技术的突飞猛进，社会生产和生活方式也发生了巨大的变化。组织规模日益扩大、结构日益复杂、信息成为一种重要的资源，环境变化因素众多、变化迅速导致社会活动和生产活动的过程更加复杂，相互影响和相互制约的因素日益增多。对处于这种环境中的政府、企业事业单位和各种类型的组织而言，如何实施有效领导变得更加困难，因此对领导提出了越来越高的要求。传统领导者依靠个人经验和智慧开展领导活动已经远远不能满足当今时代的要求，必须顺应社会发展的步伐，依靠科学的理论和方法的指导以适应现代社会的发展要求，而这种发展环境形成了领导科学产生的前提；大量的领导活动实践中，人们通过不断地探索和努力，发现并总结领导活动的基本规律以追求提高领导成效的技能和技巧，因此，领导科学作为专门研究领导工作的学科应运而生。

现代科学的形成和发展，新兴学科群的建立，为领导理论的产生和发展创建了有利的理论背景，发挥了重要的支撑作用。各种学派"百花齐放、百家争鸣"，不仅高度分化，分类越来越细，分支越来越多，同时各种学科还彼此渗透、相互联系、相互交叉、高度综合，不断开辟科学研究的新方向、新领域，产生了许多边缘学科、交叉学科和综合学科，出现了大量的新学科。相关学科和领域的发展也为领导科学的理论研究提供了非常丰富的理论借鉴和知识共享。如领导学就是从充分发展的管理学中源源不断地汲取大量的学术养料后得以建立和发展的。管理学的发展为领导学的发展直接提供了理论基础；此外，心理学中激励理论、社会学中的系统理论和人际关系理论、政治学中对国家、阶级、政党、政府等问题进行研究的理论、数学中的预测决策理论、人才学中关于人才的选拔、使用和培养的研究理论等，都对领导科学的形成和发展起到了积极的推动和支持作用。

现代科学方法论的突破与创新为领导理论的形成和发展提供了方法论基础。科学方法孕育着新的科学发现，科学方法是引起科学进步、发展科学能力的持久因素，科学方法上的突破和创新常常标志着科学和认识的巨大进步。现代科学技术发展以控制论、信息论、系统论、突变论、耗散结构论、协同论和混沌理论等现代科学方法论的创新为突出标志，其对科学的发展有着划时代的意义：它们改变了人们的旧有的思维方法，提出了新的思维方法，大大促进了现代科学技术的发展，也为领导学的发展提供了严密的科学思维方式、方法和手段，并丰富和完善了领导方法。

（三）马克思主义的领导思想

马克思主义诞生以来，由于它在工人运动实践中的重大影响，使得它与一般意义上的西方领导思想相比具有特别重要的意义。马克思和恩格斯根据历史唯物主义的观点论证了领导权威的历史必然性,他们指出,共产党领导不同于以往剥削阶级政党或组织的领导,它的领导地位是无产阶级在阶级斗争中历史地形成的,是人类领导活动的最新形态。同时无产阶级政党具有实现领导的条件:它以科学的世界观作为指导思想的理论基础,始终保持先进性,能够制定正确的纲领并采取正确的策略,坚持民主集中制,奉行国际主义原则。

列宁在十月革命的实践过程中继承、发展了马克思主义的领导理论。他认为,必须建立一个新型的政党才能承担领导无产阶级革命的重任。无产阶级的执政党是社会主义国家的领导者,要对国家实行"总的领导",它坚持无产阶级专政,实现共产主义纲领。共产党实行领导的条件是无产阶级先锋队的觉悟、党与广大人民群众的密切联系以及实行正确的政治领导。实现正确领导的基本要求是在正确的纲领指导下制定正确的政策,配备大批德才兼备的干部,实行思想领导,做好思想政治工作,并以经济工作为中心。无产阶级执政党和社会主义国家的根本组织原则和领导体制是民主集中制。在领导方法和作风方面,列宁提出要从实际出发,注重调查研究,尊重群众的首创精神,密切联系群众,反对官僚主义,坚持批评与自我批评,勇于改正缺点和错误,坚持说服教育,反对强迫命令作风,善于抓主要矛盾,坚持原则性和灵活性、统一性和多样性的结合,建立严格的组织纪律。

马克思主义领导理论是马克思主义理论体系中的重要内容,也成为指导社会主义运动的重要思想体系。

第二节　现代领导理论

追溯领导理论的发展历史,各种观点众说纷纭,称谓各不相同,如性格领导论、伟人领导论、环境决定论、风格领导论、职能领导论、官僚领导论、魅力领导论、群体中心领导论、现实中心领导论和目标领导论等。因此有必要进行梳理,以便读者熟悉并了解。

随着管理理论的发展,领导理论逐渐形成了特有的研究领域和范围,按照时间的顺序可以粗略划分为四个阶段:20 世纪 40 年代末之前的研究主要围绕领导者个人特征,称为领导特质理论阶段;从 20 世纪 40 年代末至 60 年代末,研究的领域包括领导效能、领导行为、领导风格等方面,称为领导行为理论阶段;从 60 年代末至 80 年代初,被称为领导权变理论阶段,核心观点是有效的领导受不同情境的影响,要因地制宜;从 80 年代初至今,被称为现代领导理论阶段,出现了魅力型领导、交易型领导和变革型领导等观点,成为领导理论发展的新时期。

一、领导特质理论

在领导研究的早期，人们的研究重点放在成功领导者身上，努力关注领导者的个人特性究竟与常人有何不同，希望能够发现他们的与众不同之处，以便更好地发现、培养和使用他们，提高领导成效。20世纪早期的领导研究把注意力集中在那些在一定程度上可以称之为伟人的领导者身上，所以这个时期的研究曾被称为伟人理论（great man theory）。伟人理论的基础在于：某些人具有与生俱来的能够使其成为领导者的特质。早在20世纪30年代，许多心理学家对领导特质开展了大量研究，希望发现领导者与非领导者在个性、生理或智力因素方面的差异。他们普遍认为，领导是管理过程中的关键环节，而领导者则是管理队伍中的关键角色，领导者及其领导行为对整个群体或组织的生存和发展都会产生根本性的影响。

领导特质学派成为当时领导学界最权威的代表，其创始人是阿尔波特，代表人物有斯托格蒂尔、吉伯和穆恩等。他们以领导特质为对象来研究领导现象，探究和解释领导现象的发生与变化，谋求使领导特质为领导者争取成功而所用。在1904至1947年间，他们以领导者的特质为目标，共作了124项领导特质理论的研究，希望发现领导者与非领导者在个性、生理或智力因素方面的差异，并由此创立了一门有特色的领导学，被后人称为领导发生学，其最大贡献就是开辟了面向领导主体内在构成和原因等方面进行研究的新领域，提出了领导特质理论。

但是，领导特质理论并不完善，特别是因为研究方向存在很大问题而陷入泥淖，最终以失败而告终。比如，阿尔波特带领他的同事在研究领导特质时，只是简单地从词汇里寻找领导特质的内容。他们分析了17 953个用来描写人的形容词，试图据此归纳出种种特性，从中筛选出完备的领导特质内容来。

1949年，行为科学家亨利（Henry）在调查研究的基础上归纳出成功的领导者应具备的十二种品质：

（1）成就需要强烈，他把工作成就看成是最大的乐趣，置于金钱报酬和职位晋升之上，因此愿意完成艰巨的工作任务；

（2）干劲大，工作积极努力，希望承担富有挑战性的新工作；

（3）用积极的态度对待上级，认为上级水平高，经验多，能帮助自己上进和提高，因而尊重上级，与上级关系较好；

（4）组织能力强，能把混乱的事物组织得很有条理，并有较强的预测能力，能从有限的材料中预测出事物的发展动向；

（5）决断力强，能在较短的时间内对各种方案加以权衡并迅速做出决断；

(6)自信心强,对自己的能力有充分的自信;对自己的目标坚定不移,不受外界的干扰;

(7)思维敏捷,富于进取心;

(8)竭力避免失败,因而不断地接受新的任务,树立新的奋斗目标驱使自己前进;

(9)讲求实际,重视现在,而不大关心不确定的未来;

(10)眼睛向上看,对上级亲近而对下级较疏远;

(11)对父母没有情感上的牵扯,而且一般不同父母住在一起;

(12)忠于组织,恪尽职守。

吉赛利(Ghisell)在20世纪60年代指出,领导者的个性因素同领导效率有关,凡自信心强而魄力大的领导者,成功概率较大。70年代,他又进一步提出影响领导效率的五种激励特征和八种品质特征。这五种激励特征是:①对工作稳定性的需要;②对金钱奖励的需要;③对指挥权力的需要;④对自我实现的需要;⑤对职业成就的需要。八种品质或个性方面的特征是:①创造与开拓,是否能开拓新方向;②指挥能力的大小;③自信心强弱;④是否受下级爱戴;⑤决断能力强弱;⑥成熟程度高低;⑦才能大小;⑧男性或女性。吉赛利认为,影响领导效率最重要的因素有指挥能力、职业成就与自我实现的需要、才能、自信心和决断能力等,其次是对工作稳定性和金钱奖励不重视、同下级亲近、创造与开拓、成熟程度等;至于性别则关系不大。

后续研究发现,在个人特征和领导的成功与否之间的联系并不很紧密。随着20世纪四五十年代心理学的发展,人格特征理论的研究者开始利用天赋和心理测验来研究更大范围的人格特征,并且扩展到研究领导者的个人特征。然而,研究的结果在于研究者发现许多成功领导者的人格特征,而某一特征的重要与否要与环境紧密结合。这种研究方法过于机械简单,很快就流于表面化和片面化,使以领导特质理论为主线的领导理论研究走入了死胡同,因而导致很多学者停止了这方面的研究。

进入20世纪90年代后,人们又恢复了对人格特征和领导能力的研究兴趣。总之,人格特征方面的研究一直都是20世纪到21世纪领导学研究的重要组成部分。许多学者坚持某些人格特征是成为成功领导者的基础,但这种基础作用仅仅在这些特征和其他因素共同发挥作用时才有效。

美国管理学大师彼得·德鲁克在《有效的管理者》一书中提出了“管理者的有效性是可以学会”的观点。该书中的“管理者”泛指那些必须在工作中运用自己的职位和知识做出影响整体行为和成果的决策的知识工作者、经理人员和专业人员。德鲁克指出,管理者的本分就是要有效。管理者有责任将有效性奉献给他所服务的组织。有效性是一个人自我发展的关键,是组织发展的关键,是现代社会充实和完善的关键。

德鲁克在没有区分领导者和管理者的前提下提出成为有效管理者的几个步骤。

(1)有效管理时间。有效的管理者应当充分认识到时间资源的特殊性,学习记录实践并进行时间分析,消除不必要的时间浪费。因此,管理者要比较各项工作目标的重要性,诊断耗费的时间及采取的各种措施,以提高管理者的工作水平和质量。

(2)注重贡献。贡献对管理者提出了极高的要求,要求既考虑自己的目标又要考虑组织的目标,还要求他关切个人和组织的价值。当管理者以贡献为宗旨时,他就必须充分考虑目的和结果,而不仅仅只考虑手段和措施。

(3)善于发挥人的长处。这是对人的尊重,既对自己尊重,也对他人尊重。这是管理者通过实践才能自我完善的步骤。在发挥人的长处时,管理者使个人的目标和组织的需要得到结合,使个人的能力和组织的成果得到结合,以及使个人的成就和组织的机会得到结合。

(4)专心、决心和认真。所谓领导艺术不是指超群的智慧和天分,而是更实在、更持久的,人人皆可达到的专心、决心和认真。有效的管理者往往按照事情的轻重缓急安排工作,一次只把精力集中在一件工作上。一位有效的管理者并不同时承担几项工作,他一次只集中解决一件重要工作,然后再根据情况选择下一个重要工作。管理者随时都面临众多急需解决的问题,这就要求他将力量集中起来,各个击破。管理者越是能有效地将时间、精力、财力集中使用,成果就越显著。只有具备了专心,管理者才有希望成为自己时间及环境的主宰。

(5)有效的决策。有效的管理者懂得什么时候应根据原则做决策,什么时候应根据实际情况的需要做决策。他们懂得如何区分正确的和错误的决策而不受折中方案的迷惑。他们制定决策时遵循一套系统的程序,有明确的要点和清晰的步骤。

美国管理学教授斯蒂芬·罗宾斯发现,领导者有六种特质不同于非领导者,即进取心、领导愿望、正直与诚实、自信、智慧和工作相关的知识,主要表现为:

(1)进取心:领导者表现出较高的努力水平,拥有较高的成就渴望。他们进取心强、精力充沛、对自己从事的活动坚持不懈并有高度的主动精神。

(2)领导愿望:领导者有强烈的愿望去影响和领导别人,他们表现为乐于承担责任。

(3)诚实与正直:领导者通过真诚、无欺以及言行的高度一致而与他们的下属之间建立相互依赖的关系。

(4)自信:下属觉得领导者从来都不缺乏自信。领导者为了使下属相信他的目标和决策的正确性,必须表现出高度的自信。

(5)智慧:领导者需要具备足够的智慧来收集、整理和解决大量的信息;并能够确立目标、解决问题和做出正确的决策。

(6)工作相关知识:有效的领导者对于公司、行业和技术事项拥有较高的知识水平。广博的知识使他们做出富有远见的决策并能理解这种决策的意义。

当领导特质理论应用于选拔培养领导者时,这种研究就显得十分有意义,这也是为什么有这么多的学者乐此不疲的原因。

形成对应的是,我国学者在对领导者素质进行研究时,将着眼点放在领导者素质和修养方面,更注重领导者内在条件和特殊素质的结合。国家行政学院邱霈恩教授认为,领导素质就是充当领导角色的个体为完成其特定职能职责、发挥其特定影响和作用所必须具备的自身条件;也就是领导人才的一切内在构成,是领导者借以工作、发展和做出贡献的个人内在条件和特殊本领。中山大学王乐夫教授认为,领导者素质是指在先天禀赋的生理素质基础上通过后天的实践锻炼、学习而成的、在领导工作中经常起作用的那些内在要素的总和。领导者素质修养是领导者自我完善的需要,是有效实施领导职能的重要保证。加强领导者素质修养是加强领导影响力的客观要求,是提高领导艺术水平的基础。

二、领导行为理论

20世纪60年代后,领导学研究开始从领导者的特质转向领导者应当如何采取行动方面。领导行为理论关注领导者的行为方式,以领导者的具体行为解释领导现象,分析领导效能的差异。领导行为理论的基本假设在于任何人只要采用了适当的行为方式,都可以成为好的领导者。领导行为理论的研究结果表明,领导者的行为方式而不是他们的人格特征使得他成为领导者。相对于人格特征来说,人们更容易学习行为方式,从而使任何人都可能成为成功的领导者。领导行为理论内容繁多,以下介绍的是有代表性的观点。

(一)基于权力运用的领导风格类型理论

美国社会学家勒温根据领导者如何运用他们的权力将领导风格分为三种不同形式,即专制型领导、民主型领导和放任型领导。

1. 专制型领导。领导者把一切权力集中在领导者手中,所有政策均由领导者决定,发号施令,要求他人服从,为人独断;除工作命令之外从不把更多的消息告诉下属，下属没有机会参与决策；领导者安排一切工作内容、程序和方法；领导者对下属较少接触，除示范外，领导者不参与群体的工作；领导者主要依靠职权、行政命令和纪律约束来维护自己的权威，很少奖励；主要根据自己的看法对下属的工作进行评价。

2. 民主型领导。领导者重视群体关系，在采取行动方案或做出决定之前会主动听取下属的意见，或者吸收下属参与决策制定；分配工作时会考虑到组织成员的个人能力特点、兴趣和爱好，充分调动下属的积极性；领导者对下属的工作主要是指导性要求，下属有相当大的工作自由和工作选择的机会；领导者主要利用个人的权力和威望实施对下属的影响；领导者积极参加组织活动，与下属接触较多；领导者对成员的工作依据事实做出评价。

3. 放任型领导。领导者极少运用权力影响下属，给下属以高度的独立性；领导者只是为下属提供信息资料但不做积极指示；工作进行几乎全依赖组织成员，各人自行负责，完全放任自流。

勒温根据实验得出的结论是不同的领导类型对实现组织目标以及人际关系、成员心理等有不同的影响。其中，放任型的领导方式工作效率最低，只能依靠维持组织中的人际交往，但不能确保工作目标的实现；专制型领导通过严格管理能够实现工作目标，但组织成员之间没有责任感，情绪消极，士气低落；民主型领导方式工作效率最高。领导者采用民主工作方式，调动了下属的工作积极性，在保证工作目标实现的同时，组织成员的关系也十分融洽。勒温认为，在实际工作中三种极端的领导风格并不常见，许多领导者采用的领导方式往往介于两种极端型之间，实际上采取哪一种领导风格要根据具体的环境进行选择。

（二）领导连续统一理论

1958 年，美国学者坦南鲍姆和施密特通过研究发现，现实中的领导方式多种多样，从专权型到放任型，存在很多过渡形式。将这些形式排列在一起，领导方式则形成一个连续统一体，其中的两个极端是专制的领导方式和民主的领导方式，中间则是领导者权力同下属权力的多种不同的结合方式。这些领导方式的区别在于领导者对下属的授权程度大小不同。如图 2-1 所示。

从图 2-1 可以看出，自左到右形成了从专制式到民主式领导方式的连续统一过渡带，该理论将其中的七种典型领导方式列举出来。

1. 领导者做出并宣布决策。在这种领导类型中，领导者确定面临的问题并充分考虑各种可供选择的方案，做出选择然后向下属宣布，作为工作目标要求下属执行。通常领导者不考虑下属对决策的看法，不给下属直接参与决策的机会，往

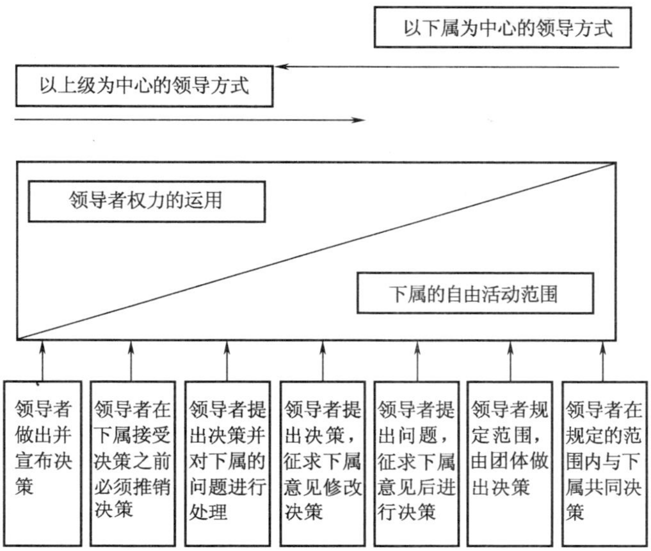

图 2-1　领导连续统一理论示意图

资料来源:孙耀君.西方管理思想史[M].太原:山西人民出版社,1987.

往采取强制手段要求下属服从。员工没有表达自己意愿的机会,处于完全服从的状态。

2.领导者在下属接受决策之前必须向下属推销决策。领导者承担确认问题和做出决策的责任,但他仅向下属宣布做出的决策并说服下属来接受决策的内容。领导者意识到下属中可能会存在对决策的不理解甚至某些反对意见,因而试图通过推销的方式来阐明决策给下属可能带来的利益,以消除下属的不理解或者反对。下属在获得决策时得到一定的解释和说明,便于执行决策。

3.领导者提出决策并对下属的问题进行处理。领导者做出决策并希望下属接受决策,为此他向下属进行有关决策的详细说明并且允许下属提出问题,以使下属可以更加深入和全面地了解决策的意图和计划。这个过程使上司和下属能深入探讨决策的细节并有可能达成一致。

4.领导者提出决策,征求下属意见并修改决策。领导者允许下属对决策发挥一定程度的影响;然而即使如此,确认和分析问题的主动权仍在领导者手中。领导者首先要对存在的问题进行考虑,提出一个初步计划;然后领导者将初步计划提交给执行计划的有关人员征求意见以完善计划,最终成为决策方案。领导者将保留最后决定权。

5.领导者提出问题,征求下属意见后进行决策。与以上不同的是,领导者不是在提出决策意见后才征求下属的意见，下属有机会在决策做出之前向领导者提出有关的建议。领导者的作用包括确认问题、征求意见并综合意见、形成决策等。下属可以在领导者提出问题后，根据自身的知识和经验向领导者提供解决问题的方案和意见。领导者将从他自己和下属提出的各种解决方案中选择最满意的方案。员工的参与程度扩展到方案确定之前，参与的程度加强。

6. 领导者规定范围，由团体做出决策。领导者首先解释需要解决的问题，并为要做的决策规定了明确的界限，然后把决策权交给由下属组成的团体。这种方式有利于集思广益，因为团队决策有助于提高决策的合理性，还有利于决策方案的执行。

7. 领导者在规定的范围内与下属共同决策。这种类型代表着高度的下属团体自由，唯一的界限是由领导者规定范围。领导者以平等的地位参加到团队决策过程中去，并事先声明遵守团体所做出的任何决定。领导者的决策权限与下属完全一致，使得下属的自由活动范围达到极致，极大地调动员工的积极性，但也极大地削弱了领导者的权力和威望，有可能带来严重的后果。因此这种方式极其少见。

在上述各种方式中，哪一种领导方式最好呢？坦南鲍姆和施密特认为，不能抽象地确定其中某一种方式正确或者一种方式错误。成功的领导者不一定是专权的人也不一定是放任的人，而应该是在一定的具体情况下善于考虑各种因素、采取恰当行动的人。1973 年，当两位研究者重新审视他们的模型时，将组织环境和社会环境对领导作风所施加的影响考虑了进去，包括工会、企业社会责任的履行、员工权利和环境保护等。因此，领导连续统一理论的意义在于强调并不存在着一种“最好的”领导方式，一切取决于领导者、被领导者和环境因素——任务性质、职权关系和团体行动等。

（三）领导方式双因素理论

美国俄亥俄州大学企业研究所以斯托克第和沙特利为核心的研究小组从1945 年开始，开展了对领导行为的研究。同以往领导类型的研究只把领导行为放在一个角度来考察，该研究小组采用因素分析的方法，从多种领导行为因素中抽出两个基本因素，确定领导行为的两个相互独立的维度。研究小组的研究方法是首先提出领导行为的基本向度，根据领导行为的向度，研究组收集了 1 790 个问题并进行分析，最后拟定 150 个描述领导行为的项目，编制成领导行为描述问卷。随后用问卷测试方式调查了许多团体，把所测的结果进行因素分析，得出两个基本的领导行为维度，即关心人（关怀维度）和抓组织（结构维度）。这种方法相对更科学、更客观，从而开辟了领导行为研究的新途径，为领导行为理论的创立和发展奠定了基础。

所谓关心人的领导行为是指领导者注重与下属搞好关系，互相尊重、信任，鼓励和支持下属的工作，关心下属的生活，这是重视人际关系的领导行为。所谓抓组织的领导行为是指注重工作的组织和计划，规定成员的工作职责，建立明确的组织形态、信息沟通渠道及工作程序方法，这是重视抓工作组织的领导行为。

通过研究发现，关心人和抓组织是互相独立的两种领导行为维度，但领导职能的实现使这两个维度并不互相排斥。一个领导者可能在这两个维度上都达到很高的值或很低的值，还可能一项是高值另一项是低值。因此，领导行为应是这两个维度的组合。这种组合用领导行为四分图来表示，见图 2-2。

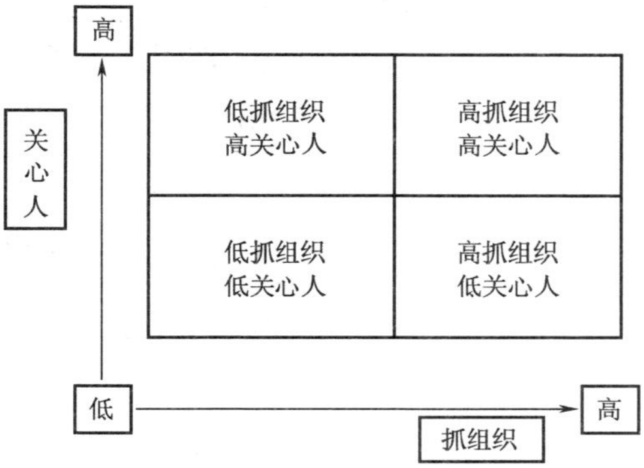

图 2-2　领导双因素理论

资料来源：孙奎贞. 领导科学教程新编[M]. 2 版. 北京：中国人民公安大学出版社，2005.

高抓组织、高关心人的领导者，既重视抓组织工作又重视人际关系。这种类型的领导者不仅严格执行组织的规章制度，建立良好的工作秩序和责任制，同时关心爱护下属，注重与下属交流信息，沟通思想，努力采取各种手段调动下属的积极性。在下属心目中这是可亲可敬的领导，是高效成功的领导。

高抓组织、低关心人的领导者，重视抓工作和组织目标的实现，因此注重严格执行组织的规章制度并且努力建立良好的工作秩序和责任制；但不注意关心下属，不与下属交流信息，与下属的关系不融洽。现实中表现为较为严厉的领导。

高关心人、低抓组织的领导者，重视人际关系而不重视抓工作和组织目标的实现，经常与下属交流信息，沟通感情，关心爱护下属，但组织内规章制度不严，工作秩序不佳，表现为仁慈的领导者。

低抓组织、低关心人的领导者，既不重视抓工作，又不关心人。这种领导者不注意执行规章制度，工作无序，不关注效率，同时对下属也漠不关心，不与下属交换思想，交流信息，领导者与下属的关系不融洽，属于无能、放任的领导。

（四）管理方格理论

美国学者罗伯特·布莱克和简·穆顿在 1964 年出版的《管理方格法》一书中提出管理方格理论。研究表明，既关心生产又关心人对领导者具有重要意义。他们认为，企业中的领导方式存在着“对人的关心”和“对生产的关心”两种因素的结合，“对生产的关心”代表领导者对各类生产和工作事项所抱的态度，包括对关注组织目标决策的质量、工作流程和规章制度、职能人员的工作职责和服务质量、工作效率和产出状况等；“对人的关心”代表领导者对员工的看法和态度，包括个人对实现目标的承诺、员工的个人需求、基于信任的授权、良好的工作条件、组织内部的信息沟通、令人满意的人际关系等内容。该理论通过坐标可以表示，横坐标表示领导者对生产的关心程度，纵坐标表示领导者对人的关心程度。横坐标和纵坐标都划分为 9 个尺度，纵横交错形成有 81 个方格的管理方格图，如图 2-3 所示。

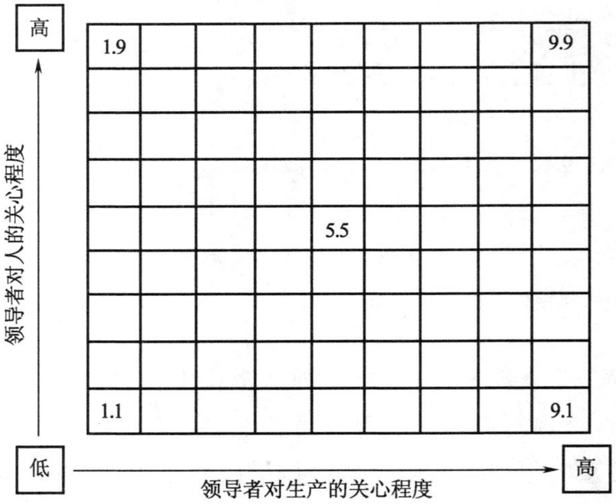

图 2-3　管理方格图

资料来源：孙耀君. 西方管理思想史[M]. 太原：山西人民出版社，1987.

布莱克和穆顿认为，有五种极端的领导方式，如图 2-3 所示。

1.1 型领导方式，被称为“贫乏型管理”。领导者既不关心人也不关心生产，很少过问他们自己的工作，同时也不关心他们的下属。实质上他们已经放弃了自己的职责，无所事事或者只是将上级的指令向下属传达，无所作为。

1.9 型领导方式，被称作“乡村俱乐部型管理”。领导者很少或几乎不关心生产，只关心人。他们努力创设一种令下属感到身心愉悦、充满友谊和关怀的环境，而对组织和生产的目标缺乏明确的追求和关注，无法保证生产的效率和生产目标的实现。

9.1 型领导方式,被称作"任务型管理"。领导者十分关注促成工作或生产的效率,关心生产目标的实现,通过制定严格的规章制度和奖惩制度来保证任务的完成。但是,他们很少甚至不关心下属,领导作风非常专制,组织中缺乏和谐的气氛,员工积极性不高。

9.9 型领导方式,被称作"团队主管型管理"。领导者是真正的团队主管,他们能够把企业的生产需要和个人需要紧密结合,在行动中不论对员工还是对生产都十分关注,善于将组织目标和个人目标有机地结合起来,工作效率高,组织气氛和谐。调查显示这是最为有效的领导方式。

5.5 型的领导方式,被称为"中庸型管理"。领导者对生产和人的关心相对平均,他们得到充分的士气、适当的产量和较高的工作效率,但并不卓越。他们并不制定过高的目标,对下属采取的是既开明又专断的态度。

布莱克和穆顿将这几种领导类型作为基点,根据不同领导者的领导方式和管理技巧把每种领导行为都置于方格图中的某个位置。管理方格理论在识别和区分领导作风方面成为一个有用的工具,常见于对领导者行为的鉴别,帮助领导者了解自身或他人的领导行为特点,以便发现存在的问题并不断地完善。

管理方格图也可用来培训管理人员。布莱克和穆顿认为,企业的领导者应该客观地分析企业内外的各种情况,把自己的领导方式改造成为 9.9 型,以求得最高的效率。

(五)利克特支持关系理论

美国密执安大学伦西斯·利克特和同事对领导人员和经理人员的领导类型和作风做了长达 30 年的研究。利克特认为,成功的领导者坚决地面向下属,依靠人际沟通使组织成员之间团结一致地开展工作。组织内全体成员包括领导者和下属具有共同的需要、价值观、目标和对未来的期望,采用相互支持的态度,因此成为最为有效的领导方式。

利克特认为,领导方式有四种类型,各种类型的特点如下。

第一种方式:"专权的命令式"。领导者非常专制,对下属毫不信任,很少让下属参与决策。大部分的决策和组织目标都是由高层领导者决定并向下执行,不注意自下而上的信息反馈。下属被迫在恐惧、威胁、处罚之下工作,偶尔用奖赏方式激励员工。上下级之间的信息交流很少,即使有些信息交流也是在恐惧和互不信任的气氛中进行的。

第二种方式:"温和的命令式"。领导者对下属有一种类似于主仆关系的信心和信赖。大政方针由最高领导层制定但许多具体决策则由较低层领导者按规定做出。领导者不仅使用报酬,同时采用有形与无形的惩罚来激励和督促员工完成生产任务。上下之间的信息交流明显增多,但不是以平等地位和互相信任的气氛进行的。控制权主要集中于最高层,授予下级一定决策权的同时实行严格的政策性控制。

第三种方式:"协商式"。领导者对下属有相当的信任但并不完全信任。大政方针由最高层制定,但下属对较低层次的问题具有一定的决策权限,可作明确的决定,并在某种情况下通过协商进行。组织中信息交流比较通畅,通常是在相当信任的气氛中进行,领导者在决策时通常设法采纳下属的想法和意见。职工上下都有责任感。领导者主要采用付给报酬(包括精神上的报酬)的方式,偶尔也采用惩罚或让员工参与的方式来激励和督促员工完成生产任务。

第四种方式:"参与式"。领导者对下属有完全的信心和信任,常常从下属身上获取意见和建议并积极地采纳。决策权和控制权不是集中于上层而是分布于整个组织中,较低阶层的员工也能参与,在此基础上给予物质奖励。组织中不仅有上下之间的信息交流,而且有部门或同事之间横向的信息交流。这些信息交流是在互相信赖和友好的气氛中深入进行的。领导者和下属共同工作,组织目标同员工的个人目标尽可能维持一致,引导组织中所有的力量(包括工作上的和人际关系的)都为实现组织目标而努力。

利克特认为,在上述四种领导方式中,第一种方式是传统的领导方式,第二、第三种方式同第一种方式虽有程度上的差别但并无本质上的不同,都属于命令式或权力主义。前三种方式可以统称为权力主义管理方式。只有第四种方式(参与型领导方式)才是效率高的领导方式。

利克特和他的研究伙伴们通过设计一种调查表来获得员工对领导、激励、信息交流、决策、相互作用与影响、目标设立与控制过程等方面的意见。根据调查研究获得的材料,利克特指出:首先,企业的领导者如果在管理中以员工为中心,即领导者不仅关心员工的工作而且较多关心员工的需要和愿望,则该企业的生产率较高;如果以工作为中心,即领导者主要关心员工的工作而较少考虑员工的需要和愿望,则该企业的生产率较低。其次,企业的领导者同员工接触的时间较多者,生产率较高;同员工接触时间较少者,生产率较低。其三,企业的领导方式越是民主、合理,采取参与式管理的程度越高,则生产率越高;越是专权、不合理,采取权力主义程度越高,则生产率越低。总之,企业的领导方式对生产率的高低有极为重要的影响。

领导行为理论对领导行为的解释获得了不少人的赞许,但也存在不尽完善之处。从事领导行为研究的学者们发现,预测特定领导行为的成败与否比归纳出领导者素质或领导者行为风格要复杂得多。越来越多的质疑和不断的失败使得研究者将关注的焦点开始转移到领导情境因素的影响中去。

三、领导权变理论

1964 年,权变理论的问世在领导学研究领域引起了很大的反响。权变的观点主要研究具有特定人格的领导在特定的组织环境之中发挥作用的条件。

进入 20 世纪 70 年代后,在石油危机影响下的美国,经济动荡、社会不安、通货膨胀达到空前的程度,企业所处的环境复杂多变并且非常不确定。科学管理理论、行为科学理论等均侧重于研究加强企业内部组织的领导和管理,而且领导者和管理者们大多都在追求普遍适用的、最合理的领导与管理模式与原则,但是在解决企业面临瞬息万变的外部环境和困境时已有的理论却显得无能为力。在这种情况下,该如何更好地面对现实环境,并随机制宜地处理管理问题成了当务之急,于是权变理论出现了。"权变"的意思是权宜应变和随机制宜。权变理论认为,在企业管理中要根据企业所处的内外条件随机应变。没有什么是一成不变、普遍适用的"最好的"管理理论和方法。在领导学研究方面,权变理论的基本观点认为,不存在万能的领导方式,有效的领导方式是因工作环境的不同而变化的,不同的工作环境需要采取不同的领导方式。

权变理论为人们分析和处理领导问题提供了一种十分有用的方法。它要求领导者根据组织的具体条件及其面临的外部环境,采取相应的组织结构、领导方式和管理方法,灵活地处理各项具体领导活动。领导者只有对具体情况进行具体分析,提出相应的领导对策,才有可能使其领导活动更加符合实际情况,更加有效。

研究人员试图寻找一种通用的领导行为和领导特性并希望它们适用于任何情况,但最终失败了。他们发现在某种环境中十分有效的领导模式在其他环境中并不一定适用。因为领导模式的有效性常常会受到领导行为发生时的外部环境因素的影响。研究表明,任务、结构、内容和外部环境是影响领导模式最重要的环境因素。

(一)领导规范模式理论

学者弗洛姆和耶顿在 1973 年发现,领导者可以用决策过程中的最优参与程度来提高群体绩效。领导规范模式理论将领导行为与参与决策联系在一起。由于常规活动和非常规活动对于任务结构的要求各不相同,因此领导者的行为必须加以调整以适应任务结构。其理论要点是有效的领导者应根据不同情况让员工不同程度地参与决策,所以领导方式主要决定于让下属参加决策的程度。

弗洛姆和耶顿提出五种不同的领导方式，即：

1. 领导者应用手头的资料自己做出决策，单独解决问题，属于独断型的领导方式。

2. 领导者向下属取得必要资料然后自己做出决定。在向下属索要资料时可能会向下属说明问题，也可能不说明。下属只是起到提供必要资料的作用，并不能提供或者评价解决问题的方案。这种类型的领导方式也具有独断型的特征。

3. 领导者采用个别接触方式让下属知道问题，并获取他们的意见或者建议，然后再做出决策。最后的决策可能反映下属的意见也可能不反映。这类领导方式属于协商型的，员工有一定的参与度。

4. 领导者让下属集体了解问题，集体提意见和建议，然后由领导者做出决策。决策可能反映下属的意见也可能不反映。这是一种磋商型的领导方式。

5. 领导者让下属集体了解问题，并且领导者与下属一起提出和评价可供选择的方案，努力就解决问题的方法达成一致意见。领导者不试图去影响下属接受他的解决办法，并愿意接受下属支持的解决办法。这是一种参与型的领导方式。

弗洛姆和耶顿认为，在决策中领导者可能遇到以下七种变化情况。适当的领导方式取决于下列七种因素：①是否有更为合理的解决办法；②是否有足够的信息做出高质量的决策；③问题是否具有结构性；④下属接受解决办法对有效贯彻执行决策有无重大关系；⑤领导者单独做出决策，下属能否接受；⑥下属是否知道解决办法与组织目标的关系；⑦在备选方案中，下属之间有无发生冲突的可能。

规范决策模型关注于提高领导决策效力。两位学者探究了各种不同的领导者、追随者和情境因素是如何影响决策过程中的下属参与程度，进而对群体绩效产生影响。

（二）权变领导模型

美国伊利诺伊大学教授弗雷德·菲德勒曾用15年时间对1 200个团体做调查，研究领导方式问题。根据研究的结果，他提出了随机制宜的领导理论并创建了权变领导模型。权变领导模型认为人们之所以成为领导者不仅在于他们的个性，而且也在于各种不同的情境因素和领导者同群体成员之间的相互作用。菲德勒认为，影响领导成功的关键因素之一是领导者的基本领导风格。

通过研究，菲德勒发现，领导者对其同事和下属的看法和感觉会影响领导者同被领导者之间的关系。如果领导者认为自己的下属善于合作、热情、友好、有能力，他们的关系会更和谐些。相反，如果领导者认为自己的下属待人不友善、冷淡、不服从领导、无能力,他们的关系就会不和谐。而领导者对其同事和下属的看法又同其个性等有关,这种关系的变化可以通过模型反映出来。因此,菲德勒设计出了一种“最不喜欢的同事”(LPC)的调查表,用问卷的方式要求领导者对他目前和过去的同事中最不喜欢的同事进行描述,并对其的人品特征等进行评价。调查表运用“相反方面类似点”(ASO),即根据领导者认为群体成员与自己类似的多少来测定等级,这是基于人们最喜欢与自己最相似的人相处共事的假设。调查表分为 16 个项目,每个项目有两个“相反方面”,分为 8 个等级即 1 分到 8 分。把这 16 个项目的分数加起来再除以 16,就得出“相反方面类似点”的分数。“相反方面类似点”分数表示各种不同描述类型之间的差异或“距离”,用来测定领导者对同事的态度。调查表如表 2-1 所示。

表 2-1　最难共事者(LPC)问卷

令人不舒服	1 2 3 4	5 6 7 8	令人舒服
不友好	1 2 3 4	5 6 7 8	友好
拒绝	1 2 3 4	5 6 7 8	接受
不愿帮助别人	1 2 3 4	5 6 7 8	愿意帮助人
执行不积极	1 2 3 4	5 6 7 8	执行积极
紧张	1 2 3 4	5 6 7 8	轻松
疏远	1 2 3 4	5 6 7 8	接近
冷漠	1 2 3 4	5 6 7 8	热情
不合作	1 2 3 4	5 6 7 8	合作
敌对	1 2 3 4	5 6 7 8	支持
讨厌	1 2 3 4	5 6 7 8	有趣
喜欢争吵	1 2 3 4	5 6 7 8	幽默
犹豫	1 2 3 4	5 6 7 8	自信
无效率	1 2 3 4	5 6 7 8	有效率
低沉	1 2 3 4	5 6 7 8	愉快
戒备	1 2 3 4	5 6 7 8	坦诚

资料来源:孙耀君.西方管理思想史[M].太原:山西人民出版社,1987:696.

菲德勒将 LPC 分数解释为领导者对妨碍工作顺利完成的同事所持有的态度或一种情感上的反应。LPC 的得分平均在 4.1~5.7 之间为高分,在 1.2~2.2 之间为低分。研究发现,得高分的领导者常用表示赞许或肯定的词句评价他最不喜欢的同事,他们在工作中较少掺杂个人感情色彩,是以人际关系为中心,关心的是建立良好的人际关系,并且通过这种人际关系来维持自己的地位和满足自尊的需要。他们对下属往往持体谅和支持的态度。这种领导者被称为人际关系导向型或人际关系激励型。

LPC 得低分的领导者常用消极或拒绝的态度评价他最不喜欢的同事。由于领导者对合作者的印象不佳,以至于发展到对他的同事可能具有的良好人格特点也视而不见。LPC 分数越低,领导者越具有强调完成工作任务的倾向,也被称为是任务导向型或高任务激励型。他们关心工作任务的完成,即使为此而损害了人际关系也在所不惜。他们重视通过完成任务来达到自尊心的满足。

LPC 分数居中的领导者与前两者不同。菲德勒将他们称为社会独立型,他们很少对其他人的品质发表意见和看法,对下级和上级都不冷不热,对于自己的人格特点对他们的影响不在乎。他们处事灵活而且通常工作效率高,在工作中他们对任务或其他事情都不过分看重。因此,他们在工作中很少受情绪影响,使得他们能够比前两种人从培训和工作经历中学到更多的东西。

菲德勒对 LPC 的解释是,LPC 分数测量的是动机层次,它标志着一个人对完成任务的重视程度(工作任务激励型,低 LPC 分数)或者看重保持良好人际关系的程度(人际关系激励型,高 LPC 分数),这表明了每个人都具有完成工作任务和建立良好人际关系的目标。

菲德勒认为,情境控制是领导行为的决定性因素,领导环境决定领导者的行为。领导情境中三个关键因素有助于决定采取何种领导作风更为有效。这三种主要因素包括:

1. 领导者同被领导者的相互关系,即一个组织中的成员对其领导者信任、喜爱或愿意追随的程度。程度愈高者,领导者的权力和影响力愈大。研究者发现这构成了领导环境中最重要的因素。

2. 任务结构性,即对工作或任务的目的、方法和绩效标准的清楚程度。任务结构程度愈高,即工作明确规定的程度愈高,就越能够确切地安排组织成员承担实现业绩的责任,领导者对组织的控制力就愈大。

3. 职位权力,是组织为完成工作任务而授予领导者的权力,它不同于领导者的个人能力而是由正式职位所赋予的。职位权力是领导者对组织成员控制能力的最明显的组成部分之一。但领导职权是有限的,实际工作中,领导者对于不服从的下属很难达到绝对控制的程度。职权还包括领导者有限运用奖惩的权限。具有明确和相当大职位权力的领导者比没有权力的领导者更容易博得他人真诚的追随。

按照这三种因素的情况,菲德勒把领导者所处的环境从最有利(三种因素都有利于加强领导者的权力)到最不利,分成 8 种类型,形成权变领导模型的主要内容。研究发现,对于各种情境而言,只有领导风格能够与之相适应才能够取得良好的领导成效。菲德勒通过对各种领导情境下不同领导方式的领导者(即 LPC 得分不同)所取得的组织绩效的实证调查数据比较,证明了当情境处于有利状态时(即表中的第 1、2、3 类情境)及最为不利(即表中的第 7、8 类情境)时,采用"任务导向型"的领导方式效果较好;当领导工作处于中间状态(即表中的第 4、5、6 类情境)时,则要采用"人际关系导向型"的领导方式。如表 2-2 所示。

表 2-2　权变领导模型示意表

情境特征 因素及情况	非常有利			中间状态			非常不利	
	1	2	3	4	5	6	7	8
领导者同下属关系	好	好	好	好	差	差	差	差
任务结构	明确	明确	不明确	不明确	明确	明确	不明确	不明确
职位权力	强	弱	强	弱	强	弱	强	弱
领导方式	任务导向型			人际关系型			任务导向型	

资料来源:根据相关资料整理。

菲德勒通过对大量的研究成果进行综合并采用了实验的方法得出以下结论。首先,权变模型提出,以人际关系为中心的领导方式在对领导者有利情况为中间状态的环境中效率较高,以工作为中心的领导方式在对领导者非常有利或非常不利的环境中效率较高。因此,领导方式的选择必须把环境、领导者和下属的情况、工作类型等方面的因素综合起来考虑。不同的情况适合于采用不同的领导方式,不存在评价领导方式孰优孰劣的问题。其次,有效的领导取决于领导者的人格和对情境的控制。菲德勒认为,当一个领导者转到一种与其 LPC 得分相匹配的情境中时,他的绩效可能会因此而提高;而当一个领导者转入与其 LPC 得分不相匹配的情况时,他的绩效则会降低。因此,情境控制度的改变能引起领导绩效的变化。

有学者认为,"权变模型"意味着领导科学领域中划时代的变革,它使领导科学的研究从无益地寻找最佳的领导风格、最佳的领导行为或最佳的管理哲学中解脱出来,使人们转而去寻找某种特定的条件——在这些条件下各种领导风格、领导行为和领导哲学都可能是适宜的和有效的。这极大地拓展了领导科学研究的空间和范围,推动了领导科学研究的进一步发展。

(三)目标—途径领导理论

目标—途径领导理论的主要代表人物是加拿大多伦多大学的组织行为学教授罗伯特·豪斯。目标—途径领导理论是以期望概率模型以及领导方式的双因素模型为依据，研究各种不同情境中的领导，强调领导者的效率是以能够激励下属达到组织目标并在其工作中得到满足的能力来衡量的，强调领导者的主要职能就是为下属指明方向并制定目标，帮助下属寻找实现目标的最佳途径并帮助他们清除障碍。

目标—途径领导理论考虑到有助于领导有效性的其他因素，包括下属的特性，如员工的需要、能力和自信心等；还研究工作环境，包括任务、奖励制度以及与同事的关系等方面。见图 2-4。

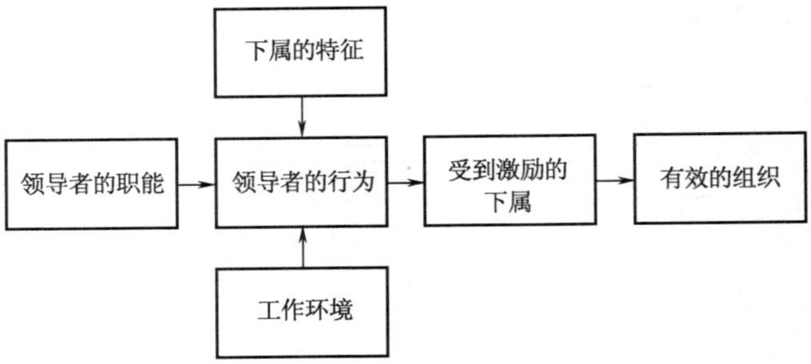

图 2-4　研究领导效果的途径—目标理论方法

资料来源：孔茨，韦里克. 管理学[M]. 10 版. 北京：经济科学出版社，1998：331.

1. 目标—途径领导理论的主要观点。

(1)领导行为只有被员工认为能导致其眼前的和未来的满足时，才能为员工所接受并受到他们的欢迎。同时，只有管理行为把员工需求的满足同工作成绩直接联系起来，并且通过指导、引导、支持和报酬使员工确切知道怎样达到目标时，才能起到激励作用。

(2)领导者需要认识到员工存在着工作目标的需要，并且要激起员工的这种需要。对于工作目标的确立和选择，领导者是能够加以控制的。

(3)领导者要使员工在达到工作目标以后的报酬更有吸引力（即增加目标成果的强度），从而强化对员工的激励作用。例如，领导者可以通过增加工资、提升职务、肯定成绩、予以表扬等来使目标更有吸引力。

(4)对员工加以指引和训练等，使达到较高报酬的途径更易于实现。

(5)当员工的工作规定不够明确时，领导者可以通过明确规定目标、给予支持性的监督、对员工进行训练等来减少工作的模糊性，从而增加达到工作目标的期望概率。

(6)当“目标—途径”已经非常明确时，就不要再采用指令性的工作结构，应该增进对职工个人需要的考虑，如同情、赞扬和关心等。

(7)消除员工实现目标的障碍并增加其个人满足的机会。领导者的激励作用就在于增加下级在达到目标时的个人报酬,并通过明确途径、减除障碍和陷阱、增加实现目标过程中个人满足的机会来使得达到这个报酬的途径更易于实现。

2. 目标—途径领导行为的四种类型。

(1)支持型领导行为。领导者考虑到下属的需要,对他们的利益表示关切,同时努力营造愉快的组织气氛。当下属处于受挫和不满意时,这类领导行为对下属的业绩能产生最大的影响。

(2)参与型领导行为。领导者允许下属对他们上级的决策施加影响,这能产生提高激励的效果。

(3)指导型领导行为。领导者给予下属相当具体的指导,并使这种指导达到合乎下属所要求的那样明确,这包括计划、组织、协调和领导的控制等方面。

(4)成就取向型领导行为。领导者设置富有挑战性的目标,寻求改进业绩的方法,并深信下属愿意实现高要求的指标。

目标—途径领导理论认为,领导方式的选用,要根据领导方式同权变因素的恰当配合来考虑。例如,当员工个人能力较低、缺乏控制的意愿并且愿意接受命令时,采用指导式的领导方式较好;而当员工能力较强,有强烈的成就欲望、愿意承担责任时,适合采用参与式。一般来讲,凡是增加对员工关心程度的领导者都能提高领导效率。

尽管有学者认为,目标—途径领导理论虽然还不够完备,对确定领导方式的多种因素尚待进一步研究,但它指出了在领导管理领域的可能发展趋向,并强调对职工进行激励的关键作用,所以具有重要意义。

(四)领导生命周期理论

领导生命周期理论又称下属成熟度理论,代表人物为保罗·赫西和肯尼思·布兰查德。领导生命周期理论的主要观点在于领导者风格应当适应下属的成熟程度。有效的领导者应根据下属的成熟程度以及情境的需要采取不同的领导风格。这一理论得到了许多大型公司的推崇,在培训中得到广泛的运用。

研究者发现,当组织中下属对领导者无论是接纳或者拒绝的情况下,领导行为的效果都要取决于下属的态度和行为,然而这通常被许多领导者所忽略。

赫西和布兰查德将成熟度定义为个体对自己的直接行为负责任的能力和意愿,包括工作成熟度和心理成熟度。在领导活动中,成熟度指下属的成就动机、承担责任的意愿和能力,以及个人或小组具有与工作有关的学识和经验。

对领导风格的划分同样也使用了工作行为和关系行为两个特征。工作行为表示领导者用单向沟通的方式向下属说明该干什么、何时、何地、用何种方法完成任务。关系行为表示领导者用双向沟通的方式,用心理的、培育组织感情的措施指导下属,并照顾职工的福利。在此基础上组合成为四种具体的领导风格,分别为命令型、说服型、参与型和授权型,即 S_1,S_2,S_3 和 S_4 四种类型。与此形成对应的是将员工的成熟度同样也划分为四个阶段,分别为 M_1,M_2,M_3 和 M_4 等阶段,代表从不成熟到成熟的过渡状态。见图 2-5。

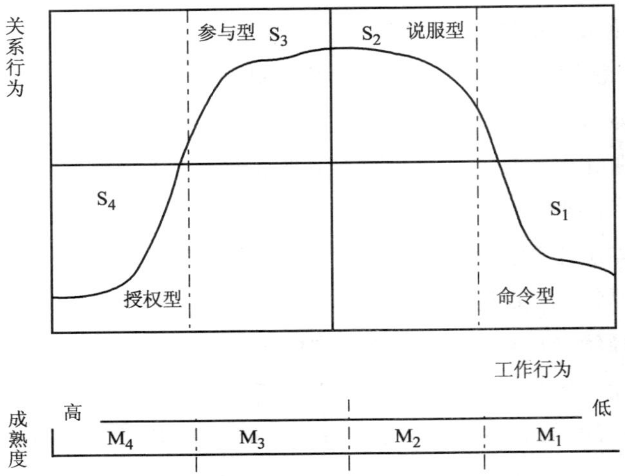

图 2-5　领导生命周期理论

资料来源:根据相关资料整理。

伴随着下属的成熟程度的不断提高,领导者应当根据下属的具体特点不断地调整领导活动的行为方式和控制手段。

M_1 阶段:下属的特点是工作热情高,学习的主动性强,但由于缺乏工作经验,因此不能承担相应的工作责任。M_1 特别针对新员工。领导行为 S_1 的特点是命令型,即采用单向沟通的方式,明确规定员工的工作目标,具体指示员工的详细工作过程及步骤,通过必要的示范进行引导,对工作过程实施严格的监督,确保员工顺利地开展工作。

M_2 阶段:下属开始熟悉工作,逐步担负相关的工作责任。但由于员工依然缺乏足够的工作技能,因此不能完全胜任本职工作;由于各种原因导致困难或挫折,致使员工的工作热情有所下降。领导行为 S_2 的特点是说服型,即采用双向沟通的方式,通过上下级共同确认问题与目标,并且提供必要的指导与帮助,在肯定成绩的基础上进行有效的激励;领导者努力倾听下属的感受,使下属获得心理上的支持,使得员工能够更好地投入工作。

M_3 阶段:下属已经具备了较强的工作能力,能够有效地完成任务。因此员工并不希望领导者对他们有过多的指示和限制,从而导致他们缺乏自信心和安全感。领导行为 S_3 的特点是参与型,即通过双向沟通和耐心倾听的方式,领导者尽量减少过多的工作行为,以鼓励下属参与确定问题与设定目标为工作的主要方式,并积极向员工提供必要的资源、意见和支持,使员工成为独当一面的人,确立他们在组织中的地位和形象。

M_4 阶段:下属已经完全具备了独立工作的能力,能够主动完成任务并承担责任,他们已经成为组织中的核心和骨干,因此他们需要明确的工作目标以及适当的激励。领导行为 S_4 的特点是授权型。领导者对他们要充分信任,主动授权;通过有效的激励和约束制度为他们提供足够的发挥空间;领导者转变为指导者或教练,主要实施定期的检查和跟踪绩效,以使他们更好地开展工作。

对领导理论的回顾有助于更好地认识领导理论的发展过程,可以更加深入地了解领导研究的发展历程,帮助我们更好地理解领导理论的新发展。

第三节　领导理论的新发展

时代在发展,世界在飞速变化,科技发展和社会进步的同时,引发了组织的不断发展。组织形式和结构也正在蜕变,从而导致领导的变革。命令与控制的传统领导方式已经不能适应全球社会、文化差异和组织快速发展的需要。新的领导科学的发展势在必行,各种新的理论不断涌现。

一、领导—成员交换理论

领导—成员交换理论(leader-member exchange,LMX)由格里奥和比恩提出,他们在 VDL 模型(Vertical Dyad Link Model)的研究过程中,通过理论推导得出结论:领导者对待下属的方式是有差别的;组织成员关系的集合中往往会包括一小部分高质量的交换关系,称为圈内关系(group-in);以及大部分低质量的交换关系,称为圈外关系(group-out)。由于时间压力,领导者与下属中的少部分人建立了特殊关系。这些个体成为圈内人士,他们受到信任,得到领导更多的关照,也更可能享有特权;而其他下属则成为圈外人士,他们占用领导的时间较少,获得满意的奖励机会也较少,他们的领导—下属关系是在正式的权力系统基础上形成的。该理论指出,在领导者与某一下属进行相互作用的初期,领导者就暗自将其划入圈内或圈外,并且这种关系是相对稳固不变的。领导者到底如何将某人划入圈内或圈外尚不清楚,但有证据表明领导者倾向于将个人特点(如年龄、性别、态度)与领导者相似,具有外向的个性特点的下属圈入圈内,如图 2-6 所示。LMX 理论

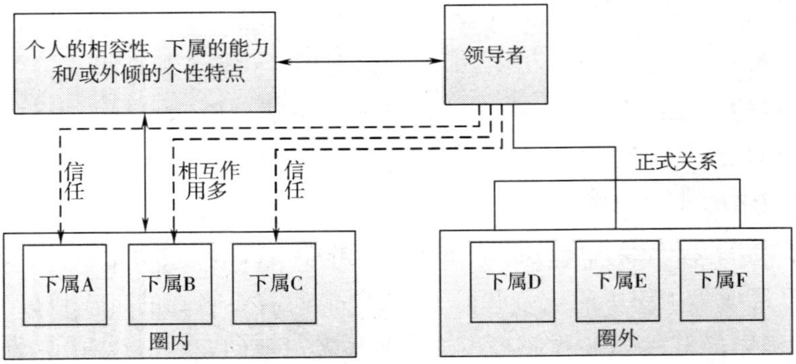

图 2-6　领导—成员交换理论

资料来源:GRAEN G B, UHL-BIEN M. Relationship-based approach to leadership: development of leader-member exchange (LMX) theory of leadership over 25 years: applying a multi-level multi-domain perspective[J]. Leadership quarterly, 1995, 6(2):219~247.

预测,圈内地位的下属得到的绩效评估等级更高,离职率更低,对主管更满意。

领导—成员交换理论的形成有一个发展演变过程。鲍尔和格林主要从分析单一领导与成员"二元体"中的交换关系模式着手,认为某一领导—成员"垂直二元体"交换关系的形成与发展过程要经历三个阶段,分别是接触、评价阶段—认识、行动阶段—感情、信任阶段(见图 2-7)。

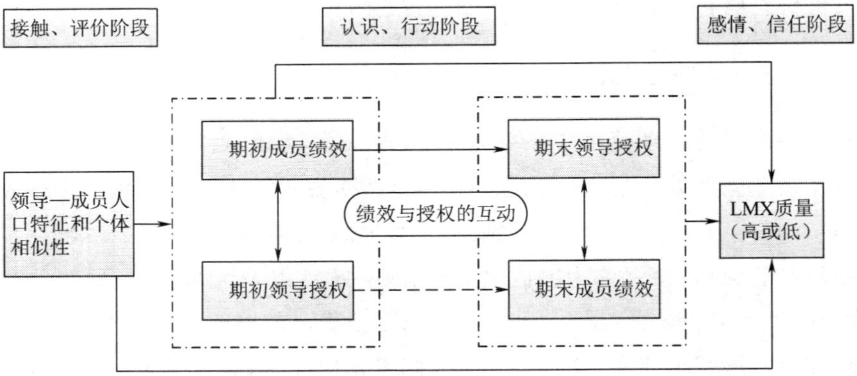

图 **2-7**　领导—成员交换理论三个阶段

资料来源:BAUER T N, GREEN S G, BAUER T N. Development of leader-member exchange: a longitudinal test[J]. Academy of management journal, 1996, 39(6):1538~1567.

在接触、评价阶段,由于领导与成员双方互相知晓信息较少,从而使得双方的人口特征和个体相似性对最初关系的发展产生极大的影响。随着时间的推移、接触的增多，领导对成员的评价和考核不再仅仅依赖成见和“晕轮效应”。成员绩效的高低取决于其个人能力和可觉察到的资源及权力的获得程度，而权力往往是领导授权的结果。但对于领导者而言，授权本身就意味着承担风险，因此领导者必须首先信任他的下级，才会采取行动。在认识、行动阶段，早期绩效水平较高、能力强的成员容易获得更多的信任，并得到超过别人的授权。进而不断取得高绩效的成员，将会获得进一步的信任，从而在下个工作流程中得到更多的授权。

领导与成员通过持续的感情积累、不断的绩效评价和授权，在感情、信任阶段会建立起高质量的交换关系。相反在不断地交换中，无法获得感情支持和信任授权的成员，领导只能与其产生低质量的交换关系。

在现实情景下，领导对待下级的方式的确存在差异，而且领导—成员交换理论通过分析领导与成员不同的交换关系，也为分析领导者效能改善、团队绩效提高的路径提供了理论依据和实践指导。而一般领导风格理论似乎只能从经验的角度，事后总结成功领导者的特征，对领导者自身的指导性比较弱。

二、PM 理论和 CPM 领导行为模式

中国作为一个发展中国家，面临着社会经济发展和体制转轨等诸多问题，领导工作科学化显得更为迫切。在新的历史条件下，要求领导体制和领导方式做相应的转变，同时也要求领导科学的研究必须转向密切结合时代性特点进行理论和实践的总结和探讨。从 20 世纪 80 年代开始，我国学者采用行为科学的方法对领导问题展开了一系列的研究，其中影响较大的是 PM 理论的中国化研究以及 CPM 模式的提出。

中国科学院心理研究所的徐联仓、陈龙等人最早于 1981 年开始使用实证科学的方法对领导行为进行研究，他们把日本三隅二不二教授的领导行为 PM 理论引进中国，并进行了中国化的修订。

PM 是团体职能的概念，任何团体都有两种职能：P（performance）即团体实现目标的职能，M（maintenance）即团体维系的职能。PM 理论认为，领导者的作用就是执行这两种职能。根据这两种职能执行程度的差异，可以将领导者划分为四种类型：PM 型、Pm 型、pM 型和 pm 型。三隅二不二教授运用多种方法对各种行业的各层次领导进行了多年的研究，并对企业的生产性指标和员工的士气性指标进行了检验，获得了关于 PM 四种类型领导效果的基本一致的结果：PM 型最好，Pm 型和 pM 型居中，pm 型最差。在积累了大量现场调查材料的基础上，三隅二不二等人还编制了 PM 问卷，它可以有效地对领导行为和企业单位的工作情境进行评价。徐联仓等认为，PM 问卷要在中国应用，必须考虑中国的文化背景。在此基

础上,他们从1981年开始对PM量表进行了系统考察并做了修订和标准化。中国社会科学院的凌文辁等人开展了评价中国模式领导行为的探讨,提出了中国领导行为评价的CPM模式。该模式认为,中国的领导行为评价由P、M和C三种因素构成,其中,C因素为品德因素(character and morals)。研究结果有力地证明,由于各种原因,在中国的文化中,品德是人们评价领导者行为的一个关键因素。我国人力资源管理对个人品德因素给予极大的重视。

李明与凌文辁认为,CPM模式更符合中国的国情和文化。在中国,一个领导者只有正确地处理好对工作(P)、对他人(M)和对自己(C)的关系,才能最大限度地发挥领导的作用。CPM模式是在继承和发展了国外的理论及方法并结合中国国情和特殊的文化背景基础上建立起来的。因此,它具有中国特色。

凌文辁等人还从社会文化角度进行了中国人内隐领导理论的探讨,研制了内隐领导特质量表,总结出中国人内隐的领导特质,包括个人品德因素、目标有效性、人际能力和多面性等。他们认为,CPM模式提出了领导行为评价的中国模式,而内隐理论检验了CPM模式在中国的适用性,这初步说明了CPM量表更符合中国文化和国情。

三、魅力型领导

美国学者哈格斯提出,优秀的领导者将识别那些能够为他们所用的情境或阻碍他们发展的因素,为他们的追随者描绘出引人入胜的未来蓝图。尽管这些领导在很多重要方面都存在差异,但他们拥有一个共同的特征:领导魅力。

魅力型领导者是有激情、有动力的人,他们依靠勾画的蓝图引起追随者的高度兴奋,并与追随者建立起牢固的感情依附关系,使追随者付出更大的努力来应对社会、组织、工作的挑战。魅力型领导者的特征包括高度自信、对理想有强烈信念、高度热情、精力充沛;具有良好的表达与沟通能力,积极的形象和模范作用等。有些领导人以他们的激情导致积极的、有利组织成长和发展的变革,如列宁、毛泽东、圣雄甘地、纳尔逊·曼德拉等;然而也有的领导者把激情用于自私或个人利益方面,如阿道夫·希特勒等。

实际上,从20世纪70年代中期开始,许多历史学家、政治学家和社会学家都对领导魅力进行过研究。马克斯·韦伯在1947年就将社会分为三种类型的权威制度:传统权威、法定权威和超凡权威。与前两者所拥有的社会法律或职位赋予的权力不同,超凡权威是将领导者获得的权威看作是领导者个人具有的超人素质或典型的个人特征。大量的事实证明,领导魅力型行为只有在社会或组织处于危机之中才会发生。魅力型领导者由他们自身的杰出素质产生,这些素质包括远见卓识、使命感、高度的自信、智慧和杰出的鼓动能力等,他们能够与追随者产生强烈的感情依恋,并形成对追随者的情绪提升,使追随者乐于朝实现组织愿景的方向而努力工作。美国南加州大学的杰·康吉指出,魅力型领导者是愿景的制造者,他们从现实的粗糙材料中选择,并且构建出具有多种伟大可能性的画卷。他们接下来的说服是极微妙的,通过解释现实来向追随者说明无法抗拒的未来图景。大量的研究证据表明,魅力型领导者或变革型领导者比非魅力型领导者的工作更加有效。

魅力领导理论已成为西方领导科学研究的主流学说,在各种组织情境下所开展的研究已将这种领导风格与有效的组织绩效密切地联系起来,使之成为解释领导行为有效性最有力的领导风格之一。

四、变革型领导

"变革型领导"一词最早见于唐顿的《反叛领导》一书。巴斯将变革型领导解释为:通过让下属意识到所承担任务的重要意义,激发下属的高层次需要,建立互相信任的氛围,促使下属为了组织的利益牺牲自己的利益,并达到超过原来期望的结果。他构建了变革型领导的三维模型,即魅力感召、智力激发和体恤关怀。之后,魅力感知被拆为领导魅力和动机鼓舞,最终形成了学术界研究主流的变革型领导四维结构。1993 年,中国学者卢盛忠、余凯成等人首次将变革型领导引入中国,并译为"改造型领导",揭开了国内变革型领导研究的序幕。

大量研究表明,变革型领导对个体、团队和组织能够产生积极影响。

一是个体层面,变革型领导善于营造轻松、尊重、敬业的企业环境和氛围,能及时关注员工工作态度、心理状态和心理需求,有助于形成和提高员工独立工作与解决问题的能力,激发员工的创新思想,提升创造力,进而产生创新行为。

二是团队层面,变革型领导在维系团队成员关系、鼓舞成员士气等方面发挥着重要的作用。变革型领导能够给予团队更多的鼓励、支持和自由,最大化减少团队间的冲突,减少阻碍团队发展的消极因素,推动员工以合作的方式解决更高层次的问题,甚至使团队达到超出预期的绩效。

三是组织层面,变革型领导在提升员工和组织创造力的同时也为企业整体绩效的提升奠定了基础。但是,变革型领导对于个人和团队的积极支持只有在合适的范围内才能保证企业绩效的提升。过度的鼓励和支持,会造成权力与能力不相匹配,容易加大决策的成本,产生更多的错误决策,这样反而会抑制企业绩效的提高。

五、共享型领导

传统的集权方式导致领导权多集中于一人之手,最高领导者通过严密的等级制度实现对组织的管理，在一定程度上实现了命令统一，保证了组织正常运转。随着经济飞速发展，获取市场竞争优势更加困难，组织结构倾向虚拟化和扁平化，新生代员工更希望在组织中实现自我价值，传统领导模式弊端日益显现。为此，共享型领导渐渐受到越来越多的关注。

共享型领导是团队成员之间产生的一种动态的、相互的影响过程，领导职责广泛分布于团队成员之间，而非集中于某一领导之手，团队成员通过相互领导的方式实现组织目标。其维度可分为绩效期望、团队学习、相互协作和权责共享四个方面。

共享型领导主要有以下特点。

一是动态性。共享型领导下的领导角色与追随者角色不是一成不变的。当情境发生变化时，具有领导能力和特殊技能的组织成员可以成为组织领导者。领导与追随者角色的动态互换，在满足成员自我需求，提高责任意识的同时也在逐渐消除领导者与追随者间的传统界限。

二是分散性。共享型领导下的权力不是集中在某个人手中的，而是水平分散在组织成员间。共享领导作为一种新型领导方式，关注的焦点在于“如何实现领导权力的合理配置”，力图打破传统层级领导的枷锁，构建平等、自由的组织环境，以更好地促进组织与成员的和谐发展。

三是交互性。共享型领导下的组织成员可以实现知识、技能、信息等资源在组织间的共享，组织成员在实现自身发展的同时，对于组织建设也做出了一定贡献。共享型领导的交互性既将组织成员紧密联系，又实现成员与组织的密切关联。在交互性的影响下，组织为成员提供发展平台的同时，作为回报成员也会表现出自发的积极行为促进组织的发展，组织与成员间实现了双向发展。

动态性是共享型领导的本质属性，分散性是共享型领导的外在表现，交互性是共享型领导的内在机理。

六、情感型领导

人是有情感的动物，领导者在做出决策等行为的过程中难免会受到自身情感等非理性因素的影响。如何更好地做出决策？以及如何管理自我情感以及关注员工情感？相关问题的探究加速了情感型领导的研究进程。

情感型领导研究最早见于情绪智力的研究，管理团队成员的情绪是团队领导者的一项重要职能，也被认为是领导者影响绩效的关键方式之一。情感型领导是通过对员工情感的关心以及对员工情绪的管理，构建良好的人际关系，使员工对组织产生情感上的依赖，进而激励其为完成组织目标而努力的领导行为，其维度包括自我情绪评价、情绪调节、他人情绪评价、情绪运用。

情感型领导具有如下特征：

一是情感型领导通过情感关怀获得追随者的认同与支持，拉近与下属间的距离。领导者一方面关注下属在生活和工作中遇到的困难，主动为其排忧解难；另一方面，领导者通过情绪管理关注下属的心理状态及微妙变化，并及时调整，保持成员间的良好关系。

二是情感型领导能更好地管理自己的情绪，懂得情绪管理的智慧，尽量减少将个人情绪卷入工作中，并能够对组织成员的情绪变化及时做出反应。

三是情感型领导注重组织间和谐的情感体验和人际关系，领导者对成员的关怀和支持易于营造良好的组织环境，员工会从中感到组织的温暖，从而实现员工的个人价值观与组织核心价值观相互结合。

七、包容型领导

“海纳百川，有容乃大”，领导者的包容性近年来成为一个热门话题。包容思想最早见于教育学领域，随后，部分学者将其应用于组织管理领域，并逐渐发展为包容型领导。随着越来越多个性化的职场行为出现，包容型领导作为一种特殊的领导风格引起研究者的关注。包容型领导被视为一种在组织和团队中具有开放度、亲和度、宽容度和支持度的领导行为。在特定组织情境下，包容型领导坚持以人为本，包容员工的个性化特征，关注员工的差异化需求，善于听取下属的观点，认可员工的贡献，将所有成员包容到组织发展进程中。同时，包容型领导强调公平参与、机会均等和合理共享，致力于打造成员融合的一种开放的、兼容并包的、更具人本关怀的领导模式。有关包容型领导的维度划分目前采用较多的是开放性、有效性和易接近性。

包容型领导作为一种关系型领导，对个体、团队和组织产生了积极影响。

一是个体层面，包容型领导会对下属的幸福感、满意度、敬业度等产生积极影响。包容型领导在工作中给予员工更多的自主性，员工幸福感、满意度、敬业度会显著提高；受此影响，员工的离职倾向会相应降低。当员工对于组织的认可程度加深后，在工作中感到满足会带来更高效的工作表现，带动工作绩效的提高。此外，包容型领导也会促使员工产生更多的积极主动的行为。

二是团队层面，包容型领导对于团队创新行为具有积极影响。包容型领导通过营造良好的团队创新氛围，增强了员工的心理安全感，提升了员工对于团队的信任程度，从而有利于团队创新行为的产生，为组织发展增添活力。

三是组织层面，组织是个体的集合，个体绩效的提高会间接带动组织绩效的提高。组织成员感知到组织的支持后,会认为受到组织的重视,进而产生回报组织的意愿和行为。研究表明,包容型领导会对团队的创新、创造能力产生积极影响;包容型领导能够尊重团队成员的差异,进而营造良好的团队环境,从而对组织绩效产生积极影响。

八、服务型领导

中国古代传统文化中早有服务型领导的思想,如儒家学说的“民贵君轻论”,农家学说的“顺民心”等。格林利夫早在 1977 年率先提出了服务型领导这一概念,而直到 20 世纪 90 年代服务型领导才开始成为学术界研究的热点。

有学者认为,服务型领导是一种具有组织全局观和利他主义的领导,着重关注追随者的愿望与需求,其维度包括关心他人、发展他人、服务他人和尊重他人。

近年来,随着学术界对服务型领导研究的不断深入,发现服务型领导不仅对员工个体产生影响,也会对组织产生影响。

从员工角度出发,服务型领导会对员工的行为、态度产生影响。在行为方面,有研究表明服务型领导可以正向预测组织公民行为和负向预测工作场所偏离行为,服务型领导使得员工个人需求得到满足,员工可以把更多的精力放在工作上,更容易产生组织公民行为。在态度方面,服务型领导有助于提高员工满意感和组织承诺度。同时,员工对于组织的归属感和依赖程度也有所提升。

从组织角度来看,服务型领导有利于提高团队信任、组织创新能力和组织绩效。服务型领导有助于员工个体发挥模范带头作用,在团队间产生良好的组织氛围,推动组织的发展,具体表现为组织间信任的增强,创新能力的提高,最终促进组织绩效的提高。

九、谦卑型领导

在西方文化中,谦卑被视为一种美德,在古希腊斯多噶学派和佛教教义中均有体现,西方学者关注谦卑的有效性并将其与领导过程相联系;在中国文化背景下,谦卑一直以来就是一种重要的个人品质,道家思想和儒家思想都传递着谦卑的重要性,如儒家思想中的“三人行必有我师”等。

有学者认为,谦卑型领导保持一种低姿态,能够客观审视和看待自身、员工和组织的长处与短处,能够不断的内在自省,向他人学习,并积极寻找提升自己和组织绩效的方法。谦卑型领导可以划分为三个维度,包括坦诚自身的不足与过失、欣赏员工的优点与贡献、谦虚学习。

有研究表明,谦卑型领导会对员工个体、领导者和组织产生正向影响。

一是员工个体。谦卑型领导可以有效增加员工的工作投入，提升员工的自我效能感，增强工作的动机，增进员工对领导者的信任。此外，谦卑型领导可以增强员工的奉献意愿，提升员工对领导的信赖程度。

二是领导者。谦卑型领导的作用主要表现在两个方面：一是有助于形成支持性的领导—下属关系，在支持性的关系下，领导者更容易找到忠诚的下属；二是可以使领导者更加具有魅力，谦卑型领导能够尊重员工的想法，可以充分评估他人观点，给予下属必要的关怀，增强沟通的有效性，成为正面角色的楷模。

三是组织层面。谦卑型领导鼓励组织学习，能够为组织间的学习营造良好的氛围，提升员工的素质与能力，以便更好实现组织发展；谦卑型领导具有敏锐的洞察力，能够有效识别组织面临的威胁并做出快速反应，使得组织在竞争中保持自身的竞争优势。最后，谦卑型领导愿意花大量时间和精力去挑选和培养合适的继任者，以保证组织可以不断取得成功。

十、虚拟领导

全球化进程加速了跨国企业的兴起，远程办公成为常态。这种背景下，传统的面对面领导方式受到挑战，虚拟领导成为适应新环境的重要选择。随着计算机网络技术、人工智能、虚拟现实等技术的不断进步，组织与员工的工作方式发生了深刻变化，这些技术为虚拟领导提供了可能性和技术支撑。随着虚拟团队、项目制组织等新型组织形态的出现，传统的层级式管理结构逐渐淡化，更加灵活、扁平化的管理方式应运而生。虚拟领导正是这种管理方式的具体体现。同时，现代员工越来越注重个性化和自主化，他们希望在工作中拥有更多的自主权和决策权。虚拟领导通过提供灵活的工作环境和个性化的支持，满足了员工的这些需求。

虚拟领导是领导者通过虚拟媒介对组织成员的影响过程，以产生个人、团体或组织的态度、感受、思维、行为以及表现的变化，体现了领导者在虚拟领导过程中对组织成员所产生的影响，是组织提升绩效和促进组织成员发展的重要因素。这种领导方式强调利用网络平台、虚拟环境或智能系统传递信息、做出决策、协调资源和激励成员，以实现组织目标。

在当今这个科技迅猛发展、全球化日益加深的社会中，虚拟领导作为一种新兴的领导方式，正逐渐展现出其独特的应用价值。通过借助现代虚拟技术和信息技术，虚拟领导打破了传统领导方式的时空限制，使得领导者能够跨越地域和时区的限制，实时地与团队成员进行沟通和协作。虚拟领导的应用场景十分广泛。在远程办公和跨国企业中，它成为连接不同地域员工的重要桥梁，使得团队能够保持高效地运转。在虚拟团队和项目制组织中，虚拟领导则通过制定明确的目标和规则，确保团队成员能够在没有固定物理空间限制的情况下，依然能够协同工作，共同完成任务。首先，虚拟领导极大地提高了组织的灵活性和适应性。在面对快速变化的市场环境和业务需求时，虚拟领导能够迅速调整策略，使得组织能够更好地应对挑战。其次，虚拟领导促进了团队成员之间的平等和协作。在虚拟环境中，每个人都有机会发表自己的观点和意见，这有助于激发团队成员的创造力和创新精神。最后，虚拟领导还有助于培养团队成员的自主性和责任感。在虚拟领导的指导下，团队成员需要更加自主地管理自己的工作和时间，这有助于提升他们的自我管理和自我驱动能力。

课程思政学习专题

我国古代领导者素质理论

在中华民族悠久、深厚的历史文化积淀中，包孕着卷帙浩繁、内容丰富的经国济世思想，特别是关于领导者素质的理论，闪烁着历代硕学鸿儒博大精深的思想智慧，体现了古代先哲对社会、对人生、对自然万物的理解和探求。

一、儒家关于领导者素质的理论

儒家思想认为，领导者要以礼为基、以仁为本、以信为重。所谓以礼为基，就是要把“礼”作为为官的基本规范。“礼”就是指维护宗法等级秩序的社会规范和法律规范，包括典章制度、礼仪乃至官场风气等形态。“仁”是儒家领导思想的理论基础。仁和礼是相辅相成的，是“重德之总”。孔子从“仁者爱人”的思想出发，重视领导者的道德感化作用，认为只有“仁者”才能够治理好国家，教化好民众。“信”包含诚实、守信用和得到信任的意思。中国古代官德所推崇的“信”是古代社会领导者最重要的素质之一。为人处世，“信”是非常重要的。所以孔子说：“人而无信，不知其可也。”

二、法家关于领导者素质的理论

法家领导思想的核心内容表现为领导者的领导能力取决于其所处地位的高低和所掌握权力的大小。法家领导思想执着于功利，讲求实用性，一切以满足政治操作的需要为基本价值诉求。他们强调作为领导者，能够运用“权术”是首要的素质。韩非子综合了商鞅、申不害、慎到等法家代表人物的观点，提出了法、术、势相结合的理论。法家的领导者要有用法的能力，用术的技巧，用势的谋略，善于驾驭下属，赏罚分明。论事治国，从客观的后果确定是非曲直。韩非子认为领导者治理国家，第一项任务是能“明法”，即颁布条律、申明法纪，“使人臣虽有智能，不得背法而专制；虽有贤行，不得背法而专制；虽有贤行，不得逾功而先劳；虽有忠信，不得释法而不禁。”并且领导者要做到严格执法，不能徇私枉法。

三、道家关于领导者素质的理论

道家学派形成于我国先秦时期并得到充分发展，与儒家学派并驾齐驱，成为当时盛极一时的显学。道家学派认为，“道”先于物质存在而又凌驾于物质之上，“道”是产生、包孕天地万物的总根源，同时又是制约宇宙间一切事物发展的总规律。道家代表人物老子领导思想的最高原则是“无为”，对现代领导活动有丰富的指导意义。“无为”是一个适用于任何领导过程的原则，它绝不是要人们什么都不干，而是指人的行动及其指导思想必须顺应自然，必须符合自然的要求，而不是主观随意地去蛮干。作为领导者素质来讲，“无为”就是指领导者要有总揽全局的能力，要善于抓大事，把具体的工作分配给具体的机构和人员去做，不必事必躬亲。

资料来源：陈于后. 我国古代领导者素质理论的现代启示[J]. 四川理工学院学报(社会科学版)，2007(5)：19~22.

本章小结

现代领导理论的发展可以分为四个阶段：20 世纪 40 年代末之前的领导特质理论阶段；20 世纪 40 年代末至 60 年代末的领导行为理论阶段；60 年代末至 80 年代初的领导权变理论阶段；80 年代初至今的现代领导理论阶段。本章列举了大量不同理论学派的主要观点和代表人物，全面展现领导科学研究发展的成果，本章还对中国领导科学发展进行了简要的总结。

思考题

1. 回顾领导理论发展对于学习领导科学的意义是什么？
2. 现代领导科学发展可以分为几个阶段？各阶段的主要理论有哪些？
3. 中国领导理论的发展如何？
4. 未来的领导科学发展具有什么特点？

教学实训

一、背景资料

领导者分析报告

1. 领导者基本情况

山姆·沃尔顿(1918年3月29日—1992年4月5日),作为沃尔玛的创始人和核心领导者,是沃尔玛的灵魂。山姆于1963年创建了沃尔玛,并为公司制定了"顾客是上帝""尊重每一个员工""每天追求卓越"三条座右铭,被称为沃尔玛企业文化的精华。

1918年3月29日,山姆·沃尔顿出生在美国俄克拉何马州的金菲舍镇,小时候当过报童。

1936年,山姆进入密苏里大学攻读经济学学士学位,并担任过该大学学生会主席。

1940年,山姆大学毕业,当时第二次世界大战爆发不久,山姆便报名参军,在美国陆军情报部门服役。

1951年,战争结束后他回到故乡,向岳父借了2万美元,加上当兵时积攒的5 000美元。于1951年7月和妻子海伦在阿肯色州本顿威尔开了一家小商店。

1960年,沃尔顿在本顿威尔地区已有15家商店,年营业额达到140万美元。

1962年,沃尔顿在罗杰斯城创办了第一家沃尔玛(WalMart)折扣百货店,营业面积为1 500平方米,第一年的营业额就达到70万美元。并最终于1969年10月31日成立沃尔玛百货有限公司。

1983年,沃尔顿开设了第一家山姆会员店。

1985年,沃尔顿被《福布斯》评选为美国首富。

1992年,沃尔顿获得总统自由勋章,同年4月5日辞世。

2. 基于领导者特质理论的分析

山姆具有优秀领导者的特质,具有强烈的事业心和进取心。他终生工作勤勉,精力充沛。60多岁时,山姆仍每天从早上4:30开始工作直至晚上,偶尔还会在某个凌晨4:00访问一处配送中心,与员工一起吃早点喝咖啡。他经常自己驾飞机从一家分店跑到另一家分店,每周至少有4天花在这类访问上,有时甚至6天。在周末上午的经理会前,山姆通常3:00就到办公室准备有关文件和材料。

70年代，山姆保持一年至少对每家分店访问两次的纪录，他熟悉这些分店的经理和许多员工。

山姆不断探索求新。任何僵化的思想和固化的行为都是成功的大敌。山姆从开始就没有停止过对促销的探索，他很善于利用一线员工提出新的促销思想，沃尔玛的经营随时吸纳着无数人的智慧，所以任何连锁集团都赶不上他们的发展步伐。对于外界的新生事物，山姆总是抱着欣赏和试试看的态度；他时刻思考着如何提升员工的办事效率；他经常考察沃尔玛以及竞争对手的门店，通过市场的反应和变化，激发自己新的经营理念和管理思路。

3. 基于领导者行为理论的分析

山姆·沃顿从事领导活动的核心就是鼓舞员工的士气，调动其工作积极性，促使其充满信心、满怀热情地为顾客服务。采用领导方格理论分析，山姆属于(9.9)型的领导，既注重任务的完成，又关注员工的感受。他曾经说过："我认为，如今我们所从事的这个行业中，对管理者最大的挑战，是如何成为员工的真正领导者。一旦他做到这一点，这支由优秀管理者和员工组成的团体，就可以战胜一切！"

沃尔玛总部和各个商店的橱窗中都悬挂着先进员工的照片。各个商店都安排一些退休的老员工身穿沃尔玛工作服、佩戴沃尔玛标志，站在店门口迎接顾客，不时有好奇的顾客同其合影留念。这不仅起到保安员的作用，而且也满足了老员工的精神安慰。沃尔玛员工从进入公司的第一天起受到"爱公司如家"的思想熏陶。公司制定了与员工分享经营成果、分担经营责任的政策，使员工产生责任感和参与感，如利润分享、员工购股、低耗奖励等计划来调动员工积极性。为激发员工的活力和激情，山姆·沃顿设立周六展会，在活泼、愉快的气氛中表扬先进、发现问题、讨论解决问题的方案。

山姆·沃顿在成就员工的同时，也成就了沃尔玛，在将近30年的岁月里，他以自己的风格、个性、理念深刻地影响着沃尔玛，使沃尔玛不仅创造了美国零售业的最大奇迹，并且成为美国零售巨型公司中最有个性的公司。

二、教学组织

1. 仿照以上范例，学生自主选择其感兴趣的一位知名领导者，进行信息搜集和整理。

2. 结合本章学习的领导者理论，分别从素质理论、行为理论和权变理论等角度分析该领导者的特点，并撰写和制作演示文稿。

3. 教师组织学生进行课堂宣讲，并点评。

三、演示文稿要求

1. 结合领导科学理论进行领导者特质、行为分析。
2. 条理清晰，逻辑清楚，分析准确。
3. 演示文稿结构完整、层次清晰、制作精美，内容具有吸引力。

第二篇

主 体 篇

第三章 3

领导者

学习目标

领导者和被领导者构成领导活动的主体,领导者是领导活动的关键因素。通过本章的学习,要求熟练界定领导者的含义,掌握权力的内涵和分类,掌握领导体制的构成和类型,了解领导者的基本素质,认识领导者角色。

引导案例

曼德拉精神

2013 年 12 月 5 日,曼德拉逝世的消息不胫而走传遍全球,立刻成为各国媒体的头条新闻。世界各国媒体不约而同地对曼德拉的生平、功绩、地位和影响进行全方位、宽领域、立体化的深度报道,掀起了一股强劲的全球“曼德拉热”。在全球媒体众口一词对曼德拉的颂扬声中,人们能够强烈地感受到一种精神——曼德拉精神,以及这种精神闪耀的人性光辉、蕴含的时代意义和产生的世界影响;进而思考一个问题——南非为何能够出现曼德拉。

曼德拉波澜起伏、充满传奇的人生道路可分为三个阶段:前期矢志不移、英勇顽强反对种族隔离制度;中期实现南非的种族和解、缔造平等自由的新南非;后期关注人类命运、促进世界和平大业。曼德拉的人生三阶段紧密相连、不可分割。推翻种族隔离制度是为了建立人人平等自由的新南非,推动种族和解是为了黑白两大种族携手建设好新南非,推进非洲与世界和平是为了人类和谐相处共同发展。

曼德拉曾说,当他离开牢房、走向通往自由之路时,应该把仇恨和痛苦留在身后,否则他将永远生活在囚禁之中。新南非成立前夕,黑白矛盾尖锐到炽热化程度,无论是在南非国内,还是在非洲和世界各地,人们普遍认为一场黑白生死决战迫在眉睫,在所难免。黑人同胞期待着曼德拉一声令下,把长期压迫剥削自己的敌人一扫而光;白人在担惊受怕之中束手乏策,一小撮极右分子正在磨刀霍霍。面对如此紧张局势,曼德拉从容应对,他没有发起种族决战,而是反其道而行之,苦口婆心讲述种族和解、国家统一的必要性,说服黑人同胞"不是用矛把白人赶到大海里,而是把矛扔到海里去"。针对黑人不同民族之间的分歧和纷争,他晓之以理,强调冰释嫌隙、民族团结的重要性,使大家放眼未来,握手言和;面对白人极右分子妄图发起军事行动,他动之以情,陈述黑白相斗、两败俱伤的必然性,让对方口服心服,主动放下武器。

1998 年 2 月,克林顿访问南非,要求南非与伊拉克、伊朗、利比亚和古巴这些"问题国家"断交。在联合记者会上,曼德拉毫不留情明确表示:"南非不会忘记在反种族隔离斗争中给予自己支持的朋友,让那些要求我们与这些国家断交的人跳河去吧!"曼德拉这席话无不让并肩而立的美国总统非常尴尬,同时赢得克林顿发自内心地万分敬佩,二人因此成为忘年交。曼德拉的正义立场受到南非人民绝口称赞,他们以自己拥有这样一位德高望重的总统而备感自豪。

曼德拉还努力推动巴以和谈,呼吁维护联合国权威。联合国秘书长潘基文称赞曼德拉是"正义的巨人"。为表彰曼德拉对人类命运的关注和对世界和平的关爱,2009 年联合国将曼德拉的生日 7 月 18 日定为"曼德拉国际日"。

1994 年 4 月,在南非首次不分种族的大选中,曼德拉众望所归,成为南非历史上首任黑人总统、也是新南非的首位总统。1999 年任期届满时,曼德拉在国内外的声望如日中天,且身体康健,假如他选择连任,全体南非人民,包括黑人和白人,一定会高举双手拥戴。然而,曼德拉急流勇退,放弃连任,实现了人生角色的再次转换——从总统到平民。在接班人问题上,曼德拉做出三个决定:一是人选听从党内大多数的意见;二是提前交权实现顺利过渡;三是完全退休决不干政。这样,坦博·姆贝基顺利继任。20 年来,新南非以非国大为首的三方执政联盟一直保持平稳安定,曼德拉的离位与离世,丝毫未给国家带来波澜和波荡。正是曼德拉的高明,其适时让位给南非带来了国泰民安,其坦然辞世给南非人民留下了永久怀念。

资料来源:李新烽. 论曼德拉精神及其产生原因[J]. 西亚非洲,2014(6):65~81.

领导者是领导活动的主导,被领导者是执行具体决策方案并实现组织目标的行动者,两者的有效配合决定和制约着领导活动的成败得失。领导者应明确领导的权力和责任,采用科学化、艺术化的领导方法,实施有效的领导活动,带领组织成员实现领导目标。

第一节　领导者概述

领导者是领导活动的关键因素，领导者能力的大小左右着群体或组织的生存和发展。古往今来，涌现出许多著名的成功领导者，如毛泽东、罗斯福、戴高乐，企业领袖福特、李·艾柯卡、比尔·盖茨、张瑞敏、柳传志等。组织、企业和国家的生死存亡，都取决于其领导者水平的高低。因此，了解领导者的含义、类型和角色非常重要，是认识领导者的开始。

一、领导者的含义

领导者是一个发展的概念，不同的历史时期对其有着不同的理解。对于这一概念的界定，目前学术界主要存在两种主要观点：狭义领导者概念和广义领导者概念。

狭义领导者，即正式领导者，它将领导者定义为权力的执掌者，是在特定的社会组织中，依法享有职权，并通过决策、组织、指挥、协调、控制和影响等活动，率领被领导者实现既定目标的人。处在领导职位上的个人通常被授予一定的头衔，如董事长、总监、经理和主管等。然而，这一概念着重强调了正式领导者，而忽视了组织中非正式领导者的存在。不可否认，组织内部除了被冠以某些头衔的正式领导者之外，还存在没有占据领导者职位但同样具有影响力的非正式领导者。

广义领导者概念将领导者定义为其后面有追随者的人。美国著名管理大师彼得·德鲁克在其《德鲁克谈未来的领导》一书中写道："领导者的唯一定义就是其后面有追随者"；J. W. 伯恩斯在其《领袖论》一书中提出："政治领袖无处不在。在大多数社会中，领袖并不局限于少数一群有无限权力的杰出人物的范围内，而是包括人数众多尚不明确的人员行为在内。"

"推动帆船前进的，不是帆，而是看不见的风。"领导者在组织内就扮演着风的角色。综合狭义领导者概念和广义领导者概念，领导者是在人类社会和生产活动中，组织、带领、指导和协调组织成员为实现一定的目标而进行活动的个人或群体。领导者通常包括以下含义：①领导者具有一定的权力、权威或影响力。②领导者是组织活动的发动者和推动者。③领导者通过组织、带领、指导和协调组织成员来实现既定目标。④领导者可以是个体领导者，也可以是个体领导者按照一定的原则或制度构成的群体，又称领导班子。个体领导者是群体领导者存在的前提，群体领导者是个体领导者的组合团队。

二、领导者类型

不同的领导者表现出不同的领导素质、领导作风和领导方式，要对领导者进行理性研究就必须对其进行科学的分类。根据不同的划分方法,领导者可划分为不同的类型。

(一)正式领导者和非正式领导者

按领导者产生的方式划分,领导者可分为正式领导者和非正式领导者。

正式领导者是由组织指定或任命的,他们拥有组织结构中的正式职位、职权和责任,并通过领导活动实现组织的目标。正式领导者通常按照组织给予的权力,根据既定的路线和严格的章程进行活动,比如,制订规划、方针、政策以及进行奖惩、控制和监督活动等。正式领导者的职位相对稳定,它不因某一领导者的离职而消失,而是由其他人进行补位。正式领导者(不管他是否拥有权威)可以运用合法的权力来影响下级的思想和行动,必要时可以采用权力的消极形式来影响下级。

非正式领导者是在正式组织中通过组织内成员的自发选择而产生的领导者。他们不拥有正式的职位、职权和责任,其领导地位主要是因为他们具有某一方面的才能而取得的。非正式领导者总是以满足人们的需要和情感为宗旨,帮助组织成员解决私人问题、承担某些责任、协调成员之间的关系、引导他们的思想和信仰并影响他们的价值观念。非正式领导者同其组织成员具有内在的统一性与和谐性,因而其适应组织和环境的能力较强。由于非正式领导者的影响力是基于组织内部成员对他的信任,因此,其号召力和影响力不可低估。非正式领导者由于他们的权威来自个人的独特魅力,所以,非正式领导者的离职很可能会导致整个非正式组织的解体。

(二)野心家、政治家、技术专家和诗人等类型

按照哲学角度划分,领导者可以分为野心家、政治家、技术专家和诗人等类型。

加拿大维多利亚大学的克里斯托弗·霍金森在《领导哲学》一书中,从哲学角度将领导者分为野心家、政治家、技术专家和诗人四种类型。

1. 野心家。野心家类型的领导者以秉承自我的、私利的价值以及个人感情和动机的价值为特征。野心家渴望权力,这种野心不是公开表现出来就是被抛弃,这取决于社会结构,取决于公众态度的认可与否。

2. 政治家。政治家是由于真正参与和群体偏爱才成为一种类型。政治家是道德的又是理性的。之所以是道德的,因为他的利益范围超越并扩展了自我;之所以是理性的,因为他把自己视为道德集合体的代表者。政治家提供了最适宜于被领导者的较低级的领导方式,直接原因是来自人的社会性和这种领导的一般民主意向,间接的原因是来自带有个人特点的思考的实践方面。

3. 技术专家。大多数领导者倾向于政治家和技术专家两种类型的结合。技术专家包含着野心家和政治家的价值并超越了他们。因为这一类型反映了这样一种观念:管理与领导越发展,就越体现为由优秀分子来掌控。于是,管理与领导便产生了自己的专门技术知识,并且成为一件专业而不是业余爱好者的事情。因为随着组织的逐渐科层化和技术化,技术专家这一原始类型不断兴旺。

4. 诗人。在霍金森看来,诗人"带着一团火",在政治活动中,他能够充满感召力,可以成为神话般的具有历史性的伟大领袖。因此,最有责任感、最有号召力和最能以自己的方式使人满意的领导形式是属于诗人类型的。诗人号召他的追随者超越他自己,他激发和引导追随者萌发最初的动机和价值观。

不同的领导者类型实际上反映出在人类社会活动中,领导者的形象多元化和多样化,通过不同方式反映出来,影响了人类社会活动的开展。然而,认识领导者还要从领导者在领导活动中所扮演的领导者角色入手。

三、领导者角色

领导者在不同的组织体系中从事不同立场的活动,扮演着不同的领导角色。每一个组织中的领导者都应当明确自己在组织中扮演的角色,熟练掌握该角色所需具备的技能,提升领导的效能。

经过长期的领导科学研究形成了较为系统的领导者角色理论,为领导者角色的界定提供了参考和依据。

(一)领导者角色理论

1. 明茨伯格组织角色理论。明茨伯格将组织内的领导者角色从人际关系角度、信息传递角度和决策制定角度进行划分,并详细描述了不同角色的行为特征,见表 3-1。

表 3-1　明茨伯格领导者角色表

角色	描述	行为特征
人际关系角色		
1. 名誉领袖	象征性的首脑,必须履行许多法律性的和社会性的例行义务	迎接来访者,调查组织参加的各种活动,签署法律文件
2. 领导人	负责激励和动员下属,负责人员配备、培训和交往的职责	实际上从事所有的有下级参与的活动
3. 联络人	维护自行发展起来的外部接触和联络网络,向人们提供恩惠和信息	发感谢信,从事外部委员会工作,从事其他有外部人员参加的活动

续表

角色	描述	行为特征
信息传递角色		
4. 监听者	寻求和获取各种特定的信息(其中许多是及时的),以便透彻地了解组织和环境;作为组织内部和外部信息的神经中枢	阅读期刊和报告,保持私人接触
5. 传播者	将从外部人员和下级那里获得的信息传递给组织的其他成员,有些是关于事实的信息,有些是解释和综合组织中有影响的人物的各种观点	举行信息交流会,用打电话的方式传达信息
6. 发言人	向外部发布有关组织的计划、政策、行动、结果的信息;作为组织所在产业方面的专家	举行董事会议,向媒体发布信息
决策制定角色		
7. 企业家	寻求组织和环境中的机会,制定“改进方案”以发起变革,监督某些方案的策划	制定战略,检查会议决议执行情况,开发新项目
8. 混乱驾驭者	当组织面临重大的、意外的动乱时,负责采取补救措施行动	制定战略,检查陷入混乱和危机的工作
9. 资源分配者	负责分配组织的各种资源——事实上是批准所有重要的组织决策	调度、询问、授权,从事涉及预算的各种活动,安排下级的工作
10. 谈判者	在主要的谈判中作为组织的代表	参与工会进行的合同谈判

资料来源:芮明杰. 管理学:现代的观点[M]. 上海:上海人民出版社,1999.

2. 史蒂芬·科维的角色观点。史蒂芬·科维在其《新型领导的三种角色》一书中提出,领导者在组织中承担以下角色:

(1)组织文化的创造者。领导者都应当根据自己所在组织的性质和行业特点,创造出适应企业特点的企业文化和价值体系。

(2)原则规范示范者。组织领导的成功依赖于企业原则和制度的坚持,领导者应当充当坚持原则和规范的示范者。

(3)青年人的培养者。领导者除了承担以身作则的责任,而且应当积极主动地创造环境和机会培养年轻人。

3. 凯拉·珐仁和贝菲里·卡耶的领导者角色观点。凯拉·珐仁和贝菲里·卡耶在《扮演领导者角色所需的技能》一文中提出,组织中的领导者必须熟练扮演以下五方面的角色,见表 3-2。

表 3-2　凯拉·珐仁和贝菲里·卡耶领导者角色表

角色	描述
促进者	帮助人们明确自己的职业价值、工作兴趣和技术能力 帮助人们认识长期工作计划的重要性 营造一种公开、坦诚的气氛,有助于人们讨论各自工作中遇到的疑问 帮助人们理解和弄清楚他们从工作中到底需要得到什么
评估者	把个人的成绩和名誉真实地反馈给每一个组织成员 使每个组织成员清楚评估成就的标准和期望值 留心听取人们的想法,了解并指导他们目前最重要的工作 指出人们的成就、名誉和工作目标间存在的关系 对于个人如何提高自己的成就提供具体的行动建议
预测者	提供组织、职业和产业信息 帮助人们发现并使用补充信息 指出可能影响人们职业前景的新趋势和新变化 帮助人们了解组织的文化和现状 把组织的战略目标传达给每一个成员
指导者	帮助人们区分各种各样有用的工作目标 帮助每个人选择符合实际的工作目标 把个人的工作目标与组织的需求和战略意图联系起来 指出个人在实现工作目标的过程中可能遇到的有利和不利条件
最终帮助者	帮助每个人开发详细的行动计划去实现各自的工作目标 通过安排组织成员同其他行业组织的人进行有益的交流帮助组织成员实现各自的目标 同能够提供潜在机会的人讨论组织成员的能力和工作目标 帮助人们同实现工作计划所需的资源建立联系

（二）领导者角色

综合领导角色理论的观点,领导者在组织中担任四种基本角色:企业组织者角色、员工教育者角色、企业与员工利益代表者和维护者的角色、信息使用者和传播者角色。

1. 企业组织者角色。领导者要保证他所领导的工作群体有高度的组织水平。企业的业绩大多取决于内部各部门协调工作的组织水平。处于不同层次的领导者要扮演不同层次的群体组织者的角色以管理员工:基层领导者要善于给员工提出具体的目标,组织员工按计划有秩序地进行生产;中、高级领导者要科学安排隶属部门的资源,通过基层领导者安排组织活动,维持组织的正常运转。

2. 员工教育者角色。领导者在组织内部除组织员工进行日常工作外,还扮演着员工教育者的角色,对下属起到导师的作用。教育的内容即包括专业知识和技能,也包括处事技巧和进行思想政治工作。

3. 企业与员工利益代表者和维护者的角色。组织内部企业利益和员工利益存在一致性的同时,在特定条件下也存在一定程度的冲突。领导者应当善于在工作中把企业利益与员工利益紧密地结合起来。作为企业利益代表者的领导者有义务监督和组织员工进行日常生产工作,作为员工利益代表者的领导者应站在员工的角度为其争取必要的利益。

4. 信息使用者和传播者的角色。领导者在工作中既要使用来自群体的内部信息也要使用来自社会的外部信息,并根据这些信息及工作群体的具体状况做出决策。与此同时,领导者还肩负着将所获得信息传递给组织其他成员的重任,从而避免因信息不对称造成的不必要的冲突或障碍。

四、领导者和管理者的区别

领导者和管理者是两个既相近又有区别的概念,然而现实生活中人们却常常将它们混淆。正如领导和管理是两种不同的社会活动一样,领导者和管理者也存在较为明显的区别。

(一)权威基础不同

领导者和管理者依赖的权威基础及其运作方式有着明显的区别。在日常生活中,人们通常把领导者和管理者混为一谈,其实它们并不是完全相同的。尽管一个人可以同时担当领导者与管理者的双重角色(如某一个科的科长,他是一个典型的管理者,但在领导该科的所有成员时,他又是一个典型的领导者),但有时候领导者却不一定是管理者,而管理者也不一定是领导者。由于领导从本质上来说是影响力的扩展,因此领导者与其下属的关系更多的是追随关系和依从关系。人们往往追随那些他们认为可以提供满足自身需要的人,正是由于人们愿意追随他,才使他成为领导者。

(二)存在空间不同

领导者既存在于正式的组织中也存在于其他非正式的群体中;而管理者只存在于正式组织中。有的管理者可以运用职权迫使下属去从事某一项工作,但不能影响他人去追随他,这样的管理者并没有在扮演领导者的角色;有的人没有正式职权却能以个人的影响力去影响其他人,他实际上就是一位领导者(非正式领导者,也称为非委任领袖)。一般来说,只有那些将管理者与领导者真正融为一体的人才能有效地保证组织的运转与发展。

（三）精力投向和思维方式不同

领导者和管理者在精力的投向和思维方式上存在着明显的区别。管理强调理性及控制。无论其精力集中于目标、资源、组织结构还是人员，管理者都是问题的解决者。管理者的精力投向一般是较为专门的业务和具体的程序；而领导者主要的投向则是该组织的发展方向或该部门的人际关系协调及其成员需要的满足程度，并引发整个组织的变革，为整个组织和全体人员注入精神和希望。因此，管理者一般采用技术化、程序化的思维方式，而领导者则采用社会化、非程序化的思维方式。当然不否认这样两种精力投向和思维方式在现实生活中会集于一人身上，但他在履行管理职能和领导职能的时候，会具有较为明确的"角色自觉"意识。

（四）目标态度不同

管理者往往倾向于以一种不带个人情感的态度对待目标，他的目标通常是源于需要而非欲望。相应地，这一目标也会深深地根植于组织的历史和文化之中；领导者对待目标的态度是积极的而非消极的，他们提出设想而非回应设想。领导者以富于个性化和积极的态度对待目标。领导者对于改变行为模式、激发想象力和预期、确立具体的设想及目标等方面的影响力，决定着组织的发展方向。这种影响的结果，改变了组织成员对于什么是愿意的、什么是可能的、什么是必须的等问题进行思考的方式。

（五）对待下属和他人的态度不同

管理者通常运用奖励、惩罚以及其他强制性措施，改变下属的看法，限制下属的选择，力求把下属纳入一种程序化的工作轨道上去；而领导者则是力图拓展被领导者新的思路并为他们的发展开启新的空间。为了更富有成效，领导者必须使其计划更富有想象力，从而激励人们去扩展新的选择空间并使其计划更为现实。管理者在与他人的交往中大多缺乏热情，是依据自己在事件或决策中的角色来与他人交往；而领导者更关心他人的某些想法，以一种直觉的和更富于情感的方式与人交往。

（六）自我意识不同

在自我意识方面，管理者常常把自己视为秩序的卫道士以及规则的制定者，凭借这种秩序，他们实现着自身价值并获取物质利益。管理者的自我意识通过现存的组织强化和永久化得以加强，他们与所承担的责任协调一致；领导者自我意识的存在并不依赖于同事、工作职位以及其他任何社会的参照物。也许正是这种自我意识，可以解释为什么某些个体总是追求不断的改革与变化。

(七)生活方式的抉择不同

管理者和领导者成长的轨迹可能是截然不同的。管理者借助社会谋求发展,因社会要求管理者个体指导组织,维护已有的各种社会关系的平衡;领导者则是通过个人奋斗来谋求发展,这种发展方式促使个体为追求心理乃至社会的变化而奋斗。基于这一状况,可把管理者所抉择的人生方式称之为“每一步最优”,而把领导者所抉择的人生方式称之为“总体最优”。追求“每一步最优”者,其结果可能是一生平平庸庸;而那些看起来每一步似乎并不是那么好的“总体最优”者,往往会取得成功。

了解领导者和管理者的区别和联系,可以形成对领导的正确认识,有助于领导作用的发挥。

五、领导方法和艺术

在领导活动中,往往会出现这样的现象,即同一层次的领导者,为完成同样的工作任务而运用同样的领导手段和工作方法时,有的得心应手、事半功倍,有的则手足无措、事倍功半,这是领导方法的运用和艺术水平的高低不同所致。现代领导者应当研究领导方法与领导艺术,努力提高领导工作效率。

(一)领导方法

领导方法是领导者为达到一定的领导目标,按照领导活动的规律所采取的办法、程序、手段和技巧的总和。它是领导科学体系重要组成部分之一,是领导者发挥主观能动性最广阔的领域。领导方法充分展示了领导者的领导才华和创造力,成为体现领导艺术的重要途径和手段。

从领导职能出发,领导方法对于领导职能的发挥有着重要的作用。领导方法是指挥和引导的前提和基础,为有效激励和鼓舞提供具体方式,是组织和协调的重要手段,是决策和规划的重要工具,从而成为提高领导成效的重要保证。

领导方法是领导者思考问题、解决问题和指导工作的方式和方法的总和。按领导方法的体系结构可以将领导方法分为领导方法论基础、基本领导方法和日常领导方法三个层次。日常领导方法与领导工作的具体内容相衔接,与领导职能相对应,关系到领导工作的效率和工作成果。本书将领导方法分为领导思维方法、决策方法、授权方法、用人方法、沟通方法和提高效率方法六个方面进行简要介绍。

1. 领导的思维方法。人的行动总是受思想支配的,领导活动的实质是思维活动。领导活动是人们认识世界和改造世界的活动,世界观是决定领导思维活动的关键,领导艺术水平的高低取决于领导者的思维能力。因此,做一个合格的领导者,必须掌握思维艺术,提高理性思维的能力。

领导思维是为实现领导目的而思考问题的方法;领导方法则是把领导决策付诸实施,变为领导活动的方式和手段。有什么样的领导思维,就有什么样的领导方法。新的环境、新的形势、新的问题既给组织带来了空前的发展机遇,同时也给组织带来了激烈竞争和挑战。能否抓住机遇迎接挑战,需要强有力的领导,而领导力的提升又在于领导思维和方法的转变。努力学习和应用现代科学技术,培养科学思维的能力,是领导者提高领导成效的重要方面。现代领导活动的发展,要求领导者实现思维模式的转变,这对领导活动的开展具有重要意义。

2. 领导决策方法。决策是领导工作的中心环节。决策的正确与否关系到领导活动能否正常开展,并朝向预定的目标发展。在市场经济环境下,成功的领导者怎样认识决策、如何进行决策,如何避免决策失误,常用的决策方法和艺术等,都是现代领导者关心的问题。领导活动中决策的方法主要分为定性和定量两大类,包括德尔菲法、头脑风暴法、确定型决策方法、风险型决策方法和不确定型决策方法等。对此本书第七章将重点展开论述。

3. 领导授权方法。权力与服从是领导活动的永恒主题。领导者依靠手中拥有的权力去影响、指挥、激励被领导者,实现组织目标。因此权力的掌握和使用成为领导的重要职能之一。如何正确看待权力、权威的形成、理解权力和责任的关系、有效的集权和分权、授权艺术等问题,可以充分反映出领导者的领导方法和领导艺术,是领导科学关注的重点内容之一。对此本书第八章将重点展开论述。

4. 领导用人方法。领导活动的主体是人,因此用人之道已经成为立国之要,安邦之略。为了维持组织的正常运转,组织中的人力资源如何通过有效的吸纳、维持、开发和激励,达到最大限度地发挥人力资源的作用,是现代组织领导者的一项重要工作。因此,运用科学有效的方法实现人力资源创造的价值最大化是非常值得重视的问题。对此本书第九章将重点展开论述。

5. 领导沟通方法。信息时代的到来标志着信息已经成为组织活动开展的重要资源。信息传播和利用的速度和有效性是衡量组织现代化程度的重要标志。如何有效地利用信息资源,及时掌握组织的各种信息,了解环境的变化发展,是有效履行领导者职能的重要内容。沟通成为现代领导的重要方法。

语言是人类交际的工具。熟练掌握表达的方法和语言艺术是领导者的必修课和基本功。在领导活动中,领导者不可避免地要与各种类型的人进行交往,因此语言和文字表达成为领导者的一项基本技能,也是代表领导者水平的重要方面。人际交往过程中的对话、谈判、演讲等无不需要领导者具备较高的表达能力,也是领导者发挥领导的指挥、激励和鼓舞作用的有力武器。对此本书第十章将重点展开论述。

6. 领导提高效率的方法。效率是指单位时间内所取得的效果的数量同所消耗的人力、物力、财力、时间等资源的比率关系。领导者的工作效率反映了领导者时间的利用状况。不同的领导者采用不同的领导方式,因此取得了不同的领导效率,领导效率与领导成效存在着密切的关系。作为领导者在珍惜时间资源和重视时间效益的同时,必须要把握时间的主动权。领导科学时间观念的树立、时间的有效运筹及管理、主持会议的方法和技巧、高效学习和阅读技巧的培训等在现代领导者培训中成为主要内容。已经发展的实践管理的方法和技巧代表了人们对时间这种重要而且宝贵的资源的关注,也反映出不同领导者领导水平的差异。

(二)领导艺术

美国学者罗伯特·唐森德指出:"没有两个领导是一样的。因为领导有各种各样的:有左脑发达的,有右脑发达的,有衣冠楚楚的,也有不修边幅的。他们的管理哲学大相径庭,个性也各有特色。但有一点很重要——每个人的领导艺术都很独特。科学或公式不能产生领导,领导艺术是一个个性的问题。"①

领导艺术是领导者依靠个人的知识、经验、能力等多种素质和技巧在领导过程中形成的,运用领导规律和方法开展领导活动的领导风格和个性行为特征的集中展现,是领导者在个人领导工作经验积累基础上所形成的有助于实现领导成效的方法和技巧条理化及原则化的过程。就其本质而言,领导艺术属于领导方法的范畴,但又不是一般或普通的领导方法,它是建立在领导者个人才智基础上产生的特殊的和较高层次的领导方法,是领导方法的巧妙运用或集中体现。

与领导方法不同,领导艺术反映出领导活动的非规范性、非确定性和个性化的特点。领导艺术有以下几个显著的特点:

1. 科学性与阶级性。领导艺术作为一种有效的领导技巧和特殊方法,是建立在科学基础之上的,具有科学性。在阶级社会里,领导艺术还具有阶级性,掌握在不同阶级的代表人物中,它可以为不同的阶级服务,而不同的阶级也有不同的领导艺术观。一切剥削阶级的代表人物为维护本阶级的统治地位和经济利益,总要费尽心机地玩弄权术、施展伎俩,欺骗、愚弄人民群众。他们的这种"领导艺术"是反科学的,与无产阶级的领导艺术观是根本对立的。建立在马克思主义基础上的无产阶级领导艺术,其科学性与阶级性是完全统一的。无产阶级之所以需要领导艺术,是为了提高领导效能,更好地为人民服务。通过运用领导艺术,使群众更

① 本尼斯,唐森德.重塑领导者对话集[M].北京:九州出版社,1999:13.

好地理解和掌握党的路线、方针和政策，主动、积极地去行动，决不允许领导者采用欺骗的手段愚弄群众。

2. 多样性与灵活性。在领导活动中，由于领导艺术的非规范性和非模式化，不同的领导者常常在领导活动中表现出多样性与灵活性。一切领导艺术都是因人、因事、因时、因地而异，领导者只有从实际出发，根据具体情况随机应变，灵活运用，才能适应不断变化的环境，做好领导工作。

3. 特殊性与随机性。领导艺术是领导者在特殊条件下解决问题的特殊方式和手段，具有个性化和随机性的特点。高超的领导艺术通常出自那些运筹帷幄、决胜千里的卓越军事家和审时度势、力挽狂澜的杰出政治家之手，它常常在特殊和偶然的事件中，显出其个性和不平凡。许多传奇式人物的领导艺术，虽然被传为美谈，但由于时过境迁，后来的领导者往往不易效仿。

领导艺术是领导方法的重要表现形式，存在于每一个领导行为之中，直接影响领导效果。有多少种领导行为就会有多少种领导艺术，包括领导思维艺术、决策艺术、授权艺术、用人艺术和沟通艺术等，是内容丰富、因人而异的领导技巧和方法的综合。

面对纷繁复杂的组织环境和多变发展的影响因素，领导工作的开展不仅需要领导者采用科学有效的领导方法，同时也需要领导者运用领导艺术，因时、因地、因人而异地实施不同的领导活动，才能达成领导目标。领导艺术是领导者的学识、智慧、才能、胆略、作风和经验等多种因素在领导过程中的综合反映，表现为领导者创造性地灵活运用已经掌握的各种知识和领导方法，具体分析各种复杂因素，妥善解决领导工作中实际问题的综合能力，它贯穿于整个领导过程和领导活动的各个方面。学习并且掌握领导艺术，对实现领导工作的民主化和科学化，提高领导工作的效能，具有深远的意义。

（三）领导艺术是领导方法的升华

领导工作有其规律性的一面，更有许多不确定性和偶发性因素存在。领导者在工作中要有效地处理大量的不确定性、偶然性和随机性事件，往往没有经验可以借鉴，没有规定的程序和章法可循，因此要靠创新、靠高超的领导艺术加以处置。在实际工作中，领导者不能刻板地按照某个科学原理来解决某个具体问题，而必须具有与时俱进、因地制宜、创造性地运用领导方法的能力，这种能力就是领导艺术。领导艺术是领导者领导技能的展现，是对领导方法巧妙的、纯熟的个性化运用，是领导方法的升华。

领导艺术是领导者素质的外在表现，是检验领导水平和能力的重要尺度，因此领导艺术是领导者必须具备的基本技能。领导工作是一门科学，也是一门艺术。领导者不仅要懂得领导科学原理,掌握领导的基本方法和工具,而且要根据客观环境的变化,选择适当地表现方式和手段并将其转化为自己能够灵活运用的方法艺术,更好地履行领导职责,完成领导任务。

毛泽东同志在谈到领导艺术时指出:"领导人员依照每一具体地区的历史条件和环境条件,统筹全局,正确地决定每一时期的工作重心和工作秩序,并把这种决定坚持地贯彻下去,务必得到一定的结果,这是一种领导艺术。"①随着社会的不断发展,领导工作要适应瞬息万变的形势,适应不断发展的客观环境,领导者要不断灵活处理各种偶然的、突发的事件,因此需要不断提高领导艺术水平。江泽民同志指出:"努力掌握适应新形势新任务要求的领导艺术、领导方式和领导方法,把坚持党的领导同发扬人民民主、严格依法办事、尊重客观规律有机地统一起来。"可见,领导艺术是随时间、地点、对象、任务的不同而不同,是领导者根据客观情况所采用的恰当而又富有创造性的领导方法。面对21世纪错综复杂的国际环境和深化改革、扩大开放的国内环境,要提高领导工作成效就必须不断提高各级各类领导者的领导艺术水平。

【学习卡片】

一个高明的领导,讲究领导艺术,知关节,得要领,把握规律,掌握节奏,举重若轻。

在日常工作中,有三类干部:第一类,眼光敏锐,见微知著,"为之于未有,治之于未乱",防患于未然,化解于无形,开展工作有板有眼,纵横捭阖,张弛有度,"谈笑间,樯橹灰飞烟灭",这是领导艺术的最高境界。第二类,工作勤勤恳恳、忙忙碌碌、夜以继日,天天加班加点,虽然工作的预见性、敏感性不足,但问题暴露后,尚能及时采取措施,妥善加以解决。虽不能举重若轻而显得举轻若重,但"勤能补拙",仍不失为勤政的干部。第三类,见事迟,反应慢,发现不了问题,出了问题后,或手足无措,或麻木不仁。我们每一个领导干部,都要努力学习,加强实践,不断提高领导水平,力求最高境界,力戒第三种情况。

——节选自习近平《之江新语》之《要讲究领导艺术》

六、女性领导者

当今世界,越来越多的女性冲破传统的羁绊,进入职场,并凭借女性的职业优势和个人的不断奋斗,在各自岗位中发挥着重要的作用,成为各行各业的精英,担任不同的领导职务。例如,德国总理默克尔,英国首相特雷莎·梅,Facebook首席运营官雪莉·桑德伯

---

① 毛泽东.毛泽东选集:第3卷[M].北京:人民出版社,1991.

格，格力总裁董明珠，华为董事长孙亚芳等。她们以女性特有的魅力打破传统意义上以男性为主体的领导模式，在企业、行业，乃至国家层面发挥着重要的作用，魅力四射。

（一）女性领导力

学界对女性领导力有狭义和广义两种理解。狭义定义认为，女性领导力是指女性领导者实施有效领导的能力。而广义定义认为，女性领导力是与女性特征联系比较紧密的一些领导风格，如柔性领导等在领导过程中展现出来的效果。女性领导力不是一种抽象存在，它表现在领导者的具体领导工作中。

（二）女性领导者的领导特点

男性和女性在生理和心理方面存在诸多不同，各自具有优势和劣势，影响着各自的职业发展和领导风格。与男性领导者相比，女性领导者的特点有六点。

1. 互动型的领导风格。女性善于将自己的兴趣转化为企业组织的目标，并以此激励他人。这些女性领导者都很努力地营造合适的工作环境与组织文化，最终目标则是达到一种“双赢”的情境。

2. 注重人际关系网络。女性领导者具有更强的人际交往能力，在人际交往中能够综合使用正式权利和个人情感构建具有包容性的蛛网状的人际关系网络。女性领导者更加强调与他人的联系，以及对他人的责任；而男性领导者却倾向于强调他们正式的、抽象的权力。

3. 民主型领导。女性领导者倾向于采取更富参与性的民主型领导方式，更倾向于认为自己的权力来自个人魅力，更善于调动组织中的各项资源。

4. 学习型组织的建设。男性领导者可能将有效的领导同一种等级森严、依靠命令加控制的进程联系在一起，而女性领导者的互动型领导更适合多元化的未来和学习型组织的建设。

5. 积极的沟通和团队建设。女性领导者更加善于采用授权和激励的手段，认真倾听员工和团队的需求，使用正式沟通渠道和非正式沟通渠道，进行积极而有效的组织沟通，助推团队的建设。

6. 重视员工培训与开发。女性领导者更加重视员工的培养和教育，能够从可持续发展视角，站在员工的角度，进行员工的培养和开发，推动员工的职业发展。

（三）女性领导者发展中的困境

成功的女性领导者既能够像男性领导者一样在激烈的职业竞争中占据一席之地，同时又具备女性特有的敏锐的直觉力、同理心、合作的天赋、沟通能力等。然而，在竞争激烈的职场中，仍然存在一定程度的性别歧视，导致女性从业者在职业发展中遭遇职业天花板，在职场中遭到不公正的对待。性别歧视、刻板印象、选择性退出、职业天花板成为描述女性职业生涯和女性领导的特有名词。

受制于传统逻辑的错误定位和性别的刻板印象，女性领导者常常被传统的领导文化所排斥，无法进入组织的领导核心。虽然，女性作为领导者的作用和影响力都在逐渐增强，但是仍然不可让人小觑的是从事高级领导岗位的女性并不多，有很大一部分女性仍处在组织的中低层，仍然没有足够的空间和机会让她们更好地发挥作用。全球 200 多个国家中，只有 25 个国家的元首和政府首脑是女性。在美国国会，只有 18%的议员是女性；在中国，只有 21%的人大代表是女性；而在世界各地的上市公司中，95%的掌门人都是男性。除了这些数字，还有一个事实，即女性的进步面临一个困境，在过去 10 年那些做到很高层的女性很难再上升一步。

(四) 女性领导者开发

为了跨越职业困境，女性领导者需要从三个方面开发自身的能力和进行职业生涯设计。

1. 终身学习，不断提升领导力。现实中，职业女性在职业发展的某个阶段会感到自己的能力不足，工作要取得好的成就很困难、很费劲，感到没有能力再往上走、接受新的挑战或任务。终身学习是女性提升领导力的重要途径。在工作实践中通过有意识地学习、积累和塑造，不断提升领导力是女性领导者突破职业发展困境、保持职业生涯可持续发展、追求更大成就的另一基本要素。

2. 重视职业生涯规划。规划好自己的职业生涯、保持职业的可持续发展是女性领导者突破职业发展困境取得更优成就的基本要点之一。首先，女性领导者要坚持自己的追求，绝不因家庭中的些许矛盾而放弃事业上的追求，要处理好家庭与事业的矛盾冲突，保持平衡，不断提高自己承受和排解矛盾、压力的能力。其次，给自己的职业生涯准确定位，只有做好了自己的职业生涯规划，才有助于认清自己事业的前进方向，明辨自己的优势与不足，从而有的放矢地扮演好自己的社会角色，实现自己的人生理想和人生目标。

3. 勇担责任，敢于创新。领导的实质就是责任。所以女性领导者应勇于承担责任，敢于创新，尝试承担有挑战性的任务，这样能得到更多的表现机会来展示自己的才干和领导力。

第二节　领导权力

领导的本质是领导者对被领导者的影响。权力作为因影响他人而行使某种行为的能力存在并附着于领导者手中,实现对被领导者的影响,维系着领导活动的顺利进行。因此,权力是领导者的重要象征。

一、权力的内涵

日常生活中,人们通常将权力和职权混淆在一起。但是,除了正式组织中由于职位本身所具有的职权外,权力还存在于没有职位区分的非正式组织之中。可见,权力是一个相当宽泛的范畴,不仅仅包含职位所赋予的权力,同时包含人格魅力所形成的影响力。关于权力不同的学者给出了不同的界定。

马克斯·韦伯认为:权力是一个人或几个人所拥有的机会,这些机会使他们通过集体行动,甚至是在他人反对的情况下,实现自己意志的可能性。

法约尔认为:权力是下达命令的力量以及要求他人严格服从的权限。

沃伦·班尼斯认为:权力是将意图转变成现实并且维持它的能力。

孙中山认为:权力是指行使命令、制服群众的力量。

可见,各种定义中均包含共性,即权力是一种影响力。因此,权力是指在社会生活中,个体或群体行使的能够使其他个体或群体发生改变的一种影响力。权力可以产生于正式组织,也可以产生于非正式组织或产生于领导者自身的人格感召力。领导权力在本质上是一种利益关系,利益是驱使权力主体获得权力的动力,也是权力主体在行使权力过程中所要达到的目标。

二、权力的类型

在领导科学领域,权力通常可分为两种类型:一是职位权力,二是个人权力。职位权力又进一步细分为合法权力、强制权力和奖励权力;个人权力进一步细分为专家权力和参考权力。权力的构成如图 3-1 所示。

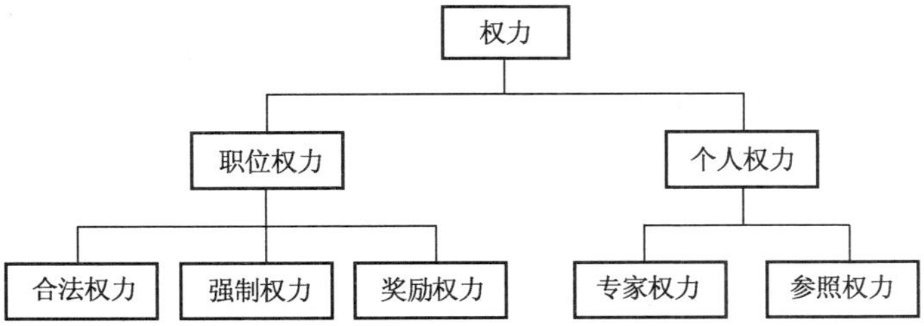

图 3-1 权力的构成

(一)职位权力

职位权力是领导者依据其职位所取得的权力,是领导者行使指挥与统领过程的支配性影响的实质条件。

1. 合法权力(legitimate power)。合法权力的根基在职位而不在人。拥有合法权力的人有权将某些人的行为限制在特定的范围,比如,法官、警察和教师等。一个人拥有的合法权力的数量和质量取决于他所在职位的重要性以及领导者的意愿。如果领导者要求下属去处理一篇文字或者接听电话,这个下属会听从命令,因为这是合理的要求;如果上司要求下属处理与工作毫不相关的事情,下属便会拒绝接受指派。合法权力要得到有效运用,领导者必须一是要求要有礼节。傲慢的要求会使下属产生厌恶情绪;二是要求要明确。明确的指派能够帮助下属迅速了解所要进行的工作;三是要求要合理。工作以外的不合理要求,下属往往会产生抵触情绪,甚至拒绝实施。

2. 强制权力(coercive power)。强制权力是建立在实施惩罚或者给予负面支持的能力基础之上的。强制的例子从降低职位、薪水和奖金到要求他人去做不喜欢做的事情。在极端的情况下,强制权力可以转变为武力形式。它是领导者对其下属不服从其领导所给予的一种强制性剥夺。强制权力通常会立即见效,但它易产生抑制和报复、破坏信任以及破坏人与人之间的关系等负面后果。

3. 奖励权力(reward power)。奖励权力是以给予他人有价值的东西的能力为基础的。奖励的东西可能是有形的,如奖金、职位,也可能是无形的,如赞扬和支持。许多领导者同时使用有形和无形奖励来表示对下属的认可。通常情况下,以下因素对领导者奖励权实施的结果具有明显影响:一是被领导者对领导者实施奖励能力的信任程度;二是领导者的奖励与被领导者需求的吻合程度;三是领导者所实施奖励力度的大小。以上三方面共同影响奖励权力的实施效果。

(二)个人权力

个人权力也称为非职位权力,是指与组织的职位无关的权力。即领导者非职位权力的获得不是因为他在组织中的职位,而是因为他个人具有的某方面的特质。

1. 专家权力(expert power)。专家权力与合法权利相反,它的根基在人而不在于职位。专家之所以具有影响力是因为他们拥有他人不具有的经验、信息和技能,因此在活动中将更有发言权和威望,使得其他人会听从他的意见和指挥。运用专家权力时应注意:一是要建立专家形象。领导者通过自身的努力获得专家必需的资历、工作经验和成就;二是要客观诚实。对于不太了解的领域,避免大加评论;三是要果敢自信。特别在需要做出决策的关键时刻,领导行使专家权力要自信而果断。

2. 参照权力(referent power)。参照权力是一种偶像权力。当人们崇拜某个人的时候,他们就赋予了被崇拜者影响他们行为的权力。参照权力取决于对个人的爱慕、尊敬和尊重,这种忠诚通常需要长时间才能培养出来。由于参照权力需要长时间来培养,所以在使用它的时候要谨慎。例如,领导人如果把让下属加班当作"对自己的帮助",那么在员工喜欢并且尊重他的时候,他们能够做到这一点。在第一周的时候,参照权力可能会有效;第二周,也可能有效;但几周以后,员工们就会厌倦这样的"帮助"。因此,领导者的参照权力也在逐步消失。

三、权力的比较

无论是权力的来源、基础和范围,还是权力的效果和性质,职位权力和个人权力存在着诸多不同,见表 3-3。

表 3-3 职位权力和个人权力比较表

	职位权力	个人权力
来源	法定职位	个人魅力
范围大小	受时空限制,不能因人而异,权力确定	不受时空限制,因人而异,权力不确定
方式	行政命令	人格感召
基础	必须服从	自愿接受
效果	畏惧	信服
性质	强制性影响力	凝聚性影响力

要确定使用哪种类型的权力,必须首先确定每种权力的相对优势和劣势。其中有效的办法就是将领导者和被领导者之间的领导活动看成一种交易,则领导者和被领导者之间的关系是相互的。尽管领导者施加的影响要比被领导者多,但他们也受到被领导者的影响。按照交易型领导的基本观点,在领导关系中,领导者及其被领导者均具有收益并为此支付一定的成本。在收益和成本的博弈过程中,关系变得对任何一方都不利时,即成本大于收益时,则关系就会被重新加以界定或者被终止。从交易角度来审视领导意味着使用任何一种类型的权力都会有潜在的成本和收益。例如,学生可以通过降低课程评价的方式来惩罚那些严重依赖威胁和其他强制手段的教师。下面给出每种权力类型的收益与成本列表。见表 3-4。

表 3-4　权力比较表

权力	收益	成本
强制权力	有效地获得服从 惩戒性行为 见效快	消耗使用者的身体和感情能量 降低下属的满足感 破坏信任和责任心 随着时间的消逝有效性会降低 下属针锋相对的抵触
奖励权力	文化上的认可 注意力集中在团体优先 有效地获得服从 短期内会推进业绩提升	与专家权力和参照权力相比,工作满意感低 奖励并不总是与高工作绩效联系在一起 提供越来越高的有形奖励,需要投入越来越多的金钱和物质成本 有些组织像非营利机构,能提供的有形奖励很有限。如果奖励不合意或者没有吸引力,或者奖励给错了人,那么就没有什么效果,甚至产生有害的结果
合法权力	文化上认可 结合整个组织的力量 有效地获得服从 有助于大型组织高效率地运转	降低下属工作业绩表现 降低下属工作满意度 长时间来看有效性也许会降低
专家权力	下属工作满意度高 下属工作业绩好 使用者只需花费少量情感能量	培育时间长 必须拥有必要的知识和技能 不像强制、奖励或者合法权利那样有效地获得服从 如果下属没有认可领导者的目标,也许会无效
参照权力	下属满意度高 下属工作业绩表现好	培育时间长 过分使用会导致权力不断降低 必须拥有必要的知识和人际技能 不像强制、奖励或者合法权利那样有效地获得服从

资料来源:海克曼,约翰逊. 领导学[M]. 王瑞华,译. 上海:上海人民出版社,2004.

从表 3-4 可以看出,不同权力类型的成本和收益各不相同,综合看来专家权力和参照权力的收益性最高。这些权力形式对被影响者的表现和员工满意度更具贡献作用,它们更可能维持领导者和被领导者之间的有利关系。但是,有效的领导者需要使用所有五种类型的权力。实际上,如果领导者能够将合法权力、专家权力和参照权力结合起来,他的影响力会更强。领导所拥有的权力并不是赋予其社会优势地位的资源，从其本源上来说来源于他的被领导者。权力作为一种现实性的力量，它的来源和构成必须依赖于法律和规章制度、个人威望、多数人的支持和拥护等资源的支撑，否则权力只能是静止的而不是扩展和增值的。强制性的命令不过是权力运用的消极形式而已，这一消极形式仅仅是保障领导活动能够顺利展开的最后一道防线。

补充材料

自我评估：个人权力概貌

说明：下面列出的陈述可以用来描述工作组织里的领导者对下属可能做出的举动。仔细阅读每一条陈述，将最能代表你感觉的数值标示出来。

我所倾向的影响他人的方式	强烈反对	反对	既不赞成也不反对	赞成	强烈赞成
1. 提高他们的工资水平	1	2	3	4	5
2. 让他们觉得自己受到重视	1	2	3	4	5
3. 分配不喜欢的工作	1	2	3	4	5
4. 让他们觉得我赞成他们	1	2	3	4	5
5. 让他们觉得他们需要承担义务	1	2	3	4	5
6. 让他们觉得自己是被接受的	1	2	3	4	5
7. 让他们觉得自己很重要	1	2	3	4	5
8. 提供好的专业建议	1	2	3	4	5
9. 让工作变难	1	2	3	4	5
10. 分享经验或进行培训	1	2	3	4	5
11. 让事情变得不愉快	1	2	3	4	5
12. 使工作变得令人讨厌	1	2	3	4	5
13. 帮助他们获得加薪	1	2	3	4	5
14. 让他们觉得他们应该满足工作的要求	1	2	3	4	5
15. 提供合理的工作建议	1	2	3	4	5
16. 给他们特殊的好处	1	2	3	4	5
17. 帮助他们获得提升	1	2	3	4	5

续表

我所倾向的影响他人的方式	强烈反对	反对	既不赞成也不反对	赞成	强烈赞成
18. 让他们觉得他们需要承担责任	1	2	3	4	5
19. 提供所需的技术知识	1	2	3	4	5
20. 让他们意识到他们有任务需要完成	1	2	3	4	5

评分：用下表将这20个问题的回答插入在相应的数字栏目。将每列加总，然后将结果除以4，就得到五种类型影响力的分数。

	奖励权力	强制权力	合法权力	参照权力	专家权力
项目	1：	3：	5：	2：	8：
	13：	9：	13：	5：	10：
	16：	11：	18：	6：	15：
	17：	12：	20：	7：	19：
总分：					
除以4：					

解释：权力指标的任何一方面若是分数为4或者5，那么就意味着你倾向于使用那些具体的权力形式去影响他人。2分及以下表明你不愿意使用这种权力方式去影响他人，你的权力概貌不是五种权力来源的简单加总。有些结合具有增效作用——超过各部分之和。例如，参照权力增强了其他权力来源的作用，奖励权力常常会增加参照权力的影响力度，强制权力常常会减弱其他类型影响的效果。

资料来源：http://www.ztgf.com/trade/china/tuandui/8238223958.shtml

四、权力的获取方式

不同类型的权力对于领导者来说，获取的路径是不同的。通常情况下，获取权力的方式主要有以下几种：

（一）要尽可能地展现自己的能力

伯恩斯认为，对资源的占有以及合理使用是拥有权力的必备前提之一。但要想拥有权力或拥有更大的权力，他还必须具有谋求权力或更大权力的动机。也就是说，一个拥有权力资源的人要想真正拥有权力或更大的权力，那他还必须在这种权力动机之下千方百计地得到更多的权力资源并充分利用它们。任何组织在选择它的领导者时,无不把个人的领导能力作为首要的因素加以考虑,任何被领导者都不会去追随没有能力的领导,因为这与他的切身利益密切相关。要想成为领导者并拥有实际的权力,必须抓住一切机会,在恰当的时间和空间证明自己的能力。“领导是成长起来的,而不是创造出来的”,这充分说明,只有将自己的能力展示在组织和众人面前,赢得人们的信赖和支持,才有可能成为领导者。

(二)完成关键工作

任何组织都会有诸多工作,而且这些工作对于组织的意义也肯定不同,它们或主或次,或关键或一般。通常情况下,高层领导会对组织中具有关键意义的工作给予更多的关注。因此,要想获取权力,就必须想方设法去争取获得完成这些工作的机会。然而,对于这些工作,并不是所有的人都能够胜任,也就是说,有了机会并不表明已经胜任关键工作。因此,追逐权力者还须施展自己的才华,尽可能地将工作做得圆满、出色。只有这样,才能够真正赢得高层领导的信任以及组织成员的尊重。

(三)乐于助人

领导者应该时刻关注周围的人,在他们需要的时候立刻伸手援助,提供适当的支持与帮助。这种感情和利益的投放实际上也是一种恩惠的储存。在你追逐权力的过程中如果需要的话,他们也会向你投放感情和利益,即向你提供相应的支持和帮助。

(四)帮助组织克服危机

在一般情况下,一个人要想获得迅速提升是一件非常困难的事情。但如果在组织发生危机时,他能够临危不惧,挺身而出并带领组织走出危机,那他就能获得权力。因为组织在处于危机时,组织原来的权力架构十分容易被打破,如果谁能够在这个时候抓住机会,谁就能够获得成功。所以,追逐权力者在组织处于动荡与危急之时,必须全力以赴帮助组织克服危机。

(五)谨慎地寻求顾问

权力角逐者还可以寻求相关“智者”的指点。一个人的智商无论多高,如果仅依靠他个人的力量也很难获得成功。因此,要想获取权力,领导者还必须寻求他人的帮助,即寻找相关领域的专家来帮助或指点。这个过程中要注意“度”的把握,也就是说,在这个过程中既要注意分析采纳专家的意见,又要注意不可过分地依赖专家。否则,一旦失去专家的支持,自己就会立即陷入困难的境地。

(六)不断增加自己人力资本的储备

个人要想获得权力,成为理想的领导者,他是否具备应变能力至关重要,因

【学习卡片】

去年有个美国记者问我:"你们办事,是谁给的权力?"我说:"人民给的。"如果不是人民给的,还有谁给呢?人民要解放,就把权力委托给能够代表他们的、能够忠实为他们办事的人,这就是我们共产党人。

——节选自《毛泽东选集》第四卷:《抗日战争胜利后的时局和我们的方针》

为环境是处于不断变化之中的。无论是对组织来讲还是对某一个人而言,想要适应不断变化的环境,他们的领导者就必须具有极强的环境适应力与应变能力。要增强自己的适应能力与应变能力,不断增加人力资本的储量是唯一的途径。追逐权力者必须随时注意通过不断的学习、实践提高自己的知识水准、专业技能,使自己逐步发展成为某一领域的权威,扩展自己的专家权力。专家权力不仅能为个人获取职位权提供基础,而且还能为提高个人的适应能力创造条件。

第三节　领导体制

一、领导体制的含义

领导体制是指党政机关、企事业单位和社会团体等各种组织中通过开展领导活动而建立的、以领导权限划分而形成的组织结构和规章制度的总和。领导体制是领导活动的载体,是领导科学研究的重要组成部分。领导体制的内涵主要体现在以下三方面。

(一)领导体制建立在领导权力划分的基础之上

法国管理学家法约尔指出,有责任必须有权力,有权力就必然产生责任。权力和责任互为因果。领导权力要通过权力和责任的明确划分加以合理和科学的体现,目的在于通过权力和责任的统一对等强调领导者权力得到正确行使,实现领导作用的有效发挥,从而保证领导活动的顺利开展。领导体制也正是在对领导权力和责任的界定基础上建立起来并且发挥作用的。

(二)领导体制是通过建立领导组织机构而实现的

领导的组织结构是通过职务、职责、职权及相互关系构成的结构体系,形成了领导机构内部各部门之间的相互关系和联系方式。领导体制借助于组织机构对领导者和领导活动产生影响和制约作用,为领导活动提供有效的环境,保证领导活动的开展。科学合理的领导组织结构体系关系到领导成效的提高。

（三）领导体制的核心是制度规范

制度是人们在共同活动中所达成的、共同遵守的办事规程或行动准则。领导制度是直接规范领导者行为的准则和规范体系，是领导功能的制度化表现形式，是以领导权力为中心内容，以实现特定组织的管理目标为主要职能的一系列制度安排或制度设置。领导体制的规范包括通过立法而确立的各种法律、法令、法规和条例，通过法律和行政法令方式从宏观角度明确对领导活动的规范要求；还包括由领导机构制定颁布的政策、规章、条例、守则等，对领导活动中的领导结构设立、领导制度的建立、领导者的任用和考核、领导者和被领导者的关系等方面进行具体规定。

领导制度体现领导活动中领导者和被领导者之间相互关系的准则和规范要求，是领导者与被领导者之间发生作用的纽带和桥梁，因而无论对领导者还是被领导者都会形成必要的影响、约束和激励作用，是决定领导成效高低的重要变量，关系到领导活动的正常开展。

二、领导体制的特征

领导体制的基本特征包括系统性、根本性、全局性和稳定性。

（一）系统性

系统观点强调领导体制是一个完整的体系，通过对组织结构、领导权限划分和领导制度等构成要素之间进行有机整合，建立要素之间的相互联系、相互作用并相互制约的必然关联，使之共同发挥作用。

（二）根本性

领导体制是领导集团及所代表的阶级的意志和利益的体现，具有强制性，支配着领导者和被领导者的行为，决定领导活动的开展。因此领导体制对领导活动的开展及取得领导成效发挥根本的作用。

（三）全局性

全局性强调领导体制贯穿领导过程，覆盖领导活动全局，规范所有领导人和权力机关的行为，制约着领导活动全过程。

（四）稳定性

稳定性指领导体制一旦形成，所有的领导人都必须按照领导体制的约束和要求开展领导活动，不会因为领导人选发生变化、个人的思想作风不同、关注的事物及重点不同而导致领导体制的重大改变，科学的领导体制框架应当在一个相对长的时期内保持稳定，以保证领导活动的稳定开展和长期有效。

三、领导体制的构成

现代领导体制的重要表现形式是由具有表现和执行完备领导功能的各类领导机构组成。从其功能角度进行分析，领导体制的构成主要包括决策系统、参谋系统、执行系统、监控系统与信息系统等部分，各系统之间相互联系并相互作用。

（一）决策系统

决策系统是领导系统的核心，是进行领导决策和战略设计的指挥部，往往由组织的最高领导组成。决策系统的功用在于为整个领导系统制定行动战略，明确活动发展方向，制订具体行动计划。决策系统的作用发挥直接关系到领导系统功能的体现和整个领导系统工作效率的高低，关系到整个组织系统的发展。相对其他系统而言，决策系统组织机构精干，工作效率高；同时决策系统的人员应当具有较高素质才能胜任决策活动的需要。

（二）参谋系统

参谋系统是为战略决策系统服务的，是领导系统的参谋部。现代科学技术飞速发展，专业化和科学化程度不断提升，使即使受过高等教育或专门训练的领导者也不可能全凭自身的知识和经验就能够开展有效的战略决策。组织规模的不断扩大，结构日益复杂，新问题和新矛盾的不断涌现，仅靠领导者个人或少数人已无法应对。同时，伴随组织规模的不断扩大，投入的资源倍增，决策的正确与否关系到组织的发展，甚至前途和命运。因此决策的重要程度大为加强。参谋咨询系统可以使领导者在决策过程中广泛听取各方面专家的意见、建议，吸纳各种不同的方案，使得决策更加符合客观需要，更加科学有效，可以最大限度地避免决策失误，防止失败决策给组织造成损失。

（三）执行系统

执行系统的任务是履行并落实战略决策和行动方案，因此组织内部各级直线部门和职能部门构成了执行系统的主体。通常在一个系统内，可以按活动的性质和业务种类划分为若干部门，组成执行系统。正确的决策必须得到相应的执行才能实现领导活动的目标。因此，执行系统的效能取决于执行系统的构成和人员状况。组织结构包括各个直线部门和职能部门所组成的纵向和横向结构，受到不同领导层次与领导跨度所决定，各部门的权限职责划分形成了不同的岗位，并由各具特长和才能的人员担任领导和管理工作，以确保领导决策的有效贯彻实施。我国组织中的领导执行系统通常包括各种党政协调综合部门、行政管理部门、业务技术部门和职能部门等。

（四）监控系统

监控系统根据各种信息随时对决策的执行进行分析，对领导活动的各个环节进行必要的指导和协助，根据计划和实际执行情况进行对比，发现执行过程中存在的问题，防止出现各种偏差，以保证领导目标的实现。监控系统的根本任务主要表现在，首先，对执行系统的运行进行必要的监督和控制，以保证决策、指令得到准确及时的执行；其次，在执行过程中可以随时发现并纠正决策和方案中存在的问题，预防由于错误的执行而造成的损失。监控系统还可以防止部门或单位的工作不及时或不到位，从而导致整体方案或计划被延误，导致领导目标无法实现；有效的监控还可以在偏差造成的损失出现之前就及时发现问题所在，及时采取措施纠正偏差，避免不良后果的发生。

（五）信息系统

有效的信息系统是领导体制现代化的必要前提。网络技术的快速发展，提高了领导工作效率的内在要求，信息已经成为现代组织的重要资源，信息化也成为现代领导体制的重要标志。大量有效的信息不仅为领导者决策提供了必要的依据，同时也形成了对领导过程进行指导、协调和监控的重要条件。信息系统使得领导者可能更加有效地针对复杂多变的现代环境做出准确的判断，并制定有效的方案。

现代领导体制由上述五个方面的系统组成，围绕领导目标，根据领导方式和领导体制类型的需要，按照各自职能的特点，根据相互之间的作用关系，以其特定的方式和行为规范来保证领导活动的正常进行。

四、现代领导体制的类型

现代领导体制通常是按照职权配置及领导方式来划分，领导体制可分为以下类型。

（一）一长制和委员会制

按照决策核心的人数进行划分所形成的两种领导类型为一长制和委员会制。领导系统中将法定的最高决策权集中在一位主要领导者身上，即为一长制，也称独任制。将领导决策权力交给两位或者两位以上的领导者，称为委员会制，或称集议制。两种领导类型的特点比较见表 3-5。

表 3-5 一长制与委员会制比较

领导类型	优点	缺点	适用活动范围
一长制	权力集中，责任明确，行动迅速，指挥灵敏，效率较高，易于考核	个人智慧才能、经验知识有限，决策有可能出现失误。有可能导致个人专制，滥用职权	行政性的、事务性的、技术性的、速决性的、突发性的、纪律性的事务处理

续表

领导类型	优点	缺点	适用活动范围
委员会制	集思广益，决策比较周详，代表各方面的利益，有利于内部协调，避免个人独断专行	权力分散、责任不明、行动迟缓、效率较低，难以考核	方针政策性的、长远规划性的、立法的、协调性、综合平衡性的事务处理

资料来源：作者整理。

（二）集权制和分权制

按照领导系统中各层次领导机关和领导者职权的集中和分散划分，分为集权制和分权制两种类型。集权制是指所有领导工作的最后决策权都集中在上级领导机关和领导者手中，下级必须完全按照上级的决定办事。分权制是指下级机关或下级领导者在自己的职责权限范围内，有权自主地决定问题，上级对下级权限内的事务不加干涉的领导体制。两种领导类型的特点比较见表 3-6。

表 3-6　集权制与分权制比较

领导类型	优点	缺点	适用活动范围
集权制	政令统一、标准一致、优势集中，能统筹全局、兼顾其他，指挥方便、令行禁止	不能随机制宜，抑制个性，忽略特殊，缺乏弹性和灵活性，不利于调动各层级领导者的积极性	全局性、重大决策、统筹规划、重要的人事任命等
分权制	使下级机关和领导者独立自主地开展工作，充分发挥其主观能动性，减轻上级的工作负担，有利于下级领导者的成长	各自独立、政令不一、本位主义，以权谋私，造成内部协调困难，损害整体利益	日常工作决策、计划制定、针对实际状况进行的及时决策等

资料来源：作者整理。

（三）层级制和职能制

按组织系统内部的各机构或部门的职权范围和活动性质划分，领导体制类型可以分为层级制和职能制。层级制是将整个领导系统进行纵向分层，形成从上到下的“金字塔”形领导权责结构。即：从上到下形成统一的直线关系，每一个下级都要对上级负责，各级别的职权性质相同，管辖范围随层级降低不断缩小。职能制对组织进行横向划分，即在同一领导层级内平行设置若干部门，每个部门按照不同的活动性质相互区分，为整个组织提供各种职能服务及开展活动。两种领导类型的特点比见如表 3-7。

表 3-7 层级制与职能制比较

领导类型	优点	缺点	适用活动范围
层级制	权力集中,指挥统一,职责分明,纪律严明,便于指挥	领导面广、管辖事多,事必躬亲、草率从事	领导职能范围较小、上下级关系明确并且单纯
职能制	分工精细,职责明确,业务熟悉,效率较高,有利于培养专业人员	分工精细,多头领导,下级无所适从,本位主义,互相扯皮,协调困难	生产技术比较复杂,专业分工明确,管理工作比较精细

资料来源:作者整理。

在现代社会高度分工和高度综合的情况下,组织规模越来越复杂,不可能有单一的层级制和单一的职能制,它要求二者必须结合起来,以提高工作效率。领导者应当不断地就管理幅度、纵向层次、职能部门划分及它们之间的职责权限等问题进行动态研究,合理地设置并加以有效的管理。

(四)完整制和分散制

按照上级机关对下级机关的控制方式和程度划分,领导体制有完整制和分散制两种类型。完整制是同一领导层次中的各个机关或者一个机关中的各个构成单位所接受的上级指挥、控制和监督,完全集中于一位上级领导者或一个上级机关,也称一元化领导。分散制是上级的指挥、控制和监督不集中于一位上级领导者或一个上级领导机关,又称为多元化领导。

两种领导类型的特点比较见表 3-8。

表 3-8 完整制与分散制比较

领导类型	优点	缺点	适用活动范围
完整制	集中权力,统筹规划,明确责任,提高效率,减少浪费,避免冲突	权力高度集中,独断专行,下属缺乏自立精神,限制被领导者的积极性和创造性,形成依赖作风和官僚主义	组织新建立时期需要强有力的领导、大规模组织中的高层领导体制
分散制	权力分散,防止专断和滥用职权,强化竞争,发挥主观能动性,有助于人才培养	各自为政、政出多门、各行其是,权力冲突、工作重复、缺乏规划,人、财、物浪费,监督难以实施	大型组织中的分支机构、附属单位经常采用的领导体制

资料来源:作者整理。

完整制与分散制是一对矛盾的两个方面，是对立的统一体。有效的领导体制应当是完整制和分散制的有机统一。一个组织完全采用完整制和分散制都很困难，常常要根据领导性质和活动的需要，将二者有机结合，发挥二者的优点和长处，克服其缺陷和不足，以实现领导活动的目标和体现领导活动的成效。

不同领导体制类型具有各自不同的特点，领导体制类型的选择通常要根据组织的具体特点，体现领导活动的主要组织形式和领导方式。在实际工作中各种领导体制类型有时同时并用，有时各有侧重。运用何种领导体制，领导者要根据社会生产力的发展状况、组织的发展阶段、特别是领导活动的客观需要综合考虑加以决定，领导者可以综合采用多种体制，以发挥各种类型的优点，并避免其缺陷。

第四节　领导者素质

领导活动是领导者综合应用权力统率和影响被领导者、实现组织目标的能动过程。领导者素质成为领导权威的主要来源，是决定领导者能否很好地履行领导职责的内在因素和条件。

一、领导者素质

领导者是领导活动的发起者、组织者，包括领导个人和领导群体。领导者素质指的是领导者从事领导活动所必须具备的内在基本条件，是领导者的先天禀赋和通过后天的学习、实践所获取的知识、品德、才能、个性心理等方面基本状况的总和。在一个组织中，领导者并不是随便一个组织成员就可以胜任的，作为领导者必须具备一定的基本素质。

良好的生理素质是领导者素质形成和发展的客观物质基础，后天的学习和锻炼是领导者素质形成和发展的必要环节，两者缺一不可。领导活动作为一种社会活动，具有良好生理素质的人必须在一定的社会环境中通过学习和锻炼，才有可能逐步形成并具备领导者素质。领导者良好的素质需要通过后天的学习、实践、培养和锻炼，才能逐步形成和完善。

【学习卡片】

做领导者和做你自己是同义词。就这么简单，也是这么困难。

——组织发展理论创始人 沃伦·本尼斯

二、领导者素质的特点

（一）综合性

领导者素质是由诸多因素组成的一个有机的结

构体系。我国古代有“德、识、才、学”的说法。列宁也指出,领导者的素质应该包括具有政治上的成熟性和积极性;最密切的联系劳动群众,知道并理解群众的利益,能够赢得他们的绝对信任,能把人民团结在自己周围;在技术上和生产组织上是内行;受过科学的教育;具有行政工作的能力;办事认真、负责;具有坚强和果断的性格。可见,领导者必须具备全面、综合的素质。领导者素质集领导者的政治、文化、知识、道德、能力以及思想观念等因素于一体,这些因素在领导活动中相互作用、相互影响、相互制约,表现出综合性的特征。

(二)动态性

领导者素质具有一定的稳定性又处于不断的变化之中。领导者素质的动态性是指领导者素质会随着领导环境的不断变化以及他人的不断影响而产生相应的变化。随着时代的发展和变化,环境决定着领导者素质,使其在内容和深度上也会不断地发生变化。这种要求形成压力迫使领导者必须不断改善和优化自身的素质。在此过程中,领导者素质不断得到增益或损减。其中,增益就是新生、优化,是一种正面的演化;而损减则是老化、退化,是一种负面的演化。这两种方向的变异运动始终存在并随时影响领导者的人格、行为和能力,最终影响领导活动的效能。

(三)时代性

任何领导者都是在一定社会历史条件下成长起来的,必然会受到所处时代的政治、经济、文化、科技以及思想观念等因素的影响。因此,领导者素质必然要打上时代的烙印,具有时代性特征。此外,不同的时代也会对领导者素质提出不同的客观要求,因而领导者素质又必须适应时代的发展。优秀的领导者应站在所处时代发展的前列,领导和促进社会的更快发展,并在社会实践中不断加强自身素质的修养,更新知识,更新观念,提高自身素质。

(四)层次性

在不同层级的领导职位上,要求领导者具有不同层级的素质。美国著名管理学家哈德罗·孔茨(Harold Koontz)指出,在复杂的组织机构中,可以把领导分为高层、中层和基层三个层次,他们属于领导活动的不同层面,各个层面有着不同的素质要求。一般来说,领导层级越高,对领导者的决策能力、创造力的素质要求就越高;而中层领导因为承担着大量的上传下达的职能,所以其组织协调能力就显得十分重要。基层领导者处于组织事务的执行层面,其执行能力的高低决定着组织战略决策是否能够得以落实。孔茨把领导者的能力抽象为远见、调控和技术三个方面,并将不同层次的领导者素质进行了对比(参见表3-9)。

表 3-9　领导素质层次对比表(%)

	见识	调控	技术	合计
高层领导者	47	35	18	100
中层领导者	31	42	27	100
基层领导者	18	35	47	100

资料来源:达夫特.领导学原理与实践[M].北京:机械工业出版社,2003.

三、领导者的基本素质

领导者素质内容范围非常广泛,主要包括政治素质、道德素质、知识素质、能力素质、身体素质和心理素质等。

(一)政治素质

领导者政治素质是指作为政治角色的领导者对政治尤其对自己所承担的政治权力和政治义务的理解、把握、反应以及见诸行动等情况的总和,是领导者长期在政治关系和政治生活中接受培养、熏陶以及对特定政治事件的感受中形成的个体特质。具体来说,领导者的政治素质包括政治意识、政治信仰、政治态度、政治知识、政治技能、法律意识和法律知识等内容。

不同性质的国家以及同一国家的不同历史时期,在政治素质的具体标准和内容方面有着明显的不同。政治方向问题实际上就是理想信念问题。组织领导者必须维护国家和政党的领导,又要具有大局意识,在领导活动中首先要考虑全局利益,服从大局,正确处理好局部与整体、眼前与长远的关系,确保组织与政治环境保持一致。

领导者必须坚持正确的政治立场,维护国家、民族和组织的根本利益。领导者要有善于透过现象看本质的能力,坚决反对拜金主义、享乐主义和个人主义,自觉抵制外来的各种侵蚀,防止腐化堕落现象的发生。要把国家利益、集体利益和员工利益放在首位。

(二)道德素质

道德素质是对领导者道德风范和个人品质的要求,是领导者应当具备的基本素质之一。古人云:“修身、齐家、治国、平天下”。领导者进行领导活动,一要靠权力,二要靠人格力量,而人格力量起着主导作用。人格力量的大小主要取决于领导者所具备的道德水准和表现出来的品质特征。领导者只有具备了高尚的道德品质才能够得到群众的信服。司马光曾经按照德才关系把人分为四种:德才兼备者为圣人;德胜才者为君子;才胜德者为小人;德才皆无为愚人。在这四种人中,司马光主张宁用愚人,不用小人。对于领导者来说,其行为不仅关系到个人利益,而且关系到国家、社会、组织和员工利益。

诚实正直是最具魅力的领导道德品质,是在组织员工中建立可信度的重要基础。廉洁奉公、勤于政事历来是群众十分关注的问题,也是领导者道德品质、人格素质在执政用权上的集中反映。领导者应把勤政廉洁作为自己人生价值的奋斗目标。

(三)知识素质

知识是人们对客观世界的认识。在领导素质中,知识素质具有基础地位,其他素质的高低在很大程度上要受制于领导者所具备的知识素质。例如,能力素质、政治素质都与领导者的知识水平密切相关。有人将现代组织领导者的知识结构总结为"三个基础,五根支柱,两个专长"。三个基础是指工程技术所需的基本理论、人文科学基础和管理经济学基础;五根支柱是指专业基础知识的五条线:工程技术、电子计算机、管理数学、部门经济学和社会学;两个专长指的是专业知识的两个领域:生产组织管理方面的专业知识和管理经济学知识。

现代组织的生命力是创新,而创新的基础是知识。知识经济条件下,没有创新能力的组织面临的命运是被淘汰出局;没有创新意识与能力的领导者绝对不是一个合格的领导者,其命运必然也是走向领导职业生涯的终结。现代组织的领导者由于其工作的综合性和多样性,必然要求领导者具有扎实的文化基础和广博的知识储备。扎实的文化基础是通过接受相当的文化教育、达到一定的文化程度获取的。

在知识经济时代,跟上时代步伐对知识的需求极为重要,同时也是抓住市场的关键。领导者要具有博览群书的能力,广泛涉猎各个学科的知识和研究成果,从中获取各种分析问题、解决问题的工具与方法。

(四)能力素质

能力是指个体进行某项活动或胜任某项工作的才能与本领。能力的形成机制非常复杂。知识是能力的基础,能力是知识的具体运用,但有了知识并不意味着就一定会形成相应的能力。知识转化为能力需要一定的条件,如积累经验、经受锻炼等,能力实际上是人的知识、智慧和经验等综合作用的结果和体现。在领导素质中,能力素质居于核心地位。

领导者既是决策的制定者又是决策的实施者。在实施决策的过程中,领导者主要起到组织者、指挥者和协调者的作用。因而,保障决策的落实要求领导者要善于根据不同的对象和条件,采用不同的方式和方法把组织的能量有机地整合起来，构建团结和谐的团队。同时，领导不是简单的重复劳动，而是一项创造性活动，因而创新能力对领导者来说非常重要，领导者应当着力培养自己的创新精神。

【学习卡片】

1 头狮子领导下的 100 只绵羊，要比 1 只绵羊领导的 100 头狮子可怕得多。

——法国革命家　夏尔·莫里斯·塔列朗

能力素质具有核心和支柱的地位和作用，离开了能力素质，其他素质便无从表现和无法发挥作用。但能力素质向什么方向发挥，发挥到什么程度，要受思想政治素质和道德素质的支配和制约。

（五）身体素质

领导者必须具备适应本职工作的健康体质。这里所说的“体质”，不仅包括硬件（肌体和耐力等），也包括软件（心理和态度等）。伴随科技进步和社会发展，人们的生活及工作节奏明显加快，领导者承受着前所未有的工作压力和岗位要求，这就对领导者的身体素质提出了更高的要求。身体素质因具体岗位（地区、行业、职责等）的不同其具体要求也不一样。但总的来说，健康的身体是从事和做好工作的最基本的前提或保障。身体素质对于其他素质具有前提和保障作用。当然，身体素质的发挥方向和程度也同样受制于思想政治素质和道德素质等。

（六）心理素质

心理素质是领导者进行领导活动的心理基础。要成为一名优秀的现代领导者，德才兼备还不够，还需要有良好的心理素质，面对压力和困难要有较强的心理承受能力。领导者肩负重担，责任重大，事业的得失成败都牵动着领导者的心，领导者比一般群众有着更大的心理压力，因此，领导者必须具有较强的心理承受能力才能胜任领导工作。领导者的良好职业心理素质主要包括稳定的情绪、乐观自信的心态、坚定的意志、顽强的毅力和开阔的心胸等。

领导者应具有稳定的情绪，无论工作顺利与否应始终沉着应对，情绪饱满并持之以恒。不能在工作顺利时就喜形于色，而工作不顺利时就垂头丧气，甚至“撂挑子”。要正确对待升迁荣辱，坦然面对进退去留。领导者应具有乐观自信的心态并以此影响其所领导的群体；领导者若萎靡不振，组织必定缺乏活力。领导者应具有临危不惧、临阵不乱的坚定意志和顽强毅力，在危机来临等关键时刻要起到作为群众主心骨的作用；领导者应心胸开阔，具有博大胸怀，能容人、容事。作为合格的领导者，就要有足够的心理准备，要耐得住一切烦扰，无论事情多么繁杂总能以平静的心态应对。具有良好心理素质的领导者，似有一种无形的力量吸引着被领导者，从而产生一种向心力和凝聚力。

社会的发展不断对领导者素质提出更高的要求，领导者必须加强个人素质修养，才能适应领导工作的需要。领导者加强修养，首先要有自知之明，要认识自己的长处与不足。社会实践是领导者加强素质修养的根本途径。

四、领导者的思维

领导思维是指在领导活动中以领导者为核心，围绕制定和实施领导目标而进行的思维活动，是实施领导行为的认识基础和前提，决定领导的绩效。思维能力，既是领导者的领导力，更是领导者的领导智慧。

领导思维的特殊性来自领导活动的特殊性，领导活动的特殊性来自组织的复杂性。人是自然界进化产生的最高级生物，也是最复杂的生物。由人组成的组织具有最复杂的结构，领导活动又是组织中最复杂的活动。科学正确的思维方式有助于领导者正确认识世界，把握客观事物发展的规律和时代的发展要求，有助于领导者提高判断能力并做出正确的决策和行动。

（一）前瞻性思维

前瞻性思维是指领导者要善于在现有信息和条件的基础上，进行分析、判断、推理的思维活动，是一种深谋远虑的境界。站得高看得远，就是立足于现在，多方位地分析现状，预测未来，或者说是为未来做准备，做出正确的判断。马云 35 岁开始创业，近 20 年的互联网创业之路，他选对了时代，选对了平台。正所谓，时势造英雄，电商大战杀出来的马云是互联网前瞻思维的践行者。2003 年“非典”期间，在众多企业和个体纷纷陷入恐慌的时候，马云却抓住了机会，推动了阿里巴巴的迅速成长。“非典”证实了数字移动技术和互联网的有效性，成为互联网在中国崛起成为真正的大众媒体的转折点。马云前瞻性地在淘宝成立之初就一直实行免费策略，有效地培养了网民的网上购物习惯。免费策略是为了培育市场，更是看到 C2C 网站强劲的发展势头。

（二）换位思考思维

很多人都是站在自己的角度去考虑问题，作为一个领导者，若是需要有全面的判断、比较准确的把握就得学会换位思考。领导一个团队并想要团队成员都全力以赴，就需要先学会付出，思考别人的利益点，这样才能够构建和谐的团队氛围。著名的寓言《盲人点灯》，说的是一人请一个盲人朋友吃饭，吃到很晚，盲人说我要回去了，主人就给他点了一个灯笼。盲人很生气地说：“我本来就看不见，你还给我一个灯笼，这不是嘲笑我吗？”主人说：“因为我在乎你才给你点个灯笼，你看不见，别人看得见，这样你走在黑夜里就不怕别人撞到你了。”显而易见，思考的角度不同，结果就不一样，领导者更应当换位思考，站在员工、顾客、组织的角度进行积极的思考。

(三)自我反省思维

任何人都不可能尽善尽美,特别作为一个领导者,想要听到更多"忠言逆耳"机会就更少了。子曰:"吾日三省吾身",就是说要省察自己,检讨自己的言行,改进不足的地方。可以多问自己几个问题:刚才我做的这件事情怎么样?有没有态度很不好?这件事情为什么会失败?从中我学到了什么?得到了什么样的经验?下一步怎么改进等。心理学家杜威认为,反省思维是最好的思维。

(四)多向性思维

多向思维又称多方位思维、发散思维。它的特点是从不同角度、不同方向、不同层次进行多方面的思维判断,从而形成解决问题的多种思路、方法及方案,进而为决策打下良好的基础。在一次厂长培训班上,教师要求大家用四根火柴摆成算式,使其结果等于1。话音刚落,有个经理说出了答案1×1。教师没有说话,期待大家继续发言,然而过了5分钟仍没人说话。教师遗憾地说,我所以等大家发言,是因为结果等于1的算式有很多种,刚才只是一种。可是你们的思维方式只局限于这一个方向、一个答案上,认为只有一个,这就错了。大家思维活跃了,摆出很多算式,如1=1等。于是大家悟出个道理,单向思维把大家的路堵死了,多向思维能开阔大家的思路,发现许多新主意、新办法,突破思维定式是多向思维的关键。

(五)系统性思维

系统思维是指领导者运用系统观点,把对象作为多方面联系的、具有一定结构和功能的有机整体进行认识的一种思维方法。系统思维方式是唯物辩证法普遍联系原则的具体化、丰富化,它把客观世界的"联系"转化为多层次、多方法、多因素、多变量的动态联系整体,揭示出"联系"在事物存在、运动和发展中的作用。整体性原则是系统思维方式的核心。这一原则要求我们无论干什么事都要立足整体,从整体与部分、整体与环境的相互作用过程来认识和把握整体。各级领导者思考和处理问题的时候,都必须从整体出发,把着眼点放在全局上,注意整体功能,提高总体效益,增强综合效果。

(六)大数据思维

在互联网大数据时代,企业产品迭代的速度在加快。华为、小米、OPPO、VIVO手机制造商半年就推出一代新智能手机。在互联网和大数据时代,快速就是效率、预测就是效率、预见就是效率、变革就是效率、创新就是效率、应用就是效率。大数据发展日新月异,世界进入信息化发展的新阶段。领导者要加强学习,懂得大数据,用好大数据,增强利用数据推进各项工作的本领,不断提高对大数据发展规律的把握能力，使大数据在各项工作中发挥更大作用。对于领导者而言，重点不在于操作、应用甚或编程等技术层面，而在于建立一种大数据思维，用大数据思维去观察、分析、研判现实中的问题，基于大数据做出科学决策。

补充材料

你需要了解的十条领导学定律

1. 托利得定理：测验一个领导的智力是否属于上乘，只看脑子里面是否能够同时容纳两种相反的思想，而无碍于其处世行事。

2. 雷鲍夫法则：在你着手建立合作和信任时要牢记我们语言中：

最重要的八个字是：我承认我犯过错误

最重要的七个字是：你干了一件好事

最重要的六个字是：你的看法如何

最重要的五个字是：咱们一起干

最重要的四个字是：不妨试试

最重要的三个字是：谢谢您

最重要的两个字是：咱们

最重要的一个字是：您

3. 洛伯定理：对于一个经理人来说，最要紧的不是你在场时的情况，而是你不在场时发生了什么。

4. 斯坦纳定理：在哪里说得越少，在哪里听到的就越多。只有很好听取别人的，才能更好说出自己的。说得过多了，说的就会成为做的障碍。

5. 波特定理：当遭受许多批评时，下级往往只记住开头的一些，其余就不听了，因为他们忙于思索论据来反驳开头的批评。总盯着下属的失误，是一个领导者的最大失误。

6. 波克定理：只有在争辩中，才可能诞生最好的主意和最好的决定。

7. 韦奇定理：即使你已有了主见，但如果有十个朋友看法和你相反，你就很难不动摇。

8. 赫勒法则：当人们知道自己的工作成绩有人检查的时候会加倍努力。

9. 洛克忠告：规定应该少定，一旦定下之后，便得严格遵守。

10. 达维多夫定律：没有创新精神的人永远只能是一个执行者。

五、领导者的情商

情商(emotional quotient,EQ)是情绪商数,是指人在情绪、意志、耐受挫折等方面的品质。1995年,丹尼尔·戈尔曼(Daniel Goleman)出版了《情商:为什么情商比智商更重要》一书,引起全球性的情商研究与讨论。人与人之间的情商并无明显的先天差别,更多与后天的培养息息相关。它是近年来心理学家们提出的与智商相对应的概念。从最简单的层次上下定义,提高情商是把不能控制的部分情绪变为可以控制的情绪,从而增强理解他人及与他人相处的能力。

情商是决定事业成败的重要因素。美国第32任总统富兰克林·罗斯福具有很高的情商。他小时候患有脊髓灰质炎,行动不便,但他依靠自己的坚韧和乐观,通过坚持不懈的锻炼,逐渐恢复行走和站立功能,终于拄着双拐步入政坛。在1928年成为纽约州州长,在1933年以绝对优势击败对手,成为美国第32任总统。罗斯福在第二次世界大战期间,领导美国对抗法西斯,成为反法西斯的伟大斗士。与英国的丘吉尔、苏联的斯大林被称为反法西斯的三大巨头。罗斯福至今仍然被公认为是美国历史上有威望的总统之一。

情商是了解自己的情绪、管理自己的情绪、了解别人的情绪并管理别人情绪的能力。研究发现,情商对个人工作业绩的影响力是智商的9倍。职位越高,情商发挥的作用越大。对团队来讲,团队情商越高,团队绩效也越高。

根据丹尼尔·戈尔曼的概括,情商应包括四项能力。

(1)自我意识:对自己的心境、情感、动机以及它们对别人产生的影响所具有的一种认识和理解能力,具体表现为自信、真实的自我评价与充满幽默感的自嘲。

(2)自我控制和自我激励:对具有破坏性的感情冲动进行控制和纠正的能力,具有精力充沛和坚定不移地追求某一目标的倾向,表现为能够开放地面对变化、对不确定性的事情能够泰然处之,具有很强的成就动机,即使面对失败也乐观自信。

(3)移情能力:对别人的情感构成具有一种理解能力,能够根据别人的情感反应来待人接物的一种技能,表现为对多样性文化的适应力,与有才能的人建立和维护社会关系、为其委托人和客户提供恰当的服务。

(4)社交技巧:精通于建立人际关系网和管理社会关系,发现别人与自己的共同之处与其建立友好关系的能力,表现为具有游说能力,具有建立和领导团队的专长,能够有效领导组织的变革。

课程思政学习专题

领导干部要讲政德

政德是整个社会道德建设的风向标。立政德,就要明大德、守公德、严私德。明大德,就是要铸牢理想信念、锤炼坚强党性,在大是大非面前旗帜鲜明,在风浪考验面前无所畏惧,在各种诱惑面前立场坚定,这是领导干部首先要修好的“大德”。守公德,就是要强化宗旨意识,全心全意为人民服务,恪守立党为公、执政为民理念,自觉践行人民对美好生活的向往就是我们的奋斗目标的承诺,做到心底无私天地宽。严私德,就是要严格约束自己的操守和行为。所有党员、干部都要戒贪止欲、克己奉公,切实把人民赋予的权力用来造福于人民。要把家风建设摆在重要位置,廉洁修身,廉洁齐家,防止“枕边风”成为贪腐的导火索,防止子女打着自己的旗号非法牟利,防止身边人把自己“拉下水”。

要多积尺寸之功。小事小节是一面镜子,小事小节中有党性、有原则、有人格。要牢记“堤溃蚁孔,气泄针芒”的古训,坚持从小事小节上加强修养,从一点一滴中完善自己,严以修身,正心明道,防微杜渐,时刻保持人民公仆本色。要慎独慎初慎微慎欲,培养和强化自我约束、自我控制的意识和能力,做到“心不动于微利之诱,目不眩于五色之惑”。要管好自己的生活圈、交往圈、娱乐圈,在私底下、无人时、细微处更要如履薄冰、如临深渊,始终不放纵、不越轨、不逾矩,增强拒腐防变的免疫力。

资料来源:2018 年 3 月 10 日,习近平同志在参加十三届全国人大一次会议重庆代表团的审议时的发言。

本章小结

领导者是指权力的执掌者,是在特定的社会组织中,依法享有职权,并通过决策、组织、指挥、协调、控制和影响等活动,率领被领导者实现既定目标的人。领导者在不同的组织体系中从事不同立场的活动,扮演着不同的领导角色。领导者和管理者是两个即相近又有区别的概念。在领导科学领域,权力通常可分为两种:职位权力和个人权力。不同类型的权力具有不同的特点和获得方式。领导体制包括决策系统、参谋系统、执行系统、监控系统和信息系统，具有系统性、根本性、全局性和稳定性的特点。根据不同的分类维度，领导体制可以划分为一长制和委员会制、集权制和分权制、层级制和职能制、完整制和分散制。领导者素质是领导者从事领导活动所必须具备的基本条件，具有综合性、动态性、时代性和层次性的特点，主要包括政治素质、道德素质、知识素质、能力素质、身体素质和心理素质。领导者更应当具备互联网时代的特有思维模式。同时，领导者应从自我意识、自我控制和自我激励、移情能力、社交技巧等方面不断修炼和提升情商。

思考题

1. 什么是领导者？领导者的类型主要包括哪几种？

2. 领导者的角色具有哪些特征？领导者应当怎样培养领导角色意识？怎样进行领导角色活动？

3. 什么是领导方法，领导方法与艺术存在怎样的关系？

4. 什么是领导权力？领导者有哪些权力？应如何正确运用这些权力？

5. 领导体制包括哪些构成要素？它主要划分为哪些类型？

6. 领导素质包括哪几个方面？

7. 互联网时代的领导者应当具备怎样的思维模式？

8. 领导者应具备的情商有哪些？

教学实训

一、背景资料

这个领导班子如何搭配

某市一家中型印刷厂，原有党政领导3人，分别是总经理1名，主管销售的副经理1名，主管生产的副经理1名，平均年龄已达55岁。3名领导干部中除一名主管销售的副经理是大学文化程度，其余两位均是专科学历。由于老班子缺乏现代管理思想，经营管理不善，产品质量差，销售不畅，造成企业连年亏损。

为了改变后进面貌，上级组织部门决定派工作组进厂对领导班子进行调整。

通过人才盘点，同时召开职工代表大会，依靠群众对这批干部进行民主评议，最后确定了5名德、才方面表现较为突出的干部作为厂级党政领导的候选人。

陈伟，男，40岁，大学本科毕业。现为厂企管办负责人，业务精通，领导能力强，但办事独断，脾气急躁。

林海，男，35岁，研究生毕业。现任厂团委书记，思路敏捷，创新意识强，但工作专注性不够，缺乏经验。

韩雨，女，38岁，研究生毕业。现任生产部主管，业务能力强，原则性强，遇事较冷静，善于顾全大局，但谨言慎行，缺少开拓精神。

王刚，男，40岁，大学本科毕业。现任销售部主管，善决策和统筹，有较强的事业心和进取心，但比较主观，出言严厉。

张林，男，39岁，大学本科毕业。现任厂办主任，为人稳重厚道，群众关系好，但工作节奏慢，优柔寡断。

二、教学组织

1. 教师划分或学生自由组织，组建小组。
2. 进行小组讨论，形成小组方案。
3. 教师组织学生利用课堂时间，进行小组方案宣讲，可辅助PPT宣讲文案。
4. 教师点评小组方案。

三、问题讨论

1. 根据上述情况，你认为搭配领导班子的原则是什么？
2. 请设计人员调整的具体方案，并简述调整的理由。

第四章

4

被领导者

学习目标

被领导者是领导活动的最终执行者和实践者，决定着领导活动的成败。通过本章学习，要求熟练界定被领导者的含义，了解被领导者的分类和作用，认识被领导者的角色和权力，掌握领导关系的内涵和形式，了解领导关系的构成和变化规律。

引导案例

杨修之死

杨修（175—219），字德祖，弘农华阴（今陕西华阴东）人。东汉末期文学家，太尉杨彪之子，以学识渊博而著称。然而，这位汉末名士，精英级的人才，情商堪忧，并非一个精英级的下属。

有一天，塞北进贡给曹操一盒酥。曹操在盒上写了“一合酥”三个字放在案头。杨修见到了，竟然取勺子和大家将酥吃完了。曹操问其原因，杨修回答说：“盒上明明写着一人一口酥’，怎么敢违背丞相的命令呢？”曹操虽然嬉笑，而心里却厌恶杨修。

曹操率领几十万大军攻打蜀国，结果在刘备和诸葛亮面前连吃败仗，只得退守汉江安营扎寨，可粮草又被张飞夺走了。下一步棋到底该怎么走？曹操欲收兵回都，又怕被蜀兵耻笑，心中犹豫不决，正碰上厨师进鸡汤。曹操见碗中有鸡肋，因而有感于怀。正沉吟间，夏侯惇入帐，禀请夜间口号。曹操随口答道：“鸡肋！鸡肋！”夏侯惇传令众官，都称“鸡肋！”

行军主簿杨修，见传“鸡肋”二字，便让随行士兵收拾行装，准备撤兵。有人报告给夏侯惇。夏侯惇大吃一惊，于是请杨修至帐中问道：“您为何收拾行装？”

杨修说："从今夜的号令来看，便可以知道魏王不久便要退兵回都。鸡肋，吃起来没有肉，丢了又可惜。如今进兵不能胜利，退兵让人耻笑，在这里没有益处，不如早日回去，来日魏王必然班师还朝。因此先行收拾行装，免得临到走时慌乱。"夏侯惇说："先生真是明白魏王的心思啊！"然后也收拾行装。于是军营中的诸位将领，没有不准备回朝的。

当天晚上，曹操心烦意乱，不能安稳入睡，因此便用手提起钢斧，绕着军营独自行走。忽然看见夏侯惇营内的士兵在各自准备行装。曹操大惊，急忙回营帐中召集夏侯惇问是何原因。惇回答说："主簿杨祖德事先知道大王想要回去的意思了。"曹操把杨修叫去问原因，杨修用鸡肋的含义回答。曹操回忆起杨修的所作所为，泄露机密，涣散人心，造成了极为恶劣的影响。打仗可不是脑筋急转弯，曹操恨恨地说："依照军法，斩！"

杨修死于公元 219 年，卒时方 45 岁。

第一节　被领导者概述

被领导者是领导活动的最终执行者和实践者，在领导活动中处于重要的地位并发挥着基础作用。被领导者的态度、素质、能力和配合程度都直接左右着领导活动的效率和结果。因此，在研究领导者的同时，对被领导者的研究是非常必要的。

一、被领导者的含义

现实工作中，经常用"员工""群众"这样的称呼来描述被领导者。被领导者是指在领导活动中与领导者拥有共同的利益或信仰、执行具体决策方案并实现组织目标的行动者，是构成领导行为不可或缺的主体。领导者的概念是确定的，而作为领导三要素之一的被领导者的含义则不确定，甚至名称也未确定，如"追随者""拥戴者""下属"和"支持者"等。

首先，"被领导者"这一概念强调了他与领导者有共同的利益或信仰，被领导者追随的不仅仅是领导者，而且包含共同的理想，即愿景。被领导者与领导者也有着共同的政治利益或经济利益等，被领导者和领导者往往是在同一面旗帜下进行着共同的事业。

其次，"被领导者"这一概念体现出他们在领导活动中的主体地位。被领导者追随的是与领导者共同拥有的愿景，愿景包含有他们所表达的意见，他们也是愿景的"编剧"。如果领导者违背了愿景，不再与他们拥有共同的价值观和利益，他们就可能退出领导活动，或者去追随新的领导者。被领导者有自己的独立意识，有自己的意志和选择权。

最后，“被领导者”这一概念含有更大的范围，他们是领导者的信任者、支持者、服从者和拥戴者，是共同愿景的编织者、实现者和分享者。他们不仅仅来自下属，而且可能是组织中的每一个成员，甚至是上级领导者；他们也许是来自组织外的其他成员，甚至是来自跨文化的异域成员。

领导者和被领导者之间存在明显的影响关系，这种互动关系是领导活动中的基本关系，二者相互依存、相互制约，既协调统一又有矛盾冲突。一方面，领导者影响和左右着被领导者的行为；与此同时，被领导者的态度和行为又反作用于领导者。它们的互动关系可以从领导者对被领导者的影响和被领导者对领导者的影响两方面进行理解。总之，被领导者与领导者是领导活动的主体，他们一起去畅想愿景，主动追求共同的利益，实现共同的价值观念。

二、被领导者的类型

（一）根据被领导者的成熟度划分

领导生命周期理论和成熟不成熟理论都强调，雇员成熟不成熟，是领导者必须要考虑的问题。阿吉里斯认为，大型企业中的雇员，表现出很多不成熟的特点，例如，消极、依赖、对工作兴趣肤浅、有限的行为、目光短浅、低的从属地位以及缺乏自知之明等。在此基础上，情境理论根据完成一项任务的能力和意愿程度两个方面，划分了下属的成熟度水平，从不成熟到成熟依次是：①没有能力不愿意；②没有能力但是愿意；③有能力不愿意；④有能力也愿意。据此，我们可以把被领导者分为四种类型：①不成熟的类型；②较不成熟的类型；③较成熟的类型；④成熟的类型。对领导者来说，被领导者不同的成熟度水平，应该相应采用不同的领导方式。对于不成熟的下属，应该采用指示、命令型领导风格；对于成熟的下属，应该多采用授权的领导风格。

（二）根据被领导者职位的相对性划分

被领导者是相对于领导者而言的，根据被领导者职位的相对性一般可以将被领导者分为相对被领导者和绝对被领导者。相对被领导者，即相对于下级而言是领导者，相对于上级而言是被领导者；绝对被领导者，指在一切社会组织中不担任任何领导职务、不掌握任何领导权力、不承担任何领导责任，完全接受领导的人。随着知识、经验、技能的积累和丰富，被领导者可以变为领导者，绝对被领导者也可以变为相对被领导者。

（三）根据被领导者的依赖性、批评性思维划分

罗伯特·凯利使用依赖性和批评性思维这两个维度，来描述不同类型的被领

导者。在其中的一个维度中，一端是独立、批评型思维，另一端是依赖、非批评型思维。在另一个维度中，根据人们在工作中参与的积极程度，一端是积极的被领导者，另一端是消极的被领导者。据此，凯利将被领导者划分为以下五个类型。

1. 疏离型被领导者。这是一种消极的具有较高的独立性和批评性思维的类型。这种类型的被领导者习惯于向他人指出组织中所有消极的方面，例如，指出组织目标、决策与程序上的不恰当之处。尽管他们自己认为自己对组织持怀疑态度是正常的，但是却给领导者留下了麻烦制造者、愤世嫉俗、敌对的印象。

2. 顺服型被领导者。这是一种积极的具有较高的依赖性和非批评性思维的类型。这种类型的被领导者缺乏对上司的质疑，习惯于服从命令，他们不带任何怨言地积极执行命令。但是，由于过于积极，一旦他们所接受的指令与社会行为标准、组织政策相违背，就会给组织带来危险。因为，他们对执行的命令没有任何批评性的估价。这一类型的被领导者一般适用于对结果要求明确、甚至独裁的领导者或过于僵化的组织结构。

3. 实用型被领导者。这是一种处于积极和消极、独立性和依赖性思维、批评性和非批评性思维之间的中间类型。这种类型的被领导者是一种善于保护自己利益的人，他们身上处处表现出中间类型的特点。从消极的方面来说，实用型被领导者缺少对自己所在组织的目标高度的认同感，缺乏冒险精神，胆小谨慎又善算计，在危急时刻不会挺身而出。人们不了解他们对问题的态度和意见，给他人的印象很模糊。他们虽然追求自身利益而不是组织利益，但却善于将自身利益和组织利益结合起来，以强调其行为的合理性。因此，这种类型的被领导者被认为是精通官僚规则的专家，并用这种规则很好地保护自己，即使组织面临困境，也能够幸存下来。从积极的方面来说，实用型被领导者虽然和上级领导者保持距离，不喜欢出风头，但是做事情却恰如其分，知道如何在组织中顺利完成任务，把自己拴在组织的命脉之中。

4. 被动型被领导者。这是一种消极的具有较高的依赖性和非批评性思维的类型。这种类型的被领导者缺乏主动性和责任感，需要持续不断的指导。他们喜欢随大流，没有积极向上的朝气。如果没有领导者的指导或鼓动，绝对不会主动去完成某项任务，更不会承担额外的任务。在领导者眼中，这种类型的被领导者是懒惰的、无能的、缺乏主动性的，甚至是愚蠢的人。

5. 楷模型被领导者。这是一种积极的具有较高的独立性和批评性思维的类型。这种类型的被领导者是最好的自我领导者和最好的合作者。他们不但让员工感到可以依赖，也让领导者感到可以依赖。员工的依赖源自这样的认识：与这种类型的被领导者合作，既愉快又能够更好地创造业绩；领导者的依赖源自这样的认识：这种类型的被领导者具有独立、革新、创造性的品格，即使面对制度性障碍和来自被动型、实用型的合作者的人为障碍，他们也能凭自己的才智创造更辉煌的业绩。领导者领导他们，不但可以节省领导成本，而且还可以获得有益的建议。总之，这种类型的被领导者给领导者和员工的印象是独立、积极主动并愿意向领导者提出建议的人。

三、被领导者的作用

领导者之所以是领导者，其唯一的标志就是身后有追随者。领导活动的成与败，不是领导者一个人能决定的，被领导者的作用不可低估。因此，可以说被领导者是领导活动中的关键因素。当然，并非每个人都能意识到被领导者的作用。领导活动如果没有被领导者的支持、参与和行动，那么终无完成的可能。因此，科学的决策一旦做出，被领导者就成为决定领导活动成败的最重要的因素。正是从这个角度来看，被领导者成为领导活动中必不可少的基本要素。

（一）被领导者和领导者共同构成领导活动的主体

领导活动由领导者、被领导者和客观环境三要素组成。相对客观环境而言，领导者和被领导者共同构成了领导活动的主体。

（二）被领导者是领导活动得以推行的中介力量

现代决策体制“制定”与“执行”相对分工的特点，决定了执行决策是领导活动得以展开的中介力量。再好的决策，如果没有执行质量的提高，也难以拥有积极的实际效果。而被领导者作为一种执行决策的要素，在领导活动中具有不可替代的作用。正是被领导者，才使得领导活动能够成为上下一致的整体，才能保证决策方案从高层领导者那里贯通到基层。所以，被领导者是保证领导活动连续性和整体性的重要力量。

（三）被领导者是组织目标得以最终完成的决定性力量

被领导者作为领导者为之服务的员工和群众，是把组织的总目标分解为具体工作目标的主体，是把决策落实到实践中的最后一道程序的支撑者。被领导者的工作质量决定着总体目标的完成程度，故被领导者是任何高层领导者所不容忽视的。

马歇尔·戈德史密斯（Marshall Goldsmith，KGC 咨询公司创建人，德鲁克基金董事）在其研究中发现，领导的效率与领导者的个人追随能力密切相关。参见图 4-1，图 4-2 和图 4-3。

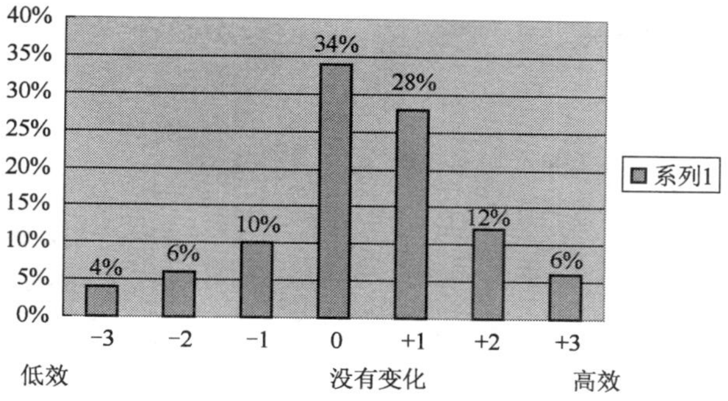

图 4-1　没有追随者的领导者

资料来源：戈德史密斯. 未来的领导[M]. 成都：四川人民出版社，2000.

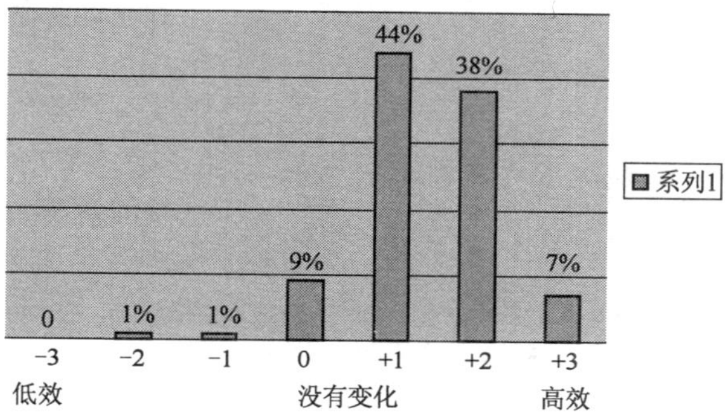

图 4-2　做出反应并获得一定程度追随的领导者

资料来源：同图 4-1。

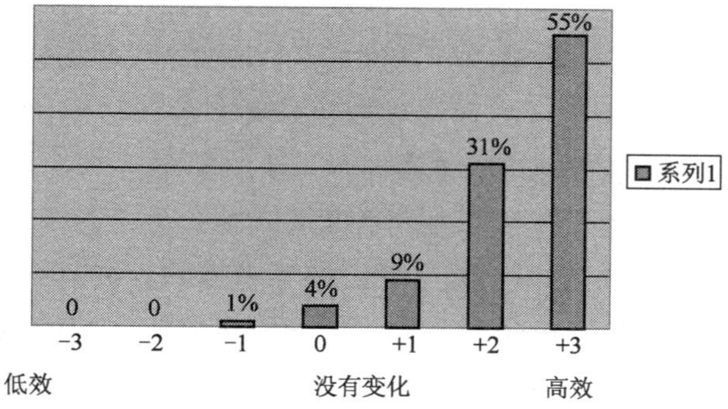

图 4-3　做出反应并获得连续追随的领导者

资料来源：同图 4-1。

从图 4-1、图 4-2 和图 4-3 的变化趋势中，可以看出伴随追随者的增加，领导者的效能不断提升，由没有追随的领导者的 6%，上升至做出反应并获得连续

【学习卡片】

党是最广大人民根本利益的忠实代表，党始终坚持立党为公、执政为民，全心全意为人民服务，与人民群众保持血肉联系。一个党员，如果与群众的距离远了，就与党拉开了距离；心中没有群众，就不配再做共产党员。"群众利益无小事"，柴米油盐等问题对群众来说就是大事。老百姓可能不关心GDP，但他们关心吃穿住行，关心就业怎么办，小孩上学怎么办、生病了怎么办、老了怎么办，等等。针对这些问题，我们必须切实把发展的理念转变到科学发展观上来，转变到以人为本上来。在这个过程中，共产党员一定要服务群众并教育群众，努力做为人民群众服务的带头人，做人民群众信赖、尊敬的贴心人。积极作为。

——选自习近平《之江新语》之《做人民群众的贴心人》

追随的领导者的55%。在一个组织中，随着对工作绩效的要求越来越高，领导者必须及时地将一小部分人的不同技能和观点综合起来，使他们形成团队优势。组织的目标实现依靠的是一个和谐统一的整体，领导者必须获得支持者的追随。

四、被领导者与领导者的互动影响

现实的领导活动中，保持良性的领导者和被领导者的影响互动，对于促进双方的了解和支持是非常必要的。

（一）领导者对被领导者的影响

领导者对于被领导者产生巨大的影响，并在一定程度上左右着被领导者的行动。

首先，领导者是被领导者的榜样。领导者通过高尚的品德、高水平的决策，树立自己良好的领导者形象，为被领导者树立了学习的楷模和榜样。作为指示者和暗示者的领导者，他们的一言一行均对被领导者产生潜移默化的影响。与此同时，领导者的认可能够有效地激励被领导者业绩的提升。

其次，领导者是被领导者的资源供给渠道。通常情况下，领导者往往具有较高的职位，拥有组织所赋予的权力。因此，领导者能够为被领导者提供必要的资源支持和供给，并能够给予被领导者相应的指导和帮助，从而帮助被领导者完成工作。

（二）被领导者对领导者的影响

被领导者是领导作用的对象，是领导活力的源泉。只有拥有被领导者的人才能够成为真正的领导者。

首先，被领导者的服从使领导者的作用得到发挥。当领导者制订和安排了工作计划,无论该计划是多么的缜密正确,只有得到被领导者的服从才能够保证计划的成功实施。成功的领导可以看作是对任务完成和人际关系的双重影响,这样,下属的服从构成了完成任务和成功领导的关键。

其次,被领导者的认可造就了领导者,指被领导者对领导者权威的认可和心理认同程度。这种认可通常又表现为行为上的服从和心理上的服从两种形式。在心里不服从,即对领导者的认可度低的情况下,被领导者可能仅是行动上的服从,甚至做出一定的抵触行为。

最后,被领导者的忠诚影响了领导者的效能。正如员工对于企业产生忠诚,被领导者同样会对他所欣赏的领导者产生忠诚。这种忠诚程度决定着被领导者执行领导者制定的方针和决策的实施程度,直接影响到领导者的领导效能和决策效能。

【学习卡片】

“君者,舟也;庶人者,水也。水则载舟,水则覆舟。”此之谓也。故君人者欲安则莫若平政爱民矣。欲荣则莫若隆礼敬士矣,欲立功名则莫若尚贤使能矣,是君人者之大节也。三节者当,则其余莫不当矣;三节者不当,则其余虽曲当,犹将无益也。

——节选自《荀子·王制》

综上所述,在领导过程中,领导者和被领导者彼此之间互相博弈,互相影响,互相促进。只有科学地处理领导者和被领导者之间的互动关系才能够保障领导活动的成功开展。因此,领导者和被领导者应当共同致力于构建一种互相信任、互相促进、互相支持、互相转化和互相监督的互动关系,从而推动领导活动的实施。

补充材料

下属问卷

对于每个陈述,设想下属的以下情形和你的行动。从0到6中选择一个数字来表明这个陈述适合你的程度。0表示很少使用,依次增加,6表示几乎总是。

1. 你的工作是否有助于你实现对你来说很重要的某种社会目标或者个人梦想?

2. 你的个人工作目标与组织的优先目标是否一致？

3. 你对你的工作和组织是否高度负责、充满活力，你是否给出了最好的观点和表现？

4. 你的激情是否传播到并且激发了你的合作者？

5. 不是等待或者单纯接受领导的指导，你自己认为哪种组织活动对完成组织的优先目标是至关重要的？

6. 在这些重要活动中你是否获得一种特别的能力，使得你对领导者和组织更有价值？

7. 在开始一个新的工作或者任务的时候，你是否在领导者很看重的任务中迅速取得成功？

8. 一个领导是否给你一项艰巨的任务，却不对你进行监督，因为知道你将高质量地按时完成任务？

9. 你会主动寻找并且成功地完成超越你工作的任务吗？

10. 如果你不是一个团队的领导者，你仍然会非常出力、常常超额做事吗？

11. 你能自己想出并且支持对领导者或者组织的目标非常重要的新观点吗？

12. 你试过不通过领导，自己解决难题吗？

13. 你会帮助其他合作者吗？让他们看起来很好，即使你不会得到任何赞誉？

14. 你会帮助领导或者团队认识到观点和计划的潜在优势和潜在劣势，如果需要的话，会提出反对意见？

15. 你明白领导的需求、目标和限制吗？你会努力去帮助实现它们吗？

16. 你能主动、真诚地承认而不是否认自己的缺点吗？

17. 你是否习惯于质疑领导者决策的明智性，而不仅是按照吩咐做事？

18. 当领导要求你做有违你职业道德或者个人偏好的事情时，你会说“不”呢还是“是”呢？

19. 你是依照自己的道德标准还是依照领导者或者组织的标准来行事？

20. 对于重要的问题，你会坚持自己的观点吗？即使这样做可能意味着与团队冲突或者遭到领导者的报复？

用下面的评分标准评分：

独立思维项目＝1 ____+5 ____+11 ____+12 ____+14 ____+16 ____+17 ____+18 ____+19 ____+20 ____

主动参与项目＝2 ____+3 ____+4 ____+6 ____+7 ____+8 ____+9 ____+10 ____+13 ____+15 ____

将独立思维项目的分数加起来，如下图将总分标记在纵轴上。主动参与项目也按照同样方式处理，将总分标在横轴上，并画出连接两种分数的垂线。

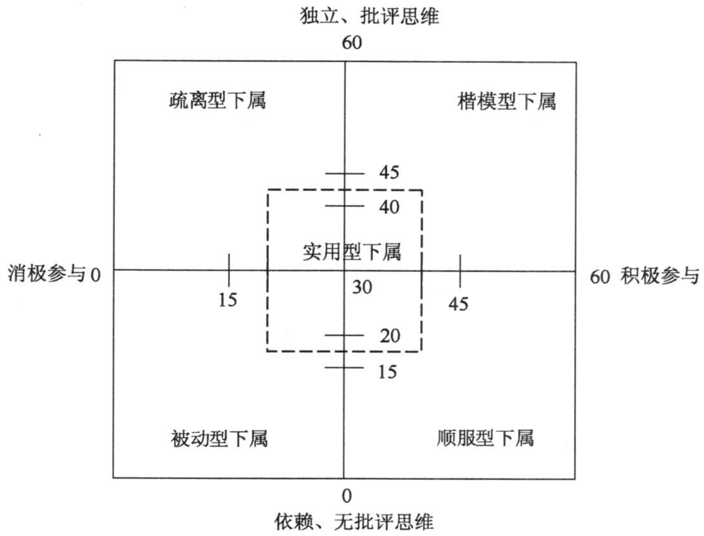

下属模式	独立思考分数	主动参与分数
楷模型	高	高
疏离型	高	低
顺服型	低	高
实用型	中等	中等
被动型	低	低

资料来源：姜法奎，刘银花. 领导科学[M]. 大连：东北财经大学出版社，2002.

第二节　被领导者角色与权力

在领导活动中，领导者扮演着极其重要的角色。同样，被领导者的角色也是极其重要的。在领导活动中，被领导者不仅仅是被支配者，而且是能动的要素。被领导者实现组织目标的行动和态度，从根本上决定着领导活动的成败。

一、被领导者角色

大多数被领导者都多多少少地抱怨领导者的某些缺点，如领导者在决策、倾听、激励或者识别被领导者等方面存在缺陷。对领导者的有效认同能够增强下属的追随;反之,下属的追随会逐渐消失。领导者只有通过向员工授权等措施体现出被领导者的重要性,才能够有效强化领导者的地位和角色。被领导者作为领导活动中的服从者和执行者,在领导活动中扮演着不同的角色。

(一)被领导者是领导者存在的前提

任何系统的内在要素都是相互关联的,被领导者的存在是领导者产生的前提,没有追随者就不可能有领导者的存在。无论是领导者还是被领导者,他们的角色都具有主动性,他们在一起达成共识。

(二)被领导者是领导活动的推行者

领导者的领导活动是依靠被领导者的行动推行的。被领导者作为执行决策的关键要素,在领导活动中扮演着不可替代的角色。正是因为有了被领导者,才使得领导活动能够成为上下连贯的整体,才能保证决策方案从高层领导者那里得到贯彻。

(三)被领导者是领导目标实现的决定者

领导目标经过逐层分解,细化为每个被领导者的工作目标。被领导者成为企业战略和决策落实的支撑者。因此,他们完成工作的质量高低,直接关系到整个组织整体目标的完成和实现,决定着组织的成长和发展。

领导者和被领导者是两个基本的角色,在不同的条件下,人们在两者之间进行轮流轮换。道格拉斯·史密斯在《领导的追随职责》一文中指出,为了保证实现组织目标,领导者必须扮演追随者的角色——追随我们的想象力和目标,追随我们为迈向目标而制定的管理原则,追随所有那些将使组织理想实现的人们。领导者的追随是指在组织目标的执行过程中,领导者必须时刻关注组织外部对组织的要求以及组织中所有成员的需求,对下属在执行目标过程中的各种需要提供必要的支持,帮助他们排除障碍,最大限度地发挥员工的积极性和创造性,使下属团结一致、努力工作,在满足下属需求的同时,最终实现组织的目标。领导者的追随并不意味着领导地位的丧失,相反,这种追随反而会增强领导活动的力量。

二、被领导者的权力

在传统组织结构中,领导者和被领导者是截然分开的。因为命令和控制是等级制度的象征,它要求被领导者的追随。领导意味着制定决策和确定发展战略,而追随意味着服从。然而,在现代组织中,被领导者也可以通过个体行为或者群体行为对领导者产生影响作用,从而限制领导者权力的行使。从权力角度而言,被领导者不再是单纯的被领导者,同时也拥有着相对的被领导者权力。美国学者加里·尤克尔教授在《组织中的领导》一书中,总结了被领导者对领导者权力的不同来源。

(一)由选举和更换领导者而产生的权力

如果领导者是由下属选举产生的,而且下属有权更换领导者,就形成了领导者对下属的依赖。在这种情况下,领导者必须满足被领导者,才能保持领导地位。一个基于其专门才能、魅力和合法地位行使权力的领导者,一旦无法满足被领导者的期望和需要,其权力就会很快丧失。在群体中,如果被选举的领导者缺乏相当的职位权力,那么,其下属就具有明显的被领导者权力。

(二)由领导者对员工评价和绩效的依赖而产生的权力

米坎尼克(Mechanic)的研究指出,如果领导者的绩效是由下属正式评估,且评估结果影响领导者的薪酬、名誉和升迁时,就会产生领导者对被领导者的依赖现象。但组织很少正式赋予下属评估领导者的职能,在大多数情况下,下属只能间接地影响领导者被评估的结果。例如,如果他们限制产量、怠工、罢工、向上级抱怨或示威游行,就会破坏上级的名誉。

(三)通过集体行为产生的权力

李(Lee)在1977年的研究中指出,如果下属采取集体行动,其被领导者权力就比较明显和有效。普费弗在同年发表的"组织中权力和资源的分配"一文中也指出,被领导者即使只是要成立下属联盟或工会,也会限制上级领导者的作为。当一位或多位下属与组织中某位有权力的领导者的同僚或上级有某种关系时,或与能够对领导者及其上级施加压力的外界团体有某种联系时,都可能增强下属的权力。

(四)通过控制信息产生的权力

被领导者如果掌握了重要信息,便可由此获得权力。佩蒂罗格(Pettigrew)认为,下属也可以通过掌握重要信息而获得权力。当下属能够获得上级作决策所需的信息时,他们可通过歪曲信息内容而对上级决策产生微妙的影响。对信息的控制可使下属采用理性的说服而不是简单的对抗来影响领导者的决策和行为。科达(Korda)的研究认为,当下属担负起收集、分类和报告有关信息的责任时,便可增加领导者对他的依赖性。如果准备的报告中含有大量的分析报表,使上级无法很快了解而依赖于下属的进一步解释时,下属就可能受邀直接参与决策。

(五)通过特殊才能和资源产生的权力

米坎尼克指出,被领导者在处理组织中的重要问题时,如果表现出特殊的技巧或专业才能,也可以获得被领导者权力。当下属能执行某些领导者自己也无法完成的职能时，可以增加领导者对下属的依赖性。普费弗也指出，当下属与外界有特殊的接触，能获得领导者所需的资源时，也会增加领导者对下属的依赖性。当没有人能取代这个下属，而他又具有跳槽的机会时，来自这种依赖的权力达到最大。

（六）通过掌握规定或法规而产生的权力

在高度官僚化的组织中，懂得组织的规则和法规，也是一种专业才能，可以成为被领导者权力的来源。雅克布斯（T. O. Jacobs）指出，规则与传统是下属合法要求的基础。如果领导者是刚从外界聘来的新手，下属将有一段时间比新领导更了解规则和法规。米坎尼克指出，即使上级领导者熟悉规则和法规，如果某些规则已经陈旧或互相矛盾，下属也能找到借口不执行上级领导者交给他完成的任务。如果正式的规则和作业程序异常复杂，也会使下属能采取一种强制的战术，而不至于被开除或处罚。

（七）通过逢迎和维护领导者而产生的权力

对上级领导者表示赞同和忠诚，是下属对领导者影响力的又一个来源。达布林指出，权力和地位都很低的人，常以恭维赞美来迎合地位高的人。如果恭维赞美没有诚意，就没有什么效果；但如果有技巧地行使一段时间，就可以帮助下属与上级领导者建立密切的关系，并会对领导者产生一定程度的影响。另一种改善与上级领导者关系的技巧，就是在上级遭他人批评时挺身而出，显示忠诚可靠。

领导者和被领导者在领导活动中扮演着不同的角色，角色之间存在着相互变化和转换。与此同时，领导者和被领导者的权力也具有一定的相对性，领导者和被领导者均有相对的权利和义务，这种权利和义务的大小，主要取决于领导关系的变化。

三、上司管理

根据盖洛普《全球职场环境调查报告》（State of the GlobalWorkplace）的结论，美国有一半的职场人士为了离开上司而离职。在欧洲、亚洲和非洲职场人士中，这一比例与美国的情况相近，甚至更高。这份调查与盖洛普此前的调查均显示，员工敬业度（即员工实现组织目标的意愿和努力程度）与他和上司的关系存在明显相关性。在认为自己敬业的员工中，77%的人使用积极的语言描述与上司的关系，而“不敬业”和“主动回避工作”的员工中，这一比例分别为 23%和 4%。这种情况让人忧虑，敬业员工是企业成功的关键推动力，而根据盖洛普的报告，全球仅有 13%的员工算得上敬业。

有效的上司管理不仅关系到上下级关系的协调，并且直接影响被领导者的成长和发展。专家建议上司管理应当关注以下方面。

（一）了解你的上司

首先要了解你的上司。只有充分了解上司的具体情况,被领导者才可以针对上司的性格特征做符合上司要求的事,从而达到事半功倍的效果。每个上司都有自己独特的领导风格,因此被领导者必须了解上司的领导风格,然后再做出符合上司风格的举动。人无完人,上司不可能面面俱到,难免有力不能及的时候。作为被领导者,完全没必要揪着上司的弱点不放,更值得做的是发掘上司的强项,帮助上司发挥长处、弥补弱项,帮助他实现目标。也许你的上司并不是一位行家,但由于他有其他行业工作的经验,反而有更为广阔的视角和新颖的见解。有的上司可能对数据、数字非常敏感,能分析出背后的内容。有的上司对开拓社会资源和人际关系非常擅长,那么就要利用好上司的资源,使其为己所用。当被领导者在设计方案时,不妨也将上司纳入自己的执行团队中。管理上司的前提是要互相信任,帮助上司充分发挥优势而非给上司找麻烦。作为下属,完全有义务保护上司最薄弱的地方并加以弥补。

（二）让上司了解你

被领导者需要恰当地施展自己的才能。不管是初入职场者或是职场前辈,每个人都有自己的特长和不足。被领导者首先要充分展现自身的实力,胜任自己的工作,让上司了解你能做什么以及能做到什么程度,这样上司才会充分授权。然而,比展现自身能力更重要的是给予上司安全感。“穿小鞋”是下属最不愿遇到的,同样,下属功高震主也是上司最不愿面对的。作为下属,给上司安全感最好的方法莫过于让上司了解你的行踪。自觉形成定期向上级汇报的习惯,让上司知道你在做什么,这样就不会对结果感到意外。同时,对下属的情况十分了解,在上司向上汇报时,他自己也会有成就感。有了安全感,在你需要上司帮助或支持时,上司才会毫不犹豫地答应,你才有可能获得更大的发展机会和空间。

（三）运用同理心

各项研究反复证实,在有问题的上司与下属关系中,同理心能打开局面——包括下属对上司的同理心。斯蒂芬·科维、丹尼尔·戈尔曼等专家都强调过,作为情商的一个重要方面,同理心对于处理好与上司的关系非常重要。神经科学研究也证实了同理心的作用:大脑中的镜像神经元让人们倾向于模仿彼此的行为。因此,如果被领导者以同理心对待上司,上司才可能以同理心对待你,从而让所有人受益。戈尔曼多年前的研究已证明,同理心是可以学习的。近来学者们的研究也显示,如果有意识地运用同理心,你能更准确地感知他人的情感。运用同理心是有意识的行为,不过最好在非正式场合加以表现。

企业高层通常站在全局的角度考虑问题，他们的行为有时并非完全出于本意或故意针对谁。把自己放到企业全局的高度上，被领导者也会有一些与原来不同的想法。当然，这也未必意味着你一定要牺牲自己，你可以表明自己的态度，比如，某件事对部门造成的损失、自己的工作遇到的诸多困难等，以争取相应的资源来弥补损失。同时，还要让上司感激你的让步。有时，以退为进才是上策。

（四）逐步与上司建立共同的价值观

作为下属，对上司的尊重是第一位的。要在尊重上司的基础上逐步建立与上司共同的价值观。当与上司有了共同的价值趋向之后，分析问题、解决问题的目的性便会更统一、更直接，这样便可减少很多不必要的沟通，更降低了产生摩擦的可能性。有了这些“共同语言”，上司也会感觉到和你一起工作很愉快，更喜欢和你一起共事。逐渐的，上司会觉得你是和他共同承担责任的人，而不只是一个帮手或一个普通员工。这样你才会在工作中更多地发挥自身的能力，分担上司的责任与压力，无形之中分配给你的责任就会更大，你得到的权力自然也就越来越大。

（五）注重与上司的互补

在与上司一起工作的过程中，被领导者要掌握好上下级之间工作的契合程度。既然知道了上司擅长的地方，就要充分利用现有资源，注重与上司能力的互补，达到“1+1>2”的效果。按照杠杆原理，企业作为支点，下属与上司之间的关系是木杆。下属对上司工作的支持与配合，上司对下属的了解、信任和关照是杠杆发力的关键因素，下属只有与上司相互配合，才能把工作做好，才能实现个人的抱负，最终促进企业发展。

（六）争取主动地位

被领导者的行动要永远比上司的节奏快。上司之所以可以插手到被领导者的事务中来，有时是因为你自身的工作有漏洞，或者是你没有得到上司的支持而独自行事。因此，要做一个决策快、执行快、汇报快的下属，当上司还没来得及插手时，你已经拿出了结果。这样一来，就很容易让上司看到你的工作能力，对你的工作感到放心，因为在期限前他总可以放心把关，也有可以更改的余地。当与上司的意见相左时，不要急着与上司争执，而应主动找出意见相左的关键点，尽量找到相关支持数据或文件，将上司的偏差思维拉回正轨；若的确是自己出错了，要及时找机会向上司解释清楚。

（七）将乐观和幽默带到工作中

一个人要是喜欢工作，体会到做好一件工作带来的愉悦，工作的时候就会产生愉快的情绪。同时，将自己全身心地投入工作并为努力后获得的成就而快乐，就会有更大的动力去工作。奥格·曼狄诺说：“幽默往往是有知识、有修养的表现,是一种高雅的风度。”①善于理解幽默的人,容易喜欢别人;善于表达幽默的人,容易被他人喜欢。幽默的人易与他人形成并保持和睦的关系。幽默还能显示自信,增强成功的自信心。信心有时比能力更重要。将自己的乐观与幽默带到工作中去,不仅可以给自己更大的前进动力,更能影响身边的上司和同事,形成一种和睦的工作氛围,化解一些小矛盾、小摩擦,促进工作的开展与完成。

第三节　领导关系

领导活动是人类社会中的一种社会活动,主体是人。在领导活动中人们由于层次不同、角色不同、作用方式不同从而形成了错综复杂的关系,被看作特定的领导关系。领导关系构成领导环境的组成部分,属于领导环境研究的范畴。因此,有效地开展领导活动,就必须深入研究领导关系,了解和把握领导关系的本质、影响和变化规律。

一、领导关系的定义

领导关系是指在领导活动中领导者与被领导者之间相互发生的工作关系和非工作关系的总和,其实质是权力关系。邱霈恩教授认为,领导关系是最重要、最核心、最有影响力、最能产生显示结果的一种社会关系,是领导活动中广泛发生的、领导者和被领导者之间的极为复杂微妙的影响领导活动成效的特定关系,也是整个社会关系最重要的组成部分。领导关系使组织和社会中的人构成了领导和被领导的多角度、多层次、内容和形式各不相同的错综复杂的社会关系体系。因此,领导关系是围绕领导活动而形成和展开的各种社会关系的大集合。

二、领导关系的构成

由于领导活动的广泛性和复杂性,导致了领导关系的多样化。由于领导关系伴随领导活动产生并且展开,因此表现为领导活动中各种关系的组合。

从公共领导角度分析,领导关系是包括特定区域内所有领导者与被领导者、领导者与领导机构、领导机构与领导机构之间的关系。

从组织角度分析,领导关系主要包括组织内领导者之间及其与所在领导组织之间的关系、领导者与被领导者的关系和被领导者与组织的关系等。

---

① VRIES. Do you hate your boss? [J]. Harvard business review, 2016,94(12):101.

从历史形态分析，领导关系与人类社会发展相一致，因而形成了原始社会的领导关系、奴隶社会的领导关系、封建社会的领导关系、资本主义社会的领导关系和社会主义社会的领导关系。

从空间结构分析，包括国家领导关系、地区领导关系、部门领导关系和组织领导关系；也包括组织内部各构成要素之间体现出来的不同领导关系。

从领导体制分析，领导关系表现为集权与分权的关系、中央与地方的关系等。

从领导方式分析，领导关系表现为直接领导与间接领导的关系、正式领导与非正式领导的关系、指令性领导与指导性领导的关系、支持性领导与参与性领导的关系等。

从领导运作方向分析，包括上行的领导关系、下行的领导关系、平行的领导关系及交叉的领导关系。

领导关系最主要是领导主体间的关系和领导者与被领导者之间的关系，领导关系的最主要关联对象就是领导者。充分了解和掌握领导关系，就是为了能够更好地协调、维系、改善和优化各种领导关系，由此确保为领导成功提供最优良的关系基础和关系性环境。

三、领导关系的特点

领导关系的特点是对领导关系的历史与现实、对不同领导关系的共同特征的抽象和概括，由此可以更好地认识领导关系。

（一）客观性

领导关系作为领导活动过程中人与人相互交往的现实结果，它的产生具有历史的必然性。人类组织活动的要求必然导致领导与被领导，也就必然会产生领导者和被领导者之间的相互关系。这种关系表现在各种不同的领导活动之中，并导致各不相同的领导结果，因而成为客观的领导要素。领导关系不仅取决于领导者的主观意愿和个人素质，更受到领导角色、领导体制、领导地位、现实利益关系、社会背景、实际的领导立场和领导作用等环境因素的影响。

（二）社会性

领导关系是围绕领导活动的展开而形成的关系，本身就是社会关系集合的组成部分。领导关系必然受制于特定历史条件下的经济关系、政治关系、思想文化关系、道德伦理关系，具有鲜明的社会时代特征。领导关系自身也包含着丰富的内容，不同的领导关系是人们社会关系的本质表现。领导关系的社会性还表现在它与社会关系环境的相互作用上。领导关系是在一定的社会环境中生成，受到社会环境的影响和制约。

（三）复杂性

领导活动中的相互关系，除自身的多样性之外，领导工作的职能交叉、利益得失、人的个体差异、外部环境影响等，使领导关系呈现出错综复杂的局面。首先，由于社会分工不同，形成不同领域的领导部门和不同类型的领导者。不同部门履行不同的工作职能，不同的领导职务担负不同的工作职责，就不可避免地会出现一些矛盾现象，使领导关系复杂化。其次，领导关系的复杂性还缘于利益的得失。说到底，领导关系就是一种利益关系。不同的领导集团形成不同的利益群体，同一领导集团内部也会有利益冲突，使得人们在处理领导关系时，自觉或不自觉地以自身利益为价值尺度，作为处理相互关系的行为准则，使领导关系扭曲，甚至变异，导致复杂化。最后，领导关系的主体是各种各样的具体的人，人的个体差异也会使领导关系复杂化。如不同领导者，因受教育程度、气质、个性不同，加之所处地位不同，面临的环境不同，在认识和处理领导关系时，会产生不同的心态，直接产生了各种不同的复杂后果。

（四）动态性

领导关系不是一成不变的。促使领导关系发生变化的因素是多方面的，最根本的是社会生产力的发展。生产力是推动社会进步的最强大杠杆，随着生产力的进步，生产关系以及与一定社会形态相适应的领导关系也将随之改变。人类社会的领导关系经历了原始社会的原始民主、封建社会的专制统治、资本主义的金钱依附、社会主义的平等服务等不同的关系形态。总体来看，随着社会文化科技的进步、教育程度的提高、个人社会实践经验的积累和各方面的成熟，领导关系呈良性发展趋势。

四、领导关系的主要形式

领导关系是体现领导者与被领导者之间关系的特定范畴。在现实的领导活动中，领导关系以各种不同的方式存在并对领导活动产生影响。

现实组织中，不同的领导关系表现不同，主要包括以下形式。

（一）指挥与服从关系

从组织的角度来看，领导者与被领导者所处的地位不同，上下级关系致使领导者成为指挥者，被领导者成为服从者。领导者由于被赋予了相应的权力，因此扮演了“指挥者”的角色，意味着他为了实现组织的目标，可以向被领导者“发号施令”，有权指挥、安排被领导者的活动；被领导者服从领导者的指挥，执行领导者的命令，以形成有效的命令指挥关系，组织才能正常运转起来，共同朝着组织目标努力。组织中，领导者与被领导者之间的指挥与服从的关系形成了上下级的工作关系,但领导者与被领导者在人格上是平等的。

(二)沟通与信任关系

在领导活动中,领导者与被领导者之间的指挥与服从的关系是通过权力体系反映出来的,而这种权力关系联系是通过有效的沟通来实现的。由于领导者与被领导者所处的地位不同,领导者将组织的目标、发展战略、计划、任务等各项决策及时向被领导者通报,同时积极征求被领导者的意见,以消除领导者与被领导者之间的隔阂,使两者达成一致,实现组织目标;沟通的实现需要领导者和被领导者之间的相互信任,否则沟通将无法进行。

(三)合作与支持关系

实现领导目标,仅靠领导者是不够的。在实现领导目标的过程中,领导者与被领导者构成一个整体,他们虽然分工不同,责任不同,但如果没有相互的合作和支持是无法实现最终目标的。正像一支球队要想获胜,仅仅依靠个别球星或队长发挥作用是不行的。领导者处在领导岗位上,要对组织行为目标的实现负责,只有与被领导者密切合作,按预定的方案行事,才有可能达成领导目标。因此,取得被领导者的合作,对于领导者是十分重要的。

(四)评价与监督关系

在领导活动中,不同的人扮演了不同的角色,也就承担了不同的责任,需要不同的标准对其表现进行评价。领导者肩负了对被领导者进行评价和监督的职责,目的在于调动被领导者的积极性,更好地发挥被领导者的作用。能否正确评价被领导者,发现被领导者的特长及缺陷,更好地支持被领导者完成自身的工作职责,是体现领导者领导艺术高低的一个重要方面。在担任评价角色的同时,领导者也在接受被领导者的评价,被领导者有权监督领导者的领导行为。

(五)动态发展与转化关系

领导者与被领导者之间的关系不是固定不变的,社会的发展和进步,使组织内部的关系在不断发生变化。领导活动中,领导者与被领导者的关系也在不断发展,而且相互转化。传统的命令指挥方式逐渐被民主协商所取代,集中领导与分权管理相结合,领导者的权力越来越多地分化;与此相对应,越来越多地被领导者成为自我管理和自我控制的主动角色,在领导活动中发挥更大的作用……这些都代表了现代领导关系的发展。科学发展观有助于我们更加客观地分析现代领导活动中领导关系的发展,更好地认识领导关系的变化。

五、领导关系变化发展的规律

领导关系变化发展的规律,是指领导关系变化发展过程中客观的、内在的、稳定的必然联系。从广义讲,领导关系变化发展的规律,就是领导活动的规律。领导科学研究的本身就是从不同方面、角度揭示领导关系变化发展的规律。领导关系变化发展规律主要反映出领导者与被领导者之间的基本联系。

(一)领导关系矛盾统一规律

领导关系矛盾统一规律是揭示领导关系产生、性质、构成、发展动力的规律。领导关系的产生是以人类社会活动需要为基础的。组织成员共同生产、生活,必然产生社会分工与协作,需要统一的意志和行为。领导关系的构成是领导者、被领导者、领导环境条件多种因素相互联系、相互制约、相互作用的结果,各因素之间存在对立统一的关系。领导活动各要素之间既对立又统一,在一定条件下相互转化,使领导矛盾得到解决,使领导关系向前发展。领导关系中对立统一的各方面构成了复杂的领导关系系统。

正确处理领导者与被领导者的关系,是领导科学的基本问题。领导者与被领导者之间是对立统一关系,协调统一是共同追求的目标;领导者与被领导者之间的关系受到一定的社会政治、经济、文化条件的制约,不同的社会条件形成不同的关系,表现出不同的形式,因此也不能忽视二者的差异和矛盾。

(二)领导关系变化发展与环境相适应规律

领导关系变化发展与环境相适应规律是揭示领导关系变化发展与环境之间关系的规律。环境是领导者从事领导活动的客观基础,是领导活动赖以进行的时间、空间及各种条件的总和。领导者的领导活动、领导者处理领导关系,都离不开一定的环境。只有顺应环境发展规律,认识环境、利用环境、改造环境,才能达到领导活动的预期目标。领导关系与环境相适应,表现在领导活动的全过程。作为领导者,应当根据环境的变化,使领导者、领导集体与被领导者步调一致地为实现领导目标而努力。当环境发生变化时,领导者还要根据环境的不同对象、不同的任务、不同的条件,积极主动调整领导方式和方法,调动被领导者的积极性和创造性。

(三)领导关系变化发展动态平衡规律

领导关系变化发展动态平衡规律是揭示领导关系变化发展一般过程的规律。领导活动是人的活动,无论是领导者、被领导者,都是有不同思想、动机、情绪的个体或群体,这些因素使得他们双方之间的关系处于变动不定的状态中。加之领导活动环境的多因素、多变量,也处于不停变化中,使得领导关系不断发生变化。然而领导活动作为人类的一种组织活动,又要求具有相对稳定性,才能使领导能量有较稳定的输出,领导活动才能按照预期目标继续进行。领导者可以根据这种客观要求,采取物质的、精神的、社会的手段,对领导关系进行事前、事中、事后的调节,在动态中保持平衡,在平衡中不断发展,使领导关系与领导主体、领导环境的变化相协调。

（四）领导关系协同发展规律

领导关系协同发展规律是揭示领导关系变化发展趋势的规律。领导关系是领导活动自身各种关系的集合，更是人与自然、人与人之间关系集合的组成部分。领导关系多因素间相互依存、相互制约、相互促进的关系，决定了领导关系的变化发展是协调发展。特别是旧的领导关系的改变，新的领导关系的产生，虽然与领导体制、政治体制变化存在时间、空间上的差异，但总体是协同一致的。这就要求领导者在处理各种领导关系时，增强协调发展的意识，从大局出发，不做损害全局利益的事。

总之，领导者必须在充分认识和掌握环境特点及其发展规律的基础上，调整和改变领导关系，建立适合客观环境需要的新型的领导关系。

课程思政学习专题

《孟子》之《尽心章句下》有：民为贵，社稷次之，君为轻。

原文：

孟子曰："民为贵，社稷次之，君为轻。是故得乎丘民而为天子，得乎天子为诸侯，得乎诸侯为大夫。诸侯危社稷，则变置。牺牲既成，粢盛既洁，祭祖以时，然而旱干水溢，则变置社稷。"

译文：

孟子说："百姓最为重要，国家其次，国君为轻。所以，得到民心的做天子，得到天子应允的做国君，得到国君应允的做大夫。国君危害到土神谷神——国家，就改立国君。祭品丰盛，祭品洁净，祭扫按时举行，但仍然遭受旱灾水灾，那就改立土神谷神。"

"民贵君轻"成为后世广泛流传的名言，一直为人引用。国君和社稷都可以改立更换，只有百姓是不可更换的。所以，百姓最为重要，人民是领导活动得以成功开展的基础。

本章小结

被领导者是在领导活动中与领导者拥有共同的利益或信仰，执行具体决策方案并实现组织目标的行动者，是构成领导行为不可或缺的主体。被领导者可以根据个体的成熟度、职位的相对性、个体的依赖性和批评性思维能力划分为不同的类型。被领导者和领导者之间具有显著的互动影响作用。被领导者作为领导活动中的服从者和执行者，在领导活动中扮演不同的角色，包括被领导者是领导者存在的前提，是领导活动的推行者，是领导目标实现的决定者。被领导者的权力主要来源于由选举和更换领导者而产生的权力，由领导者对员工评价和绩效的依赖而产生的权力，通过控制信息而产生的权力，通过特殊才能和资源而产生的权力，通过掌握规定或法规而产生的权力，通过逢迎和维护领导者而产生的权力。领导关系指在领导活动中领导者与被领导者之间相互发生的工作关系和非工作关系的总和，其实质是权力关系。领导活动的广泛性和复杂性，导致领导关系的多样化。领导关系的特点包括客观性、社会性、复杂性和动态性。领导关系的主要形式为指挥与服从关系、沟通与信任关系、合作与支持关系、评价与监督关系和动态发展与转化关系。

思考题

1. 什么是被领导者？被领导者具有怎样的作用？
2. 被领导者权力的来源有哪些？
3. 被领导者在领导活动中扮演着怎样的角色？
4. 什么是领导关系？领导关系的特点是什么？

教学实训

"00后"整顿职场

一、背景资料

网络上流传着这样一句话："80后唯唯诺诺加班，90后快快乐乐摸鱼，00后重拳出击整顿职场。"千禧一代步入职场之后，似乎表现得与以往的职场新人有点儿不一样。

有人"整顿职场"的方式是：拒绝不合理加班。领导说"下班后都别走，开个会"，"00后"直接问"有加班费吗"，领导说"是重要的事"，"00后"反问领导"为

什么不早点说”,还会搬出劳动法;

有人“整顿职场”的方式是:拒绝面试过度收集隐私。面试时拒绝填写紧急联系人等涉及隐私的信息,HR出言嘲讽,“00后”举报公司管理不合规,公司被要求整顿;

有人“整顿职场”的方式是:拒绝低效内耗。到了下班点准备收拾东西,领导突然发来“我还没走,你先走感觉好意思吗”的信息时,以“我工作是为了效益,不是为了下班装努力”回怼;

有人“整顿职场”的方式是:面试时大胆拒绝试用期无薪资,试用期不缴纳社保,试用期不签订劳动合同,并努力普及这些本该成为常识的法律法规。在网上出现了“如何与公司谈判”“职场仲裁流程”等大量教程,有人列出了详细的谈判流程以供参考;

有人“整顿职场”的方式是:不受控制。领导阴阳怪气:“你们年轻人就是吃不了苦干不成大事”,“00后”就反驳“大事我能干,但端茶倒水取快递不在此列”;

有人“整顿职场”的方式是反内卷。当领导问到周末是继续推进项目还是想要休息的时候,尽管有组员热情回应支持推进,但“00后”表示,“我休息,你们推,我回头赶上”;

有人“整顿职场”的方式是反画大饼,辞职信里直接开怼“我的胃口差,大饼吃不下”……

二、教学组织

1. 教师将学生划分为小组。

2. 以小组为单位,学生采用访谈形式采访身边的同学,归纳和总结“00后”员工的特点,并提出自己的观点。

3. 教师组织课堂讨论,由各小组代表进行小组展示。

三、问题讨论

1. 试分析“00后”员工的优点和缺点。

2. 结合背景资料,试分析目前职场环境发生了怎样的变化。

3. 作为领导者,应当如何有效领导“00后”员工。

4. 作为被领导者,“00后”应当如何有效追随领导者。

5

第五章

领导环境

学习目标

领导环境直接作用并影响领导活动的开展。通过本章学习，要求理解领导环境的界定、特点与构成，了解领导环境的分类，掌握领导环境对领导活动的影响，认识领导活动对领导环境的反作用。

引导案例

挺过2020年最艰难时刻的华为公司

对于华为来说，2020年是最艰难的一年。在“实体清单”、“禁令”、新冠疫情等多重因素影响下，“生存”成为华为贯穿全年的关键词。

2021年3月31日华为2020年业绩揭晓，全球销售收入达8 914亿元，同比增长3.8%；净利润为646亿元，同比增长3.2%，营收净利均小幅增长。2020年消费者业务销售收入4 829亿元，增长有所放缓。

“华为去年确实非常不容易，业绩增长放缓的背后，是美国对我们的打压，尤其是对消费者业务，手机产品在打压之下影响非常大。”华为轮值董事长胡厚崑坦言。在持续一年多的升级管控中，华为艰难地活下来了。但华为的下一步会怎么走？

在华为财报中可以看到，2018年以来公司利润率在下降，从2018年的10.2%下滑到2019年的9.1%，再到2020年的8.1%。但是在收入增长有限的情况下，华为2020年研发投入达到1 418.93亿元，占收入比重的15.9%，创下最高纪录。同时，华为2020年年末10.5万的研发人员数量占公司总人数53.4%的比例，也创下最高纪录。

胡厚崑表示，“为了应对不公平对待，我们投入了非常多的现金资源，买做芯片储备，未来对客户尤其是对2B企业来说供应是没有问题的。最终，芯片供应状况改善还要取决于全球半导体供应产业链的合作何时得到修复。"

重压之下的2020年，华为艰难地活了下来。谈及美国"制裁"的影响，胡厚崑直言整个产业链上下游均受损，产业界无赢家。"华为过去每年向美国供应商采购量在100亿~200亿美元，冲击之下，他们同样也是受害者。"胡厚崑说，"对华为这样的跨国公司来说，曾高度依赖的供应链在地缘政治冲突下被破坏了。但这样的破坏，我不知道最终谁在从中得益。从产业界来看，供应链上的上游下游，大家似乎都是受害方。"

胡厚崑说，华为未来将面向消费者市场，聚焦家居、办公、出行、运动健康和影音娱乐五大高频应用场景，打造无缝、智慧化体验。为此，华为会在鸿蒙、HMS和AI三个方面持续投入。

在年报发布会上，胡厚崑表示，下一步华为业务战略方向不会变，仍坚持两个聚焦：一是聚焦消费者业务，二是聚焦ICT产业。华为公司2020年年报中也强调，要保持定力，持续聚焦ICT基础设施和智能终端，有所为，有所不为，以优质的产品与服务持续为客户创造价值。

演讲最后，胡厚崑指出："2021年是机会和挑战并存的一年，一方面看到了社会数字化的机会，另外也认识到前进道路上有这样那样的障碍和困难。但不管怎么样，华为的战略要保持定力，把自己的事情做好，华为这样创新的企业在人类社会的创新中，是有价值的。"

资料来源：每日经济新闻．挺过最艰难的2020年：华为下一步会怎么走？[EB/OL]. https://baijiahao.baidu.com/s?id=1695765938626713837&wfr=spider&for=pc

任何领导活动都是在特定的环境中展开的，不可能存在脱离特定环境的领导活动。无论是政府机构的官员、高等学校的校长、大中型企业的高层管理者乃至基层社团的负责人，他们的工作场所和面对的环境均存在很大的差异，所面临的问题和任务也是千差万别。领导环境对于领导活动所产生的影响必然成为领导科学研究的主要研究领域。

第一节　领导环境概述

任何组织活动的开展都必须在特定的环境中进行，环境的特点及其变化必然制约和影响着组织活动方向和内容的选择，领导活动也是如此。领导研究无法脱离环境因素，否则无法正确分辨领导活动之间的区别。

一、领导环境的界定

环境的一般定义是从空间方面划定所描述事物范围的大小，如自然环境、社会环境等。此外，环境也常用于泛指组织周围的境况，被称为环绕所辖的区域，如《元史·余阙传》中所说："环境筑堡寨，选精甲外悍，而耕稼于中。"①

在领导过程中，领导环境被定义为所有直接或间接参与并影响领导行为或领导过程、制约和推动领导活动展开的各种因素的总和。

从环境的内涵来看，领导环境有狭义和广义之分。狭义上看，领导环境是指与领导活动及领导过程直接关联并发生作用的组织内部各种组织要素的总和，包括领导者、被领导者、组织性质和组织文化等对领导活动的产生和发展有直接影响的诸多方面。

对组织的领导活动而言，环境还要包括影响领导行为模式的社会氛围和政治、经济、文化和自然等外在要素。广义的领导环境指制约或推动领导活动展开的各种自然要素和社会要素的总和，即包含影响领导行为模式及作用效果的政治、经济、文化、法律、科学技术和自然要素等组织内、外各种因素和条件的全体因素之和。领导环境反映出领导活动所依存的自然状态和社会状态。

理解领导环境的含义应当注意以下方面：

（1）领导环境包括影响领导活动的所有内部和外部因素，主要指影响领导活动的各种因素的总和。

（2）领导环境是由各种环境要素组成的复杂系统，各要素之间相互作用并相互影响，共同构成了领导活动的背景条件。

（3）领导环境与一般环境不同，既有联系又有区别。一般环境可以理解为客观世界，包括所有的社会和自然因素；领导环境则强调客观环境中对领导活动发生直接或间接影响的各种因素的总和。一般环境强调普遍性；领导环境具有相对特定性，领导环境存在于一般环境中。

【学习卡片】

一个不断取得成功的领导者，其天才之处在于能感知环境的变化。

——组织发展理论创始人 沃伦·本尼斯

二、领导环境的特点

领导环境既有一般环境的特点，也有其自身独特的内涵。充分认识领导环

① 辞海编辑委员会. 辞海[M]. 上海：上海辞书出版社，1979：1204.

境的特点，有助于领导者全面、准确地把握领导过程的发展方向，取得良好的领导成效。领导环境的特点如下。

（一）客观性

领导环境是客观存在的，是领导作用发挥的前提。领导者应当从实际环境出发，客观并且科学地分析环境中的具体因素，从领导决策、领导行为方式、领导过程的组织和领导成效等方面尽可能符合环境的客观要求，借助组织成员的主观努力，积极创设有利条件，以达成领导目标。

（二）动态性

事物总是处于发展变化之中。领导环境也随着时间、空间以及其他因素的变化而处于不断的发展变化过程之中。社会经济发展的不同时期、组织不同的发展阶段、目标战略等也总是处于动态变化之中，这给领导活动带来了很大的外在不确定性和内在发展的未知性，形成了对领导活动的方式及过程的挑战。有效的领导者可以借助于对形势的预测以了解现实环境发展的趋势，把握环境因素的变化规律，以不断适应的方式去迎合环境的变化，主动去发现机会、争取主动。

（三）复杂性

构成领导环境的各种因素多种多样，相互交织，相互联系，相互制约，其中某一因素的变化可能会引起一系列环境因素的变化，导致环境状况错综复杂。即使在相同的环境中，不同的领导者或领导方式往往会带来截然不同的领导结果。这种特性要求领导者必须全面了解和把握影响领导活动的各种环境因素，研究它们之间的关系结构和现实状况，发现其中的运行规律，为领导活动的开展寻找适宜的条件和机遇，以实现领导成效，达成组织目标。

三、领导环境的分类

领导环境由多种因素构成，并且按照不同组合方式形成各不相同的系统，在社会活动中发挥不同作用，因此被研究者归纳为不同的领导环境类型，以便于区分和识别。关于领导环境的类型有不同的观点，综合各种观点，领导环境包括以下类型：

第一，按照环境的基本性质进行划分，领导环境分为自然环境和社会环境两类。自然环境是指领导活动的进行所依赖的各种自然条件和自然因素的总和，包括地理环境、气象环境、生态环境和自然资源等。社会环境是指领导活动所依赖的社会条件和社会因素的总和，包括政治环境、经济环境、文化环境、历史环境、教育环境和科技环境等。

第二，按照对领导活动的影响效果划分，领导环境有顺境、逆境和沌境三种。

顺境是指有助于领导活动正常、高效进行、有利于实现组织目标的客观环境。逆境是指不利于领导活动的进行、不利于实现组织目标的客观环境。沌境是指对领导活动不产生良好影响或者产生不良影响的客观环境。这三种环境都有客观渊源和主观渊源,但主要是客观上对领导活动造成的积极或消极的影响。

第三,从领导者的主观能动性方面划分,领导环境分为可控环境、部分可控环境、不可控环境和失控环境等四种状况。根据领导者所处环境,描述领导者的权力行使、组织监控和局势掌握等方面涉及领导主观能动性发挥的各种不同现状,便于比较不同领导手段、方式及领导的效果。

第四,按照领导微观环境的内容构成划分,领导环境分为物质环境、关系环境、机构环境、制度性环境和决策体制环境等。物质环境是领导活动开展的物质基础和基本条件,指为领导活动的开展提供必要的场地、处所和办公用具等。关系环境具体体现为领导关系。领导关系是领导者和被领导者之间所形成的工作和非工作关系的总和。领导关系是通过权力行使而形成的特殊的多角度、多层次的社会关系,会对领导活动产生广泛的重要影响,因此关系环境是领导研究的重要内容。机构环境是指领导活动发生的组织机构系统。机构环境是领导活动发生的组织系统构成及各部分相互关系和运作模式的集中体现,是领导活动的组织基础和运作空间环境因素。制度性环境是由组织性质决定的、各种具体制度构成的规范结构和规范基础之和。不同层面的制度导致领导活动具有不同的内涵和活动特点,会产生不同的影响和作用。决策体制环境是制度性环境的组成部分。决策体制是组织决策系统的制度性总和。决策作为领导过程中的关键环节,决策体制环境通过规范、约束决策过程与决策活动对领导环境施加直接的影响,对领导活动、领导绩效的提升发挥着极为关键的作用。

第五,按照组织边界划分,领导环境可以分为内部环境和外部环境。内部环境包括与领导活动直接相关的物质环境和文化环境。物质环境涉及组织内部各种资源拥有和利用的情况;文化环境则是指领导者和被领导者相互作用的行为方式及被组织成员共同接受的信仰、价值观念及行为准则等内容。外部环境则包含组织边界之外的介入组织领导过程或对领导活动产生影响的各种因素,包括政治、社会、经济、技术和自然等方面。外部环境的各种要素对组织中的领导活动的影响方式有直接和间接的差异,程度各不相同,但外部环境具有作用于领导活动的相对特定性。

上述各种环境是领导环境的基本形态和主要构成,对于具体认识和把握领导环境有非常重要的意义。不同的环境在领导实践中对于领导者及领导活动常常具有决定性的作用,是领导活动开展的基本条件和前提。

四、研究领导环境的意义

环境条件决定了领导活动的成效。领导者所进行的活动无不是在由经济、社会、政治、法律及技术等要素组成的开放系统中进行的。脱离社会环境的领导活动是不切实际的,也将无法实现预定的目标。因此,领导者在任何时候都要考虑环境对领导活动可能造成的影响和制约,无视环境约束甚至与环境对抗的领导行为必然遭到失败。环境构成了领导活动中不可或缺的重要因素,是领导活动的客观基础,研究领导环境对于提高领导效能具有十分重要的意义。

(一)正确认识和把握领导环境是领导活动开展的客观前提

领导环境作为独立于领导者的客观存在,有其自身运动和发展的规律,不以人的主观意志为转移。现代社会中,任何组织都是开放的系统,领导活动的开展不仅要受到内部环境的制约还要受到外部环境的影响,它们共同构成领导活动的环境条件,为领导者开展领导活动提供了舞台。由于客观环境复杂多变,因此对环境的认识应当是全方位和多角度的。领导者对环境的认识和把握决定了领导活动的决策和实施,因此,正确分析客观环境的基本类别、特点和发展变化趋势,充分预测环境对领导活动的影响,是进行领导活动的前提。

(二)有助于领导者积极适应和利用环境,提高领导效能

客观环境的变化和发展,为组织开展各种活动提供了有利的机遇和发展的空间,同时也带来了各种威胁和挑战。有利的领导环境有助于领导活动的开展,能促进领导效能的提高;不利的领导环境则会阻碍领导活动的开展,并最终影响领导活动的效能。因此,我们应认真研究领导环境,认清和把握领导者、被领导者同领导环境之间的关系,主动适应环境发展的趋势,顺应环境的客观要求,发现并利用有利因素,努力提高领导效能。许多成功的领导者正是在充分利用环境的基础上取得了领导活动的成功。

(三)有助于认清环境形势,为创造良性的领导环境创造条件

按照认识论的基本原理,在人类社会发展过程中,人们不仅仅要认识环境,适应环境,而且还能够改变环境。人的主观能动性决定了领导活动作为社会活动的重要内容,不仅要适应社会环境的变化,同时领导活动的开展也会影响环境甚至改变环境。领导活动和领导环境之间相互影响、相互制约,一方面,领导环境是领导系统生存和发展必不可少的条件;另一方面,领导系统反过来影响和推进社会的发展,形成环境的改变。因此,正确认识领导环境对领导活动的影响,分清领导环境的优与劣,才能正确地选择改造自然、改造社会的途径和方法。

（四）领导环境是领导者发挥领导艺术的客观基础

领导者作为领导活动的主体，运用自身的预测和决断能力，根据环境的特点，努力克服环境中的不利因素和消极影响，积极应对、主动适应环境，利用并调动环境中的积极因素并努力采取措施发挥积极作用。高水平的领导者可以充分发挥其领导特长，运用领导艺术，巧妙地化解危机，创造有利的环境，争取发展的主动。因此，领导环境成为领导者的活动舞台，成为检验领导水平和艺术的试金石。

总之，只有正确地认识并把握领导环境，针对环境的特点开展领导活动，领导者才能取得理想的领导成效。

第二节　领导环境的构成

环境是一个极其复杂的系统，涵盖了社会生活中的各个方面。组织作为开放系统，必须在组织内部以及外部都发生信息与物质的交换，即受到来自组织内部和外部环境的影响。领导活动作为社会活动的组成部分，因此，也必然受到社会环境各因素的影响和制约。由于领导活动的特点，影响领导活动的环境因素是有边界、有范围和有层次的。为了更好地了解领导环境的构成，现将领导环境分为相互关联的几个层面并对其构成进行深入分析。

按照由外到内的思路和组织边界，将领导环境分为组织外部环境和内部环境，其中外部环境对领导活动产生直接或间接影响，而内部环境则成为领导活动发生的重要条件。

一、领导的外部环境

领导活动的顺利开展取决于领导者能否全面客观地分析和掌握外部环境的变化并及时做出决策。领导的外部环境是推动或限制领导活动开展的各种自然要素和社会要素的组合，包括自然因素、政治因素、经济因素、社会文化因素、教育因素和科学技术因素等方面。

（一）自然因素

自然因素主要反映在组织所处的地理位置、人口及资源状况等方面。不同的地理位置会有着不同的政治、经济、文化和军事等传统条件，构成了不同的领导环境。我国东南沿海、西北内陆、华北平原和西南地区等不同的地域环境中，领导环境各不相同。其中，人口数量和人口密度对领导工作有着直接的影响。如今，以发展经济为中心的领导者不仅要对人口增长的速度进行控制，还要解决由人口数量多、人口密度大所派生出来的衣、食、住、行、资源配置和社会稳定等一系列问题。资源状况形成了领导活动开展的物质基础，决定了领导活动的投入状况，直接影响到领导活动的开展和成效。

（二）政治因素

政治因素涉及政治制度、政党制度、政局的稳定、法律制度、政府的政策以及公众的政治倾向等，对于领导活动有着极其重要的影响。领导活动总是与国家的政治传统、政治体制和政治权力结构紧密相连。国家政治法律决定和制约着领导活动，组织所采取的领导体制及其领导文化观念无不受到宏观政治的影响，同时组织内部的领导变革必须在政治权力所允许的限度之内。政府的法律法规在对组织活动的开展形成相应限制的同时，也为领导活动的开展产生着积极的影响和指导。政府有关对经济干预的政策和手段是政治因素中的重要组成部分。对于企业而言，政府如果采用宏观调控手段以及宽松的经济政策，市场与企业的发展环境也就会宽松；如果政府采取管制措施或过多的微观干预，领导者能够展开活动的环境也就非常有限。

（三）经济因素

经济因素是由社会生产力和生产关系的状况决定的，涉及国民经济发展状况、市场需求、经济体制、经济政策、居民收入和消费水平、就业状况等。不同地区之间生产力水平的差异导致经济环境存在差异。经济基础决定上层建筑，经济环境对领导活动发挥着决定性的影响，领导活动不可能超越所处的经济条件。经济发展水平较高的地方，领导者所赖以凭借的物质技术基础就强。因此，领导者在领导工作中的空间会更广阔，领导者的权威会相应增强，领导者对被领导者的影响方式和手段就会更多、更灵活，领导者的工作效能就会提高。反之，领导者的效能则会较低。

（四）社会文化因素

社会文化是人们价值观、思想、态度和社会行为的综合体，具体表现为不同的国家往往具有不同的民族特征、价值观念、生活方式、风俗习惯、宗教信仰、伦理道德、教育水平和语言文字等。文化因素强烈地影响着领导行为。不同的组织为此赋予了不同的价值观和组织文化，领导活动更明显地表现出这一点。现实中不同政党的领导者通常以独立的政治主张号召、组织成员，以独特的价值观和文化视角进行领导决策，并指导和组织领导活动的开展。同时，不同政党领导关系的形成也要受到组织成员所在社会阶层的价值观念、生活态度和社会准则等方面的制约。

在社会经济生活日趋全球化、各种文化充分交融的今天，世界各国都或多或少地都会受到外来文化的影响和冲击，尤其是对那些处于开放的、转轨时期的发展中国家，外来文化的影响已经成为影响领导生活的重要方面。

（五）教育因素

社会的发展进入到知识经济时代，教育成为衡量一个国家和地区社会经济发展的重要标志。国外学者法默尔和里奇曼指出："组织机构的品质与效率在很大程度上取决于组织机构成员的整体素质，因此一个国家教育的性质与质量是决定其管理者业绩水平的关键因素。"组织活动的效率取决于组织成员接受教育的程度，同样，领导者受教育的程度对领导行为的影响也是非常明显的。相比较而言，接受高等教育并参加系统培训的领导者更有远见卓识，能够高瞻远瞩，并借助自身掌握的知识和技能，有效地开展决策、授权和沟通等活动，高效地履行领导职责。特别是当面对新形势、新问题和新挑战时，他们往往表现得更加富有创造性，能够带领组织成员努力工作，实现组织目标。

（六）技术因素

科学技术发展的水平、现实科技的应用手段、科技的创新能力等在现代社会中的作用和影响越来越重要，它不仅改变了传统组织间的关系以及市场竞争规则，而且正在从根本上改变以官僚制为基础的传统组织模式和管理模式。科技发展的今天，无论是国家的领导体制、领导结构和领导职能，还是组织的领导者、被领导者，都要面临新的挑战和选择。

补充材料

埃默里和特里斯特组织环境研究

埃默里（Emery）和特里斯特（Trist）对组织的外部环境进行了长期的研究，他们把组织面临的环境分为四种类型：平静而又随机式的环境、平静而簇式的环境、互相反应式动荡的环境和全面动荡式的环境。企业领导者应根据不同类型的环境特征选择有效的领导行为和方式。

外部环境的类型与特点

环境的类型	特点
平静而又随机式的环境	环境简单且平静 环境对组织的影响最小 单个的小型组织存在于其中

续表

环境的类型	特点
平静而簇式的环境	环境变化不快,可以对因果关系进行概率估计 组织形成等级层次并实行集权化控制
互相反应式动荡的环境	存在许多相似的组织 必须不断变化且非常混乱
全面动荡式的环境	对内部组织和管理的影响很大 组织高度依赖其研究与开发工作,以适应竞争的挑战

资料来源:韩永学.深层管理学[M].哈尔滨:哈尔滨地图出版社,2005.

二、领导的内部环境

领导的内部环境是指组织内部对领导活动产生制约或推动作用的因素总和。组织的内部环境或条件是组织开展活动的基础,是领导者制定目标和战略的出发点和基本依据。领导者对企业内部环境的分析,在于了解组织内部的状况,明确组织的优势和问题,以便针对性地进行领导决策,制定领导战略,确保领导目标的实现。领导内部环境因素包括以下方面。

(一)组织的性质

组织的性质决定了组织结构的基本框架,决定了组织内部权力的划分。政党和企业的领导者通常被赋予不同的权限,在组织中扮演着截然不同的角色。组织的性质还可以通过组织内部的分工与协作关系反映出来,即领导关系的具体形式和领导方式的选择。如军队的领导者与研究院的领导者与其下属的关系同样也存在很大的差别,前者是等级森严、令行禁止与绝对服从,而后者往往是平等民主、协商合作与参与式并存。

(二)组织文化

组织文化是影响或决定组织成员行为方式和倾向的价值观念和行为准则的总和。组织在成长发展过程中都会逐渐形成特有的组织文化,组织的创立者以及后来领导者的价值观念及领导风格对组织文化的形成会产生重要的影响。组织文化为组织成员提供了明确的价值观,确定了基本的行为准则。组织中每一个成员,无论他是领导者还是被领导者,在领导活动中无疑会在价值观念、行为方式以及人际关系模式等方面受到该组织文化的影响,因而形成不同的领导观念、领导行为和领导风格。

(三)领导者

领导作为一个过程,领导者和被领导者在特定的环境中实现动态的相互影响。由于领导者是领导活动中的主体，因此领导者成为内部环境的一个重要方面。领导者的价值观、行为方式和领导风格等决定了组织目标的确定、组织文化的形成和发展，决定了组织中各种关系、领导方式的选择和领导工作的成效。领导过程实际上是领导者将自身的特质和组织特征进行有效的结合、对组织领导活动产生直接的影响以实现领导活动的协调和稳步发展的过程。许多成功的领导者，通常具有很强的环境适应能力，能根据环境的要求及时调整自己的状态以满足领导环境对自身素质的要求，从而将最大限度地发挥自身作用，以获得比较满意的领导效果。

【学习卡片】

数字领导力(digital leadership)是一种在数字科技时代下，个人或组织应具备的能力，旨在充分发挥数字思维，运用数字洞察力、数字决策力、数字执行力和数字引导力实现目标。

人机协同领导力(human-machine collaboration leadership)是领导者与AI技术协同工作，领导者充分整合AI技术，并与之协同工作实现更好的组织决策和创新。这种应用方式不仅是技术工具的使用，更是对领导力角色的深刻转变。

（四）被领导者

领导过程是领导者和被领导者相互作用的过程。领导者效能的发挥与被领导者有着直接的关系，领导活动的目标是否能实现有赖于被领导者能否领会并有效执行领导决策。不同组织中，被领导者在年龄、受教育程度、业务技能水平、工作经验和个人素质等方面存在较大的差异，这些因素在很大程度上影响着领导决策的贯彻和执行，直接关系到领导成效的实现。

（五）组织条件

组织条件包括组织的物质基础和制度现状。物质基础是领导工作开展的基础条件。组织的物质基础不同，表现为领导者掌握的物质资源的差异，导致领导活动开展的条件和方式也不同。组织的物质基础较好，就会为领导者在研究开发、吸引人才、组织变革等方面提供有力的支持，有利于组织采取积极有效的手段调动员工的积极性，实现组织的目标。制度现状主要表现在组织规章、纪律和奖惩、上下级关系、工作规范等方面。这些构成了领导活动有效开展的制度条件，可以达成领导者和被领导者之间的行为规范和有效协调，保证领导活动过程的顺利开展，确保领导目标的实现。

补充材料

放弃昨天，是变革的第一原则！

在我们现今所处的动荡不安的巨变时代，变革是常态。说真的，变革是痛苦和冒险的，尤有甚者，变革要下很多苦功夫。但是，除非一个组织认定主导变革是它的任务，否则这个组织就不可能幸免。在一个结构变迁一日千里的时代，唯一能存活的只有能领导变革的人。

放弃昨天是变革的第一原则。"要放弃什么"和"如何放弃"必须有系统地进行。不然它们永远会被搁置下来，因为它们从来不是受欢迎的政策。下面是一个成功的例子：

一家颇具规模的外包服务公司，从上到下，每个管理层，每月的第一个星期都用来开"放弃"的会议。在每次会议中，检讨企业的某个部分，比如：第一个月，检讨某一种服务；第二个月，检讨业务涵盖的地区；第三个月，检讨某种服务组织的方式；一年内，这个公司把自己从头到脚检讨一遍，包括人事政策。一年内，差不多有三四个重大的决策是关于应该"放弃什么样的服务"，而有2倍的决策是关于"方法上应该怎么改变"。同时，每一年由这些会议中也产生了三五个新主意。

所有关于变革的决定——不管是要放弃什么，怎么样放弃，要从事哪些新的服务，每个月都告知所有管理层的人。而一年两次，所有管理层要提出报告，说明会后已经采取了什么行动，变革的结果如何。自从这个公司从八九年前开始如此有系统地放弃以后，增长达4倍之多(剔除通货膨胀因素后)。至少有一半可以归功于有系统的放弃政策。

资料来源：德鲁克. 21世纪的管理挑战[M]. 北京：机械工业出版社，2009.

第三节　领导环境与领导活动的相互影响

任何组织都是开放的系统。领导活动是在开放系统中进行的，不仅受到环境的制约和影响，也反过来作用于环境，形成领导环境与领导活动的相互影响。

一、领导环境对领导活动的影响

领导环境对领导活动的影响是显而易见的。外部环境对组织发展与成长产生压力，成为组织通过发展寻求变革的原动力。市场竞争的程度日益加剧、政府政策的倡导与约束、同类组织的扩张和外延、文化的交融和差异等，都会迫使组织领导者充分考虑环境的变化，通过积极有效的变革组织的领导体制和领导方式等措施实现组织的正常发展。

领导环境作为决定领导有效程度的重要变量，对领导活动的影响可以分为积极和消极两个方面，主要表现如下。

（一）领导环境为领导活动的开展提供资源

领导活动的开展离不开人、财、物、信息等各种资源。组织环境确保组织资源的投入，使得领导活动得以顺利开展。领导活动的输入不仅包括各种自然资源、人力资源和财力资源等有形资源，还包括各种无形资源，如政策、法律、文化教育和科学技术等。各种资源构成了组织领导活动的必要条件。离开了这些资源，组织工作将无从开始。

领导过程实际上是在资源输入和限制的平衡中开展的。领导环境也为领导活动的开展形成了种种限制。资源稀缺性导致组织在开展活动时总是受到种种客观条件的限制，如自然资源的缺乏、国家政策的限制与规范要求、核心骨干员工的流失、员工素质低造成工作失误并带来损失、领导者的选拔手段落后等都会形成对领导活动开展的约束。

（二）领导环境为领导关系的形成提供框架

当获得了必要的资源之后，领导者还要确立领导者与被领导者之间的关系，以使组织活动能够井然有序、有条不紊地开展。社会的道德规范、价值观和文化传统等在很大程度上对组织中人与人关系的确定、领导者与被领导者关系的形成发挥了重要的支持作用，提供了基本的框架。不同社会关系下，组织中的领导关系通常表现为不同的特点，也影响组织中领导的职能。例如，美国企业的管理特点与日本企业的管理特点截然不同，突出个人英雄主义与强调集体观念的不同企业文化导致领导者与员工之间的关系也表现出巨大的反差，形成了完全不同的领导方式。

外部环境为领导关系的确立形成了客观约束。国家的政治制度、政党制度等会影响到领导的性质和领导体制的建立，规定了组织中领导活动的活动路径和发展态势，也就形成了对领导关系的客观制约和限定。如美国政府实行的三权分立制度，不仅表现在国家领导权力的划分上，同时领导体制也同样实行分权管理的方式，以保证公平和公正。

（三）领导环境为领导成效的实现提供保障

任何组织开展活动，都必须建立在特定的条件和基础之上。领导活动的最终目的是达成领导成效，实现预定目标。领导成效取决于领导者、被领导者与领导环境的相互作用。环境为领导活动的开展提供了基本的条件和空间，为领导者和被领导者的相互作用提供了物质和组织的保障。领导环境的变化必然会对领导活动提出新的要求和条件,领导活动的职能也必然会随之发生变化。领导职能的实现,也必须适应领导环境的支持条件以及当时的价值观系统。领导环境影响领导活动的过程和领导方法的选择。从外部环境中选择各种急需的资源,并按照特定的程序进行有效转换成为输出,在这个过程中,外部环境和内部条件发挥了重要作用。组织的规章制度、组织文化、内部关系和组织结构等综合到一起,共同作用,相互支持,保证了组织领导活动的顺利开展,实现了领导成效。

同时,环境也为领导成效的实现添置了障碍。外部环境中法律、文化和科学技术发展等因素实际上形成了客观条件的限定,组织的性质、发展历史、资源状况和经济实力等在形成领导活动条件的同时,也形成了现实的限制和发展过程中的实际障碍,也会对领导活动的开展产生不利影响。

(四)领导环境为领导者提供发展的舞台

领导者作为领导活动的主体,其作用的实现对领导职能的实现有着重要的作用。组织外部环境和内部环境的共同作用为领导者赋予权力、授予职能,提供了施展领导者个人能力的空间。组织通过职位或职务明确领导者职责,授予领导者特定的权限,以指挥、率领、调动和激励被领导者开展工作,只有这样才能使得领导者自身的特长得到发挥。不同的领导环境,领导者采用的领导方式和手段也各有不同。

环境条件在实现对领导者支持的同时,也为领导者才能的发挥限定了范围。不利的环境可能会削弱领导者的权力,从客观上限定领导者能力发挥的空间。各种困难和挫折不断考验着领导者的胆识和魄力,组织的生存和发展无时无刻不在增加着领导者的压力。

(五)领导环境的变化促使领导变革的产生

特定时期的领导环境决定着领导变革的限度。国家政治体制改革会影响国家乃至地方政府机构的变化和政治体制的完善。经济体制改革带动经济发展,对各种类型的经济组织、特别是企业产生推动作用,导致企业领导体制的根本变革。我国企业从计划经济转向市场经济,导致企业领导方式发生了根本性的变化,从传统的集中管理模式转向了现代分权式管理,变革导致组织领导者必须采取积极的措施以适应发展的需要。越来越多的员工成为管理者和领导者,民主化的领导方式成为通用方式,多样化的领导手段被积极采用,多种领导实践,如变革型领导、交易型领导和魅力型领导等纷纷出现,这些都标志着领导变革在推动领导活动的发展。

领导环境和领导职能的变化是确定需要什么样的领导活动的最根本的依据。例如,在未来社会,环境保护问题、组织的变革、价值观念的转变、科技的迅速发

者面临的新现实见表5-1。

表5-1　领导的新现实

旧模式	新模式
工业时代	信息时代
稳　定	变　化
控　制	授　权
竞　争	合　作
事　务	人和关系
一　致	多样化

资料来源：达夫特.领导学：原理与实践[M].杨斌，译.北京：机械工业出版社，2005.

环境的发展和变化导致组织不得不适应环境。由于客观环境是复杂多变的，因此对环境的认识必须是全方位、多角度的。而对环境的认识程度，是由领导者的认识能力和水平决定的。所以，把握领导环境的关键因素在于提高领导者的认识能力。如果领导者不能充分认识环境的类别、特点、变化规律及其对领导活动的影响，不能综合分析、研究客观环境的发展趋势，那么他就不可能牢固树立环境意识，自觉而深刻地认识客观环境，取得良好的领导效能，促进事业的发展。因此，领导者要按认识论的规律在实践中主动、积极地认识环境。

对领导者而言，领导者在领导环境分析中发挥了重要作用。领导者在领导环境中如果无能为力、无所作为，就不可能成为真正的领导主体。

领导者要对改造领导环境的艰巨性和复杂性有充分的估计。一方面，改造领导环境的工程浩大，单纯依靠领导者个人难以实现。因此，领导者必须要善于组织集体力量和智慧解决环境问题，使领导环境得到改造和优化；另一方面，改造领导环境是一个漫长的过程，需要循序渐进，逐步实现。因此，领导者在改造领导环境的过程中，要做到大处着眼、小处着手、先易后难、逐步推进。

课程思政学习专题

增强忧患意识　坚持底线思维

“于安思危，于治忧乱。”党的二十大报告提出：“我们必须增强忧患意识，坚持底线思维，做到居安思危、未雨绸缪，准备经受风高浪急甚至惊涛骇浪的重大考验。”一以贯之增强忧患意识，坚持底线思维，主动识变应变求变，主动防范化解风险，这是新时代全面建设社会主义现代化国家，全面推进中华民族伟大复兴的必然要求。

“生于忧患，死于安乐。”我们党在内忧外患中诞生，在磨难挫折中成长，在战胜风险挑战中壮大，始终有着强烈的忧患意识。党的百年奋斗历程表明，忧患意识越强烈，底线思维越牢固，就越能有效预判和防范可能出现的困难挑战，不论是在承平时期还是在危难关头，都牢牢把握历史主动。1945 年，面对抗日战争即将胜利的形势，毛泽东同志告诫全党“要在最坏的可能性上建立我们的政策”。党的十八大以来，习近平总书记反复强调“增强忧患意识、居安思危”，形象地说：“木桶有短板就装不满水，但木桶底板有洞就装不了水。我们既要善于补齐短板，更要注重加固底板。”增强忧患意识，坚持底线思维，防范和化解各种重大风险，就是补短板、固底板。面对风高浪急甚至惊涛骇浪的风险挑战，以习近平同志为核心的党中央团结带领全党全国各族人民增强忧患意识，坚持底线思维，迎难而上、砥砺前行，攻克了许多长期没有解决的难题，办成了许多事关长远的大事要事，经受住了来自政治、经济、意识形态、自然界等方面的风险挑战考验。

前进道路上，一些深层次矛盾躲不开、绕不过。各种矛盾风险挑战源、各类矛盾风险挑战点相互交织、相互作用。如果防范不及、应对不力，就会导致各种风险传导、叠加、演变、升级。越是在这样的形势下，越要增强忧患意识、坚持底线思维。要认识到，这是我国由大向强发展进程中无法回避的挑战。必须知危图安，及时阻断不同领域风险的转化通道，防范各类风险挑战内外联动、累积叠加，重点防控那些可能迟滞或中断中华民族伟大复兴进程的全局性风险，全力战胜前进道路上各种困难和挑战。

资料来源：罗宗毅. 增强忧患意识 坚持底线思维[N]. 人民日报，2023-03-22.

本章小结

领导环境是制约或推动领导活动展开的各种自然要素和社会要素的组合，包括影响领导行为模式及作用效果的政治、经济、文化、法律、科学技术和自然要素等组织内、外各种因素和条件的总称。领导环境的特点包括客观性、动态性和复杂性。按照组织边界，将领导环境分为组织外部环境和内部环境。外部环境是推动或限制领导活动开展的各种自然要素和社会要素的组合，包括自然因素、政治因素、经济因素、社会文化因素、教育因素和科学技术等方面。领导的内部环境是指组织内部各种对领导活动产生制约或推动作用的因素的总和,包括组织的性质、组织文化、领导者、被领导者和组织条件。领导环境作为决定领导有效性的重要变量,对领导活动的影响可以分为积极和消极两个方面,主要表现为领导环境为领导活动的开展提供资源,为领导关系的形成提供框架,为领导成效的实现提供保障,为领导者提供发展的舞台,领导环境的变化促使领导变革的产生。同时领导活动对领导环境也存在反作用,领导者可以对领导环境加以有效利用和改造。

思考题

1. 什么是领导环境?领导环境的构成包括哪些方面?
2. 领导环境的特点是什么?
3. 领导活动与领导环境之间是如何相互影响和相互作用的?

教学实训

一、背景资料

丰田开启新一轮组织大变革

当丰田拥有空前的1 000万台年销量时,公司决策层所想到的,却是全面的变革。方向就是打破科层制,走向以产品为单位、面向市场的独立运营,将丰田“做小”。

1. 丰田三年必求变

曾经创造和引领了人类工业文明第二次生产方式革命的丰田汽车,在看似尚无必要时,却坚决地开启了组织架构的又一次重大变革。

2016年1月,丰田汽车公司确定将按照车型分类,进行组织机构改革。迄今为止,丰田始终是按照发达国家与新兴国家为中心进行区域划分的。2013年4月,丰田刚将汽车事业分为几个商业板块(BU),包括北美、欧洲和日本等地区为“第一丰田”,中国、亚洲和南美等地区为“第二丰田”,高级车型“国际雷克萨斯”以及零部件等相关的“单元中心”。仅仅3年后,始终以生产“具有国际竞争力的汽车"为目标的丰田,却要将自身变为以产品为基准,各产品各自负责组织、开发、生产和销售,从而致力于增强灵活性与竞争力。该项改革将从4月开始实施。

丰田认为,如果希望各板块按照最适合的商业模式寻求有效的执行力,那么将各板块套用同一种机制,就会过于臃肿。因此在新型的组织机构改革中,丰田探讨按照汽车种类分为:小型车、中型车、商用车和更高端的"雷克萨斯"的新方案。变革的目的是使各机构拥有不同的权限,力图打造能够将现场的决策意图迅速贯彻实施的独具魅力的汽车制造方式。

为此,丰田引进了被称为"TNGA(Toyota New Global Architecture)"的新理念。在2015年12月开始销售的新型普锐斯系列上,丰田首次采用了这种新方式,开始重新审视汽车设计。该方式尝试将汽车车型零部件通用化,并采取了相应的事业管理。丰田按照汽车车型分类的目的是为了提高车辆底盘等一体开发的性能。同时,针对使用相同底盘的不同车型的开发、调试、生产也在同步推进。

而这一切,都是在目前丰田全球销售量已超过1 000万台的情况下发生的。这绝对是一个不得了的数字,甚至在百年汽车历史中亘古未有。这意味着,此前从没有一个汽车生产厂家具备销售和管理1 000万台汽车的操作能力。丰田意识到,达到新的高峰,本身就意味着必须变革。

2. 一成不变,就是罪大恶极

丰田进行组织机构改革,并非稀奇之事。在丰田内部流行一句话:"如果三年内毫无改善,公司就一定会垮掉"。因此在过去二十几年里,丰田一直在变。

1990年,丰田进行了组织机构改革。随后在经济泡沫破裂的1992年,丰田将技术部门分为四个开发中心进行分编重组,就是各中心各自设立自己的标准规范、整体设计、车体设计、底盘设计、传送装置设计、实验/试制的部分设计以及内部管理体制。

正是本着"一成不变,就是罪大恶极"的想法,丰田确立了经常不断进行改善的企业文化。虽说大刀阔斧的改革比较少,然而丰田始终坚持从身边的问题着手,看似笨拙却脚踏实地、勤勤恳恳地一步一个脚印持续前进。如今,丰田创造了有史以来最高的利润。这次丰田选择了在自己的鼎盛时期进行改革。

该清算"金字塔"架构了,因为真的很必要。在20世纪80年代末,丰田也在不知不觉间染上了大企业病。由于担心组织臃肿僵化,丰田相继采取了人事制度和开发体制的改革。1980年丰田员工总数为51 200人,三年后达到61 700人。在组织机构不断细分的同时,公司开始变得臃肿不堪。1989年,丰田针对公司所有部门进行组织机制、人事制度的彻底改革。在事务、技术部门引进了被称为"扁平化"的新型管理制度。

迄今为止，丰田所采用的是传统的“部、科、系”式金字塔形组织结构，成为支撑丰田发展的重要基础。然而，面对客户需求多样化等市场变化，丰田需要打造能够贯穿各种机制的业务系统，从而扩大提高创新能力的现实需求。金字塔形的组织机制越来越难以应对。

3. 为了“更小的丰田”

2013 年，丰田引进了 BU 体制，将汽车事业按地区划分为四个板块。新的组织机构下，各 BU 从开发到销售从头到尾负责，采购和生产等职能部门横跨各 BU 事业部。但事情并不那么简单。仅“第一丰田”所涉及的销售数量，就已经几乎相当于整个日产汽车公司！其组织机构规模庞大，可想而知。2016 年 4 月开始实行的新体制，重新确立了“小丰田掉头快”的思路，将供应等职能按照产品基准进行划分，按照产品群向类似于分公司模式的方向调整。

其实，丰田从 2014 年就尝试在一些部门开展了按照车型生产的组织调整尝试。在被称为“K 团队”的部门里，针对“凯美瑞”及类似的“阿瓦隆”等使用相同的“K 生产线”车型实行开发、供应、生产一气贯通式管理。此次机构改革，被看作是这种方式的拓展。

这次机构改革是丰田公司为了面向 10 年以致 20 年后的发展战略，以产品为基准的设计经过深思熟虑后，重建的组织机构。在“（年度销售）超过 600 万台的现状下，管理方式以及工作方法必须随之变更。如果任丰田历来的旧体制强行扩大，就会违背发展规律”。丰田高层深刻反思了雷曼事件以及大规模的召回问题所产生的经营危机，发表了以上言论。

几年前，丰田已经开始重新审视集团体制。2012 年，丰田将丰田车体变为全资子公司。同时将旧关东汽车工业等东北部三家公司进行整合，发展为 TMEJ。丰田车体主要负责迷你面包车和运动型多功能汽车（SUV）等。在丰田看来，完全子公司化符合自身的战略，有利于事业运营的小规模调整，提升了专业办事效率。这次丰田将按照地区划分改为按照商品种类区分，就是为了让丰田分解成为若干“更小型的丰田”，从而使得公司在年销售量超过 1 000 万台基础上，仍然能够持续增长。

4. 永远的危机感

变革已经开始。丰田在 1998 年将大发工业收为旗下子公司。今后，丰田对丰田、大发两个品牌的小型汽车事业和新兴国家事业，将以大发为主体推进。“丰田汽车擅长生产面向中产阶级以上人群的汽车，然而对于小型汽车还没有显示其存在感。”1 月 29 日，社长丰田章男直言不讳地说。此前，丰田虽然对在新兴国家发展小型汽车事业一直非常重视，但事实上，却始终难以攻破新兴国家市场，因此迫切需要重新构架战略。为此,丰田此次将以轻型汽车为中心的低成本小型车制造委托给擅长此领域的大发,并委派其作为从开发到供应、生产全部流程的事业主体。同时,丰田也明确了其他子公司的任务,并按照各公司擅长的事业领域,分别担任各自职责。

目前,丰田所做的一切变革,其背景都是基于社长丰田章男的一个判断:“拘泥于固有思维,就无法从国际竞争中胜出。”这是长青王者才特有的一种由衷的危机感。

资料来源:改编自高丹. 丰田开启新一轮组织大变革[J]. 中外管理,2016(4):60~63.

二、教学组织:

1. 学生上网查询丰田公司的相关资料。
2. 教师组织课堂讨论。

三、问题讨论:

1. 作为世界第一汽车生产企业,丰田公司为什么要进行组织变革?
2. 丰田公司的变革经历了怎样的发展过程?给予我们什么启示?

第三篇

实 践 篇

6

第六章

领导决策

学习目标

决策是领导的核心和灵魂，并且贯穿于领导过程之中。通过本章的学习，要求了解决策的含义、特征及类型，理解科学决策的原则，掌握科学决策的程序，熟悉领导决策的方法和艺术，从而提升领导工作的水平。

引导案例

埃及阿斯旺水坝决策

埃及阿斯旺水坝建设自1960年开始，历时10年，耗资9亿美元。水坝是集防洪、灌溉、航运、发电和渔业为一体的综合水利工程。水坝建成实现了预定目标，有效控制了尼罗河的水旱灾害，带来了大量廉价的电力，实现河水有效调节，储存了大量的水用于农田灌溉，促进了当地农业、旅游业和渔业发展。

决策在带来实现预定目标正面效果的同时，也存在各种负面效果。阿斯旺水坝建成破坏了尼罗河流域的生态平衡，带来了一系列严重的后果。由于尼罗河的泥沙和有机质沉淀到水库底部，水库蓄水量连年减少的同时也使尼罗河两岸的绿洲失去了肥源，导致土壤日益盐渍化，农田变得贫瘠；由于尼罗河河口供沙不足，河口三角洲平原向内陆收缩，使工厂、港口、国防工事有跌入地中海的危险；由于缺乏来自陆地的盐分和有机物，致使三角洲渔场沙丁鱼的年捕获量减少；由于大坝阻隔，使尼罗河下游的活水变成相对静止的“湖泊”，为血吸虫和疟蚊的繁殖提供了条件，致使水库区一带血吸虫病流行……由于阿斯旺水坝所带来的灾难性后果，后人称为：成功的工程，失败的决策。

决策是领导的核心职能。领导者的作用和地位在很大程度上是通过决策体现出来的。决策的正确与否,关系到领导活动的成败和全局利益。因此,决策是领导者在领导活动中最重要的活动。

第一节 决策概述

在各种各样的社会活动中,决策普遍存在。领导的基本任务和工作是决策,决策贯穿于领导过程之中。因此,了解决策的内涵对领导工作的开展具有重要作用。

一、决策的含义

在古汉语中,“决”的本义是决定、决断的意思,《三国志·蜀志·诸葛亮传》中“吾计决矣”表示决定已经做出。“策”则为计谋、策划,代表计划和打算。从领导科学角度看,决策的含义有狭义和广义之分。狭义决策就是做决定的意思,俗称拍板,即出主意、定方向、拟计划、拿办法,从两个以上的备选方案中选择一个的过程;广义决策是指领导者为了达到一定目标,在掌握充分的信息和对有关情况进行深刻分析的基础上,用科学的方法拟定并评估各种方案,从中选出合理方案的过程。

对于决策,许多学者提出了不同的看法,并有不同的表述。综合而言,决策通常包括以下内涵:

(一)决策具有明确的目标性

人类活动有着明确的目的性,因此任何决策都是为了达到既定的目标而做出的。没有目标就没有方向,决策也就无从谈起。从领导职能的角度出发,决策是一种以完全明确的目的和目标为核心的组织行为,即决策具有绝对明确的目的性,且这种目的性是领导工作本身所决定的。

(二)决策具有选择性

决策是在若干个备选方案中进行优化选择的过程,没有方案就无法决策。备选方案的选择不仅反映出领导者对领导环境中各种资源利用的程度不同、领导者的价值倾向不同、机会和压力不同,同时不同的方案也有可能带来完全不同的结果,对领导目标的实现可能产生推动或抑制作用。领导者要在多种方案中进行选择以追求目标最大化。在领导活动过程中,由于受到各种条件的限制,在许多因素难以确定的情况下,决策往往成为难度最大、主观性最强的关键性行动和过程。由于决策关系到组织活动的成败,因此决策过程成为领导工作中的关键。

（三）决策活动构成动态的过程

有效的决策不仅仅是简单的决定行为，决策实际上包括确定目标、拟订方案、评价方案和实施评估的全过程，具有准备、决断、实施和评估等具体步骤，构成一个动态的活动过程。

决策是集领导科学与领导艺术于一体的领导行为。决策要求领导者必须按照领导活动的客观原理和基本规律进行，同时也是领导者经验、知识和技巧充分发挥的过程。科学、正确的决策过程是理论同实践相结合、主观与客观相统一的活动形态，是科学和艺术具体转变为行为和现实的特定过程。因此，领导决策就是领导科学与领导艺术最精彩的行为展现过程。

（四）决策是由领导者或领导群体做出的

从领导者角度出发，决策是体现高度主观倾向性、价值观和世界观的领导行为。因此，决策者的能力素质和智慧素质就是最直接决定决策质量和水平的内在条件。领导者个人或群体素质将直接影响决策，它是科学、正确决策的内在基础或前提条件。受到各种因素的制约和影响，领导者在按照事物发展的客观规律、借助自身的经验、知识去判断并实施选择的过程中，其个人特征也在影响决策活动的进行。领导者个人或群体的思想、道德素质、教育程度、文化水平、生活经历和心理、身体等素质方面的差异形成了决策过程中的不同行为方式，导致了不同的决策结果。

二、决策的特征

领导者开展领导活动实际上是在进行一系列的决策活动。决策是领导者领导活动的中心环节，是每个领导者工作的重要组成部分。决策的特征主要表现在以下方面。

（一）决策具有广泛的普遍性

决策是领导活动中的重要内容。按照美国学者西蒙的观点，决策无处不在，无时不有。实际上，在社会活动的各个不同层面、不同领域或不同组织中，无论领导者还是被领导者，在领导活动中随时都会面临着不同的问题、方案和路径选择，解决问题、选择方案和实现有效的路径选择都离不开决策。

（二）决策具有明显的时效性

在决策过程中，时间是一项重要的制约条件。决策是在特定的时间和空间情况下，将组织发展的未来与组织的现状建立有机联系的预先谋划与决断，目的在于解决面临的问题，发现并把握发展的机会。因此必然受到时间的限制。一旦超过实际限制，情况发生变化，问题的性质和程度就会相应发生变化，机会可能会错过，再好的决策也不可能达到预定的目标。“时间就是金钱，效益就是生命”的提法非常形象地说明了这一点。

（三）决策具有经济合理性

决策过程中对备选方案的选择依据处处体现出经济合理的要求。受到成本费用的约束，领导者会在方案的收益和成本之间做出权衡，分析、比较、判断后进行选择。他们将决定执行某一行动方案而放弃其他方案，以谋求最大限度地实现组织目标和经济收益最大化。生产企业往往根据利润与成本的比较，选择不同的生产方案以实现价值最大化。

（四）决策具有相互关联性

任何决策不能脱离特定的环境条件而进行，必然受到来自客观环境各种因素的影响。决策的过程不仅有领导者参与，还包括被领导者；同时各种选择方案之间也会由于目标指向相同和环境条件相似，从而导致各种决策之间存在相互关联，产生或强或弱的影响。市场经济中商品零售商之间的价格战实际上是各商家价格决策相互作用和相互影响的结果。

（五）决策具有显著的动态性

事物都处于发展变化之中，组织也是如此。决策是在特定条件下做出的，是对组织未来活动的计划和安排。但随着时间的推移，各种环境条件也会相应地发生变化。对此决策的实施将伴随组织进入未来，发展变化的客观因素导致决策条件和决策方案相应发生了变化，对此领导者必须及时修改、完善或调整决策，有时甚至需要重新决策以适应客观环境和组织自身的发展状态，确保领导目标的实现。

三、决策的要素

决策要素指决策过程中涉及的相关因素。决策要素之间存在复杂的相互关系，在具体的决策过程中分别扮演着不同的角色，以不同的方式参与到决策过程中，对决策发挥着不同的影响。

决策一般由决策者、决策目标、决策备选方案、决策条件和决策结果五个要素组成。

（一）决策者

决策者是决策的主体，是决策最基本的要素。决策者处在组织的中心，是系统中积极、能动也是最为关键的因素，是决策系统的驾驭者和操纵者。实际上组织中的决策者就是组织的领导者。领导者的素质、能力、水平和经验的状况，对决策有十分重要的影响。现代组织决策的作用日益增大，因此个人决策逐渐被群体决策所取代，集体决策或团队决策成为现代决策的主体。现代决策以专业知识为基础，以深入的调查研究为手段，借助专家智囊提供咨询服务并大量运用现代决策技术和方法。

（二）决策目标

决策目标是指决策所要达到的目的。决策目标的确立是科学决策的起点，它为决策指明了方向，为选择行动方案提供了衡量标准，也为决策实施的控制提供了依据。确定决策目标是决策过程中的重要内容。

（三）决策备选方案

面对特定的条件时，组织有可能会有多种可能方案供领导者选择，构成了决策的备选方案。方案各不相同，对决策备选方案的选择就是在现有条件下选择最佳行动方案。备选方案的存在是决策的前提，也为领导者提供了充分发挥个人才智的空间，是领导者展示个人价值观、经验、分析能力和判断技巧的平台。

（四）决策条件

决策条件是指决策过程中面临的时空状态即决策环境。决策是否正确，能否顺利实施，它的影响效果如何，不仅取决于决策者和决策方案，而且取决于决策所处的环境和条件。决策条件包括各种资源的供给和限制，各种外在和内部因素的相互影响及制约和时间的选择。对决策条件进行仔细认真地调查和分析，不仅需要领导者充分依靠科学、完善的决策系统和决策程序，还需要借助现代科学技术，才能最大限度地保证决策的正确可行。

（五）决策结果

决策结果指决策实施后所产生的效果和影响。决策的目的是为了达到预计的结果即实现预定的组织目标。在做出最终决策之前，决策者对每一备选方案的实施结果进行客观、公正的预测和评价，这既是保证决策科学化的重要前提，也是方案择优的最终依据之一。

四、决策的类型

对决策进行分类是为了把握各种决策的共性和个性，正确地制定和实施决策。决策按照不同分类方法可划分为不同的决策类型。

（一）长期决策和短期决策

按决策影响的时间进行分类，决策可分为长期决策和短期决策。长期决策是有关组织未来发展的全局性、整体性的重大决策，关系到组织未来的发展方向和具体战略选择，也称为长期发展战略决策。如投资项目的选择、产品结构的调整、组织发展规划等。短期决策是为实现长期决策目标而采取的短期的行动方案，也称为短期战术决策，主要包括日常工作计划、行动方案的实施等。

（二）战略决策、战术决策和业务决策

按决策的重要性分类，决策可分为战略决策、战术决策和业务决策。战略决策即高层决策或宏观决策，是指对全局有长远、重大影响的决策。这种决策通常是由组织中的最高领导层做出，具有战略性、长期性和稳定性。战术决策即中层决策或中观决策，是战略决策的具体化，是实现战略决策的手段，是高层决策和基层决策的桥梁和纽带，为落实战略决策奠定基础。业务决策即微观决策，是基层在中层决策指导下，为了提高日常工作效率而进行的决策，其决策覆盖面较小，具有灵活性、短期性和可操作性的特点。战略决策、战术决策和业务决策三者相辅相成，共存于一个组织之中，构成一个高、中、基层的决策体系，紧密联系、不可分割，形成指导与被指导的关系。

（三）集体决策和个人决策

按决策的主体分类，决策可分为集体决策和个人决策。个人决策又称首长决策，是指最后决策方案由最高领导者决定的决策形式。个人决策具有决策迅速、责任明确并能充分发挥领导者个人主观能动性的特点，适合于随机性很强的突发事件和常规事件的决策。个人决策对于领导者个人的性格、知识、能力、经验和魄力等方面的要求比较高。集体决策是指由两个或两个以上的领导者组成的决策集体所做出的决策。集体决策能够更大范围地汇总信息，拟定更多的备选方案，集思广益，弥补个人决策的不足；但费时较长，组织工作较为复杂，容易产生相互推诿，责任不明等问题。组织或企业通常在重大问题的决策上采用集体决策的方法。

（四）初始决策和追踪决策

按决策的起点分类，决策可分为初始决策和追踪决策。初始决策是零起点决策，是在有关活动尚未进行、环境条件并未受到影响的情况下进行的。随着初始决策的实施，组织环境开始发生变化，这种情况下所进行的决策为追踪决策，又被称为非零点决策。决策的动态性特点决定决策是根据环境条件的发展和变化而不断地调整而实现的。初始决策是基础，追踪决策是为适应环境的变化而进行的决策调整和完善，是初始决策的必然发展形式。

（五）程序化决策和非程序化决策

按决策所涉及的问题分类，决策可分为程序化决策和非程序化决策。程序化决策是针对组织中重复发生的、日常工作中经常出现的问题，按照已有的政策、程序或规则所进行的决策。如日常计划的落实、任务的分配等。非程序化决策是指那些偶然发生的、新出现的、对组织产生重大影响的问题而进行的决策，对这些问题，领导者往往缺乏经验和特定的决策与解决程序，同时面临的不确定性较大，因此决策的难度加大，重要性程度提高。如市场发生变化、外部因素直接影响组织的运行、重要的人事任免等。程序化决策和非程序化决策的划分不是绝对的，二者之间在特定的条件下，可以相互转化。组织中高层领导者面临的决策大多是非程序化决策，中基层领导者进行的决策多数为程序化决策。

（六）确定型决策、风险型决策和不确定型决策

按环境因素的可控程度分类，决策可分为确定型决策、风险型决策和不确定型决策。确定型决策又称常规型决策，属于例行决策，是在日常工作中经常进行的一般性决策。确定型决策针对日常工作中经常需要解决的问题，以相同或基本相同的形式重复出现或经常出现。领导者掌握准确的、可靠的和可衡量的信息，甚至可以确切地知道决策的目标、每个可行方案的最终结果。领导者可以很容易地根据以往的规律或长期的经验进行决策，对各种备选方案进行比较并做出合理的判断。不确定型决策又称非常规型决策，是指过去未出现过的、非例行的决策。这类决策中，决策者面对不可预测的外部条件无法控制，或者是缺少所需的信息而不能够预测各种备选方案的可能结果，甚至不能做出必要的预测，因而只能根据经验判断，根据直觉选择决策方案。风险型决策是介于确定型决策和不确定型决策之间的一种决策，决策者无法完全掌握决策必需的情报和资料，只能根据所获得的部分信息进行判断，给领导者提供的决策方案可能出现不同结果的发生概率，因此决策必须冒一定的风险，成功和失败都可能同时并存。在环境多变的今天，风险型决策是领导者在大多数情况下所面临的状况，因此，要加强预测和信息反馈，选用适当的模型进行分析，帮助领导者做出正确的决定。

（七）单目标决策和多目标决策

按决策的目标数量分类，决策可以分为单目标决策和多目标决策。单目标决策是指决策的目标只有一个，即使这一目标中存在多个决策变量，它们之间的关系也是相互平行的。如采购决策，在质量相同的前提下，采购商品的价格就成为决策的唯一标准。多目标决策是指决策所要达到的目标有若干个、各个目标之间又相互矛盾的决策。在进行多目标决策时，要将多目标分解成若干个单目标来进行，必须充分考虑到多目标之间的交叉效应。这种情况下，进行优化决策更需慎重。同样是采购决策，在功能、质量和价格各不相同的前提下，决策的目标成为多目标决策，并且各目标之间的关系可能相互交错、甚至发生冲突，需要领导者进行充分的比较分析才能做出判断。

第二节　决策的原则与程序

一、决策的原则

领导者要做到科学决策就要掌握决策的原则。决策原则是决策者在决策全过程中应该遵循的原则，包括决策的思维方式、决策组织、拟定和选择方案等方面的原则要求。

按照传统观念，领导者在对各种可行方案进行评价和选择时总是采用“最优原则”，即人们总是希望通过对各种可行方案进行比较，从中选择一个最好的方案作为可行的方案。对于传统的决策原则，美国决策理论专家西蒙认为，最优原则需要满足以下几个条件：在决策之前，全面寻找备选行为；考察每一可能抉择所导致的全部复杂后果；具备一套价值体系，作为从全部备选行为中选定其一的选择准则。因此，按照最优原则进行决策，决策者在进行决策之前必须要找到所有可能的决策方案，同时必须能对每个方案实施的结果进行预先的估计，最后还必须有一个统一的价值准则能对各种方案结果的优劣进行连续而一贯的排序，以实现决策方案的最优。

然而，在现实生活中实现最优原则的这些条件不可能完全具备。受到个人知识、经验、认识能力的限制以及收集资料和信息的种种限制，人们不可能找出所有可能的行动方案及其结果。即使领导者有充分的能力来寻找所有可能的行动方案，由此所花费的时间和费用也会使人感到这样做是得不偿失的。未来变化的不确定性使人们很难对各种方案的实施结果进行预先的估计。同样，人们认识能力的有限性也使得人们很难对各种方案的结果进行预先的估计。再加上各个决策方案执行所实现的结果往往是多目标的，而在这多个目标之间有时又是相互矛盾的，所以决策者就很难以一个统一的价值准则对各个方案的优劣进行排序。这样领导者就很难从各个备选方案中选择一个所谓的最优行动方案。所以，贯彻最优原则的三个条件同时出现的概率几乎为零，也就是说决策的最优原则实现的可能性非常小。那么以此作为决策的基本原则就失去了意义。

决策理论学者西蒙和马奇又提出用“满意原则”来代替“最优原则”。所谓满意原则，就是寻找能使决策者感到满意的决策方案的原则。与传统的最优原则相比，对于各种决策方案，决策者不是去探索能实现最优效果的决策方案，而是如果有了能满足实现目标要求的方案就确定下来，不再继续进行其他探索活动。从组织活动的现实需要出发，“满意原则”是比“最优原则”更为现实合理的决策原则。

决策的核心是要选择，而要进行正确的选择就必须利用合理的标准对各种可行方案进行评价。因此，确定符合实际情况的决策准则是决策开展的前提。

作为指导决策活动开展的基本条件，科学的决策还要遵循以下基本原则。

（一）系统决策原则

现代领导决策所要面对的问题不仅表现为多目标、多层次、多因素，同时各方面还相互作用、彼此相连、共同作用。因此，领导者在决策过程中应从全局出发，在考虑决策的因素时，不仅关注各个要素之间的关系，更要注重整体效应。如果孤立、静止、片面地看待问题，就不可能准确、全面、正确地去认识和把握，也不可能做出正确的决策。因此，领导决策必须做到系统全面、严谨规范，系统性本身就是科学性的表现。

（二）注重实际原则

任何有效的决策都是以客观现实为基础的，只有把相关的事实、资料弄清楚、弄准确，才有可能做出正确的决策。因此，决策不能脱离主客观现实，否则将会超越现实、脱离实际，必将带来决策的失误，导致行动出现错误乃至失败。因此，领导者在决策的调查研究阶段就要实事求是，坚持真理；决策内容必须真实、客观，全面地反映事物的本来面貌和内在关系。

（三）民主决策原则

决策是领导工作的主要内容，是领导者的重要职责。现代社会的发展，使得决策仅仅依靠个人不能完成。民主决策是发展的必然趋势，它可以充分发挥广大群众参与决策的积极性和主动性，集思广益，听取群众的意见和建议，使决策更加符合客观实际，是决策成功的重要保证。

（四）可行性原则

决策是指导人们具体实践的计划和谋划，是实现领导目标的行动方案。因此，决策从调查研究开始到最终方案的选择都必须充分考虑决策的可行性。脱离实际条件的决策无法实施，也难以确保组织目标的实现。决策要求领导者必须对决策方案从理论上和实践上进行详尽的考察和论证，使其具有针对性和可操作性，否则决策只是纸上谈兵，没有任何意义。

> **【学习卡片】**
>
> 中国式现代化是人口规模巨大的现代化。我们始终从国情出发想问题、作决策、办事情，既不好高骛远，也不因循守旧，保持历史耐心，坚持稳中求进、循序渐进、持续推进。
>
> ——节选自党的二十大报告

二、决策过程

决策是提出问题并解

决问题的过程。领导者每天都要面临许多问题,问题的发生、内容、特点和难度各不相同,如果能够找到解决问题的共同途径将有助于领导者解决问题,也可以大大提升领导工作的效率。决策作为一个活动过程有着特定的步骤和阶段。决策理论学家西蒙认为,决策绝不只是限于从几个备选方案中选定一个方案,而是包括若干阶段、涉及许多方面的整个过程。

典型的决策过程包括四个阶段,即收集情报阶段;拟订方案阶段;选定方案阶段;实施和监督阶段。这四个阶段构成了复杂的决策过程。

(一)收集情报阶段

这个阶段是决策过程的初始阶段,主要通过收集组织所处环境中有关决策的各方面情报并加以分析,以便为拟定和选择备选方案提供依据。主要工作包括识别问题、诊断原因和识别目标三项具体活动。

识别问题是鉴别与预期结果产生偏离或实际工作与计划出现偏差的状况,确定发生偏差和偏离的因素。领导者可以根据实际工作中某些变化发现组织中已经发生或潜在的问题,如工作效率下降、人员流动增加、任务不能按期完成、客户的投诉等。问题可能使组织偏离了过去的状况,改变了领导者已有的经验或既定的计划程序,也有可能意味其他方面的问题,如竞争者的策略改变、市场状况的变动和组织的变革等。

在发现问题的基础上,领导者要根据各种现象诊断问题产生的原因,这样才能考虑采取具体的措施和行动方案来解决问题。领导者要根据获得的精确、真实、可反映客观实际的信息去发现问题的诱因。然而受到领导者个人经验、组织复杂结构、个人和组织等因素的影响,收集情报的过程很困难,也很艰苦。有时许多信息被过分重视或者被忽视,许多重大问题或隐含或存在较长的潜伏期,使得领导者不能及时发现。

目标体现组织想要达成的最终结果。领导者在诊断问题并发现原因之后,在分析问题的构成要素的基础上明确各要素的相互关系,结合发现的机会确定组织工作的重点,即确定目标。目标必须在数量和质量方面加以明确才有可能指导领导者选择合理的行动方案,引发人们的行动。目标是拟订方案的前提。各种方案的整体构思、行动路线的选择、时间和资源的分配等都以目标为出发点。

【学习卡片】

调查研究是谋事之基、成事之道,没有调查就没有发言权,没有调查就没有决策权。

——节选自《关于在全党大兴调查研究的工作方案》

(二)拟订方案阶段

当问题和机会被识别后,领导者就应当按照拟定的目标，拟定解决问题和利用机会的行动方案。拟订方案的过程需要领导者具有丰富的创造力和想象力，利用自身的经验、知识，洞察和判断，依靠对环境的把握和分析，以实验和模拟为根据，提出可行的解决方案。在众多约束条件的限制下，备选方案可能来自不同的角度、不同的路径，更具有不同的结果。因此，领导者在一定的时间和成本的条件下，对相关的组织内外环境进行调查，利用组织内部成员、不同层面的领导者、外部的顾客、客户、报刊、媒介等收集大量与决策问题有关的、有助于形成行动方案的信息进行有效组合，形成可行的备选方案。领导者应当尽可能地获得更多的可行方案，以供备选。

拟订方案可以基于三方面依据和前提。

1. 经验。经验是实践的结晶，凝结了大量人类活动的智慧，是最好的老师，也是决策方案最好的模板。成功的经验和失败的教训能够对领导者提供借鉴和启示，达到提高活动成效、避免失误的目的。然而，经验毕竟是对过去某个特定时期、条件下行之有效的行动或方法，在新的形势和条件下显然不可能完全再现。

2. 研究和分析。拟定备选方案的过程是对影响目标实现的前提条件、关键变量以及它们之间的相互关系进行研究的过程。通过分解各种定量因素与定性因素，建立方案模型，用以衡量决策方案的成效。

决策分析是合理地分析含有不确定性的决策问题的相关概念和系统程序，目的是改善决策的过程。决策分析方法采用系统分析的手段，以统计决策理论为基础，以系统哲学为理论，从决策的环境和关系等方面处理具体的决策问题，从而达到处理各种多变量、多方案的决策问题。

3. 实验和模拟。现代计算机技术的发展为领导者提供了有效的决策实验和模拟的手段和条件。通过观察实验的结果，或者实验各种备选方案是否能够达到预定的目标，为领导者提供了令人信服的证据，可以帮助领导者做出选择或对现有的方案进行调整或修改，使决策方案更加符合组织活动的需要。

总之，拟定备选方案阶段是以组织所需解决的问题为目的，以收集到的各种信息和情报为基础，采取各种方法或手段拟定出各种可能的备选方案的过程。

（三）选定方案阶段

选定方案的过程实际是评价备选方案并做出选择的过程。领导者应当预测和合理估计备选方案结果可能发生的概率，分析各种方案可能发生的潜在后果，并在此基础上对形成的备选方案进行比较。

领导者选定方案可以从以下方面进行:

1. 方案的可行性。对于方案的实施,需要考察组织是否具备了一定条件,包括资源的拥有量,组织的价值观、组织文化、规章政策和制度程序等能否一致,组织成员对方案的认可程度和投入状态等,均关系到方案的具体执行。选定方案不仅应考虑到方案的积极结果,还要考虑方案的消极因素和潜在的风险,使得决策方案更加可行。

2. 方案的有效性。方案的有效性体现在组织目标的达成上,而实现组织目标还要依靠组织成员的努力。但是,个人目标通常与组织目标并不完全一致。因此,方案在满足组织目标的同时是否能够满足组织中的个人目标也成为选择方案的重要方面。方案目标的多样性在一定程度上增加了决策的难度,要求决策者分清决策目标的主次并关注组织中各层面的需求。

3. 方案的最终结果。方案的结果体现在组织目标实现的程度方面。方案的结果本身会对组织的不同部门或者竞争对手的现在和未来造成影响。领导者要对各种方案的预期成本、未来收益、不确定性和风险大小进行评估,在对各种因素进行充分权衡比较的基础上,最后按照比较结果对方案进行排序,从中选择最满意的方案。

(四)实施和监督阶段

选定方案并不是决策过程的结束。只有将决策方案转化为现实的行动和实施方案,才能实现决策目标。科学合理的决策如果没有正确的实施,同样也无法发挥作用,难以达成预期成果甚至导致失败。因此,实施决策是选择和评价方案的必然结果,而且更加重要。由于环境条件和组织总是处于不断变化和发展之中,因此,在实施方案的过程中,领导者要制订出能够衡量方案进展状况的监测目标和具体步骤,以有效地监督和及时发现方案实施中出现的新情况和新问题。

实施方案并监督执行包括以下几个相应的步骤。

1. 领导者向组织成员宣布决策方案,使成员了解决策的具体内容和步骤。在此基础上,领导者制订具体的行动计划并编制预算,将计划分解到每位成员,明确权利和责任。

2. 领导者应当与组织成员进行充分沟通,并借助有效的反馈使具体任务得到落实。领导者还要为因可能出现的新问题而修改实施方案做好准备。许多成功的领导者往往制订一系列应急方案来应对在方案实施过程中可能遇到的潜在风险和重大变故,以保证组织活动的正常进行。

3. 领导者要对参与决策实施的人员进行必要的培训和适当的激励,以获得组织成员对方案实施的理解和支持,使得方案的实施获得人员保证。

4. 建立工作报告制度，使领导者随时对决策实施进行监督和控制，能够及时了解方案进展情况，随时发现计划和执行过程中出现的偏差和问题，以采取措施进行调整。

5. 当决策条件或者是组织状况发生变化时，领导者必须根据反馈的信息随时追踪方案的实施情况；对决策目标发生变化而产生偏离的，及时调整计划，确保方案的实施；对客观环境发生重大变化、原定目标无法实现的，要修正方案本身，重新寻找新的问题和计划，确定新的目标和步骤，以确保组织朝着正确的方向前进。

第三节　决策的方法

决策的科学化必须以科学的决策方法作为保证。科学决策方法是人们对决策规律的理解和把握，是具体解决决策问题和决策技术性问题的手段或工具。作为领导者并不需要精通决策技术，但是应该了解现代决策中主要决策方法的基本原理和适用条件。

常用的决策方法可以按照决策的方式分为定性决策方法和定量决策方法两大类。

一、定性决策法

定性决策方法又称为主观决策法，是利用领导者的知识、经验和能力，根据所掌握的信息，通过对事物运动规律的分析，在把握事物内在本质联系基础上进行决策的方法。其核心是在决策的各阶段，根据现有的信息资料提出决策目标、方案、实施步骤并做出相应的评价和选择。这种方法适用于受社会政治经济因素影响较大的、所含因素错综复杂的、综合性的战略问题的决策。定性分析方法主观性强，论证缺乏严密性，因此，必须将其与定量决策法有机地结合起来，决策才能准确和科学。本节主要介绍集体决策中的定性决策方法，一般包括德尔菲法、头脑风暴法和名义小组技术等。

（一）德尔菲法

德尔菲是 Delphi 的中文译名。Delphi 是古希腊传说中的神灵，可以预知未来，后人借用德尔菲来比喻高超的决策能力。20 世纪 50 年代，美国兰德公司与道格拉斯公司合作，研究通过有控制的反馈可更为可靠地收集专家意见的方法时，以“德尔菲”为代号的德尔菲法由此诞生。德尔菲法是以匿名方式通过几轮函询征求专家的意见，组织预测小组对每一轮专家的意见进行汇总整理后，作为参考再发给各专家，供他们分析判断以提出新的论证。几轮反复后，专家意见渐趋一致,最后供决策者进行决策。

当领导者面临着一项重大技术问题的决策时,运用这种技术的第一步是要设法取得有关专家的合作(专家包括大学教授、研究人员以及有经验的管理者)。然后把要解决的关键问题分别告知专家,请他们单独发表自己的意见并对实现新技术突破所需的时间做出估计。在此基础上,领导者收集并综合各位专家的意见,再把综合后的意见反馈给各位专家,让他们再次进行分析并发表意见。在此过程中,如遇到差别很大的意见,则把提供这些意见的专家集中起来进行讨论并综合。如此反复多次,最终形成代表专家组意见的方案。

运用德尔菲法的关键在于:①选择好专家,这主要取决于决策所涉及的问题或机会的性质;②决定适当的专家人数,一般 10~50 人较好;③拟订好意见征询表,因为它的质量直接关系到决策的有效性。现在这种方法普遍运用于政府机构、企业及各类组织中。

(二)头脑风暴法

头脑风暴法又称专家会议决策法,是指依靠一定数量专家的创造性思维来对决策对象未来的发展趋势及其状况做出集中的判断。头脑风暴法是常用的集体决策方法,便于个人发表创造性意见,主要用于收集新设想和新创意。通常是将对解决某一问题有兴趣的人集合在一起,在完全不受约束的条件下,敞开思路,畅所欲言。通过这种方式引起思维的相互交流与碰撞,达到思维的启发与共振,产生组合效应,从而产生创造性思维。

头脑风暴法的创始人英国心理学家奥斯本,他为该决策方法的实施提出了四项原则:①对别人的建议不做任何评价,将相互讨论限制在最低限度内;②建议越多越好,参与者不要考虑自己建议的质量,想到什么就应该说出来;③鼓励每个人独立思考,广开思路,想法越新颖、奇异越好;④可以补充和完善已有的建议以使它更具说服力。

头脑风暴法对领导决策有很高的价值,但这种方法本身仍有缺陷,即受心理因素影响较大,易屈服于权威或大多数人的意见而忽视少数派的意见;如果专家个性较强,则往往不愿意轻易改变自己已经发表的意见。

(三)名义小组技术

在集体决策中,如对问题的性质不完全了解并且意见分歧严重则可采用名义小组技术。在决策小组中,小组的成员互不通气,也不在一起讨论、协商,从而小组只是名义上的。名义上的小组可以有效地激发个人的创造力和想象力。

领导者首先召集一些具备一定知识和经验的人,把要解决的问题的关键内容告诉他们并请他们独立思考,要求每个人尽可能地把自己的备选方案和意见写下来，然后再按次序让他们一个接一个地陈述自己的方案和意见。在此基础上，由小组成员对提出的全部备选方案进行投票，根据投票结果，赞成人数最多的备选方案即为所要的方案。尽管如此，领导者最后仍有权决定是接受还是拒绝这一方案。

二、定量决策法

定量决策法是指运用数学方法解决经济问题的决策方法，其核心是把与决策有关的变量与变量、变量与目标之间的关系，通过建立数学模型表现出来，然后经计算求出答案，供决策者使用参考。定量决策方法适用于具有较详细的预测数据资料的决策，所运用的数学工具多种多样，复杂程度也不相同。

领导者在进行决策过程中，要考虑到未来的状况。根据未来情况的可控程度，决策方法分为三大类：确定型决策方法、风险型决策方法和不确定型决策方法。

（一）确定型决策方法

在比较和选择活动方案时，如果未来情况只有一种并为领导者所知，则须采用确定型决策方法。常用的确定型决策方法有线性规划和量本利分析法等。

1. 线性规划。线性规划是在线性等式或不等式的约束条件下，求解线性目标函数的最大值或最小值的方法。运用线性规划建立数学模型的步骤是：首先，确定影响目标的变量；其次，列出目标函数方程；再次，找出实现目标的约束条件；最后，找出使目标函数达到最优的可行解，即为该线性规划的最优解。

2. 量本利分析法。量本利分析法又称保本分析法或盈亏平衡分析法，是通过考察产出（产量或销售量）、成本和利润的关系以及盈亏变化的规律来为决策提供依据的方法。在应用量本利分析法时，关键是找出企业不盈不亏时的产量，即被称为保本产量或盈亏平衡产量，此时企业的总收入等于总成本，从而找出保本产量的方法。量本利分析法可分为图解法和代数法两种。

盈亏临界分析是量本利分析的重要内容。这种方法是依据与决策方案相关的产品产销量、成本、利润之间的相互关系，来分析判断方案对企业盈亏产生的影响，评价和选择决策方案。

（二）风险型决策方法

风险型决策也叫统计型决策或随机型决策，是指已知决策方案所需的条件，但每种方案的执行都有可能出现不同后果，多种后果的出现有一定的概率，即存在着“风险”，所以称为风险型决策。

风险型决策必须符合以下条件：首先，存在着决策者希望达到的目标；其次，有两个以上方案可供决策者选择；其三，存在着不以决策者的意志为转移的几种自然状态;其四,各种自然状态出现的概率已知或可估计出来;最后,不同行动方案在不同自然状态下损益值可以估算出来。常用的风险型决策方法是决策树分析法。

决策树分析法是指将构成决策方案的有关因素,以树状图形的方式表现出来并据以分析和选择决策方案的一种系统分析法。它是风险型决策最常用的方法之一,特别适于分析比较复杂的问题。它以损益值为依据,比较不同方案的期望损益值,决定方案的取舍。其最大特点是能够形象地显示出整个决策问题在时间上和不同阶段上的决策过程,逻辑思维清晰,层次分明,非常直观。决策树根据问题的不同分为单级决策树和多级决策树。

(三)不确定型决策方法

不确定型决策指各种可行方案发生的后果是未知的,决策时无统计概率可依的决策问题。与风险型问题相比,该类决策缺少第四个条件。常用的不确定型决策方法有等概率准则、悲观准则、乐观准则、折中准则和后悔准则。

1. 等概率准则。决策前提是假定各种自然状态都有相同的发生机会,由于各种条件的影响及领导者所掌握的资料和信息有限,不能确切地知道各种自然状态发生的概率,那么只能认为它们发生的机会是相等的,即每一种自然状态发生的概率都是 $1/n$。领导者假设各种方案产生的概率相同,通过比较每个方案的损益值得到平均值来进行方案的选择。在利润最大化的目标下,领导者将选择平均利润最大的方案;而在成本最小化的目标下,领导者将选择平均成本最小的方案。按照等概率准则进行决策,在于将结果建立在平均分配的基础上,这必然与实际情况产生偏差,则往往会给组织活动带来不利影响。

2. 悲观准则。按悲观准则决策时,领导者是非常谨慎保守的,他总是从每个方案的最坏情况出发,从各种可能的最坏结果中选择一个收益值最高的结果。按悲观准则决策可能丧失掉获得最好结果的机会。不管最终哪个自然状态发生,都只能获取该方案的最小收益,组织能够避免最坏的结局。采用悲观准则进行决策时,首先计算各方案在不同自然状态下的收益,并找出各方案所带来的最小收益,即在最差自然状态下的收益,然后进行比较,选择在最差自然状态下收益最大或损失最小的方案作为所要的方案。悲观准则是当领导者对决策问题情况不明、把握不准的情况下,往往采取保守的态度,小心谨慎进行决策时采用的标准。悲观准则常被保守的领导者所采用。

3. 乐观准则。采用这种方法的领导者对未来持乐观的看法,认为未来会出现最好的自然状态,肯定会有机会顺利达到组织目标。因此不论采取哪种方案,都能获取该方案的最大收益。领导者决不放弃任何一个可能获得最好结果的机会。采用乐观准则进行决策时，首先计算各方案在不同自然状态下的收益并找出各方案所带来的最大收益，即在最好自然状态下的收益，然后进行比较，选择在最好自然状态下收益最大的方案作为所要的方案。

4. 折中准则。所谓折中，即在乐观与悲观之间折中。决策的基本假设是最好的自然状态和最差的自然状态均有出现的可能。在进行决策时，领导者分别设定最好和最差的自然状态发生的概率为乐观系数和悲观系数，两者之和为1；然后对方案进行分析，用最好自然状态下的期望收益值加上最差自然状态下的期望收益值，得出各种方案的期望收益值，进行比较后，综合期望值最大的方案成为选定方案。折中准则通常被中庸的领导者所采用。

5. 最小后悔值准则。领导者在进行决策并导致状态发生后，如果将来发生的自然状态表明其他方案的收益更大，那么他会为自己的选择而后悔。最小后悔值准则就是在真正选择一个特定决策之前，尽量使后悔值达到最小的方法。最小后悔值准则就是把每一自然状态对应的最大效益值视为理想目标，把它与该状态下的其他效益值之差作为未达到理想目标的后悔值。这样可得到一个后悔值矩阵，求出后悔值矩阵中每一行的最大值，这些最大值中的最小者对应的方案即为应选方案。最小后悔值准则以损失最小作为选择标准，有些保守，但对实际资料掌握较少，各种自然状态的概率难以把握的长期投资决策等问题的解决具有一定的使用价值。

对于不确定型问题，采用不同的决策准则做出的决策往往是不同的。为了使决策更准确可靠，最好设法了解各自然状态发生的概率，以便将不确定问题转化为风险型问题，以提高决策的科学性。

补充材料

领导力测试：你是决策高手吗？

决策能力是企业家维持其公司生存的必备素质。据兰德公司统计，世界上85%的大企业破产倒闭都是由企业家决策失误造成的。只有通过恰当的决策，企业家才可以对企业资源进行优化配置。通过下面的测试题，来看看你自己是不是决策高手吧！

1. 你会在决策前发现并确定需要做出决定的问题：A. 是的 B. 有时会 C. 不会

2. 你会获取尽可能多的信息和尽可能真实的信息：A. 是的，这样利于决策 B.

经常关注,但很难确保取得足够的真实信息 C. 从不在意信息积累

3. 解决问题前你会拟订几个备选方案,以期找到更多的解决方式:A. 是的 B. 不一定 C. 你认为这样太费时间

4. 你会让熟悉有关业务的人员参与决策:A. 是的 B. 有时这样 C. 不会

5. 你设置了决策机制,来使决策尽量程序化:A. 是的,已经设置 B. 正在为此努力 C. 还没有

6. 对于重大决策,你会让决策经过不同部门的论证:A. 是的,这样才会尽可能降低风险 B. 偶尔会让人们去论证 C. 还没有这样做

7. 你会去实施没有反对意见的决策:A. 大家一致赞同的意见肯定没问题 B. 多数情况下会马上实施,但有时会想一想 C. 不会马上做,这里可能存在着风险

8. 你会去执行只有一种解决方案的决策:A. 是的 B. 有时会 C. 不会

9. 做决策时,你总是表现得决心很大,却忽视了具体情况的复杂性:A. 是的,你为此犯过错误 B. 有时是这样 C. 不是,你会综合考虑

10. 你会让参与决策者的能力与决策的难易程度相匹配:A. 很少如此 B. 有时会这样安排 C. 是的

11. 对于管理者的个人决策,你会设置一定的制约机制,使其慎重:A. 你还没有想过这方面的问题 B. 有这方面的想法,但未付诸实施 C. 是的,你已这样做

12. 对于群体决策,你会对提出建设性意见者进行奖励:A. 没有这样做 B. 偶尔会口头表扬 C. 你会在精神和物质方面同时奖励

测评结果:

1~6 题选 A 得 3 分,选 B 得 2 分,选 C 得 1 分;

7~12 题选 A 得 1 分,选 B 得 2 分,选 C 得 3 分。最后将分数加总。

12~20 分:在企业经营者最容易出现的问题中,“决策失误”排在第一位,可见决策之难。从测评来看,你的决策能力较差,今后你需要采用更加合理的方式,集思广益、三思而后行,以此提高决策的正确性。

21~28 分:测评显示,你的决策能力一般。对一些有利于提高决策准确性的步骤或方法,你有时能自觉运用,但是有可能还没有建立程序化的决策机制,所以你需要在这些方面继续努力。

29~36 分:你是决策高手。决策做出后,通常会面临不可控的风险,你在决策上的慎重,包括你在决策程序上的关注,大大减少了决策失误,降低了决策风险,提高了企业经营的安全系数。

资料来源:玉帛. 每日经济新闻[OL]. (2005-08-24),慧聪网,http://info.

ceo. hc360. com/2005/08/24073015914. shtml.

第四节 决策的艺术

决策是领导者的一项重要职能，不同的决策因手段、方式不同，产生的效果大相径庭。有的领导者简单地发布命令，下属只是本着完成任务的目标来执行决策，结果也只是完成任务而已；有的领导者巧妙地运用决策艺术，调动起员工的积极性和创新性，出色地、创造性地完成任务；有的领导者因不能控制自己的表现和指挥欲望，导致下属产生抵触情绪，主动性和积极性受到挫伤；有的领导者通过耍小聪明来完成决策，导致下属的不健康的行为，形成危险的组织文化；有的领导者放任权力，使下属无所适从，导致组织混乱。可见，领导决策不仅是一门科学，也是一门艺术。

一、领导者决策的艺术

决策是整个管理过程中的首要环节，正确决策是领导工作成功的重要前提。领导者决策艺术是领导者经验和智慧的综合体现。

（一）定量与定性方法有机结合的决策艺术

从事物发展的质和量的对立统一原则出发，任何事物都有质和量两方面，都会有质和量两种规定性的变化，事物的发展过程存在着质和量的统一。决策是研究组织管理过程中的各种现象和问题，也必然存在着质和量之间的相互统一和相互转化。因此，决策要从解决问题出发，既要抓住问题的质的规定性又要掌握量的变化，通过全面的分析研究，把握质和量的关系，寻找解决问题的途径。因此，决策分析既包括质的分析又包括量的计算，两者相互结合，相互统一，才能准确地反映事物发展的全貌，达到解决问题的目的。因此决策方法也分为定性方法和定量方法。

决策科学化使得组织决策从定性决策发展到定量决策，这是决策职能发展的必然要求，也是管理现代化的重要标志。然而大量实践证明，定量决策并不能完全替代定性决策，必须实现两者的有机结合才能保证决策的正确有效。钱学森先生在 1990 年提出用“从定性到定量综合集成法”研究开放复杂的系统的思想，即先由有经验的高水平专家群体根据科学理论和经验提出定性的判断假设，然后通过调查数据、统计数据，建立定量系统模型，研究摸索，评估模型结果的可靠性，再通过专家反复检验修改，最后得出结论。因此，即使科学发展的今天，定量方法也无法完全无误地正确认识复杂事物并反映事物的全貌，只有将定性方法与定量方法相结合,才能客观地反映现实发展,引导领导者正确决策。

(二)民主与集中相结合的决策艺术

决策是组织中的常规工作。在规模比较小的活动或组织中,领导者都亲自制定决策,在某些情况下这种方式很奏效。然而随着组织的发展壮大,特别是在决策责任重大、关系活动成败或组织存亡的条件下,领导者进行决策往往不堪重负,容易出现失误;群体决策和民主决策方式的出现使领导者摆脱了这种困境。

民主决策的方式意味着决策权限范围的扩大,即决策权的分散;集中方式是将决策权限集中在少数人手中。两种方式各有利弊。民主决策更好地调动了参与决策人员的积极性和主动性,集中了大家的智慧和经验,使得决策更加符合现实工作的需要,可以避免损失。但民主决策容易产生意见分散,导致争论不休,久拖未决,致使延误决策,丧失大好时机;集中决策方式快速简便,容易形成决议,便于更好地把握时机获得优势,但是这种方法也存在主观片面的问题。如何处理民主与集中的关系,成为领导者面对的问题。

(三)问题与防范的决策艺术

在事物的发展过程中,由于潜在问题往往是隐藏在事物背后或在深层的矛盾中萌芽,不在决策的直接目标范围之内,因此,极容易被人忽视。领导者在决策过程中,在制定实施计划的同时还应该考虑在决策执行过程中产生某些不良后果的可能性,一旦问题发生可以采取哪些应变措施适当加以补救,使发生的问题对决策目标的影响降到最低限度。领导者必须通过对潜在问题的分析和研究、寻找经济而可行的防患于未然的措施。这种系统分析潜在问题的方法称为防范分析。防范分析以系统的观点,要求领导者对决策全过程进行掌控,做到心中有数,全盘考虑。只有这样才能保证决策的连续性和成功的可能性。

补充材料

丁渭修复王宫

北宋真宗年间,首都汴梁发生火灾,皇宫部分宫室被烧为灰烬。右谏议大夫、权三司使丁渭受命负责重新营造皇宫。接旨后他对废墟进行勘察,发现此工程主要有三大部分,包括取土烧砖、运输建筑材料、清理废墟。

随后的征集解决方案中,多数人主张三者同时开始。然而丁渭经过认真设计，从众多方案中综合出了一个最佳方案，提前完成了“皇宫修复工程”。

丁渭的方案是：沿皇宫前门大道至汴水河岸挖道取土，挖出的土用来烧砖和瓦，不需要从其他地方取土烧砖。大道挖土变成河道，直接与汴水联通，从运河引水，建筑材料可由河道直运工地，省时省力，解决运输的困难。最后，皇宫修复后，将废墟及建筑垃圾回填到河道中，恢复原来的皇宫大道，又为消除废墟垃圾留下余地。

后人称，丁渭修复皇宫的措施设计巧妙，环环相扣，使他用了很少的时间和经费完成了皇宫的修复工程。他充分把握了各要素之间的相生关系，运用“大道变河道”“挖土烧瓦”“废墟填河道”的互相关系，使整个工程系统向有序并且理想的方向发展，最终达到修复皇宫按期完成的效果。在这个过程中，系统的每个环节彼此相连，破坏了其中任何一个事件，整个工程系统都会受到影响。

资料来源：浅谈“丁渭修复皇宫”[EB/OL]. http://blog. sina. com. cn/s/blog_693a4dd20102v9 iy. html.

近代科学决策十分重视防范分析，它可以帮助领导者防患于未然，应当引起领导者的充分重视。防范分析是领导者对决策实施过程中可能出现而又不希望出现的潜在问题和决策实施结果可能出现的不良副作用进行分析与估计，并制定预防措施。防范分析步骤包括：

1. 准确预测。领导者应当预计决策方案执行中和执行后可能会出现哪些不希望发生的问题，运用科学的方法预测未来可能发生的问题或困难。对最有可能出现的问题要特别引起注意并列为“关键问题”对待，分析它会在什么地点、什么时间出现以及出现的频率。

2. 评价潜在问题的危险性。领导者可以采用评分法对潜在问题的危险进行估计，每个潜在问题的危险分数与其发生概率相乘，即得出该潜在问题的危险性计量值——危险度，然后按照危险度的大小对这些问题进行分类并确定相应的对策。

3. 制定预防措施。领导者对决策危险性较大的潜在问题进行分析，寻找其产生的原因并研究制定相应的预防措施，将其纳入决策方案的实施计划中去逐项落实。

4. 准备应急措施。领导者在方案实施前对可能出现严重不良后果的一些问题，除采取预防措施外还应准备一定的应急措施，以便问题发生时能将危害减至最小。应急措施不同于预防措施，前者是备用的，要在不良问题发生后采用；后者是在不良问题发生以前，在管理决策执行时就要实行的措施。防范中，应把重点放在预防措施上，因为“一分预防胜过十分补救”。

二、提升领导决策艺术的途径

现代社会的不断发展使得组织的生存环境变得动荡多变,机会、挑战、威胁并存。决策关系到组织发展的未来,在领导工作中处于核心的地位。作为领导者的重要职能之一,决策对领导者提出了更高的要求。领导者在运用现代科学技术和方法进行科学决策的同时,决策的艺术是不可或缺的。领导者依靠在科学素养的基础上灵活运用个人经验和综合能力,特别是创造力来进行决策活动。决策艺术就是指决策者个人在决策过程中所运用的高超的工作技巧,即科学地、高度灵活地、创造性地做出决策的能力。因此,提高领导者决策能力和决策艺术,成了更好地适应领导工作要求的重要途径。

从领导工作出发,提高领导者决策艺术的途径主要表现在以下方面。

(一)实现决策观念的创新

在创新体系中,观念创新占据重要地位。观念创新是改变人们对事物的错误的、过时的或不利于实践的既定看法和思维模式,冲破旧的意识形态的桎梏并树立新的认识、树立新的观念,以适应现实发展需要的思想历程。

决策观念创新首先应当自我否定,即放弃已经落后的决策观念,突破旧有的决策方法和思维定式,树立新的观念,不墨守成规,积极学习借鉴成功经验,并结合组织工作的实际情况,探索、创造具有鲜明个性的决策方法。其次,观念创新不是凭空地标新立异、异想天开,它要有一定的理论知识为依据。在综合基础和专业知识的基础上,利用类比思维,把相关学科的知识、技术领域中的规律性内容和具有启发性的同类客观行为借鉴到决策中来,综合处理,演绎推理,使决策在创新的基础上不断完善。其三,敢于探索,勇于创新。要敢做那些表面看来不可能做到的事,敢于冒险,善于"无中生有",激发创造潜力,使思维优势在决策过程中得到充分体现。

(二)赋予高瞻远瞩的决策视角

决策是对未来的规划和设计,是对尚未发生的活动的预见性结果。预见是人类抽象思维的特性,人类依靠自身的预见力,去实现自己的理想和愿望。预见能力是创造力的重要方面。

决策的预见能力表现在五个方面:一是敏感能力,凭借对事物表象某种特有的直觉,判断事物未来的走向,这种预见性往往一时找不到事物的理性和客观论证,难以使外人理解和接受;二是综合能力,透过众多繁杂的现象,挖出有价值的第一手客观材料,并按一定的线索或科学原则,对材料进行综合归纳处理,为决策提供可靠的客观依据;三是分析能力,运用一定的技巧和方法,对事物作辩证的分析，从中发现其他相关因素和潜在的系列信息，逐步理顺事物内部及事物之间的各种矛盾关系，找出影响事物发展的主要症结；四是推导能力，按照客观事物的逻辑关系及事物运动的内在规律，探索客观物质变化的新动向或新规律，指导今后的工作实践，以此提高决策的价值和可行性；五是自信能力，决策者对自己所做出的任何一项预测，必须有充分的自信力，要能够经得起时间和实践的考验。

提高领导者的预见决策能力首先必须加强学习，熟悉现代管理理论、专业技能及相关业务知识，掌握科学的方法论和技术，为决策奠定牢固的理论基础；其次，努力培养观察问题的能力。事物的发展，表面看来纷繁芜杂，甚至真假难辨，但都有其客观规律性。观察问题是领导者遵循认识的客观规律，去伪存真、由表及里，透过表象探究其实质的过程，是正确预见的条件和前提。即只有抓住事物内在的必然性才可能做出科学的预测。其三，完善自身分析问题和解决问题的能力。领导者要学会从客观事物活动的规律出发，分析它的主要方面和次要方面，发现事物在具体活动中存在的具体问题，寻求解决问题的途径。最后，领导者通过努力实践，不断总结经验，不断提升自身决策能力，增强自信，才能对事物的发展做出正确的推测。

（三）强化决策的民主参与方式

现代决策活动中，民主参与方式受到空前的重视。民主决策成为发展的必然趋势。领导工作中，民主决策主要通过听取专家意见、重大决策要通过集体讨论决定、充分听取专业人士的意见和建议、组织成员的合理化建议、职工代表大会的提案等方式加以实现。

民主参与决策可以使组织成员以高度的主人翁责任感和强烈的个人主见参与决策讨论，大大激发组织成员的主动性和创造性；民主决策能够根据决策要求，从不同角度，提出合理化建议，以改进和完善决策；民主决策还可以实现对决策的民主监督和评估，确保决策的顺利实施，达成组织的最终目标。因此，民主决策方式是提高自我管理能力的有效途径，是实现决策科学化的前提。

强化民主参与决策的方式要求改变决策工作的中心，从基础做起，建立民主决策的工作机制，完善民主决策的程序和规范，保证民主参与决策的效果；民主参与决策是组织科学决策和执行决策的保障，在组织中真正维护组织成员的主人翁地位，通过各种途径充分发掘他们的潜力，鼓励他们积极参与组织决策，发挥他们的智慧和才干；培养和开发相结合，努力提高员工素质，保证参与决策的程度和水平；努力改革，大胆探索符合组织发展实际的民主决策办法，切实保证民主决策的效率和质量。

（四）提升科学决策的能力技巧

决策是科学和艺术的结合。领导者既要熟练掌握决策的科学方法，又要在领导工作的实践中不断提高自身的决策艺术，努力提高决策工作的水平。

从领导工作角度出发，领导决策贵在"众谋、独断、详虑、力行"，这是对决策艺术的最基本的要求，也是领导素质的综合反映和集中体现。

众谋，体现了决策民主化的原则。这一要求不仅能保证领导决策的正确性、有效性，也是让下属参政议政，发挥其积极性和创造性的重要途径。众谋是决策过程的思维碰撞。任何决策都不是在"众口一调"的趋同思维中得到的，而要在众说纷纭的思维碰撞中才能做出正确的判断和选择。

独断，突出决策的集中原则。在领导充分重视决策民主化的今天，决策的民主化决不能代替领导个人的独断力。决策的过程是民主和独断交替进行的过程，而领导的独断力在决策中起着非常关键的作用。领导者的"独断"能力不仅是一种风格和作风，也是一种胆识和求实的勇气。在现代领导工作中，"谋"是专家智囊、下属智慧的群体活动；"断"是领导本身的主要职能，是领导综合才能的突出表现，是从理论到实践的决定性转折和飞跃。领导在决断时容易集中"完全一致"的意见或多数人的正确意见，而发现、支持少数人正确的意见或"力排众议"却不容易，要解决这个问题必须从根本上提高自己的判断能力。因此，独断也是决策的一种责任原则。

详虑，体现了决策的优化原则和可行性原则。现代决策已经不是只在非此即彼、"是"与"非"之间的选择，而是在各种方案中进行优化选择。没有选择就没有决策。为此，领导者要重视不同的专家在决策中的作用并采取正确的态度。详虑，也体现了决策的利害原则。领导做任何一项决策时都必须考虑：是有利无害，还是有害无利，还是有害又有利。领导者通过权衡利害，为决策提供参照和依据。

力行，体现了决策的效益原则，是决策与执行环节间的关键性转化。经过众谋、详虑之后的决策，能否达到预期的效果和目标，关键在力行。一些符合实际的决策思想，可能由于缺乏"力行"而被束之高阁，产生不了实效。力行，还体现了决策的权变原则。有效的领导决策并不需要分毫不差地遵循一些固定不变的所谓"最好"的原则和方法，而应具体情况具体分析，随着情况的发展变化，因时、因地、因人、因事制宜地做出处理，将原则性与灵活性巧妙结合以取得最佳实效。

（五）增强决策的适应开拓能力

时代在发展，社会在不断进步，组织在复杂多变的环境中努力寻求生存和发展。决策是为组织发展寻找机会，创造条件而进行的预先策划。因此，领导者进行决策必须增强适应开拓能力。

决策的适应性强调决策必须在实践过程中，随着环境和条件的变化，不断调整、修正和完善。在市场经济快速发展的今天，组织面临着快速发展与变化的环境。实际工作中，领导者的适应能力突出表现在随时关注时事的变化、组织发展的状况和出现的问题，对于组织的计划执行情况有着明确的了解，各种信息的把握准确、全面；当组织问题不断发展，能够及时调整行动计划，修正决策方案，以适应组织发生的变化，引导组织正常运作。

领导者的开拓能力体现在适应环境的同时，大胆决策，主动创造条件，以改造环境适应组织发展的需要。开拓能力是人的主观能动性的体现，也是组织发展的必然要求。开拓创新不是盲目冒险和主观蛮干，应当看到任何决策都是有风险的。但领导者在决策时要完全具备条件才进行决策，往往会失去最佳发展时机。开拓创新意味着领导者要在掌握事物发展规律和基本动态的前提下，以科学预测为依据，借助于对实际情况的了解和合理的想象，做出决策计划，实现决策目标；在开拓创新的同时，也要精心运筹，留有可调节的余地，既避免危险结果的发生又有善后处理措施，把损失减少到最低最小的限度，并且可以安然地过渡到新的决策方案中去。

（六）提高决策的心理承受能力

从决策过程来看，无论是制定决策还是执行决策都需要承担风险，决策就是对领导者心理素质的全面考验。没有充分心理准备的决策是不成熟的决策，没有充分心理准备的决策者是不称职的决策者。

决策者必须具备的心理承受能力包括：一是自强能力，决策受到外来因素的挑战或抑制，不甘自弱，勇于进取；二是进取精神，不满足现状，敢向自己挑战，敢于自我否定，向更高层次、更高目标奋斗；三是自若能力，就是要处变不惊，镇定、自然，不为外界的影响而动摇；四是反思能力，当决策环境及内容发生变化，或者决策方案与现实出现反差，决策者主动、冷静地反思自我，洞察决策中潜在的隐忧，及时进行自我调整；五是调控能力，当决策者情绪低落或决策行为极度受挫，决策者能理智地进行自我诊断，及时调整和控制。

领导者提高决策心理承受能力的途径包括：①明确决策目标，在不断完成既定目标的基础上，创立新的目标并努力实现目标；②调整心态，以乐观的态度看待事物及其发展，热爱自身的工作，不过分计较名利，以宽容的方式对待自己和他人；③不断充实自己，把环境的变化看作是提升自己和迎接挑战的机会，努力克服变化发展带来的惊慌失措、压力和困难；④致力于问题的解决，通过认真观测和分析，发现问题的症结所在，制定相应的对策；⑤调整人际关系，努力创造和谐的组织气氛，与周围的人和睦相处；⑥学会释放压力，提高心理承受的强度，确保心理健康。

课程思政学习专题

注重调查研究

习近平总书记强调指出，调查研究是谋事之基、成事之道，没有调查就没有发言权，没有调查就没有决策权；正确的决策离不开调查研究，正确的贯彻落实同样也离不开调查研究；调查研究是获得真知灼见的源头活水，是做好工作的基本功；要在全党大兴调查研究之风。

在全党大兴调查研究，必须坚持党的群众路线，从群众中来，到群众中去，增进同人民群众的感情，真诚倾听群众呼声，真实反映群众愿望，真情关心群众疾苦，自觉向群众学习、向实践学习，从人民的创造性实践中获得正确认识，把党的正确主张变为群众的自觉行动。必须坚持实事求是，坚守党性原则，一切从实际出发，理论联系实际，听真话、察实情，坚持真理、修正错误，有一是一、有二是二，既报喜又报忧，不唯书、不唯上、只唯实。必须坚持问题导向，增强问题意识，敢于正视问题、善于发现问题，以解决问题为根本目的，真正把情况摸清、把问题找准、把对策提实，不断提出真正解决问题的新思路新办法。必须坚持攻坚克难，发扬斗争精神，增强斗争本领，勇于涉险滩、破难题，知难而进、迎难而上，把调查研究成果转化为推进工作、战胜困难的实际成效。必须坚持系统观念，深入实际、深入基层、深入群众调查了解情况，把握好全局和局部、当前和长远、宏观和微观、主要矛盾和次要矛盾、特殊和一般的关系，前瞻性思考、全局性谋划、整体性推进党和国家各项事业。

资料来源：节选自《关于在全党大兴调查研究的工作方案》，新华社，2023-03-19.

本章小结

决策指领导为了达到目标，在掌握充分信息和对环境进行深刻分析的基础上，用科学方法拟定并评估各种方案，从中选出合理方案的过程。决策特征包括普遍性、时效性、经济合理性、相互关联性和动态性。决策一般由决策者、决策目标、决策备选方案、决策条件和决策结果五个要素组成。科学决策的原则是“满意原则”。科学决策需要遵循系统决策、注重实际、民主决策和可行性等基本原则。决策过程可以概括为收集情报阶段、拟订方案阶段、选定方案阶段、实施和监督阶段。常用的决策方法包括定性决策方法和定量决策方法两类。定性方法包括头脑风暴法、德尔菲法、名义小组技术等；定量决策方法分为确定型决策方法、风险型决策方法和不确定型决策方法。提升领导决策艺术的途径包括实现科学决策观念的创新，赋予高瞻远瞩的决策视角，强化决策的民主参与方式，提升科学决策的能力技巧，增强决策的适应开拓能力和提高决策的心理承受能力。

思考题

1. 如何理解决策的内涵？
2. 为什么决策遵循的是满意原则而不是最优原则？
3. 简述战略决策、战术决策和业务决策的区别。
4. 确定型决策、风险型决策与不确定型决策有什么区别？
5. 提升领导决策艺术的途径有哪些？

教学实训

一、背景资料

8月中旬的某天上午，我们的飞机坠落在大沙漠地区，飞行员和副飞行员都死了，其他人没有受伤。出事之前飞行员说我们距离原定目的地约100公里，且该飞行计划已经交给空中交通控制中心。另外，我们还知道，东北方向距离我们113公里的地方有个村庄。该沙漠地区非常贫瘠荒芜，除了一些低矮灌木丛外再没有其他植被。当时白天气温大约45摄氏度，地表温度更是达到50摄氏度。我们穿着短袖T恤、短裤和平底鞋，每个人都有手帕、一包烟、一支圆珠笔以及一些零钱。

在飞机着火前，我们需要按照我们所认为的重要顺序对给出的十五项物品进行排序，以能成功获救为目的。物品清单及作答表格见表1：

表1 物品清单

物品清单	个人排序（序号）	小组排序（序号）	专家排序（序号）	诊断项目		
				个人与小组差异	小组与专家差异	个人与专家差异
手电筒和若干电池			4			
匕首			6			

续表

物品清单	个人排序（序号）	小组排序（序号）	专家排序（序号）	诊断项目		
				个人与小组差异	小组与专家差异	个人与专家差异
飞机失事地区的地图			12			
塑料大雨衣			7			
指南针			11			
急救箱			10			
45 口径手枪，装有子弹			8			
红色和白色相间的降落伞			5			
1 000 片盐片			15			
每人 1 升水			3			
介绍沙漠里能吃的动物的书			13			
每人一幅太阳镜			9			
伏特加酒			14			
每人一件风衣			2			
化妆镜			1			
合计						

二、教学组织：

1. 教师宣读背景材料，公布教学安排；
2. 学生根据要求进行个人排序，完成个人决策；
3. 小组讨论，进行小组排序，完成团队决策；
4. 对照专家排序（参照物品清单中的专家排序），逐项计算排序差值的绝对值，并合计总偏差。

注意：教师在步骤 3 完成后，再公布专家排序。

三、评价标准：

1. 个人与专家差异项的合计分数大于 60，个人生还希望渺茫；
2. 小组与专家差异项的合计分数大于 60，小组生还希望渺茫；
3. 个人与小组差异项合计分数越大，说明个人在小组决策中的影响力较小，反之影响力较大。

7

第七章

领导授权

学习目标

授权是领导者调动下属积极性、充分发挥下属作用的领导方法和艺术。通过本章的学习，要求了解授权的含义、特点和意义，掌握领导授权的基本原则，理解领导授权的障碍，学习授权的方法，提升领导授权艺术。

引导案例

诸葛亮用人

诸葛亮，三国时期著名的政治家、军事家。“收二川，排八阵，六出七擒，五丈原前，点四十九盏明灯，一心只为酬三顾。取西蜀，定南蛮，东和北拒，中军帐里，变金木土爻神卦，水面偏能用火攻”。《三国演义》中的对联概括了诸葛亮一生的功绩。他满腹韬略、智谋超群，擅长调兵遣将；他坚持“治国之道，务在举贤”的用人策略，主张德才兼备，选用贤能，用其所长，恩威并施，赏罚严明。然而他在用人方面却存在失误。

《三国演义》多处描写诸葛亮过于集权，积劳成疾。刘备死后，诸葛亮忠心耿耿辅助新君，日理万机，事必躬亲，乃至“自校簿书”。第八十五回：“凡一应朝廷选法、钱粮、词讼等事，皆听诸葛丞相裁处”。第八十七回：“诸葛丞相事无大小，皆侍亲从公决断”。第九十七回诸葛亮言及自己受刘备托孤，“受命之日，寝不安席，食不甘味”。第一百零三回，司马懿询问蜀汉来使有关诸葛亮寝食及事之繁简，使者回答：“丞相夙兴夜寐，罚二十以上皆亲览焉。”不久，诸葛亮病逝军中，蜀军退师。诸葛亮为蜀国事业呕心沥血，鞠躬尽瘁，死而后已。由于他不善授权，从而陷入大量具体烦琐的事务之中，对下属不信任，事必躬亲，导致过度劳累，殚精竭虑，最终英年早逝。不授权也导致后备人才的培养严重不足，以致诸葛亮死后，蜀国明显人才缺乏，青黄不接，“蜀中无大将，廖化作先锋”。

资料来源：杨国强. 诸葛亮在用人问题上的功过[J]. 广东行政学院学报，2001(6)：91～94.

领导的关键在于权力。领导者需要权力来完成组织的目标，没有权力，他们就不能引导下属来达到组织的目标。领导者运用权力影响下属的行为，使下属按照某种方式工作，努力达成预定的目标。随着现代社会生产的发展，领导者面临的各种事务纷繁复杂，感到千头万绪。任何领导者，即使精力、智力超群，也不可能独揽一切。因此，授权是大势所趋。

第一节　授权概述

领导者实施领导的前提条件是具有相应的权力。在领导学领域，权力通常可分为两种类型：一是职位权力，二是个人权力。授权是分权的一种重要途径，是调动下属积极性、充分发挥下属作用的有效方法。

一、授权的含义

“授”的本义是交付、给予。《晋书・左思传》有“以能，擢授殿中御史职。”授权的本义是把权力委托给他人或机构代为执行。

从领导职能的角度出发，授权具有一定的管理内涵。首先，授权是指上级委派给下属一定的权力，使下属在一定的监督之下，具有一定的自主权。其次，授权者对于被授权者有指挥和监督的权力，被授权者对授权者负有报告及完成任务的责任。其三，授权的实质是领导者将权力分派给下属以完成特定活动的过程。其四，授权是领导方法，也是领导艺术。

授权与代理、助理和分工的内涵不同。代理是在一定时期内，委托代替某人的职务，代理者与被代理者是一种平级关系，不属于领导者向下属授权。助理或秘书只帮助领导者完成工作但不承担任何责任。分工是在一个领导班子内由各个成员按其分工各负其责，彼此之间无隶属关系。授权则表明授权者与被授权者之间是一种隶属关系；授权过程中，被授权者应承担相应的责任。

二、授权的特点

不同于制度分权的确定性和稳定性，授权的特点表现在以下几个方面。

（一）授权的主观性

授权是领导者在工作中的分权，是领导者为充分利用下属的知识和才干，或在出现新增工作的情况下，将部分解决问题或处理业务的权力委任给某个或某些特定下属的过程，这个过程由领导者所决定。授权与领导者个人的能力和精力、下属的特长、工作发展的状况等密切相关，不同的人选择不同的时间、范围、对象和方式进行授权，这种选择取决于领导者的个人因素，具有很大的主观性。

（二）影响因素多样

授权是领导者将权力委任给其下属的过程，委任何人、何种权力、权力如何得到有效的控制和约束等方面不仅要考虑到工作要求、组织发展的需要，还要考虑到下属的个人情况。因此，授权涉及多方面因素，不仅包括客观环境中的组织、职位、权力，还要包括个人的能力及素质等。多种因素的共同作用形成授权的多样化，给领导者展示授权艺术提供了很大的空间。

（三）授权具有特定范围

授权是直接上级将权力临时授予直接下属的一种行为，被授权者的临时权力仅限于直接上级授予的范围。越级授权在正式组织中是不允许的，其后果只会导致工作中的多头领导，造成混乱。

（四）授权强调权责相等

权责相等是现代管理的一条重要原则。授权时领导者在向下属授予权力的同时也赋予他相应的责任。只有权力而没有责任可能会使下属失去约束，不恰当地滥用权力，最终增加领导者的控制难度；同样，下属履行其职责必须要有相应的权力。只有责任而没有权力则难以保证下属有效地履行职责，如果处理职责范围内的问题也需不断请示领导者，会影响下属工作的积极性和主动性。

（五）授权的灵活性

授权对领导者来说是因人、因时、因地而不同的一项活动。灵活性体现在权力授予的对象、大小、范围、期限必须根据实际工作的需要做不同的规定，同时需要根据各个人的能力、倾向做不同的分配。同时，权力也不是固定不变的，所有授予出去的权力都可以随时收回，授予者不会永久性地丧失自己的权力。灵活性保证了领导者对权力的授、收自如，增强了授权的适应性，有利于提高领导权威。

三、授权的意义

授权已经成为现代领导的要素之一。2 000 多年前，中国法家代表人物韩非子就提出了授权的主张。在《韩非子·八经》中，韩非子对商鞅说："下君尽己之能，中君尽人之力，上君尽人之智”，即昏庸的领导者只会展现和运用自己的能力，中等的领导者能够发挥大家的力量，而贤明的领导者则可以激发每个人的智慧和潜力。优秀的领导者不仅是自身强大，也一定是善聚众力和善集众智的授权高手。懂得授权，敢于放权并善于放权是领导者取得成就的基础和条件。汉高祖刘邦之所以能打败盖世英雄项羽，很大程度上取决于知人善用，大胆授权。“夫运筹帷幄之中，决胜千里之外，吾不如子房。镇国家，抚百姓，给馈饟，不绝粮道，吾不如萧何。连百万之军，战必胜，攻必取，吾不如韩信。此三者，皆人杰也，吾能用之，此吾所以取天下也。项羽有一范增而不能用，此其所以为我擒也”。正是张良、萧何与韩信辅佐刘邦成就霸业。

现代领导同样重视授权。杰克·韦尔奇说过：“世界属于热情而又有动力的领导者，这些人不仅自身具有很多的能量，而且能激发那些被领导者的能量！”美国学者加雷德·琼斯指出：“授权是指给予组织中所有层次的员工决策自主权，是对结果负责、提高质量和降低成本的权力的过程。”美国学者安弗莎妮·纳哈雯蒂在其畅销 10 年的领导学著作《领导力》中把授权概括为：“授权是领导者将权力交给下属分享，使员工参与决策制定，在尽可能低的层次施行权力，目标是增加组织所有员工的权力和自主性。授权的主题是放弃，把权力分给那些需要用它来完成工作的人。这种权力分享增强了人们对能力的自信心，增强了人们的效率意识。分权的研究和对领导者的观察显著表明，平等的权力分享有益于提高组织效率。对员工的授权同时也是一个权力激励工具，它既给员工提供了控制权，又使员工拥有成就感。”

【学习卡片】

习近平强调，要深化人才发展体制机制改革。要根据需要和实际向用人主体充分授权，发挥用人主体在人才培养、引进、使用中的积极作用。

——节选自习近平 2021 年 9 月在中央人才工作会议的讲话

授权的意义主要表现在以下方面。

（一）减轻领导者的负担

授权可以减轻领导者的负担，使其从烦琐的事务中解脱出来，集中时间、精力处理重大问题。现实工作中，许多领导者事无巨细，统揽一身，必然造成忙了一个人，闲了一片人，并由此导致事倍功半。授权减少了领导者花在日常监督活动上的时间，使领导者可以将精力与时间投入到更为重要的事务当中去，更好地发挥领导职能，谋求更好的行动与组织的更大发展。当领导者对下属授权时，下属获得了原先属于领导者的责任和权力，从而可以使领导范围相对扩大，使领导活动更为有效。

（二）调动下属的积极性和创造性

授权可以充分调动下属的积极性、创造性，激发下属的工作热情和责任心，使其认真负责地做好各项工作。领导者调动下属积极性的能力，从某种程度上可以反映其管理才能和领导水平。授权常常能够提高下属的参与度，使他们获得更好的激励，增强组织的忠诚感，使员工加倍努力工作，有助于为实现组织的目标而努力。

（三）为下属提供机遇

授权不仅给下属提供发挥才干、大显身手的机会，也给领导者发现人才和培养人才创造了条件。成功的领导者善于发现和培养接班人。授权给更多有潜力和才华的下属提供了发挥其自身特长的机会，使他们能够一展身手；同时，也成为领导者观察、发现和培养下属的有效途径。组织的发展给领导者带来更多的权力和责任，授权也使得更多的人能够承担重要的工作，为组织发展提供了源源不断的人才支持。

（四）明确下属权力和责任

授权使下属明确权力与责任，便于各司其职、各尽其责。授权使组织内部分工更加明确，职责更加分明，达到简化工作程序、增强组织群体合力的目的，防止职责不明而出现的推诿扯皮、争功诿过现象，提高了工作效率。同时，授权在一定程度上可以改变领导者大权独揽的现象，使各单位、部门和岗位各司其职，充分发挥组织每个成员的力量，提高组织整体的工作效率。

（五）弥补领导者的不足

授权有利于发挥下属的专长，弥补领导者本人的不足。在领导者的工作范围内有些工作并不是领导者的长处所在，如果这一工作任务让领导者自己去完成的话，其效果未必比交给一个在这方面有专长的下属更好。在这种情况下，通过授权，领导者不仅可以创造员工发挥长处的机会，弥补领导者的不足，也是实现优势互补、提高工作效率的有效途径。

（六）改善上下级关系

授权有利于改善上下级关系，使上下级之间的关系变成合作共事、互相支持的关系。实践证明，授权作为有效的激励工具，将导致一个组织获得不断增长的绩效。授权预示着领导者对员工的控制越少，他们就越有可能接受控制、承担责任，达成自我实现；授权可以建立良好的上下级关系，提高整体团队的工作绩效及士气，加强协作，团结共事。

四、授权的类型

受到多种因素的影响，授权也表现为各种不同的类型。

（一）刚性授权、柔性授权和模糊授权

按照授权的任务和对象不同，授权可以划分为刚性授权、柔性授权、模糊授权等类型。

1. 刚性授权。对所授权力、责任、完成任务的要求、需要的时间、达到的质量标准、目标等均有明确规定。被授权者必须严格遵守，照章行事，不得有任何逾越。刚性授权属于特定的授权方式，对一些重要工作或者重大事项的授予宜采用这种类型。当工作难度较小或被授权者能力较弱时也可采用这种方式。

2. 柔性授权。领导者授权时不向授权者做具体的分派，不必做过多的交代，仅通过指示让被授权者了解工作的范围、重点及目的，为下属提供较大的自由空间，赋予下属较大的自主权限，可以随机应变地处理工作中遇到的各种问题。柔性授权适合于情况复杂多变、掌握信息有限、难度较大的工作，授权的对象多是精明强干的下属。

3. 模糊授权。与柔性授权有些类似。领导者对目标和任务有着明确要求的同时给予被授权者的权力范围和权限更加模糊，尤其在完成工作任务的方式方法和途径等方面将主动权交给被授权者，使他们能够按照自己的设想和特长去进行工作。这种授权类型适合创造能力强、大胆开拓的下属，有利于他们自由发展和创造力的发挥。

（二）回归式授权和渐进式授权

按照授权过程的不同，可以将授权划分为回归式授权和渐进式授权。

1. 回归式授权。回归式授权有特定的时限，即在一定的条件下或时限内将授出的权力收回。比如，为完成某一特定任务，领导者将权力授予下属，待到任务完成，领导者即将权力予以收回。这种类型常见于项目管理、任务小组等形式中，有利于权力的合理使用。

2. 渐进式授权。渐进式授权方式的特点是试探和过渡，即领导者把应该授予下属的权力分阶段地授予下属而不是将权力一步到位地授予下属。这种方式的主要原因是领导者对被授权者的工作能力与水平缺乏必要的了解，在进一步观察和考验的基础上逐渐赋予被授权者权限，确保授权有效；当领导者对组织所处的环境及客观条件缺乏足够的认识和把握的前提下，一般也会采取渐进式授权。

（三）明确性授权和含蓄性授权

按授权范围的明确程度划分，可以分为明确性授权和含蓄性授权两种类型。

1. 明确性授权，又称为正式授权。指领导者通过正式的文件为下属规定具体明确的工作职责范围和决策权限。这种授权方式的优点是稳定领导者与下属之间彼此的职责关系，以契约的形式避免领导职权的过度集中化，提高工作的效能。

缺陷是影响领导工作的灵活性，双方缺乏发挥的空间，有可能影响下属的积极性。

2. 含蓄性授权，又称为非正式授权。指领导者没有明确下属的具体工作权限范围，也未通过正式的文件规定下属的决策内容和方式，但在实际的管理工作中允许下属以自己的名义和权限从事管理活动。这种授权方式的优点是领导者可以灵活地掌握下属获得权限的时间和内容，也便于训练和考察潜在的领导者。缺陷是容易造成组织制度和人际关系的混乱，形成权责不分。

（四）积极授权、僵硬授权和惰性授权

按领导者对授权的态度，授权可分为积极授权、僵硬授权和惰性授权。

1. 积极授权指领导者对充分信任并经过科学地考评和慎重地选拔出的下属委以重任，鼓励下属在行使职权的过程中承担责任、经受锻炼，并逐步增加下属的领导责任和工作权限。这种授权的态度是最理想的，在减轻领导者的工作负担压力的同时，有助于下属的发展和成长，为组织培养后备人才。

2. 僵硬授权指领导者在授权时对下属持怀疑态度，因此领导者试图非常精确地划定授权的范围，以非常具体的计划将工作的步骤、方法、结果加以硬性规定，要求下属完全按照执行。这种授权方式大大地限制了下属的主动性、创造性，极不利于下属的个人发展。

3. 惰性授权指领导者采取放任的态度，将自己懒得处理的、纷乱烦琐的事务和工作交给下属去处理。这种授权者往往缺乏对下属进行必要的监督和控制，形同放任自流。这种授权方式危险极大，有可能形成组织工作的混乱，应当尽量避免。

（五）个人授权与集体授权

按领导者授权的对象不同，授权可分为个人授权与集体授权。

1. 个人授权。在领导活动中，常有领导者个人决定将自己所属的一部分权力授予下属，或口头或书面，或临时或长期，这种授权即为个人授权。个人授权往往伴随着该领导被调离原岗位而被新领导收回。

2. 集体授权。在领导实践中更多见的则是集体授权，即经过集体讨论研究后将某一方面或某一部分权力授予某人，这种授权多是常规的、以行文方式出现的，既可以随任命同时授权（即明确分工），也可以在任命后授权，还可以在非任命时授权。集体授权属常规授权的一种。

（六）逐级授权与越级授权

按领导者授权的层级关系划分，授权可分为逐级授权与越级授权。

逐级授权是指直接上级对直接下级所进行的授权；越级授权是间接上级对间接下级所进行的授权。在领导工作中授权应该是自上而下逐级进行，越级授权一般来说应该尽量避免。因为越级授权往往引起被授权者直接上级的不满，也容易使被授权者产生顾虑，影响其放手开展工作。然而，事情总是相对的，越级授权并非绝对不好。相反，在某些紧急情况或非常情况下，越级授权往往是不可缺少的，有利于迅速解决某些紧迫的问题。

第二节　授权的原则

授权是领导者智慧和能力的扩展与延伸，领导者授权必须遵循领导活动的客观规律和原则，授权的过程亦是领导活动智慧化和艺术化的过程。领导者合理授权，能够提高工作效率，达到事半功倍的效果。领导者在授权过程中应当注意授权的基本原则。

一、适当授权原则

合理授权的关键在于适当。适当授权主要表现在授权的程度适当、范围适当、程序适当和层级适当等四方面。

（一）授权程度要适当

领导者对被授权者的授权既不能过轻也不能过重。过轻，达不到充分激发下属积极性的目的，不利于下属尽职尽责；过重，就会大权旁落，出现难以收拾的局面。下属的权力过大，超出了合理范围，将会产生严重后果。

（二）授权范围要适当

领导者必须向被授权者明确授权的目的、任务、职责和权限范围。相对而言，凡属于下属职责范围内的权力都要授给下属；对于那些虽属领导者职责范围但下属也能办好或比领导者办得更好的事情也要授权下属去办，但要坚持“大权集中，小权分散”的原则。领导者的核心权力，如事关全局的决策权、指挥权、人事任免权和重大的奖惩权等不能分散。若授权没有明确的授权范围，被授权者在工作中将摸不着边际，无所适从，整个组织就会处于无序状态甚至造成混乱。

（三）授权程序要适当

领导者在正确的授权理论指导下，通过合理的程序和合法的途径进行正当的授权，这是授权的基本保证。为此，要求领导者向其下属授权时要按照组织的规程和制度进行程序化授权，才能保证授权的顺利实施，从而保证权力的有效行使。如果缺乏有效的授权程序可能出现领导者拒绝授权或授权过少、无限授权、授权过多等现象，这些都不利于组织目标、任务的实现。此外，授权者不可将不属于自己权力范围内的权力授给下属。侵权会导致争权夺利，造成内部矛盾激化。

（四）授权层级要适当

授权应当按照“单一逐级”和“相近授权”的原则进行。所谓“单一”，就是按照统一指挥的原则，被授权者只能接受一个领导者授予的职责和权力，不能同时接受几个领导者的同时授权。否则，就会造成隶属关系不清，使被授权者无所适从。所谓“逐级”，就是领导者只能对直接的下属授权，尽量避免越级授权。否则，就会造成管理指挥层次权力的混乱，使管理层次和部门产生矛盾，也使中间层领导者陷入被动。相近授权原则要求领导者把权力授给那些最接近做出目标决策和执行的人员，以便一旦发生问题能够及时做出反应。

二、因能授权原则

领导者授权要做到“因事择人，视能授权”，这是授权的重要原则。

（一）视能授权

授权要以被授权者的个人品格、经验、才干和知识水平为依据。不同人的能力发展的数量、质量和水平各不相同，领导者要认真观察了解下属的能力发展状况，从完成的工作和任务出发，选择能力适合的下属进行授权，才能获得理想的结果；不能把权力授予不能胜任的下属，否则不但难以完成任务而且会使下属因为失败而自信心受挫，产生消极情绪。

（二）知人善任，不能超负荷授权

领导者在授权时要充分考虑下属的承受能力，尽量避免出现“大材小用”或“小材大用”的情况。“大材小用”是被授权者所授工作量和职责权限低于被授权者的能力、体力的状况，会造成人才浪费，组织成本增加；“小材大用”对被授权者所授的工作超过所能承受的限度，容易造成失误增加，工作效率下降，挫伤下属的上进心和工作的积极性。

三、权责明确原则

领导者在授权过程中需要把握有关权力分配的两方面，即权责对等和授权留责。

（一）权责对等

权责对等原则也被称为责权同授原则，即授予下属的权力必须对等于所分配的职责，使下属有足够的权力来完成分派的职责。这就要求授权者向被授权者明确所授的权力和职责范围，让下属知道自己拥有什么样的权力和应负的责任，使其在规定的范围内有最大限度的自主权。因为对于被授权者来说，权力是完成任务的权利，而职责则是完成任务的义务。权责相符才能避免出现有责无权或有权无责等权责失衡现象。

（二）授权留责

领导者按照规定的授权程序把一部分权力以及连带的责任委授给下属后，领导者自己仍应负有领导的责任。由于组织内部自上而下的授权，职权是可以向下移动的，然而领导者的责任是绝对的，不能转移的。分派的职责是由下属完成的，下属的工作是否能够达到预期标准，直接责任应由下属负责，但是分派者应负的领导责任是不能推卸和消减的。这就是责任的绝对性，它是始终存在的。授权留责突出在授权的同时保持上下属之间各负其责，可消除上下属之间互相推诿的现象。

权责对等有利于下属正确行使自己的职权，更好地实现领导者授权的目的，同时授权留责则强调上下属各司其职，各负其责，避免扯皮和争功诿过。

四、有效监控原则

正确的授权不是放任、撒手不管，而是权力的可靠下放。领导者必须保持对权力的有效控制，通过对权力的控制将领导者和下属有机地联系起来。没有可控性的授权是弃权。

成功的领导者在授权过程中不但注重授权的合理适当，还要随时施以必要的监控。监控主要表现在两个方面，一方面，领导者拥有授权的主动性和灵活性，领导者可以决定授权的范围、程度和时限并根据实际工作的需要随时调整，做到能放能收，能扩大或缩小；另一方面，在授权之前要建立一套健全的控制制度，制定可行的工作标准和适当的报告制度以及在不同情况下采取及时的措施确保权力得到正确的运用。对于权力行使不当或滥用权力等问题，有效的控制系统会及时采取补救的措施，避免更大的问题发生而造成严重后果。

五、相互信任原则

授权建立在领导者与下属之间相互信任的基础之上，因此领导者必须做到用人不疑。

（一）信任建立在领导者对下属的深入了解基础之上

领导者对于将要被授权的下属一定要有长期观察和充分的了解，认为可行才能将权力授予下属。而权力一旦授出就要充分地信任下属，让他们放手大胆地独立完成任务。授权之后，授权者还应积极支持帮助下属，为他们创造良好条件，让他们大胆地工作，决不能事事苛求，时时责备。要对下属的工作实行必要的监督考核，发现问题及时解决。

（二）信任建立在下属肩负着领导者赋予的责任基础之上

信任的本义是相信而敢于托付。信任是一种责任，意味着为这种信任而付出的一种使命。有了信任才有“受人之托，忠人之事”的忠诚，才有“人以义来，我以身许”的忠义，才有“士为知己者死”的忠勇。得到了领导者的信任，下属会以高度的责任感投入到工作中去，运用所授之权，积极、主动、创造性地开展工作。

（三）信任建立在维持信任的机制基础之上

现代组织中维持信任的机制是现代管理制度下形成的领导者和被领导者之间的关系机制。现代管理规范了两者的行为，使得他们之间必须建立相互的信任才能共同开展工作。信任既是对人格的尊重，又是对人的激励。领导者在实现对下属授权的同时，也实现了对下属的有效激励。成功的领导者将授权作为激励下属的有效方式，以充分地调动下属的积极性和主动性。

（四）信任建立在领导者对下属宽容的基础之上

金无足赤，人无完人，即使是高明的领导者也难免会出现失误。授权是以领导者宽容下属的错误为前提的。对下属的宽容，可以从更大程度上激发其上进心和工作的主观能动性。但是宽容不等于纵容，对下属工作中所犯的错误领导者必须及时指出，帮助其改正，为下属的健康成长创造有利条件。

六、注重整体原则

系统原理要求领导者在进行授权时一定要遵循分配适度、系统优化的原则，以使领导活动实现高效运转和整体功能最优。成功领导者的高明之处在于将授权和整体权力高度集中辩证地结合起来，做到“大权独揽，小权分散”。

注重整体原则强调领导者要注意授权的系统性。分权过度导致权在下而令不行、禁不止。反之分权不足，权力过于集中在上层，领导者会被琐事缠身，无法超脱日常事务，工作本末倒置，主次颠倒；而下属由于缺乏必要的权限无法担负应尽的责任。因此，领导者在进行分权时要把单一的授权放到权力的整体系统中进行，既要发挥和调动下属的积极性又要保证整体的效能，追求权力整体系统运行的优化。

第三节　领导者授权的障碍

授权作为现今有效的领导手段已被越来越多的领导者所接受，但许多领导者依然很难进行授权。有不少因素在阻碍领导者进行授权，分析这些障碍并探讨解决的方法，是提升领导者授权工作水平的重要方面。

一、领导者授权的障碍

在授权日益盛行的今天，许多领导者发现授权并非易事。授权是把双刃剑，在取得有力支持的同时也存在许多风险，这使得不少领导者望而却步。概括起来，领导者授权过程中常见的障碍包括以下方面。

（一）领导者不会授权

许多领导者意识到授权的必要性，但缺乏对授权的科学认识。有些领导者不知道应把哪一部分权力授予下属或者不懂得如何授权；有些领导者不了解授权的程序，缺乏计划性，影响分权的效果；有些领导者与下属缺乏必要的沟通，认为授权不过是照着说的去做罢了，不懂得跟踪、反馈和控制，使授权失效。

（二）对被授权者缺乏信任

领导工作中，许多领导者不信任下属，怀疑下属的能力。有些领导者担心下属并不具有自由运用权力和制定正确决策的能力，觉得与其授权还不如自己亲自解决；有些领导者在授权之后，在工作中会有意无意地干预被授权者的工作，采用检查、监督等方式提示下属关于工作的某些方面，形成主观上对下属的不信任，这种做法会极大伤害被授权者的自尊心和积极性，并为下属对领导者以后工作中的不合作埋下定时炸弹。

（三）领导者害怕授权给自己带来威胁

有些领导者害怕看到下属把原本是自己在做的事做得很好，甚至更好，因而可能会取代了自己；有些领导者过分地相信自己的能力、水平和经验并且已经习惯了拥有权力，而授权使他们感到不安和不可靠，担心因此失去控制权。高层领导者会感觉到他们的地位受到了威胁，而中层领导者则可能会感觉到他们即将被架空甚至失去工作，因而不愿授权。

（四）领导者害怕承担风险

授权有风险。领导者把某项工作授权给下属去完成，下属由于自身的能力和水平的限制有可能失败。在下属承担责任的同时，第一责任人是领导者，领导者有义务去承担这种风险。此外，许多领导者被工作所困扰，但授权却容易引发权力失控或滥用权力，这是领导者不愿面对的。出于害怕承担风险，领导者宁愿大权在握，小权也不放手。

（五）领导者拒绝分享权力

极少数领导者有强烈的权力欲望，只有事事亲自决定才觉得是权力的有效运用，才能显示自己是有权力的人。这些领导者喜欢紧紧地控制着下属，认为只有这样才能树立自己的权威。他们对待工作鞠躬尽瘁，喜欢尽善尽美，总认为员工的工作不够完美，因此，不要说授权，就是下属职责范围内的事也要插手。这种具有权力欲望的心理特征，也是授权的重大障碍。

（六）领导者担心被“反授权”

领导者不愿意授权还因为反授权的存在。所谓“反授权”，就是下属把自己所拥有的责任和权力反授给上级，即把自己职权范围内的工作问题及矛盾推给上级，仅授权上级为自己工作，从而导致上级在某种程度上成为下属的“下属”。这种情况的出现不仅使上级工作被动，忙于应对下属的请示或汇报，而且会养成下属的依赖心理，彻底背离了授权的本意。

补充材料

练习：认识授权的障碍

本练习用来帮助你认识组织对授权提供的准备条件和潜在的障碍。针对每个问题，思考你目前所在组织和部门的状况，然后做出判断。

问题	是	否
1. 你所在的组织正在发生变革或转轨吗？	□	□
2. 你所在的组织正面临一个新的开始或新的尝试吗？	□	□
3. 你所在的组织正面临一种不断增强的竞争压力吗？	□	□
4. 你所在的组织有等级官僚主义吗？	□	□
5. 你所在组织的主要领导是官僚主义的和高高在上的吗？	□	□
6. 存在许多消极、旧调重弹的情绪和只关注失败的倾向吗？	□	□
7. 员工对组织的决策和行为提出了许多建设性意见吗？	□	□
8. 绩效预期与目标明确吗？	□	□
9. 目标是否实现，能够完成吗？	□	□
10. 报酬与绩效或完成组织目标任务紧密挂钩吗？	□	□
11. 报酬是基于能力与成就吗？	□	□
12. 鼓励创新吗？创新是否得到回报？	□	□
13. 有很多参与的机会吗？	□	□
14. 任务属于日常性的单调事务吗？	□	□
15. 权力资源通常适应执行任务的需要吗？	□	□
16. 和高层管理者相互交流的机会受到限制吗？	□	□

计分方法：对 1~6、14 和 16 题回答“是”得 1 分；回答“否”得 0 分。

对 7~13、15 题回答“是”得 0 分；回答“否”得 1 分。

说明：最高的可能得分是 16 分。你的得分越接近最高分，你准备实施授权的可能性越小。对各种不同问题的分析，能帮助你找出实施授权的特殊障碍和原因。

资料来源：纳哈雯蒂. 领导力[M]. 2 版. 王新，译. 北京：机械工业出版社，2003：116~117.

二、克服授权障碍的对策

影响领导者授权的因素多种多样，既有来自领导者自身观念、态度和工作方法方面的原因，也包含组织尚未建立有效的工作规章保证授权工作进行的问题。真正实现有效授权必须针对以上方面采取相应的对策，努力克服领导者的授权障碍。

（一）加强理论学习，提升领导者水平

授权作为一种领导艺术是领导者开展领导工作的重要方式和方法。授权时，领导者的作用是营造一种支持和信任的氛围，鼓励员工分享意见、参与决策制定、彼此合作以及承担风险。领导者可以通过工作场所内外的各种正式或非正式的接触，营造一种坦诚的气氛。这就对领导者提出了较高的要求。

现代社会，学习是一种重要的工作和成长方式。通过学习可使领导者认识和了解授权，掌握授权的相关知识和基本技能，运用授权方式实现权力的有效分配，更好地完成领导工作。学习可以帮助领导者改变陈旧的权力观念，消除对授权的担忧和恐惧，由害怕失去权力和被下属取而代之转向正确进行授权，在丰富领导者工作艺术的同时，实现领导者工作成效的提高。

（二）改变领导观念，转变工作作风

领导者应当改变领导观念，转变工作作风，不仅成为指挥者和团队领袖，还要成为激励者和教练，关心下属的成长和发展，并且积极为他们提供条件和机会，创造潜力开发的机会。在日常工作中，领导者应当向组织成员灌输授权思想，使下属敢于接受权力的挑战，敢于承担更多的职责；领导者要经常地与下属沟通，了解他们的愿望和需要，听取他们的想法、意见和建议，赢得他们的信任；采取积极有效的措施，大力开展人员培训，大力提升员工组织整体的素质和水平，挖掘人才资源并补充到组织后备队伍中去；对待曾经出现问题和失误的下属，要帮助他们分析原因，支持他们从失败中不断总结经验，努力取得更好的业绩。领导者的信任、激励和宽容将成为下属主动承担责任、积极主动投入工作的最好诱因。

（三）采用科学方法，调整领导方式

授权是凝聚组织成员的一种方式，是激励组织成员共同承担责任并开展工作的重要手段。组织中的高层领导者必须努力改变传统的权力在握、君临天下的观念，调整领导工作方式，实现工作重心转移，从事事插手，事无巨细到提纲挈领、高瞻远瞩，将大量的事物性、常规性的工作交给下属，自己负责关系组织重大发展战略的规划、组织变革、管理创新等重要问题，集中精力开展工作。中层领导者则要分清自己工作职责中哪些是最关键和重要的，哪些是相对次要的，在认真分析的基础上弄清楚在什么情况下、就什么问题、对哪些下属可以授权。

（四）建立科学程序，合理授权工作

随着领导科学的不断发展，领导实践的不断推进，许多领导者在尝试建立科学的授权工作程序，确保授权的实施。

由于领导者水平不同、发展状态各异、领导工作水平差异较大，因此领导活动的开展也呈现不同的状态。领导工作中的授权程序是将授权过程进行合理设计，科学组织，实现权力分配、使用和控制的工作流程，是合理授权的重要保证。组织的高层领导者应当注重在完善现有工作规章的基础上，建立科学的授权工作程序，将之与现有的领导体制进行有机整合，使授权工作与领导工作的其他职能形成有效合力，保证组织领导工作的正常开展。

（五）改革组织结构，提升组织文化

授权的实施必然引起权力分配的改变，引发组织结构的调整。组织首先必须打破正式的、严格的等级限制，改变集中决策的模式，促进权力分享。现有的组织结构如果不能满足授权需要的条件，领导者授权将非常困难。此外，已经形成的权责结构也会影响授权的过程。因此，必须改革现有的组织结构，调整职责关系，根除官僚主义。

组织文化是组织在长期的实践活动中所形成的并且为组织成员普遍认可和遵循的具有本组织特色的价值观念、团队意识、行为规范和思维模式的总和。组织文化的重要任务是增强组织的凝聚力，将来自各个岗位、各个层面和性格各异的组织成员形成一个整体，消除他们之间的差异、不同、对立和排斥，营造合作、信任和团结的组织氛围，使他们产生亲近感、信任感和归属感。从这个角度出发，加强组织文化建设、增强组织凝聚力，有助于形成有效授权的组织条件和有利环境因素。

第四节　领导授权的方法与艺术

授权是用权的重要组成部分，是权力的分享。如果领导者运用得当，既可以帮助领导者自己减轻工作压力和负担,提高工作效率,也可以达到培养锻炼下属、发现人才的目的。反之,授权不当,领导者不仅为大量繁重工作所困扰,加大工作负担,还会挫伤下属的工作积极性和热情,导致组织内部混乱甚至引发矛盾。因此,领导者必须在领导工作中注重授权的方式和方法,讲究授权艺术,以取得理想的领导效果。

一、合理确定授权对象

授权是否能够成功实现在很大程度上取决于被授权者的情况,因此,合理确定授权对象就成为授权的开始。被授权者如果选择失误,出现难以预料的授权后果往往不可避免,还会给领导者留下后遗症。因此,选好被授权者是授权工作的基础和关键环节。要选好被授权者,必须对准备接受授权的个人做细致的分析和了解。

补充材料

尼克松:授权之难

尼克松认为:"许多领导人最难接受的事情之一,就是授权别人替自己办事。艾森豪威尔曾就此简略对我说起,作为一个行政长官,他必须克服的一个大难题就是学会签署水平低劣的信件:也就是说,明知自己可以把信写得更好,也得在别人代写的信上签上他的名字。"

尼克松进一步指出,领导人比较容易委派别人去做的是那些别人显然会比他自己做得更好的事情,但艾森豪威尔签署水平低劣的信件一事说明,还有一种更难的选择,即领导人还必须把自己能做得更好的事情也委托给别人去做。这要求他能够区别什么是必须做的事情和什么是重大的事情,也要求他具有能让别人处理重大事情的自我克制精神。

资料来源:现代领导方法与艺术篇:领导授权[EB/OL]. http://www.mlr.gov.cn/pub/gtzyb/wskt/wskt_dqkt/t20050307_65547.htm.

领导工作中,具有下面特点的人,往往是被授权的理想人选。

(一)大公无私的奉献者

有的人他们对待工作尽心尽责,常常为了工作、集体而牺牲个人利益,埋头苦干，不计较个人名利。这种人最适合承担责任。而有的人尽管工作能力强，但如果让他多做些工作就讨价还价，只顾个人利益和短期利益或者工作稍有绩效就想回报；既干着工作又时时想着谋私；一旦工作中投入大于产出就满口怨言。这种人难以委以重任，尽管他有时显得很精明，但往往只是“小聪明”而已，难以成为被授权者。

（二）不徇私情的忠诚者

他们往往办事认真负责，善始善终，敢于坚持原则、坚持真理，对错误言行和时弊敢于直言不讳。如果大胆授权给他们，领导者得到的将是可靠的支持和帮助。

（三）善于团结协作的人

他们在实际工作中协调组织能力强，善于理顺人际关系，有凝聚力和向心力。在实际工作中，工作的成果往往需要组织成员齐心协力、团结协作来取得。现今社会中那些善于同舟共济、情感沟通的公共关系型下属往往是被授权者的理想对象。

（四）善于独立处理问题的人

他们善于独立思考问题并善于发现某些处于萌芽状态的问题；善于处理复杂棘手的问题；善于提供有价值的独特见解。他们能弥补领导者知识的盲点，授权给他们往往能解决难题。相反，那些遇事无主张、凡事都要向领导请示汇报的人往往不能成为被授权者。

（五）勇于创新的开拓者

他们属于“实干家”、活动家，办事能力强、开拓能力卓越。工作中敢于大胆设想，敢于标新立异、另辟蹊径，如果授权给这种人往往会开拓新的工作局面。比如，能力挽狂澜的汽车大王艾柯卡、从荆棘中走向坦途的尤金尼·杜尔奈、具有创新信念的肯尼伍兹钢铁公司总裁贝尔等人都创造了商业经营管理的奇迹。

（六）犯过非本质的或是偶然错误并渴求悔改机会的人

这些人在犯有错误、失去某些尊严和荣誉后，多少有些补偿感和失落感，其最强烈的愿望是力求别人为他们挽回一些损失、渴求重新恢复应有的尊严和价值、强烈地需要“戴罪立功”的机会。因此，领导者在充分认识到这一心理后，如果大胆接受这些下属，他们会因重新得到信任和尊重而拼命工作，即使最脏最累最危险的工作，他们也会愉快地去完成。

二、建立科学的授权程序

科学的授权程序是授权的可靠保证。授权程序主要包括以下步骤。

(一)制订计划,明确目标

授权作为程序化工作首先需要制订计划,明确授权目标。领导者要明确为什么授权,什么情况下就什么问题对哪些下属可以授权。制订计划的过程是领导者思考的过程,计划应主要从分工和领导者工作两方面入手,而科学的分工是授权的前提。通过科学的分工确定每个工作岗位的职务、权力与责任,然后再决定这些权力交给哪些人来行使。如果没有明确的分工而盲目授权,会因为责任不清而使工作陷入混乱;同时,领导者要通过评估自己的工作内容和职责之间的关系,检视是否有些执行性或例行性的工作妨碍了自己投入更多时间在战略性或计划性的工作上。领导者也可以列举组织中自己承担的所有工作,依照重要程度、风险大小及紧迫性的高低分类,决定哪些工作必须自己承担,哪些工作可以分配给员工完成。

一般来讲,以下工作领导者应当授权给下属:领导者没有时间去做的工作、下属可以做得更好的工作、领导者喜欢做或能做好但未能充分利用其才能的工作、有意识培养和锻炼下属的能力或下属为了积累经验而必须做的工作等。

(二)选择对象,视能授权

授权是一项严肃的工作,操作中必须慎重谨慎,选好授权对象非常必要,也是授权工作的关键。用人不当,将不可避免地出现难以预料的后果,所以一定要对授权对象进行细致的了解和分析,选择适用的人选才能保证权力得到正确的行使。

首先,选择对象。在确定授权人选时,根据人员所从事工作的相关经验、知识、工作状态和工作业绩,对员工进行分类,以确定不同的人可以分别使用不同级别的监督和不同形式的授权,授予不同的权限。见表7-1。

表7-1 员工分类与授权方式选择

员工的分类	授权者的角色	授权的方式
新人	命令者	明确目标,具体的示范和指导,严格的监督
合格者	管理者	明确目标,一定的指导,规范工作要求
基层领导者	教练	确认目标,必要的指导和帮助,鼓励保持热情
中层领导者	参与者	参与工作目标的制定,提供支持,减少干预
高层领导者	合作者	共同协商,统一方向,充分的信任,制度约束

其次,视能授权。选定授权对象后,应注意根据其能力大小和个性特征适当授权。对于能力相对较强的下属可授予更多的权力,这样既可将事办好又能达到培养和锻炼的目的;对于能力相对较弱的下属可采用渐进式授权方式,根据其表

现进行授权,以免出现大的失误;对于性格明显外倾性的下属可分配社交、公关或沟通协调的权限,充分发挥其特长;对于性格明显内倾性的下属可分配具体和抽象性的工作,以提高工作效率;对于黏液质和抑郁质的下属,授权让他们处理带有持久性、细致性、严谨性的工作。要实现恰当授权,领导者必须对所有员工的个性、技能和特长等方面有所了解,从中选出适合的授权对象。

(三)细分责任,明确标准

责任的建立有助于让下属按既定的准则去进行工作并对上级承担责任,以实现对权力的有效控制。

领导者完成责任的确立并明确对下属的要求可以通过以下步骤:首先,领导者要向下属明确应达到的预期目标,然后清晰地解释他们负责从事的工作范围和任务,并同下属一起讨论完成任务的预期结果及检验的标准。其次,在达成一致的基础上,通过给下属布置具体工作计划的方式将责任固定下来,作为将来执行和监控的依据。其三,授权以后,各级领导者责任明确,各负其责,杜绝上下级互相扯皮、推诿现象。最后,领导者要及时指出在工作过程中应注意的问题及可能发生的隐患,拟定有效的预防与处置应对的对策。实际工作中,许多领导者采用目标管理方式实现权力分解,达到责任明确,并借助员工自我管理和自我控制的方式开展工作,收到了非常好的效果。

此外,权力和责任确立后不是一成不变的。只有位于一线的人员才能真正了解特定时期的具体情况并且能够根据具体情况灵活地做出相应的决策。古人云:将在外,君命有所不受。计划执行过程中客观环境和组织状况发生变化,应当允许被授权者根据变化了的条件和环境等因素及时做出应变措施,以免贻误时机,丧失大好的发展机会。有效的信息沟通和反馈可以实现权力的有效制约和控制。

(四)注重沟通,培训指导

授权实际也是培训下属的重要手段。领导者借助授权向被授权者明确任务和目标,并同被授权者共同制定行动方案,确定衡量标准的过程本身就是对下属的培训。

在授权开始之前,领导者会向被授权者充分解释授权内容。领导者要确定下属了解授权的内容、工作任务的重要性和急迫性并提示下属可能会面对的问题;还要向员工说明之所以授权的原因、对任务结果的期望、合作者、可使用的资源和工作中的支持等,帮助员工全面地了解任务的意义,避免员工只是单纯被赋予任务。

告知下属任务内容后,领导者应该要求下属复述,以确认他了解了工作内容。有时候成功授权所花费的时间和精力不亚于领导者亲自执行,但这有利于下属的成长和工作经验的积累，是一种必要的投资，也是培训的重要内容。

工作中的指导同样也是培训下属的有效方式之一。授权之后，在实际工作中领导者应当随时与下属保持双向的沟通，了解工作的进展，观察下属的工作情况，了解下属工作的变化，及时地提供咨询、指导、帮助和支持，使得下属能够明确具体要求，顺利开展工作。

（五）监督检查，加强评估

把权力交到下属手中，领导者需要定期检查下属的工作进度，通过有效的检查评估，总结取得的成绩，发现存在的问题，给予下属肯定和建设性的回馈，必要时提供下属需要的协助和指导。领导者可以和下属一起拟定不同阶段任务完成的期限、评估工作成果的标准、检查评估的方式等，并且执行相关的追踪检查，以更好地了解授权的状况。

权利与义务是对等的。下属在获得权力的同时还负有向上级汇报工作进展和结果的义务。正确的授权程序必须包括工作汇报制度，便于领导者对授权进行及时检查监督。工作汇报制度要求被授权者定期向授权者报告工作进度并通过一定程序得到反馈信息，这既是被授权者的义务也有利于领导者把握其进度，在必要的时候及时纠正其错误或给予一定的指导，使工作朝期望目标发展。同时，这样做也可以避免上级对权力的放任，避免权力的失控。

三、强化权力的管理艺术

（一）注重权力的差异，区别管理

对不同岗位、不同层次的领导者，在权力管理中应各有侧重、有所区别。如对高、中、基不同层面领导者权力效应的管理方面，就应有所差别和侧重。因此，重视不同岗位层次和职能的权力特点，有所侧重，才能有所成就。

（二）讲究权力的使用方法和技巧

领导者应因人、因事、因时、因地、因条件不同而确定适当的授权方式和方法：如果领导者激励下属实现目标的成就感，可以采取目标分解法；如果工作重要程度较低、完成与否不会影响全局，可以采取充分授权法；如果工作重要程度高，则可以采取部分授权法，授予下属部分权力；如果工作复杂、环境条件多变、对下属的能力、水平无充分把握，宜采用弹性授权法；也可选择单项授权，即把解决某一特定问题的权力授予某人，随着问题的解决收回权力；局限于时间因素时，可实行定时授权，即在一定时期内将权力授给某人，到期即收回；当工作极为重要，或是容易出现疏漏，而领导者任务繁重，则可采用制约授权法，即把某项任务的职权，分解成几个部分并分别授予不同的下属，使他们之间相互制约，以有效地防止工作中出现纰漏。多种方法的综合使用可以使领导者面对不同的条件分配权力。

(三)兼顾行使权力的主客观条件

领导者对权力进行管理,注重权力的使用,就要注意行使权力者的主客观条件的差异,为此可以采取比较分析法。纵向比较,即将行使权力的现状和过去进行比较,但不能单看某些指标的增长,要全面分析原有的基础、政策变化、形势发展等情况,即历史地看问题;横向比较,即与条件相近的其他用权者比较,既有成就大小之比又有对原来基础好坏全面情况的具体分析,看差距拉大了还是缩小了,以此衡量用权的效果;正反比较,领导者认真听取不同意见,通过意见对比,求得正确统一的看法,了解权力行使的真实状况。但是,不论采取哪种比较方法都必须注意要以事实为基础,坚持客观并且统一的标准,通过比较进行分析。否则,不可能真实地了解权力行使的状况,实现对权力的有效管理。

(四)把握权力行使的动机和效果

许多组织对领导者的权力行使进行管理,主要是考察领导者的工作业绩。应当转变观念,坚持动机与效果相统一。如果领导者为了局部利益和局部效益而损害了全局利益和整体效益,无论业绩多么突出,对组织都是有害的;其次,从战略角度出发,领导者考虑问题是从长计议、注重长远利益,还是急功近利、短期行为。历史的和现实的经验已经证明,片面考虑当前的利益,一味追求"眼前利益",缺乏战略眼光和长远打算,将会严重影响组织长远的发展;最后,考察领导者的业绩,要有利于鼓励其勤勤恳恳、扎扎实实地做工作,反对形式主义,注重实效。

(五)将"管权"和"管人"有机结合

权力管理不仅是对权力的分配和使用进行管理,同时也是对分权人和用权人的管理。权力不是独立存在的,作为一种工具,它依附于人,被人掌握和使用,离开人的权力是不存在的。所以,对权力的管理说到底是对人的管理,权力使用的关键在于人,在于高素质的领导者。因此,建立健全一整套规章制度,提高各级领导干部的素质,是权力管理的基础和保证。

(六)谨慎授权失衡和失控

授权的最大风险在于权力失控。权力失控有两种可能,一是一旦权力授出,领导者对下属失去约束力和指挥权;二是下属逐渐"翅膀硬了",不再听命于上级甚至出现了侵犯上级职权的现象即"越权"现象。应当引起注意的是,授权应是单向的,即由上至下,要防止出现逆向,即下属越权的现象。下属越权的表现主要有:有的下属先斩后奏,即把本不该自己决定的事定了,然后汇报,迫上司就范,认为反正是"木已成舟";有的下属斩也不奏,即封锁消息,自己说了算;还有的下属设好圈子,片面反映情况,让领导者钻,出了问题责任由领导者承担,这是一种巧妙的“越权术”，也是一种心术不正的越权术；有的下属向多个上司请示，即多头请示，利用其他上司了解下属情况周期长及信息获取“滞后性”的局限，取得间接上司的支持，迫使直接上司就范。越权的危害是明显的。越权不仅损害了直接领导的威信，又容易使工作脱离既定的轨道，产生失误。如果不对越权现象加以控制，组织就会出现混乱的局面。

【学习卡片】

要赋予科学家更大技术路线决定权、更大经费支配权、更大资源调度权，同时要建立健全责任制和军令状制度，确保科研项目取得成效。

——节选自习近平 2021 年 9 月在中央人才工作会议的讲话

课程思政学习专题

杨颙（yóng）谏孔明

原文选自《资治通鉴》之《魏纪》。

原文：

亮尝自校簿书，主簿杨颙直入，谏曰：「为治有体，上下不可相侵。请为明公以作家譬之，今有人使奴执耕稼，婢典炊爨（cuàn），鸡主司晨，犬主吠盗，牛负重载，马涉远路，私业无旷，所求皆足，雍容高枕，饮食而已。忽一日，尽欲以身亲其役，不复付任，劳其体力，为此碎务，形疲神困，终无一成。岂其智之不如奴婢鸡狗哉，失为家主之法也。是故古人称坐而论道谓之三公，而行之谓之士大夫，故丙吉不问横道死人，而忧牛喘；陈平不肯知钱穀（gǔ）之数，云自有主者，彼诚达于位分之体也。今明公为治，乃躬自校簿书，流汗终日，不亦劳乎！」亮谢之。及颙卒，亮垂泣三日。

译文：

诸葛亮曾经亲自校对公文，主簿杨颙直接进谏说：“治理国家是有制度的，上下级的工作不能混淆。请您允许我以治家打个比方。现在有一个主人，命男仆耕田，婢女烧饭，雄鸡报晓，狗看家防盗，以牛拉车，以马代步；家中事务无一旷废，所有要求都可得到满足，悠闲自得，高枕无忧，仅仅考虑吃饭饮酒而已。忽然有一天，所有的事情都要他亲自去做，不用奴婢、鸡狗、牛马，结果劳累了自己的身体，陷身琐碎事务之中，弄得疲惫不堪，精神萎靡，却一事无成。难道他的才能不及奴婢和鸡狗吗？不是，而是因为他忘记了作为一家之主的职责。所以古人认为坐着讨论，做出决定的人是王公；亲自执行的人被称作士大夫。因此，丙吉不过问路上杀人的事情，却担心耕牛因天热而喘，那是因为牛牵涉农事，乃国之根本。至于斗殴横死街头，那是长安令京兆尹分内的管辖；陈平不去了解国家的钱、粮收入，而说‘这些自有具体负责的人知道’，他们都真正懂得各司其职的道理。如今您管理全国政务，却亲自校改公文，终日汗流浃背，不是太劳累了吗？”诸葛亮深深表示感谢。后来杨颙去世，诸葛亮哭泣了三天。

本章小结

授权是领导者将权力分派给其他人以完成特定活动的过程。授权既是管理技能也是领导艺术。授权的意义在于减少领导者的负担，使其从烦琐的事务中解脱出来，集中时间、精力处理重大问题；调动下属的积极性、创造性，激发下属的工作热情；给下属提供发挥才干、大显身手的机会，为发现人才和培养人才创造条件；明确权力与责任；有利于改善上下级关系。授权的原则包括适当授权、因能授权、权责明确、有效监控、相互信任和注重整体等原则。

领导者授权面临多种障碍，包括不会授权，对被授权者缺乏信任，害怕授权给自己带来威胁，害怕承担风险，拒绝分享权力和担心被“反授权”。克服授权障碍的对策包括加强理论学习，提高领导者水平；改变领导观念，转变工作作风；调整工作方式，采用科学方法；建立科学程序，合理授权工作；改革组织结构，提升组织文化。领导者应当掌握授权艺术，包括合理确定授权对象、建立科学的授权程序和强化权力的管理艺术。

思考题

1. 授权对领导工作的意义是什么？
2. 领导者授权应当遵循哪些基本原则？
3. 为什么领导者会出现授权障碍？克服授权障碍的对策是什么？
4. 如何提高领导者的授权水平？

教学实训

一、背景资料

李经理的授权难题

某公司为某个知名品牌产品的省级经销商，经过多年努力得到良好发展。一天，经理老李把他属下的所有部门负责人召集起来开会。老李说："大家都很了解目前公司的情况，近期也不断有人给我提建议。确实，目前公司发展到了这么大的规模，什么事都是我一个人说了算，这是不行的。所以，我开始授权，请大家替我分担一些工作。采购、仓管、财务、销售、服务等各个部门都有各自的职责范围，从今天起，部门负责人可以自己拍板。不过，在做出任何重大决策之前，请先征求一下我的意见，而且请记住，不要做那些我不会去做的决定。"

一切都安排妥当之后，李经理认为自己从今天开始，应该会轻松一些了。但接下来发生的场景却使李经理哭笑不得。

采购部门负责人认为要获得经理的赏识，就必须严格遵照经理原来的做法，即按公司原来的进货渠道，继续采购那些公司一直销售的产品。采购部的执行力也真够到位，他们甚至连产品型号、款式都一如既往，不管销售部如何叫嚷，不管这些产品在当前是否适销对路，照进不误。因为他们坚信：严格遵守经理的做法，就算做得没有经理一样好，至少也不会犯错误。

如此一来，销售部的日子就不那么好过了。销售部负责人面对着这些新进的过时产品，急得像热锅上的蚂蚁。不过马上就有人提出解决办法，他们向经理提出：为了抵抗竞争，提高销售量，做些小小的促销活动吧。

促销活动是常事，李经理没有细加追问就同意了。于是销售部的员工们就投入各自负责的区域，像钦差大臣一样自作主张给客户赠送了大量的促销品，向客户承诺更多的服务内容，产品销量快速上升，但到月底一算，销售总量上升了，营业利润总额却同比下降了。

为什么企业授权以后乱成一锅粥了？李经理于是又召集下属："我们需要加强组织管理。公司需要更多的控制。"李经理现在又在考虑如何把权力集中到自己手中的问题。

资料来源：授权失败案例分析[EB/OL]. http://info.china.alibaba.com/news/detail/v5003013-d6206665.html.

二、教学组织：

1. 教师划分讨论小组。
2. 结合案例材料，组织课堂讨论。
3. 各小组提出各自的方案。
4. 教师点评。

三、问题讨论：

1. 李经理的授权是否正确？存在哪些问题？
2. 作为领导者，应当如何处理集权和分权的问题？

第八章

8

领导用人

学习目标

用人是领导的重要职能，需要讲究科学的方法和艺术。通过本章的学习，要求了解领导用人的内涵和原则，理解“知人善任”的领导用人艺术，掌握有效的激励之道，更好地发挥人的作用。

引导案例

曾国藩识人术

曾国藩作为中国近代政治家、战略家、理学家、文学家，拥有超乎他人的阅人术，尤其是通过对个人的体貌特征来精确判断和预测对方的品德、能力、性格特征。

有一次，李鸿章带着三个人去见曾国藩，碰巧曾国藩出去散步，李鸿章便让此三人在门口等候。当曾国藩回来的时候，看到门口有三个人，他左边看一眼，右边看一眼，中间看一眼，什么话也没说就走了进去。李鸿章问老师对此三人的评价，曾国藩回答道：“左侧之人可用，但只可小用；右侧之人万万不可用；中间之人可用，且可大用。”李鸿章对老师“一眼识英雄”非常敬佩，问其原因，曾国藩说：“左侧这个人，我看他一眼，他也看我一眼，我再看他一眼，他就把眼皮顺了下来，不敢再与我对眼神了。这说明他心地比较善良，但是气魄不够展开，所以可用，但只可小用，授予后勤供应一类的工作足矣。右侧这个人，在我看他的时候，他不敢看我，当我不看他的时候，他又偷偷地看我，很明显这个人心术不正，所以万万不可用。然而，中间这个人，我看他一眼，他也看我一眼，我上下扫他一眼，他又堂堂正正地打量了我一番。说明此人心胸坦荡，气魄宽广，可用，而且可以大用。”此时，李鸿章幡然领悟，并遵照老师的指点派用此三人。中间的这个人就是被李鸿章重用并成为晚清淮军著名将领、台湾第一巡抚的刘铭传。

用人是领导的基本职能之一,也是决定领导活动成功与否的重要影响因素。人是世间最宝贵的财富,是创业和立业之本,领导者能否正确地选才用人,关系到领导工作的成败、事业的兴衰。

第一节　领导用人概述

一、领导用人的含义

用人是一门深奥的学问。“一个和尚挑水喝,两个和尚抬水喝,三个和尚没水喝”的寓言故事告诉我们,在激烈的竞争中,要做到“1+1>2”,关键就在于领导,在于领导如何用人。如何消除内耗增强凝聚力,激发积极性形成合力,这是管理的目标,也是用人的目的所在。美国钢铁大王卡耐基墓志铭上有一句名言:“这里躺着的是一位善于使用比自己更能干的人来为他服务的人。”一语道破了用人艺术的真谛,即用人之道在于借力,借力打力,四两拨千斤,他山之石可以攻玉。

领导用人主要是指领导者或领导群体在实施领导活动的过程中,按照一定的隶属关系和管理权限对下属加以选拔、使用和培养的组织行为过程。领导者科学合理地使用人力资源,做到人事相宜,人尽其长,对组织的发展具有非常重要的作用。

二、科学用人的作用

对于领导者来说,用人恰当既可以赢得上级和群众的信任,又可以鼓舞全体员工形成向心力和凝聚力。反之,则可能挫伤大家的积极性,出现人心涣散、矛盾重重、难以维持的局面。科学用人的作用体现在以下几方面。

(一)科学用人是完成领导任务的基本保证

现代社会,领导的核心任务就是带领全体员工在市场竞争中求得生存、不断发展。完成各项任务需要一系列的条件,但关键还是人。人不是简单的毫不相关的个体累加,众多个体构成复杂的整体,人的性格各异,导致各种矛盾和关系错综复杂。因此,能否发挥他们的积极性,不拘一格使用人才,唯才是举,是完成领导任务的基本保证。

(二)科学用人是用人所长的综合体现

领导者不是万能的,需要调动所有人的聪明才干共同努力。“不拘一格、用人所长”是发挥人力资源作用的重要前提，是领导者识别人才、大胆使用人才的综合反映。领导者不嫉贤妒能，敢于启用比自己高明的人是招揽人才、留住人才的重要条件。领导者若无容才的气度，唯恐别人把自己比下去，那么他的周围必然是庸才多，阿谀奉承的人多，缺乏高素质的有用之才。“水至清则无鱼，人至察则无徒”，气量狭窄，只能容人之短不能容人之长的领导者最后都以无所建树而告终。一个领导使用什么样的人，往往是对他的能力、水平、品德和观念的检验，反映出领导者的价值取向。

(三)科学用人是促进员工成长的有效手段

用人是一个发现、选拔、培养、使用和保护的过程，就像幼苗需要精心呵护，放任不管和拔苗助长都会造成国家、集体和个人的损失。领导者讲究用人之道，员工就能在良好的工作环境中发挥其特长并不断学习新的东西，提高自身素质。只有下属的水平得到逐步提高，团队的综合水平才能相应提高。

(四)科学用人是增强集体活力的重要方法

有的领导深谙用人之道，非常重视发挥下属的积极性，在“山穷水尽疑无路”时使用得力的下属，重现“柳暗花明又一村”的景象；也有一些领导不注意研究用人之道，自己忙忙碌碌，整天陷于文山会海中，工作很卖力，但调动不了下属的积极性，整个组织没有生机和活力；还有些领导则出于各种各样的想法，不愿让下属超越自己，限制他们的权力，无形中挫伤了员工的积极性，造成不良的后果。

三、领导用人的原则

用人是领导者一个重要的职责。从大的方面看，用人关系到国家的兴亡；从小的方面看，用人可以决定组织能否顺利达到目标。领导者要做到善于用人，必须坚持用人不疑、德才兼备、扬长避短、人尽其才、人才互补的用人原则。

(一)用人不疑原则

“用人不疑，疑人不用”。在人才的使用上，不仅要大胆放权，使其在一定的范围内能够自主决断，而且要设身处地为其着想，勇于承担他们在工作中的失误。领导者的信任对于下属而言非常重要。人都有自信心和成就感，都抱有通过自己的努力去完成某项工作或某种事业的心情和愿望。领导信任他，他就能发挥自己的聪明才智，在工作中做出更大的成绩。反之，领导如果不信任他，就不能真正做到放心、放手、放权，即使授了权也是有名无实。

(二)德才兼备原则

在社会主义市场经济条件下，组织或部门经营管理的好坏在一定意义上主要看用人情况。在选拔任用领导干部时，一定要坚持德才标准，把德才兼备、具有较强开拓能力的人选拔到适当岗位上来，重用那些有强烈的改革创新精神，有开拓精神、业绩突出、为政清廉、职工信任的人。在选拔任用人才时，一定要任人唯贤，不能任人唯亲。要把真正的“能人”“贤才”选拔上来，而不能助长拉关系、走后门的不良风气，使一些亲信、庸才充斥重要岗位，以避免给组织造成损失。

（三）扬长避短原则

任何人都不会十全十美，人有长处，也有短处，这是由于人的禀赋、成长环境和个人素质决定的。谁能对大千世界浩繁无垠的各种知识无所不知呢？事物有长短，人才有高低，这是古往今来的客观事实。因此，领导者在选拔、使用人才时，应着重分辨人才的长处和短处，扬长避短地选用。在团队构建过程中，注重团队成员的优势互补、取长补短，发挥下属的长处，避开下属的软肋。

（四）人尽其才原则

每个人都有自己的特点，这种区别于他人的特点有可能就是某人的一大优点，一大长处。委派合适的工作岗位，使其优点和长处得到尽情的发挥，使人尽其才，这是领导者用人的取胜之道。为此，领导者应该当好伯乐，慧眼识珠，把“千里马”及时选出来。在现实生活中，一些单位的领导者很好地做到了这一点，而有些领导却做不到这一点，总是求全责备，以偏概全，埋没了许多有特点、有个性、有能力的人才。

（五）人才互补原则

要善于在一个整体中取长补短，使下属构成互补系统。在组织中，各种各样的人都有自己的优势和劣势，关键是怎样组合配置，组合得好可以起到事半功倍的效果；组合得不好，则可能事倍功半。有智慧的领导者总是善于把不同性别、不同年龄、不同学历、不同个性、不同能力的员工组合配置好，形成一个互补系统，做到取别人所长、补自己之短，发挥每个人的最大潜能，形成强大的合力。

领导者用人的最高境界是知人善任。知人善任是领导者进行领导活动的重要环节之一，是领导的重要职能。知人和善任是互相区别又紧密联系的两个方面。知人是善任的基础和前提，不知人就无法善任；善任是对知人的考察和检验，不善任就无须知人。通过知人以达到善任，又在善任中进一步知人。这两者的统一，就形成了领导者的用人艺术，本章将分知人和善任两部分内容分别阐述。

第二节　知人之道

用人首先要“知人”。“知人”，首先要对所需、所用之人有一个较全面的了解。在“知人”的基础上才有可能“选择”合适的人，从某种程度上讲，“知人”即为“择人”。因而“知人”就成为领导者用人的第一要素和前提。当然，“知人”是为了“善任”，通过“善任”来获得企业持续的竞争力，才是用人艺术最终的落脚点。领导者能否正确地知人关系到领导工作的成败、事业的兴衰。领导者必须研究知人之道，树立知人的基本标准，确定知人的方法，能够选对人，从而为善任打好基础。

一、人才的内涵

领导者要掌握“知人”的方法和艺术，就必须首先掌握“人才”的内涵，明确“人才”的标准。“人才”这一概念，有广义和狭义之分。

（一）广义人才

广义人才的范围非常宽泛，凡是具有一定的知识和技能，能够取得一定成绩的劳动者均是人才。《中共中央国务院关于进一步加强人才工作的决定》（以下简称《决定》）指出：“只要具有一定的知识或技能，能够进行创造性劳动，为推进社会主义物质文明、政治文明、精神文明建设，在建设中国特色社会主义伟大事业中做出积极贡献，都是党和国家需要的人才。”《决定》规定新的人才观“要坚持德才兼备原则，把品德、知识、能力和业绩作为衡量人才的主要标准，不唯学历、不唯职称、不唯资历、不唯身份，不拘一格选人才。鼓励人人都做贡献，人人都能成才”。这是对人才标准的进一步具体化和普遍化。政策话语中的人才是一种广义的人才观，其实只是对有一定素质的为社会服务者的通称，这是一个外延宽泛的概念。

（二）狭义人才

狭义人才指掌握一技之长或有突出作为和贡献的人，如各类专家、学者等。只有具备一定标准的能力、达到一定的层次水平并做出相应贡献的人才能够被称之为人才。中国古代几千年封建社会中的格物、致志、修身、齐家、治国、平天下，讲的就是不同种类、不同层次、不同规格人才的大致标准。我国著名人才学家王通讯在《未来人才学》中从人才标准的科学性、时代性以及社会性出发，提出以下三条人才标准：“第一，能坚持有效地吸收人类文明中有用的信息、知识，具有一定的智能，是知识信息的合格载体；第二，能从事创造性劳动，是知识信息组合增强的有效动力源；第三，其创造性劳动成果能自觉服务于社会进步和人类的正义事业。”依据这三条标准，他认为：“人才是能够产生良好社会效应的、以知识信息活动的载体为基本形态的知识信息组合增强的动力源，或者说，人才是一个具有专业智能并能自觉促进社会进步而从事创造性劳动的人。”

因为人的能力、贡献有差异,所处的工作岗位又千差万别,所以人才自然也是多种多样,成为一个多序列、多层次的范畴。从人才的层次不同分为高级人才、中级人才和一般人才;从人才的工作内容不同分为管理人才、技术人才和党政人才;从人才对组织的向心程度不同分为核心人才、中层人才和外围人才;从绩效标准的有无分为潜在人才(隐能人才)和贡献人才(显能人才)。人才专家沈荣华倡导市场经济社会要以能力为主导的人才标准,即知识要素(受教育的程度)、能力要素(即经历)、业绩要素(所做的贡献)。由上观之,有多少不同的分类标准就有由此衍生而来的多少种人才。

二、知人的基本标准

领导者要发挥好知人的艺术,在明确人才内涵的基础上,要用全面的、历史的、发展的眼光看人,从"德、识、才、学、体"以及性格爱好等方面全方位观察、了解下属。要把真正的人才适时地选拔出来委以重任,要掌握人才的标准。

(一)德才兼备,但不求全责备

德才兼备是我国古代用人的标准。北宋思想家司马光指出:"夫聪察强毅之谓才,正直中和之谓德。才者,德之资也;德者,才之帅也。"精辟地诠释了德才之间的关系。德离开了才就失去了凭借;而才离开了德就失去了发挥作用的正确方向。领导者在识人的过程中应注意德与才的合理匹配,在强调"德才兼备、德是第一位"的同时,也需要进一步确立"金无足赤,人无完人"的思想观念。对人才的考核要分清主流和非主流、本质和非本质的界限,对那些思想本质好而工作中有缺点的人要大胆选拔,在实践中使其克服缺点,逐步成熟。

(二)看能力,重业绩,不论资排辈

综观历史,明智的君主都能按"将功论赏,视能授职"的原则犒赏和任用人才,并不过分突出资历。改革开放以来,我国的领导干部任用制度发生了许多变化,但总的来说,长期存在的论资排辈现象尚未得到根本克服。人才不同于煤炭、石油,埋没几千年挖出来仍然可以发光发热,有的人耽误几年就可能永远失去成才机会。所以,领导者在人才选用上要有紧迫感,应当树立"知错人是过错,耽误和浪费人才也是过错"的观念。

(三)全面而发展地看人

全面看人要对人才的优点和缺点、成绩和错误、长处和短处作全面地考察。以偏概全或是绝对化地看人,对人才一切肯定或一切否定都是不足取的。坚持全面地看人并不是要把各个方面并列起来等量齐观,而是要看主流,按知人善任的统一要求,对被考察对象的各个方面进行具体分析,并由此做出恰如其分

的评价。

任何事物都是发展变化的。人们的思想、学识、作风和能力等也会在社会实践中不断发展变化。知人不仅在于正确地了解人才的历史和现状,还在于能预见其发展变化。特别重要的是能够发现人才的潜力及其发展前途。当人才的才干没有充分发挥或者正处在发展过程之中,甚至身处逆境之时,作为领导者要能够及时地加以培养和爱护,为他们的发展创造必要的条件。

三、知人的方法和艺术

“世间有贤才,贤才国之宝”。然而,“良禽择木而栖,贤才择主而事”。领导者聚集所需人才,根本是要从知人入手,掌握知人的有效方法。

(一)爱才之心和求才之诚

所谓爱才之心就是对人才有诚挚的情感。领导者之所以爱才是因为人才是宝贵的财富,是事业兴旺发达的根本。不爱才是对工作缺乏责任心的表现。而爱才之心的实际表现就是要有求才之诚。所谓诚,就是真心。只有真心诚意才能换得人心。领导者若要广收天下人才,就要像万物乞求阳光一样,真心诚意地去求才。

(二)择人任势

一个人不可能具备种种才能,胜任一切岗位,人才总有最适合于他的位子。这就需要领导者在“知人”的基础上对人才的使用给予恰当安排,形成人员配置的最佳组合机构,达成最佳组合。管理学家汤姆·彼得斯曾说过,企业或事业唯一真正的资源是人,领导就是要充分开发人力资源以做好工作。

择人任势要做到两点:首先,领导者要广泛地了解他人的长处。其次,制定出人才的选拔和晋升机制。伯乐虽然在“择人”的方面有很重要的作用,但毕竟个人精力有限,伯乐再尽心尽力,其相中的人才也是有限的。因此,企业更需要的是制定出人才的选用机制。正如《基业长青》中提到的,领导者应是一位优秀的时钟设计师而不仅仅是报时者。企业领导者建立一个公开、公平、公正的“择人”机制,让一匹匹千里马自己亮相是非常重要的。

杰克·韦尔奇对知人艺术有其独特的见解。他认为,挑选最好的人才是领导者最重要的职责。领导者的工作就是每天把全世界各地最优秀的人才延揽过来。韦尔奇提出了著名的“活力曲线”:一个组织中,必有20%的人是最好的,70%的人是中间状态的,10%的人是最差的。这是一个动态的曲线,即每个部分所包含的具体人一定是不断变化的。一个合格的领导者,必须随时掌握那20%的动向,并制定相应的机制在70%的“中间者”中发掘出有特长的人才,从而使20%的优秀者不断地得以补充与更新。可见,韦尔奇在择人艺术方面更为注重在制度的保证下,从公司内部发现优秀的员工。

【学习卡片】

习近平同志指出,用人得当,首先要知人。他强调,考察识别干部功夫要下在平时,并注意重大关头、关键时刻。既在"大事"上看德,又在"小节"中察德。坚持全面历史辩证地看干部,注重一贯表现和全部工作。

——节选自《红旗文稿》2015 年第 2 期

(三)重视与下属的心理协调与互动

心理协调是组织中领导与被领导之间在思想、感情上的坦诚沟通和相互谅解,是彼此间相互沟通的一种形式。领导者决策中所制定的目标一般为组织目标,目标的实现会使组织、员工和领导者三个方面均能获益。但是,如何才能把所有的人员协调起来齐心协力去实现目标,关键在于领导与被领导之间进行思想沟通。通过沟通使人们对目标意义的理解和实施手段产生共同的认识,可把领导制定的目标转化为大家共同认定的目标并共同奋进。

在领导与下属进行心理协调的过程中,要重视与下属心理的趋同性和互动性,以便达到组织内部的积极趋同,使领导者与下属保持行动上的默契配合。相反,较弱的趋同性意味着目标不统一、行动不一致,甚至还可能隐藏着互不信任、相互排斥的心理和行为,导致组织内部人心涣散,不利于工作的顺利开展。

在组织群体的发展中,全体成员会在观念、思想、价值、立场和兴趣等方面互相影响,这种互动性将促进组织内各种层面的关系发生变化。加强不同岗位职责人员的相互理解,可以避免造成心理不平衡等情绪,同时也会加强员工的归属感和群体意识。

(四)掌握知人的规律

领导者发现人才需要运用知人的规律,主要包括以下方面。

1. 人才共生效应。1979 年,诺贝尔物理学奖颁奖时发生了一件有趣的事,三位获奖者中,两位是美国纽约市布朗克斯高级理科中学的毕业生而且是同班同学。消息传出,老同学们非常兴奋,于是在 1982 年发起组织了一次 1950 年级校友团聚会。团聚会上又有了发现:除这两位获得诺贝尔奖的同学之外,还有六位同学也做出了显赫的成绩,成了专家、教授。这些分别 32 年之久的同窗之友一起回忆自己的成才之路,发现这条成才之路的始点是布朗克斯中学。发现人才与发现矿产有类似之处,矿有富矿和贫矿之分,人才也有聚集和分散之别。人才成长离不开信息的交换,在同一环境条件下生活的人,相互间信息比较畅通,有识之士几乎能够同时发现某一目标,进行思考、切磋,形成共同的观点、倾向。在这一认识、探讨过程中，相互间的依赖、共聚需要，自然形成高能为核、人才共聚之势。因此，人才共聚效应形成的人才团，应该是领导者寻找人才荧光屏上的重点扫描目标。

2. 贤者知贤规律。三国时期的著名人才学家刘助说："一流之人，能识一流之善；二流之人，能识二流之善。"能否发现人才，发现什么层次的人才，与发现者本身的德才情况直接相关。通过人才去发现人才，是发现人才的有效途径。用一个绣花高手去发现高水平的锻工不是高明之举；用一个高水平的土建工程师去发现高水平的数学研究人才也绝非妙事。陈景润被发现是因为华罗庚精通数学；齐白石被发现是因为徐悲鸿是一代宗师。领导者掌握这一规律并会真正运用将有益于人才的发现。

3. 人才功过效应。古代有一种说法："使功不如使过。"即使用有功之人不如使用有过之人。原因是有功者已获得奖励，若再要其立功则难度大，而要再加奖其价码更高，若遇上居高自傲者就更难成事；而有过者已受过罚，受到社会的歧视和冷落，他们最大的愿望是重新受到社会的承认，他们内心已不去追求奖励和地位而只希望能给予他们建功的机会。由此可知，使用有过者的代价低而成功率高。领导者对犯过错误的人，除道德、品质方面的问题外，不要去否定他们自身的价值。要敢于发现犯过错误而又受冷遇的人才，予以信任，合理使用，发挥特长，以小的代价取得非同一般的成果，吸引更多的人才。

4. 人才链效应。人才链有两种形式：一种是师徒型的人才链。如著名的英国剑桥大学卡文迪什实验室人才链，瑞利、汤姆逊、卢瑟福、玻尔等师徒相承，都获得了诺贝尔物理学或化学奖。还有我国的苏步青、谷超豪、李大潜形成的人才链等。这种人才链发生在同一工作环境中，徒弟得到师傅的指导、点拨，少走弯路，达到事半功倍的效果。这种师承效应可成为人才走向成功的捷径。美国的诺贝尔奖奖金获得者有一半以上跟前辈诺贝尔奖奖金获得者学习过，可谓"名师出高徒"。另一种是血缘型的人才链，如我国的祖朔之、祖冲之、祖垣之祖孙三代形成人才链；曹操、曹丕、曹植以及苏洵、苏轼、苏辙父子兄弟都是文学家形成人才链。这种人才链发生在一个家庭中，环境的熏陶和家庭的教育起着重要的作用，同时也有遗传的因素。探寻人才链，为领导者发现人才提供了重要途径。

【学习卡片】

深化人才发展体制机制改革，真心爱才、悉心育才、倾心引才、精心用才，求贤若渴，不拘一格，把各方面优秀人才集聚到党和人民事业中来。

——节选自党的二十大报告

补充材料

《吕氏春秋》的人才观

《吕氏春秋》在我国古代人才管理思想领域中具有重要的地位，它比较系统地总结了先秦人才思想，分别用“下贤”“察贤”“期贤”和“赞能”等篇章系统地论述了人才的重要性，以及人才的发现、选拔、使用等问题，在人才管理理论方面取得了重大的突破。《吕氏春秋》更加明确地指出了“重人”对国家兴亡的重要意义。“凡国之亡也，有道者必先去，古今一也。地从于城，城从于民，民从于贤。故贤主得贤者而民得，民得而城得，城得而地得，夫地得岂必足行其地，人说其民哉？得其要而已矣。”意思是说，国家将亡时，有才之人必定先离去。所以，一个国家只要得人才就能得到民心，从而就能得到土地。《吕氏春秋》总结了识别人才的方法，提出了内外结合的知人之法，外用“八观六验”，内用“六戚四隐”识别人才，而不仅仅限于单凭相貌与言谈举止。“凡论人，通则观其所礼，贵则观其所进，富则观其所养，听则观其所行，止则观其所好，习则观其所言，穷则观其所不受，贱则观其所不为。喜之以验其守，乐之以验其僻，怒之以验其节，惧之以验其特，哀之以验其人，苦之以验其志。八观六验，次贤主所以论人也。”意思是说，观察一个人通达时以礼待何人，当权时推荐何人，有财富时赡养何人，先听其言再观其行为表现；无事时他的爱好是什么，成为近臣时说什么，贫困时不接受什么，贫贱时不做什么，此即是八观。六验是指通过“高兴、快乐、发怒、恐惧、悲哀和困苦”分别检验一个人的“节操、邪念、气度、品行、仁爱和意志”。“八观六验”通过观察一个人在不同的外部环境下的行为表现来判断一个人的素质及才能。“六戚四隐”用于考察一个人如何处理外部人际关系。“六戚”是指父、母、兄、弟、妻、子。“四隐”是指交友、故旧（熟人）、邑里（乡亲）、门郭（亲信）。在任用人方面，《吕氏春秋》强调“正名审分”“按其实而审其名，以求其情，听其言而察其类，无使放悖”。若“以牛为马，以马为牛，名不正也。故名不正则人主忧劳，而官职烦乱悖逆矣。故至治之务，在于正名，名正则人主不忧劳矣。”《吕氏春秋》首次提出了“能”“位”的思想，强调必须根据岗位对人才能力的不同需要，选用具有相应才能的人才。

资料来源：《吕氏春秋》的人才观[EB/OL]. http://www.hr.com.cn/.

第三节　善任之道

经过“知人”与“择人”，领导者已获得了一定的人力，但这只为用人打下基础,还要有第二步——“善任”。因此,善任艺术是领导者知人艺术的自然过渡,也是人才真正发挥作用的重要保证。那么,领导者何以才能做到“善任”人才呢?

一、善任的误区

要做到善任就必须调动每个人的积极性,发挥每个人的长处。但是某些领导者在工作中却很难做到,在用人的过程中存在一些误区。

(一)嫉贤妒能

如果领导者不能容人所长,并且不能发挥人之所长,则这位领导者本身就是一位弱者,因为他会觉得他人的才干可能构成对自身的威胁。嫉贤妒能必然会扼杀他人的才能,使整个组织的工作达不到应有的绩效。

只有青出于蓝而胜于蓝,社会才能发展、进步。汉高祖刘邦在总结他得天下的原因时说:“夫运筹于帷幄之中、决胜于千里之外,吾不如子房(张良);镇国家、抚百姓、不绝粮道,吾不如萧何;连百万之众,攻必克,战必取,吾不如韩信。此三人皆人杰也,吾能用之,此所以取天下也。”

(二)任人唯亲

一般的领导者之所以不能用人所长是因为任人唯亲。任人唯亲的结果必然产生恩怨派系。有了恩怨派系,人才的决策就不能公平和公正,可能导致核心员工流失或破坏、削弱其干劲。一个组织缺乏各方面的人才就不可能做出成就,组织就会垮台。

要避免任人唯亲就必须竞争择优,不搞“人情风、裙带风”。所谓竞争择优,是指在公开平等的条件下让求职者依靠自身的素质进行竞争,用人单位择优选用人才。用公开竞争的方法选人比古人传统的伯乐相马的方法有更多的优点,一是拓宽了选人的视野,开辟了赛场选马的天地,使用人单位能够在更广阔的范围内享有充分挑选人才的权力;二是将选用工作置于人们的监督之下,增加了选用工作的透明度,可以防止和克服在选人问题上的不正之风。竞争择优原则应贯穿于用人工作的各个环节。

(三)不能容人所短

领导者应知道,在用人所长的同时还必须容人所短。每个人在拥有优点的同时也都有许多缺点。领导者应当科学地权衡下属的优点和缺点,用其所长,避其所短并能够容忍下属的一些缺点。所谓容人所短并不是不顾一个人的缺点或弱点。领导者所考虑的是如何通过工作和任职的安排来避开下属弱点所产生的不良影响,而不是企图使他成为完人。须知任何人都有诸多弱点,领导者要做的是设法使这些弱点尽量少地发生作用。

常言道:“善用人者能成事,能成事者善用人。”所谓用人,就是要善于容人之过、念人之功、谅人之短、扬人之长。领导者要针对各类人才的个人专长,量才适用,放手让他们开展创造性的工作,营造发挥个人才能的良好环境和条件。

识别、寻求和吸引人才,都是为了更好地使用人才。用得好可以使领导效能事半功倍;用不好却可能徒添烦恼,反成不安定因素。要真正做到善任,领导者必须克服以上用人不当的几种错误,在量才适用的基础上人尽其才。

补充材料

领导用人的心理误区

误区之一:戴维现象。

英国化学家戴维发现了订书匠法拉第在化学上的潜能,将其培养成才,使他名声大振。但此后他却开始贬低法拉第。作为会长,他是唯一投票反对法拉第参加英国皇家学会的人。伯乐由识别和培养千里马,转而处处限制和妨碍千里马奔驰,这种带有普遍性的现象叫“戴维现象”。

在我国也存在类似的现象:厂长从提携青年干部到压制青年干部;学者从指导和培养高才生到贬低和排斥这些崭露头角的新秀……这种现象成为人力资源开发和利用方面不可忽视的问题。这种现象的原因比较复杂,既有利益上的冲突,又有价值观上的扭曲,还有人际关系的失衡。所以,应该追根溯源,有针对性地采取措施,防止和克服“戴维现象”,使大量新人成长起来,并大放光彩。

误区之二:马太效应。

马太效应(Matthew Effect),是指好的愈好、坏的愈坏,多的愈多、少的愈少的一种现象。在领导学领域,是指领导者对已有相当知名度或荣誉的下属给予的荣誉越来越多,而对那些尚未出名的人往往忽视他们的成绩,或不承认或贬低其价值这样一种常见的不合理现象。

马太效应来自《圣经·马太福音》中的一则寓言。在《圣经·新约》的“马太福音”第二十五章中这么说道:“凡有的,还要加给他叫他多余;没有的,连他所有的也要夺过来。”罗伯特·莫顿归纳“马太效应”为:任何个体、群体或地区,一旦在某一个方面(如金钱、名誉、地位等)获得成功和进步,就会产生一种积累优势,就会有更多的机会取得更大的成功和进步。

在组织内部，往往在领导头脑中只有几个突出的知名人物，选劳动模范是他，积极分子是他；而一些尚不知名的普通员工，尽管做出了相同或更好的成绩，也往往得不到承认和重视，在领导者视野中见不到他，因此无法脱颖而出。

二、善任的方法

（一）领导者须“人尽其才”

对于人才管理，现代领导者首先必须做到“人尽其才，物尽其用”，要对人才有合理的分配和调度。面对复杂化的环境，领导者只有广泛地汇集各方面的人才才是制胜之道，正所谓“集合众智，无往不利”。正如日本松下集团领导者松下幸之助先生指出：“一个人的才干再高，也是有限的，且往往是长于某一方面的偏才。而将众才为我所用，将许多偏才融合为一体，就能组成无所不能的全才，发挥出无限巨大的力量。”事实也正如此，历史上看似一无所长的汉高祖刘邦是将知人善任发挥到极致的古代领导典范。

何以做到“人尽其才”？一是领导者不搞集权，敢于知人善任，放手管理，要有博大胸怀和谋略家的远见卓识；二是建立科学的人才管理机制，为人才管理提供规范化、制度化的运作保证；三是敢于提拔开拓进取的人才，大胆使用各种合适的人才；四是加强人才管理，要做到把重视人才使用和重视企业发展放在同等重要的地位。

（二）领导者用人也要“疑”

俗语说“用人不疑，疑人不用”。现代企业由于面临着复杂多变的环境，却不得不“用人也疑”。这是因为：①一个员工可能不胜任目前的岗位，但却能在别的岗位上干得很出色；②多变的环境使领导不能保证每一个职员都能称职，考核与监督会更有利于人才的成长；③人才应当与时俱进，知识老化是人才成长的最大致命伤。

尽管存在种种人才之“疑”，但企业要发展，潜力终归还是蕴藏在每个员工之中。如何运用“疑人”来发展企业，关键在于领导者的人才管理艺术。所谓“运用之妙，存乎一心”，这需要领导者挖掘和运用知人善任的艺术，寻求员工更恰当的工作岗位，同时应用规范的人才考核与监督机制来促进人才的成长。通过有目的地对员工进行各种业务知识、技能技术的培训，努力提高职员的综合素质，不断满足职员自我素质提升的高层次需求，从而焕发出无穷的积极性和创造力。动态的人才组合，将使企业拥有不断发展壮大的推动力和坚实的人才基础。

海尔的张瑞敏对“用人也疑”理念进行了大胆的实践。张瑞敏认为，市场在变,你今天强未必永远强;我用你同时也怀疑你、监督你,这才是对人才的爱护。海尔有个著名的“8 号会”,就是在每月 8 号,海尔都要召开干部考核例会,考评结果全部用分数体现并在职工餐厅门口公布。一年内所有的分数加减相抵,如果达到-6 分者,该干部将被淘汰。海尔正是通过这种用人新理念来提升员工的素质,同时也达到加强海尔企业的凝聚力和竞争力的目的。

(三)保持与下属的友好关系

领导者保持与下属的友好关系至关重要。在知识经济时代,组织需要对内外部环境做出快速反应,组织目标的实现也更大程度地依赖于员工的支持与努力,这种支持与努力应发自员工内心而不仅仅是表面的敷衍。所以,领导者的工作要更多地注意领导者与员工建立友好的关系,特别是与下属交往的水平将不可避免地影响领导者管理效能的发挥。这很恰当地解释了为什么有的领导者能顺利地实现预定的目标,而有的领导者在实现目标的过程中却遇到来自下属这样或那样的阻力。

在领导者与下属的交往中,低水平的交往常常单纯靠权力、地位和行政命令。这种交往不但不能产生良好的心理气氛,反而会使下属感到不快甚至产生抵触情绪,这将大大降低信息传递和反馈的效应,对于企业目标的实现必将是有百害而无一利。而高水平的交往则伴随着情感交流,这种交往使人心情愉快,充满着信任、支持和谅解,因而信息传递和反馈效应也就会大大提高,领导者与下属在融洽的氛围中可以更顺利地达到企业的最终目标。所以,保持友好关系是善任艺术中不可缺少的一环。

(四)加强人才培养

随着科技的发展,知识的更新速度越来越快,人们要求更新知识,接受新理论、掌握新技术的欲望越来越强烈。因此,育人已成为组织稳定人才的重要因素。人才使用与人才培养必须有机结合,组织应有计划、有目的地安排各类人才尤其是骨干人才参加新技术、新知识的培训或外出考察深造。

领导者要深刻认识人才培育对稳定、发展壮大人才队伍的重要作用,防止人才使用和培育脱节,避免重使用、轻培育或脱离使用、单纯为培育而培育的做法,实行识人、用人、育人的有机结合。培养人才是一项具有战略意义的历史任务,领导者要面向现代化、面向世界、面向未来,明确培养人才是企业发展的需要和形势发展的要求,自觉地、有计划地培养和造就人才,对现有人才要舍得投资,进行再培养,以适应组织发展的要求。

所谓“先有伯乐而后有千里马,千里马常有而伯乐不常有”。用人之道,是一门复杂精细的领导艺术,需要领导者在实践中不断地探索和总结。知人艺术保证了组织有才可用,而善任艺术则使人尽其才,这两个方面互为前提、互为保证,缺一不可。

补充材料

毛泽东任用干部的艺术

毛泽东毕生重于揽才,明于识才,长于育才,善于用才,可以说,他的用人谋略艺术达到了炉火纯青的地步。

一、慧眼识才

毛泽东是一位高明的伯乐,他善于发现和识别人才,并加以任用。经毛泽东亲自考察、选拔的人才,从士兵到将军,从布衣寒士到伟大的无产阶级革命家,可以说有成百上千。1927 年大革命失败之后,毛泽东组织了秋收起义,刚从学校出来的罗荣桓也在队伍中。毛泽东注意到了这位革命意志坚定的"书生",任命他为特务连党代表。在开辟井冈山根据地的斗争中,毛泽东又进一步发现了罗荣桓许多可贵的素质:凡是要求战士做到的,他自己首先做到;打仗时冲锋在前,退却时掩护在后。罗荣桓以自己的模范行动成为战士的知心朋友,深受士兵的爱戴。此后不到三年,毛泽东即任命罗荣桓为红四军代理政委。

二、任人唯贤

毛泽东曾说过,在使用干部的问题上,"我们民族历史中从来就有两个对立的路线:一个是'任人唯贤'的路线,一个是'任人唯亲'的路线。前者是正派的路线,后者是不正派的路线"。中华人民共和国刚刚建立时,毛泽东家乡的亲戚和朋友纷纷给他写信,或要求给个人安排工作,或要求给所在地特殊照顾,毛泽东都一一婉拒。他对秘书田家英说:"凡是要求到北京看我的,现在一律不准来,来了也不见。凡是要求我给安排什么工作的,一律谢绝,我这里不介绍、不推荐、不说话、不写信。"

三、不拘一格

清朝龚自珍有句名诗:"我劝天公重抖擞,不拘一格降人才。"不拘一格,意思是指选拔使用人才不局限于一种规格、方式。毛泽东十分喜爱这句诗,在领导中国革命和建设事业中,在选人用人方面正是这样做的。毛泽东对粟裕的任用是他不拘一格、量才用人的典范。早在抗日战争时期,30 多岁的粟裕已显露出卓越的军事才能。他所率领的部队仅在1938—1943年即歼灭日伪军10万人。1944年在车桥战役中,一次歼敌近千人,使苏北敌军闻风丧胆。毛泽东相信,这位从士兵成长起来的将领,有能力指挥四五十万人的军队。抗战结束后,粟裕即担任华中军区副司令员兼华中野战军司令员。粟裕在解放战争中能发挥重大作用,成为解放军百战百胜的优秀将领,显示了毛泽东不拘一格、重用后起之秀的成功。

资料来源:节选自吴继金.毛泽东任用干部的艺术[J].共产党员,2020(17):58.

三、激励之道

现代领导者要想在激烈的竞争中立于不败之地就必须拥有人才和善于使用人才。有的组织能够大量吸引人才却留不住人才,这是一个必须引起重视的问题。每个领导者在知人善任的同时都应当重视如何更好地激励人才,留住人才并使其发挥最佳效能。所以,对于激励之道的研究是非常必要的。

(一)激励的原则

领导者激励下属需遵循以下原则。

1.适度性原则。适度性原则是激励要适当,要坚持实事求是、恰如其分。不管是正强化还是负强化,领导者都要很好地坚持才能起到激励的作用。物质激励要适度,过低将起不到激励作用,过高又会使人产生金钱万能的思想,因此,领导者要根据激励对象贡献大小,根据不同时期、不同内容、不同目的确定适当的奖励标准,保证奖励"恰如其分"。

2.针对性原则。针对性原则是领导激励时要摸准下属的需求,抓住他们最关心的问题,有的放矢地做工作。要提高领导激励的有效性,一定要在针对性上下功夫,要经常了解和发现激励对象的需求因素。加强针对性还要注意加强与被领导者的心理接触,把思想症结抓住。

3.时效性原则。在进行激励时要注意时间性,善于捕捉激励时机。当下属取得成绩后就要立即给予激励。"强化"和"行为"之间的间隔越短,强化效果就越好;"强化"和"行为"之间的间隔越长,强化的效果就越差。在惩戒员工时也要注意把握时机,防止操之过急。

4.公平性原则。许多心理学家的研究证明,不公平使人们心理产生紧张和不安的状态,对人们的行为动机有很大的影响。因此,领导者在激励过程中要尽量做到公平合理,努力消除不公平、不合理的现象,进一步调动积极因素,克服消极因素。当一个人把他的报酬与贡献的比率同他人做比较时,如果比率相等,就会认为公平合理而感到满意,否则就会感到不公平而影响工作情绪。只要领导者从思想上认识到公平合理原则的重要意义,公道正派行事,就一定能够得到下属的理解与支持,调动下属的积极性。

（二）激励的方法

激励理论的发展为激励方法的选择和激励艺术的形成奠定了基础,激励方法则是激励理论的具体体现。领导活动中,领导者常用的激励方法包括目标激励、物质激励、评判激励、工作激励和感情激励。

1. 目标激励。西方行为科学强调通过目标的设置来激发动机,指导行为。目标必须与需求和动机结合,它既是鼓舞人心的奋斗方向又是满足人们需要的标的物。心理学把其称之为“诱因”。目标是行为的方向,行为是围绕目标而展开的。如果目标不正确,行为就会出现混乱,激励则会盲目。当目标实现受阻时可能会引发两种行为,一是制定更为合理的目标,二是导致非理性行为的产生。此时领导的纠正行为是非常重要的。

2. 物质激励。每个人都有自己的物质追求和经济利益。物质激励就是通过满足个人物质利益的需求来调动其完成任务的积极性。个人的正当利益如果得不到及时满足,在经济利益分配出现严重不公的情况下,个人的积极性必然会受到极大的挫伤。因此,领导者如何有效地利用物质激励,使物质资源的配置达到最大限度调动下属积极性的作用,就成为一门领导艺术。

3. 评判激励。评判激励是对人的某种行为做出一定的反应,如肯定的奖励、表扬,或否定的惩罚、批评以及什么都不做的“沉默”。运用评判激励要注意实事求是、及时、中肯,要根据正确的标准和价值判断以及个体的不同需要层次和同一需要的不同阶段给予不同类别的评判。公开评判应该注意其他人对被表扬或肯定下属的反应,因为领导者公开的表扬与肯定实际上展现了领导者的追求或偏好,它对整个组织起着一种导向性的作用,而不恰当的表扬可能会误导下属或分化群体。所以,领导者在做出肯定性评判或否定性评判时,一定要对评判之后的社会效应和心理效应做出准确的判断。

4. 工作激励。美国心理学家赫兹博格认为,工作本身就是一种非常重要的激励资源,它是调动人的积极性的最根本、最活跃、最有效的因素。领导者的重要责任就在于启发和增强下属对工作的兴趣或者对于工作结果的兴趣,这就要求领导者应努力给下属安排与其自身素质、能力、兴趣、追求相匹配的工作;让下属了解工作的重要性;使岗位工作具有挑战性;使工作扩大化,内容丰富化;使人们对工作有更多的自主性;提供给下属更多的参与管理的机会;让下属及时获得工作结果的信息;以工作绩效作为评价贡献、决定奖惩的主要依据。

5. 感情激励。任何一个组织都是由人构成的。人是有感情的,影响其行为的心理是复杂的。人们都希望成为组织的一员,建立组织归属感;希望有和谐、融洽的工作环境,保障自己的工作和人身安全;希望自己被重视个人的贡献得到组织的认可和肯定。作为领导者就要以自己的言行去激励下属努力工作,特别是要重视感情激励的方法,让下属感觉到自己受到重视和关注,这会鼓舞他们有更出色的表现,为组织的目标做出自己的贡献。

（三）激励的艺术

激励艺术是激励方法的个性体现,是领导者根据自己的经验和智慧,结合具体工作而采用的有效领导方法,以最大限度地调动被领导者的积极性和主动性。常见的领导艺术包括以下方面。

1. 奖励实效工作。组织成员在面临问题时往往会有两种工作方式,一种是从产生问题的根源出发认真分析原因并寻求解决问题的方法。但这种工作方法需要时间,效果来的较慢,需要耐心与毅力。另一种是就事论事,尽快地解决问题,这种方法能很快收到效果。但由于头痛医头,脚痛医脚,不能解决根本问题。

在现有的实际奖励体系中,领导者都比较偏爱第二种方式。因为领导者对实用主义英雄气概非常赞赏,认为这些人能办事,能解决问题,特别是关键时刻方法多、路子广,能帮助组织迅速补救、渡过难关。所以许多组织中这种人常常受到奖励与赞赏。其他员工觉得这样有好处,也不断效仿,长此以往易造成组织机会主义盛行,追求做表面文章,热衷于修修补补,员工只愿意做那些能立竿见影的事,之后马上伸手要利益。而那些从组织根本利益出发,希望组织长治久安,做深入细致工作的员工并不受重视,从而使组织逐渐病入膏肓。

领导者激励应该把注意力放在正本清源上,奖励深入扎实工作的员工。从实际工作成效出发,鼓励脚踏实地开展工作的作风,并充分体现多劳多得的奖励理念,这样才有助于组织的长远发展。

2. 奖励创造性工作。领导者是思想者,他们大都具有非凡的创造力。但在许多勇于创新的组织领导者却没有在组织中倡导勇于创新的风气。也许领导者觉得只要自己能够为下属开拓出一条路,其他人跟着走就可以了。其实不然,现代组织中创新是每个组织成员的共同责任,是组织前进的动力。

创新为组织提供了未来发展的机遇、创造了更加符合现实发展的条件,更重要的是形成了组织中的创新意识与鼓励人们创新的风尚。如果领导者缺乏创新而组织又没有形成创新机制的话,组织就会面临停滞乃至蕴涵很大的危险。领导者一定要鼓励全体成员不断创新。对于现代组织而言最重要的财富不是金钱、设备和关系，而是新的思路与新的想法。只有鼓励创新，组织之树才能长青。

3. 奖励高效率工作。工作效率是组织立足于市场的核心竞争力。许多组织存在着一种现象，员工以加班为荣，以是否忙碌作为衡量工作态度的尺度。组织中表面看人人都在拼命工作，都有干不完的工作，而实际上效率低下，为忙碌而忙碌。因为领导者喜欢看到大家都在忙着干事，所以该忙的忙，不该忙的也忙。这种“无事忙”给组织造成了两大危害：一是养成拖拉的习惯，办事效率低下。长此以往，慢慢地养成习惯，组织运营成本会不断攀升，以致侵占组织的利润。二是养成了形式主义的风气。领导者在时大家都在加班，领导者一旦离开，员工便松懈下来。应该目标明确，没有必要注重形式，追求表面的紧张与忙碌。领导者要从组织风气的好坏来考虑效率问题，提倡高效率做事，避免无谓的时间和人力资源的浪费。

4. 奖励勇担风险。组织中员工对待风险与责任有两种不同的方式，一种是“不做错任何事”，另一种是“不做任何错事”。第一种方式看上去有道理，实际上对组织危害很大。因为一做事就会缩手缩脚，只会做老好人，缺乏承担风险与责任的精神。人们会尽量少做事并推卸责任，尽管表面上没出什么错，但实际上并没有给组织做什么贡献。第二种方式是想做事，但在做事的过程中难免会犯错误，会给企业与他人带来一些影响。领导者会怀疑这些人是否有能力把事做好。他们怕如果不制止员工犯错误的话，组织将无法控制，所以许多领导者常常不是看作没做事以及最终结果，而只看有没有出错。结果使组织毫无生气或机体腐败，最终形成“多干活多出错，不干活不出错”的不良组织文化。组织中应该提倡勇于承担责任和风险的组织文化，鼓励员工积极主动做事，并且对出现的错误进行正确引导，使员工能从中吸取教训，把事情做得更好。

5. 奖励忠诚。人员流动是组织不可避免的问题。保持一定的人员流动是保持组织活力的良好措施。在人力资源管理中，合理的人员流动能够激发员工的工作积极性，提高效益。但是，过高的人员流动率则会影响组织的稳定性。员工缺乏安全感，满意度不断降低，缺乏组织忠诚，缺失团队精神，这些现象将严重威胁组织的稳固和发展。领导者应注重强化员工满意度管理，从忠诚的角度设置奖励，激励忠诚员工。

在终生雇佣即将成为历史的今天，员工对组织的忠诚度和依赖度大幅度降低。领导者只有营造自由宽松的组织环境，加强对员工的职业生涯管理，为其提供上升的空间和培训的机会，才能够不断培养和提升组织成员的忠诚度。特别对于忠诚度较高的员工，领导者应及时发现并给予相应的物质和精神激励，从而培养组织整体的忠诚氛围和组织文化。

课程思政学习专题

习近平总书记谈选人用人

千秋基业，干部为要，人才为先。

2020年8月1日，《求是》杂志发表了习近平的《贯彻落实新时代党的组织路线，不断把党建设得更加坚强有力》，习近平总书记围绕如何抓好执政骨干队伍和人才队伍建设，做出全面部署、提出明确要求。

关于选人用人标准。总书记强调选干部、用人才既要重品德，也不能忽视才干，“有才无德会坏事，有德无才会误事，有德有才方能干成事”。

关于干部能力建设。总书记强调把提高治理能力作为新时代干部队伍建设的重大任务，指出，“要通过加强思想淬炼、政治历练、实践锻炼、专业训练，推动广大干部严格按照制度履行职责、行使权力、开展工作。”

关于选人用人把关。总书记强调要严把政治关、廉洁关、素质能力关，“决不能让政治上、廉洁上有问题的人蒙混过关、投机得逞”，“围绕事业发展需要配班子用干部，及时把那些愿干事、真干事、干成事的干部发现出来、任用起来”。

关于培养选拔年轻干部。总书记强调要优中选优、讲求质量，提醒各级组织部门，“不能拔苗助长，更不能降格以求”。

关于干部培育和管理。总书记强调要加强干部教育培训，“使广大干部政治素养、理论水平、专业能力、实践本领跟上时代发展步伐”。

关于深化干部制度改革。总书记强调要完善管思想、管工作、管作风、管纪律的从严管理机制，明确制度改革的方向，“推动干部能上能下、能进能出，推动形成能者上、优者奖、庸者下、劣者汰的正确导向”。

关于建立健全干部担当作为的激励和保护机制。总书记为干事创业的好干部鼓劲加油，“要切实为勇于负责的干部负责、为勇于担当的干部担当、为敢抓敢管的干部撑腰”。

关于深化人才发展体制机制改革。总书记强调要破除人才引进、培养、使用、评价、流动、激励等方面的体制机制障碍，实行更加积极、更加开放、更加有效的人才政策。他向全党发出号召，“形成具有吸引力和国际竞争力的人才制度体系，努力聚天下英才而用之”。

本章小结

领导用人是指领导者按照一定的隶属关系和管理权限对下属加以选拔、使用和培养的组织行为。领导者要做到善于用人，必须坚持用人不疑、德才兼备、扬长避短、人尽其才、人才互补的原则。知人和善任是互相区别又紧密联系的两个方面。知人的基本标准涵盖了德才兼备但不求全责备；看能力，重业绩，不论资排辈；全面而发展地看人。知人的方法包括爱才之心和求才之诚、择人任势、重视与下属的心理协调与互动、掌握知人的规律等。善任的方法包括人尽其才、用人也要"疑"、保持与下属的友好关系、加强人才培养等。领导者应注意激励运用的艺术，应当在工作中注意奖励实效工作，奖励创造性工作，奖励高效率工作，奖励勇担风险，奖励忠诚。

思考题

1. 用人的含义和原则是什么？
2. 如何才能有效地知人善任？
3. 领导者在实际中应当如何激励员工？
4. 领导者在工作中如何运用用人艺术？

教学实训

一、背景资料

任正非的用人之术

近日，华为又刷新人们的认知了：这个从交换机起步，不上市、不融资，用30年时间把通信领域的产品做到业内领先的民族品牌，研发的5G核心技术成为全球统一标准，并开始进行测试，由此开启了引领世界的5G(万物互联)新时代。民族品牌走向国际，从来没有哪一家能够像华为这样成为国际化标杆。其发展源自掌舵者任正非的“非常道”——识人、用人之道。

任正非对人才的渴求是丝毫不含糊的。在任正非看来，“‘知’本(知识为本)永远是高于资本的，人才是决定因素的关键”。什么都可以缺，人才不能缺；什么都可以少，人才不能少；什么都可以不争，人才不能不争。

多年来，任正非有一个一直不变的坚持：每年从应届大学毕业生中招收不少于5 000~6 000人的新生力量。在满足企业新鲜血液的同时发现和选拔出合适人才。

从1997年开始，这些招聘进来的大学生报到后都要先进行为期5个月的封闭式培训，包括军事训练、企业文化、车间实习、技术培训、市场演习等。经过培训能最终“生存”下来的人，有种获得“新生”的感受。可见，培训的力度之大。而任正非的用心是为了发现奋斗者的潜能。

自此之后，学位、年龄都被抛在脑后，大家站在同一起跑线上出发。最终到底能发展到哪一阶段，则是以贡献为考核标准。在此过程中，不拘一格提拔人才是任正非的独特之处，并且他倾向于从实战中选拔人才，只要肯努力奋斗和积极进取，时间并不是门槛。

当初被认为很有华为接班人潜质的李一男便是如此。1992年，李一男在华为处于实习期时，也因项目搁浅而致华为损失20万美元。但任正非并没有责备，因为在任正非看来“年轻人搞技术开发碰壁是常有的事，最重要的是能从中吸取教训，重新再来”。

1993年，李一男正式进入华为，两天被升为工程师，半个月被升为主任工程师，半年被升为副总经理，两年被提拔为华为总工程师，27岁坐上了华为副总裁宝座。这一切都源自李一男对技术发展趋势、对产品走向的惊人敏感度和准确把握能力。任正非深知其能为华为打开市场。虽然后来李一男辞职创业，但其在华为时，被任正非破格重用，一直为人称道。

在企业发展早期，“单向度追求”的确可以给企业带来高速发展，能为企业奠定一定的实力基础。但随着企业的发展，每个人并不能完全跟上步伐，且有可能偏离最初的航道。这时候如何让人跟随企业一同进步就显得格外重要。任正非很明白这一点。对外，他每年会加大对欧美等地高层次人才的引进。一是为华为各个领域积累人才和专家；二是让优秀的人充斥在华为这个大家庭中，让其他员工“喝一杯咖啡”就能接触到优秀的人。运用潜移默化的影响，让整个团队充满积极竞争。对内，他会让华为最优秀的员工来培训员工，让最优秀的人来培养更优秀的人，让强者更强，优者更优，实现追赶性增长。

当一个公司再往前走，处于走出区域、走向国际的阶段，进攻是必不可少的战术。这时企业的主要精力肯定是在解决外忧上，如果对内再有各种内斗，会形成严重的内耗，不利于企业的发展。在这个阶段，任正非采用的是用人所长、均衡各方的哲学用人方式。前者最为重要的体现是在华为消费者业务 CEO、华为终端公司董事长余承东身上。他 1993 年从清华大学毕业并加入华为，在国内外跑市场。他一个明显的优点是敢说敢做，但缺点是太过高调。仅优点这一点，让任正非对他的缺点表现出了很大的容忍，并且巧妙地运用了他的缺点：一方面让余承东有随时可能被下课的危机感，另一方面让华为像踩了油门般前进。

在任正非的用人策略中，"不希望大家去做一个完人，而是充分发挥自己的优点。每个人的优势加在一起，就可以形成一个具有'完人'特质的集体"。

均衡各方的哲学则体现在"郑李"大战中。与李一男一样，华为副总裁郑宝用也是任正非的得力干将。他支持华为几代交换机的设计与开发。有段时间，郑宝用不再具体负责研发，但出于习惯，还是会过问一些研发的情况甚至会继续对某些项目计划发号施令。这导致李一男的不悦。两个人开始了持续的"郑李"大战。

手心手背都是肉。为处理这样微妙的关系，任正非在一次会议中明确表示："郑宝用和李一男，一个是比尔，一个是盖茨。只有两个人合在一起，才是华为的比尔·盖茨。"

资料来源：改编自任正非不为人知的用人手腕，郑宝用，余承东为何肯为华为卖命？[EB/OL] http://baijiahao.baidu.com/s?id=1583646081853574805&wfr=spider&for=pc

二、教学组织：

1. 网络搜索华为公司的发展历史、组织结构、人力资源管理等信息。
2. 结合案例材料，组织课堂讨论。

三、问题讨论：

1. 华为公司在用人方面有哪些值得学习和借鉴的地方？
2. 从任正非的做法中，你认为领导者应当如何任用不同特点和个性的员工？

9

第九章

领导沟通

学习目标

沟通是领导者开展领导活动的基本手段,也是领导者的重要职责。通过本章的学习,要求了解沟通的定义和特点,认识沟通网络的分类和特点;理解沟通的基本原则和沟通障碍产生的影响因素,培养沟通的技巧,熟悉沟通能力开发的途径。

引导案例

沟通延迟引发的后果

2004 年 12 月,印度马德大斯大学的研究小组曾在一个星期前对印尼强震做出了预报。研究员维卡塔那塔 12 月 22 日向德里的科学和技术部成员发去了印尼地震的预测报告。估计地震的震级可能为 7.0 级,然而研究人员没有预计到地震引发的海啸将对泰米尔那都邦的海岸地区造成严重的破坏。

12 月 26 日 6 时 29 分印度尼西亚苏门答腊岛附近海域发生强烈地震,印度科学家监视到了这次海底地震,但考虑到地震发生在国外,也就没把它放在心上。

7 时 30 分,印度空军司令克里希纳斯瓦米将军说:我们接到了安达曼岛和尼科巴岛发生大地震的通知,印度洋上卡尔尼科巴岛空军基地遭到了洪水侵袭。遗憾的是,空军方面与上述两个岛屿的通信中断了。从基地传出来的最后消息是,该岛正在向下沉没,到处一片汪洋。

8 时 15 分,印度空军司令让他的助理向国防部发出了警报。

8 时 45 分,印度气象部也发出了一份灾害警报传真,但传真错发给了印度前任科学部长穆尔利·马诺霍尔·乔希,而不是现任科学部长卡皮尔·西巴尔。

9 时 41 分,对此并不知情的印度气象部向印度内务部灾害控制司发送出另外一份传真。

10时30分，内务部灾害控制司将传真内容通知印度内阁秘书处。这时，印度南部海岸已经遭受海啸袭击，海啸已造成印度9 682人死亡，6 011人失踪，63.8万人无家可归，直接经济损失达11.8亿美元……

资料来源：研究人员曾测出大地震　官僚作风葬送预警良机[EB/OL]. http://www.china.com.cn/chinese/HIAW/743722.htm

沟通是领导者最重要的职责，也是领导者必须具备的基本技能，无论从事计划、组织、协调、监督还是决策，都需要领导者与组织成员进行有效的沟通。

第一节　领导沟通概述

领导者开展领导活动离不开有效沟通。从制定战略和计划开始，没有沟通无法决策，决策信息来自沟通；高明的决策、科学的计划，缺乏沟通将无从执行。因此，沟通是领导者工作的重要内容。每位领导者都必须充分认识沟通并掌握有效的沟通技巧。

一、领导沟通的含义及作用

（一）沟通的含义

沟通是指可理解的信息或思想在两个或两个以上人群中的传递或交换的过程。领导沟通是指领导活动群体中人与人之间信息的传递和交换过程，即包括领导者与被领导者之间、领导者与领导者之间和被领导者与被领导者之间的信息交流。从某种意义上说，整个领导工作都与沟通有关。

（二）沟通的作用

沟通在领导工作中具有以下几方面的重要作用。

1. 领导沟通是联系和协调各要素的凝聚剂。组织处于复杂多变的内外部环境中，每个组织都由数人、数十人甚至成千上万人组成，组织每天的活动也由许多具体的工作所构成，其各自的目标和利益均不相同。领导沟通的联系和协调作用使组织内外的人群形成了有机的整体。在组织外部环境中，任何组织都要与政府管理部门、竞争者、顾客、股东、供应链成员等发生各种各样的联系，组织必须与之充分的沟通，了解其需要，然后才能采取措施满足其需要。在组织内部环境中，领导者必须了解组织各方面的信息，包括组织成员的活动特点以及成员间的关系，这样才能协调各个系统向着共同的目标前进。因而，没有沟通就没有联系和协调，也就不可能实现组织的目标。

2. 沟通是领导者激励下属、提高员工满意度的基本途径。领导沟通是实施有效激励的基本途径，领导者不管他有多么高超的领导艺术水平，有多么有效的领导方法，他都必须将自己的意图和想法告诉下属并且了解下属的想法。领导者运用领导艺术、采取措施调动员工积极性的基本前提是领导者必须了解员工的需求，而这就需要沟通来实现。杜宾（2004）的研究表明，沟通与员工的工作满意度之间存在正相关。领导环境理论认为，领导者就是了解下属的愿望并为此而采取行动、为满足这些愿望而拟定各种实施方案的人，而下属就是从领导者身上看到了达到自己愿望或目的的人。而这些"目的"的"看到"或"了解"都需要沟通这个基本工具和途径。

3. 领导沟通是组织控制的有效保证。控制是领导者为保证组织目标的实现而对组织内部的领导活动及其效果进行衡量和校正的领导行为。有效控制的前提是信息的获取，一切信息的传递是为了实现有效控制。同时，一切有效控制都依赖于信息的传递。组织中的信息沟通为控制行为提供了基本前提和改善行为的途径，同时沟通信息的及时性与可靠性成为影响沟通效果的重要因素。组织的内外部环境不断发生着各种变化，领导过程存在着许多不确定性，组织为了生存就必须及时掌握信息，从而预见各种风险的发生，这就要求领导者通过持久的沟通把握住成功的机会，避免失败的可能。

二、领导沟通的类型

根据不同的划分维度，可以将领导沟通分为以下类型。

按照领导沟通的内容划分，沟通可以分为工具式沟通和感情式沟通。一般来说，工具式沟通指发送者将信息、知识、想法、要求传达给接受者，其目的是影响和改变接受者的行为，最终达到组织的目标。感情式沟通指沟通双方表达情感，获得对方精神上的同情和谅解，最终改善相互间的人际关系。

按照沟通方法划分，领导沟通可分为口头沟通、书面沟通、非言语沟通及电子媒介沟通等。各种沟通方式的比较如表 9-1 所示。

表 9-1　沟通方式比较表

沟通方式	举例	优点	缺点
口头	交谈、座谈、讨论会、电话	快速传递、快速反馈、信息量大	传递中经过层次越多信息失真越严重，核实越困难
书面	报告、备忘录、信件、文件、内部期刊、布告	持久、有形，可以核实	效率低、缺乏反馈

续表

沟通方式	举例	优点	缺点
非言语	声音、光信号(红绿灯、旗语、图形、服饰、标志)、体态(手势、肢体动作、表情)、语调	信息意义十分明确。内容丰富,含义隐含灵活	传送距离有限,界限模糊。只能意会,不能言传
电子媒介	传真、闭路电视、计算机网络、电子邮件	快速传递、传递信息量大、远程传递一份信息同时传递多人、廉价	单向传递,电子邮件可以交流,但看不到感情流露

资料来源:周三多,陈传明,鲁明泓. 管理学:原理与方法[M]. 上海:复旦大学出版社,2001.

按照组织系统划分,领导沟通可分为正式沟通和非正式沟通。正式沟通指以正式组织系统为渠道的信息传递;非正式沟通指以非正式组织系统或个人为渠道的信息传递。

按照沟通的方向划分,领导沟通可分为下行沟通、上行沟通和平行沟通。下行沟通指上级将信息传达给下级,是由上而下的沟通;上行沟通指下级将信息传达给上级,是由下而上的沟通;平行沟通指同级之间横向的信息传递,这种沟通也称为横向沟通。

按照沟通是否进行反馈划分,领导沟通可分为单向沟通和双向沟通。单向沟通指没有反馈的信息传递。单向沟通比较适合下列几种情况:①问题较简单,但时间较紧;②下属易于接受解决问题的方案;③下属没有了解问题的足够信息,在这种情况下,反馈不仅无助于澄清事实反而容易混淆视听。双向沟通指有反馈的信息传递,是发送者和接受者相互之间进行信息交流的沟通。它比较适合下列情况:①时间比较充裕,但问题比较棘手;②下属对解决方案的接受程度至关重要;③下属能够对待解决的问题提供有价值的信息和建议。

三、领导沟通渠道

领导沟通的实现依靠各种沟通渠道的通畅。在领导活动中,当领导者为解决某个问题和协调某一方面关系在明确规定的组织系统内进行沟通协调工作时,就会选择和组建组织内部不同的信息沟通渠道,即信息网络。这些沟通渠道可以影响组织成员的工作效率,也可以影响团体成员的心理和组织的气氛。

领导沟通渠道的网络结构对组织的领导活动有重大的影响。一个高效的沟通网络能够调节组织成员的精神状态,鼓励创新,协调工作,指导员工的各项活动。正式组织和非正式组织的领导沟通渠道具有一定的差别，各自具有不同的网络系统。

（一）正式沟通渠道

在信息传递中，发送信息者并非直接把信息传递给信息接收者，中间要经过某些人的传递，这就出现了沟通渠道的网络结构问题。沟通的渠道关系着信息交流的效率，它对领导行为、对领导活动的效率都有不同的影响。

组织内部沟通渠道纵横交错，构成正式的沟通网络。所谓沟通网络是指组织中沟通渠道的结构和形式。网络的基本特征在于渠道的数量、分布和方向。正式沟通网络主要包括链式网络、轮式网络和全通道式网络。

链式网络严格遵循正式的领导命令系统，信息按高低层次逐级传递，信息可以自上而下或自下而上地交流。居于两端的传递者只能与内侧的传递者相联系，居中的则可以分别与上下互通信息。各个信息传递者所接受的信息差异较大。该渠道的最大优点是信息传递速度快，适用于领导结构庞大、实行分层授权控制的信息传递及沟通。

轮式网络把领导者作为所有群体沟通的核心，领导者分别同下属发生联系，成为个别信息的汇集点和传递中心。这种渠道大体类似于领导者直接领导若干部门和权威控制系统，只有领导者了解全面情况并由他向下属发出指令，而下级部门和基层公众之间没有沟通联系，他们只分别掌握本部门的情况。轮式网络是加强控制、争时间、抢速度的有效沟通模式。

全通道式网络允许所有成员成为群体沟通的核心；全通道式网络允许所有的群体成员相互之间进行积极的沟通。这种渠道是开放式的信息沟通系统，其中每一个成员之间都有一定的联系，彼此十分了解。民主气氛浓厚、合作精神很强的组织一般采取这种沟通渠道模式。

三种渠道网络及相互比较见图 9-1 和表 9-2。

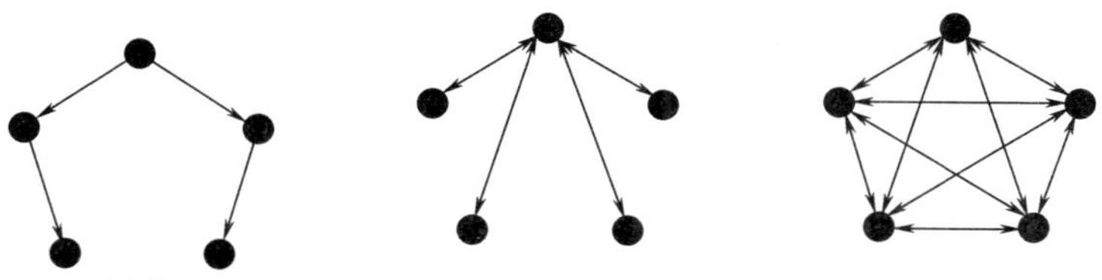

图 9-1　正式沟通网络图

表 9-2　正式沟通网络比较表

指标	链式网络	轮式网络	全通道式网络
沟通速度	中	快	快
沟通准确性	高	高	中
对领导者要求	中	高	无
成员满意程度	中	低	高

（二）非正式沟通渠道

在组织内部和群体之间，正式沟通并不是唯一的沟通系统，小道消息和流言也是领导沟通的重要方式。首先，它们不受领导层控制；其次，大多数员工认为它比领导层通过正式沟通渠道解决问题更可信、更可靠；其三，它在很大程度上有利于满足个人的自身利益。小道消息在领导沟通过程中，担负着重要的信息传递功能。领导层不可能彻底消除小道消息，但是领导者应该能够使小道消息的范围和影响限定在一定的区域内，并使其消极结果减少到最低。非正式沟通具有辅助正式渠道不足的作用。

1. 满足职工情感方面的需求。非正式沟通的产生是人们本能的需求。例如，组织成员出于安全感的需求，乐于去刺探或传播有关人事调动或机构改革之类的消息；而好友之间彼此交流和沟通则意味着相互的关心和友谊的增进，借此更可以获得社会需求的满足。

2. 弥补正式通道的不足。有些消息往往不便于通过正式渠道传播，组织的领导者就可以充分利用非正式渠道，充分发挥其作用。

3. 了解职工真正的心理倾向与需要。通过非正式渠道，组织成员可以畅所欲言地吐露内心的看法和真实思想，而不会像在正式渠道面前那样心存戒备，从而让领导者从不同侧面捕捉到职工的真实需求。

4. 防止某些领导者滥用正式通道，有效防止正式沟通中的信息“过滤”现象。

四、领导者在沟通中的角色

由于沟通实际上包括了内部沟通和外部沟通两个方面，因此，领导者在不同沟通中扮演的角色不同。

（一）内部沟通角色

1. 信息收集者。信息是领导决策的前提和基础。因此，领导者总是不断地通过各种渠道寻求和获取特定的信息，以便透彻地了解组织与环境状况。领导者是组织内部和外部信息的神经中枢。作为信息收集者，领导者比组织其他成员具有更多的信息资源优势。

2. 信息的控制者与传播者。作为组织的信息中心,领导者控制着信息的传播内容、传播方向、传播范围和传播方式。他们总是根据组织的需要,对他们获取的信息进行筛选,然后将他们认为有必要传播的信息通过适当的途径传递给组织成员。

3. 协调者。为使组织能够有效运作,组织内部的各个部门、各种群体以及人与人之间必须建立起相互配合、密切协作的关系。然而,由于组织结构的层级性及职能的划分,自然形成了各部门之间及人员之间利益关系的相互冲突,容易形成部门保护主义和各自为政的局面。这样,就需要一种机构或人员充当他们之间相互关系的协调者,以便使组织能够集中所有内部资源,促使部门之间发挥协同作用,提高整体效益。领导者的特殊地位使得他们最适合充当这一角色,利用他们的职位权力与人格魅力形成的权威,通过有效的沟通手段与领导方法的运用,在部门与部门、个人与组织、个人与个人之间进行协调,以确保组织能够高效运行。

(二)外部沟通角色

作为社会系统的一个子系统,任何组织都与外部发生着千丝万缕的联系。组织的一切活动都必然受到外部环境因素的影响,这些环境因素常常是组织的不可控因素,但它们又对组织的活动产生着较大的影响。在这种境况下,组织必须尽可能协调自己的活动,与外部环境尽可能保持和谐,增强自身的环境适应力。在这一过程中,收集、分析、整理外部各种信息、进行组织内部与外部的信息交流、协调组织与外部各种相关群体的关系,都是提高组织环境适应力的必要措施。领导者在组织与外部的联系中扮演着以下几个方面的角色。

1. 联络者。领导者通过各种业务或非业务关系,与组织外界的各种组织和部门以及个人保持必要的接触并建立起联系的网络,成为组织与外界联系的桥梁和纽带。

2. 信息中心。领导者是组织内部和外部信息交流的中心。他们通过各种渠道收集、了解和掌握与组织有关的各种外部信息,同时将组织内部的信息通过必要的方式传递给组织外部的相关单位,保证组织内外的信息联系。他们既是信息的发布者又是信息的接收者。

3. 公关者。为了获取组织外部各种可能的支持与帮助,必须建立和谐的外部环境关系,此时,领导者承担着公共关系的建立、维护与改善的职能。通过领导者与各类关系人之间正式或非正式的关系,协调组织与相关单位的关系。同时,他们还是组织的发言人,负有向外界发布有关组织的计划、政策、行动和结果等信息的责任,以获取各种媒体的支持。

第二节　领导沟通艺术

沟通是领导的基础,在掌握领导沟通方法的基础上,更应当努力提升领导沟通的艺术。只有沟通在领导活动中发挥出淋漓尽致的作用,才能树立领导者的威信,从而保证领导效能的实现。

一、领导沟通的原则

领导沟通过程中必须秉承特定的原则才能保证沟通的顺畅性和信息交流的准确性。

(一)准确性原则

当信息沟通所用的语言和传递方式能被接受者理解时才是准确的信息,这种沟通才具有价值。沟通的目的是使发送者的信息能够被接受者明确,这看起来似乎很简单,但在实际工作中常会出现接受者对发送者非常严谨的信息缺乏足够理解的现象。信息发送者的责任是将信息加以综合,无论是书面还是口头都要求用容易理解的方式表达,这要求发送者有较高的语言或文字表达能力,并熟悉下级、同级和上级所用的语言。只有这样才能克服沟通过程中的各种障碍,并对表达不当、解释错误、传递错误给予澄清。

(二)完整性原则

当组织中的领导者为了达到组织目标,实现和维持与被领导者的合作时,他们之间就要进行沟通,以促进他们之间的相互了解。在管理中进行沟通只是手段而不是目的。这项原则一个特别需要注意的地方即信息的完整性部分取决于领导者对下级工作的支持。领导者位于信息交流的中心,应鼓励他们运用这个中心职位和权力,起到沟通中心的作用。

(三)及时性原则

在沟通的过程中,无论是领导者向下沟通信息还是下级领导者或员工向上沟通信息以及横向沟通信息,除注意到准确性、完整性原则外,还应注意及时性原则。这样可以使组织新近制定的政策、组织目标、人员配备等情况尽快得到下级领导者或员工的理解和支持,同时可以使领导者及时掌握其下属的思想、情感和态度,从而提高管理水平。

(四)非正式组织沟通运用原则

这一原则强调只有当领导者使用非正式的组织来补充正式组织的信息沟通

时，才会产生最佳的沟通效果。非正式组织传递信息的最初缘由是出于一些信息不适合于由正式组织来传递。所以，在正式组织之外，领导者应该鼓励非正式组织传达并接收信息，以辅助正式组织做好组织的协调工作，共同为达到组织目标做出努力。

二、领导沟通的影响因素

在沟通的过程中，由于存在着干扰因素影响了领导沟通，信息往往被曲解或丢失，使得信息的传递不能发挥正常的作用。

（一）个人因素

个人因素主要包括两大类：一类是有选择地接受；另一类是沟通技巧的差异。所谓有选择地接受是指人们拒绝或片面地接受与他们的期望不一致的信息。研究表明，个体往往听或看他们感情上有所准备的东西或他们想听或想看到的东西，甚至只愿意接受中听的，拒绝不中听的信息。有人曾做过这样一个试验，请一家公司的23位主管回答"假如你是公司总裁，你认为哪个问题最重要"，结果每个主管都认为从全公司角度出发，自己所负责的部门最重要。可见，人们只看到他们擅长看到的东西，人们的偏好强烈地影响着他们认识问题的能力和方法。另一方面，领导者的沟通技巧在很大程度上影响着最终的沟通效果。语言表达的能力越强，沟通经验越丰富，沟通的效果就越好；反之，则沟通效果就越差。

（二）人际因素

人际因素主要包括沟通双方的相互信任、信息来源的可靠程度和发送者与接受者之间的相似程度。沟通是发送者与接受者之间"给"与"受"的过程。信息传递不是单方而是双方的事情，因此，沟通双方的诚意和相互信任至关重要。上下级间的猜测只会增加抵触情绪，减少坦率交谈的机会，也就不可能进行有效的沟通。例如，当下级怀疑某些信息会给他带来损害时，他在与上级沟通时常常对这些信息做一些有利于自己的加工。

沟通的准确性与沟通双方间的相似性有着直接的关系。沟通双方特征的相似性影响了沟通的难易程度和坦率性。下属如果认为领导者对自己很相近，那么他将比较容易接受对方的意见并且达成共识；相反，如果下属视领导者为异己，那么信息的传递将很难进行下去。

（三）结构因素

结构因素主要包括地位差别、信息传递链、团队规模和空间约束四个方面。许多研究表明，地位的高低对沟通的方向和频率有很大影响。人们一般更愿意与地位较高的人沟通；地位较高的人则更加倾向于相互沟通；地位悬殊越大，信息越趋向于从地位高的流向地位低的。

信息沟通等级越多，到达目的地的时间也越长，信息失真率则越大。这种信息连续地从一个等级到另一个等级所发生的变化称为信息传递链现象。一项研究表明，董事会的决定通过五个等级后，信息损失平均达到80%。其中，副总裁这一级的保真率为63%，部门主管为56%，工厂经理为40%，第一线工长为30%，职工为20%（参见图9-2）。

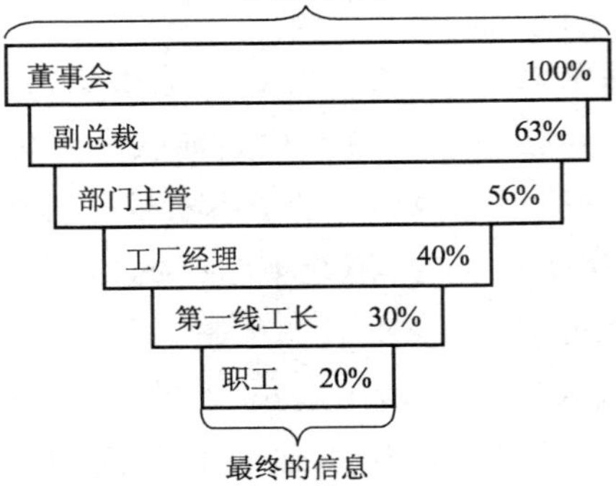

图9-2　沟通信息传递图

资料来源：周三多，陈传明，明泓. 管理学：原理与方法[M]. 上海：复旦大学出版社，2001.

三、领导沟通技巧

领导沟通技巧是领导者在领导活动中不断总结、发展所形成的行之有效的沟通方法和艺术的总结，可以帮助领导者实现更好的沟通，提高领导工作成效。常见的领导沟通技巧包括以下方面。

（一）努力实现开放性沟通

沟通的开放性可以看成一个从封闭、警惕和防御性的沟通到开放、率直和非防御性的沟通所形成的连续带。领导者不仅要善于沟通，而且要在组织中创造适合信息流通的开放性沟通氛围。防御性的沟通氛围使人变得谨慎和退缩，开放性的沟通氛围使人能够更加广泛和真实地表达想法和意愿。在开放和鼓励性的氛围下，下属能够去尝试新的事物，提出问题和讨论一些不确定的事件；当他们犯错误时，会觉得自己是在学习并有所提高。开放性的沟通氛围有助于组织内部释放能量，员工不必为了保护自己而遮遮掩掩。为了克服防御性的沟通，领导者必须以问题导向代替控制导向，以描述来代替评价，用自然坦诚代替故弄玄虚，用平等代替优越感。只有领导者不断尝试打破各种沟通障碍，才能促进开放性沟通氛围的建立和维护。

（二）积极进行建设性反馈

建设性的反馈对下属、同事和上级的绩效和发展都是非常重要的。对下属来说，如果没有来自领导者的积极反馈，他们就无法得知他们所做的工作是否令领导者满意，或他们对领导者的冲撞是否会使领导者反感并影响他们以后的升迁机会。同样，领导者也希望从其他同级的领导者、下属和上级那里得到关于自己行为的积极反馈，而且上级领导者也希望从下级领导者那里获得积极的反馈，以检查自己的效能。如果领导者能够提供准确的和经常的反馈，就会使团体成员的绩效维持在较高的水平。为了使反馈达到预期的效果，领导者应注意反馈内容要尽量具体，应以描述性的方式展开，并在下属的行为发生后予以及时的反馈。与此同时，领导者反馈的方式要注意正面反馈和负面反馈的结合，避免直接的责备和羞辱。

（三）选择合适的自我揭示

自我揭示是领导者向他人沟通的（语言和非语言）关于自己的信息。通过他们所说的话和他们如何在别人面前展示自己，领导者时常无意识地暴露出自己很多信息。向领导者表达自己的这种能力是个体成长和发展的基础。无自我揭示的领导者会压抑自己的真实情感，因为暴露自己是一种威胁；相反，完全自我揭示的领导者，即向遇到的任何下属都大量暴露自我的人，实际上不能与他人沟通，因为他太专注于自己。在上级和下属之间、在团队成员和顾客之间，合适的自我揭示能促进对话，分享与工作相关的问题。

（四）积极倾听

为鼓励最大限度地反馈和开放，领导者积极倾听是必要的。倾听是一种把物质、情感和智力相融合、以寻找意义和理解的程序。对很多领导者来说，一天八小时的工作中，有40%的时间都用来倾听。然而，对倾听理解力的测试表明，通常人们的倾听只有25%的效能。倾听技巧影响同事、领导者与下属、员工与顾客关系的质量。不喜欢经理的员工会发现在工作总结会议上专注倾听经理的评论非常困难。

领导者应当积极倾听，全神贯注于说话者，展现出真正的兴趣和尊重。在倾听过程中，领导者应保持开放的态度，避免带有偏见或预设观点，尝试站在说话者的角度理解问题，展现出同理心。他们还需要避免任何可能干扰倾听的因素，确保身心都在倾听状态。同时，领导者应通过复述或提问来确认自己的理解是否准确，并给予适当的反馈，以鼓励说话者继续表达。最重要的是，领导者应尊重并理解说话者的观点和感受，即使与自己不同，也要尝试从中找到共鸣，以促进更有效的沟通和团队协作。

第三节 领导沟通能力开发

沟通能力是领导者开展日常工作的必备能力,也是领导者技能培训和开发的重要内容。沟通能力的形成不是一朝一夕之功,需要领导者通过不断的自身学习和修养,逐步形成的一种内在能力。领导者沟通能力的开发是一项持之以恒的长期工程。本节主要从领导者谈话能力开发、倾听能力开发和人际沟通技巧的开发方面展开论述。

一、领导者谈话能力开发

日常生活中大量的信息是用口头表达的。有一项调查表明,有70%的人说他们的上级在分派任务时有75%是用口头进行的。因此,谈话是领导者在开展工作时最为常用的方法。

(一)领导者谈话的作用

1. 监督作用。领导者同下属谈话,获取工作进展的详细情况,其实质是一种经常性的监督形式,监督各部门的执行状况。

2. 参与作用。领导者在谈话中不是袖手旁观的"观察者",而是身临其境的"参与者"。通过谈话发现可能或已经产生的问题,了解各个细节,探讨和寻求解决问题的可能途径。

3. 指示作用。领导者通过谈话,收集各种信息,经过加工处理做出必要的决定,并借谈话的机会将决定传递出去。同时,也向工作人员传达上级的指示和领导者的意图。

4. 了解作用。领导者可以通过谈话了解员工本身的心理品质,这对于选拔与培养接班人十分重要。领导者从档案材料中只能得出关于一个人表面的统计性材料,而谈话可以得到关于人的性格等各方面的感性认识:根据人们回答问题的特点、回答的方式、其他具体的表现,可以确定一个人的性格特点。

(二)谈话的最佳时间

什么时候才是谈话的最佳时间呢?一般说来,最好应在战略性的时刻进行。所谓战略性时刻是指下属在做总结的时候、下属在完成了一项特别任务的时候、下属在开始执行一项新计划的时候,或者下属接受任务分派的时候以及在向上级汇报工作成绩的时候等。因为在这个时候,下属精神集中、责任感非常强,对自己所做的事情记忆很清楚。这种谈话实际上是与对下属的工作进行评价相结合的。

（三）掌握谈话技巧

谈话是科学与艺术的结晶物，是领导工作中的重要方面，它需要领导者在长期的工作中，反复实践、细心琢磨、不断总结、认真对待，才能运用自如，达到高超的艺术境地。

领导者与人交谈时，除了要有自己的谈话风格外，还应掌握以下技巧。

1. 善于激发下属讲话的愿望。谈话是领导者与下属的双边活动。如果下属没有讲话的愿望，便会使谈话陷入僵局，以致谈话无法持续进行下去。为此，激发下属讲话的愿望乃是谈话得以顺利进行的第一步。

谈话不仅是信息交流的过程，也是情感的交往过程。为此，领导者应具有细腻的情感和分寸感，在谈话时要注意说话的态度和方式，包括语音和语调。在谈话中领导者要想方设法地引发下属暴露内心的愿望。为了激发下属讲话的愿望还可以采用迂回技巧，即与对方谈话时不单刀直入，而是以关心他身体状况、家庭、周围环境及社会有关趣闻谈起，然后再逐步转入正题。

2. 善于启发下属讲真情，说实话。谈话所要获得的信息应该反映真情实况，与下属进行的任何弄虚作假、见风使舵、文过饰非、报喜不报忧的谈话不仅无益于工作，更会有害工作。为此，领导者要避免专制、蛮横的领导作风，代之以坦率、诚恳的态度。在具体谈话中尽可能使下属了解到他对全面的、真实的信息感兴趣，而不喜欢奉承吹捧、弄虚作假。同时领导者要让下属感到他是对工作负责的人，而不是为了保住自己地位的人。在谈话中下属若能够反映真实情况，诉诸实言，这便是谈话的最大成功。反之，若下属隐瞒自己的意见，回避问题的实质，虚伪地随和领导者的看法，这种信息交换是领导工作危机的征兆。

3. 善于抓住重要问题。时间对于领导者和下属来说都很宝贵，交谈与接触的机会与时间都很有限。为此，谈话必须抓住重点，扼要紧凑。一方面，领导者自己要以身作则，在一般的礼节性问候之后应迅速转入正题，阐明问题的实质。另一方面，要使下属养成抓重点问题的谈话习惯。在谈话中抓不住重要问题而发生多言现象，其实质是抓不住信息的要害或对信息实质不理解。抓住重要问题就能提高谈话的效率。

4. 善于将谈话兴趣引向深入。领导者在听取谈话者反映情况时，不要把兴趣仅仅停留在情况的简单结果上，而是要深入事情的实质进行研究，摸清有关问题的详细细节，对某些细微情况要有特别的兴趣。领导者应让下属意识到，领导者对任何问题都会寻根问源，一查到底。此外，还可采用反复、指导、判断等技巧，当涉及关键问题及其主要情节时，必须反复询问以求水落石出。当话题偏离主题时，要注意抛砖引玉和引水归渠的指导方法。

5. 善于掌握评论的分寸。在谈话过程中特别是在听取下属讲述时，领导者不应该发表伤害下属自尊心的评语，因为这样做往往会导致谈话气氛紧张，并且在客观上会迫使下属离开正在讲述的话题，进而证明自己是"无罪"的。事实证明，急于对问题表态大多是不妥当的。领导者如果要对下属的谈话发表评论意见，最好是放在谈话的最后。此外，在做结论性发言的时候，措辞要有分寸，表达要谨慎，最好采取劝告和建议的形式以易于下属采纳和接受。

6. 善于表达对谈话的热情和兴趣。由于谈话是双边活动，一方对另一方的言论予以及时的、积极的反馈，就能使谈论者感到更加津津有味，使谈话者双方更加融洽，谈话内容更加深入。为此，领导者在听取下属谈话时应当注意自己的态度，尽可能地使下属感觉到自己对他讲述的内容是饶有兴趣的。在谈话时，领导者要采取多种渠道——用脸部表情、姿态、插话和感叹词等，以表达出自己对谈话的热情与兴趣。

7. 善于克制自己，避免冲动。下属在反映情况时常常会忽然抱怨工作开展的状况，而客观上往往就是在指责领导者。此时领导者应保持清醒、冷静的头脑，不要因一时激动，就滔滔不绝地讲起来甚至为自己辩解。在此，领导者要时时提防谈话从客观问题向主观方面转化，进而演变成为激烈的争吵。同时，要注意谈话时的态度，要让对方有说话的机会，要不断优化自己的谈话方式，切忌生搬硬套某种方式。

8. 善于应对谈话中的停顿。下属在谈话中出现停顿，可能有两种情况，要分别对待。第一种停顿是故意停顿，是下属为检查领导者对他谈话的反应、印象，引起领导者做出评论而做的。这时领导者有必要给予一般性插话，以鼓励其进一步讲述。第二种停顿是思维突然中断而引起的。这是由于过分激动，或突然一个闪念，或意外干扰而使谈话突然中断，下属想不起下面应该继续讲些什么。在这种情况下，领导者最好采用"反向提问法"来引出原来的讲话内容，这一方法的实质是用提问的形式来重复下属刚才讲的话。

9. 善于把谈话中的公事和私事区分开。在正式谈话中下属常常会在提出工作问题的同时提出个人问题，在这种情况下领导者应很快地把个人问题同工作问题区分开来，并把前者留在次要地位。如果下属仍然坚持把他的个人问题同工作问题扯在一起，领导者应该要求让个人问题在最低程度上参与谈话，并在工作谈话之前一直把它搁置起来，不予解决。同时，在谈论这类问题时，领导者要慎重表态，因为自己没有权力承担任何超出职务范围的责任。

二、领导者倾听能力开发

作为领导者，在使用语言表达时，倾听能力也非常重要。听主要是对声波振动的获得，而倾听则是弄懂所听到内容的含义，它要求听的人对声音刺激给予注意和记忆。

（一）有效倾听的要素

有效的倾听是积极主动的而不是被动的，积极倾听要求听者专注、移情、接受和有对完整性负责的意愿。

专注是指倾听者将所有的精力集中在听觉和接收上。人的大脑容量能够接受的说话速度是一般人说话速度的6倍，这使得倾听时大脑有相当多的时间闲置未用。积极的倾听者非常集中地听说话人谈论的内容并关闭了其他成百上千的混杂在一起、容易分散注意力的念头。同时，还要概括和综合所听到的所有信息，不断地把每一个细微的新信息纳入先前的框架中。

移情要求把自己置身于说话者的位置上。领导者应努力去理解说话者想表达的含义而不是自己想理解的意思。注意移情要求说话者的知识水平和领导者的灵活性两项因素。领导者需要暂停自己的想法与感觉，而从说话者的角度调整自己的所观所感，这样可以进一步保证对所听到的信息的解释符合说话者的本意。

接受是客观地倾听内容而不作判断，这不是件容易的事。说话者所说的话常常导致倾听者分心，尤其当对内容存在不同看法时，这是很自然的。当听到自己不同意的观点时，人们会在心里阐述自己的观点并反驳他人所言。显然，这样做会漏掉余下的信息。对积极倾听者的挑战就是接受他人所言，而把自己的判断推迟到说话的人说完之后。

积极倾听的最后一项要素就是对完整性负责。要求领导者千方百计地从沟通中获得说话者所要表达的信息。达到这一目标最常用的方法是在倾听内容的同时体会情感，以及通过提问确保理解的正确性。

（二）倾听能力开发

有效倾听是一种领导艺术，领导者要千方百计地从沟通中获得说话者所要表达的信息和感情。因此，在倾听过程中领导者要注意自己形体语言和反馈信息。

1. 目光接触。倾听者用耳朵倾听，讲述者却通过观察听者的眼睛来判断他是否在倾听。因此，在倾听时有效而及时的目光接触能够使倾听者集中注意力，减少分心的可能性，并能鼓励说话的人。

2. 赞许性地点头和恰当的面部表情。有效的倾听者会对所听到的信息表现出兴趣。通过非语言信号，如赞许性地点头、恰当的面部表情与积极的目光接触相配合，向说话人表明你正在认真聆听。

3. 避免分心的举动或手势。表现出感兴趣的另一种做法就是避免那些表明思想走神的举动。在倾听时注意不要进行下面的活动:看表、心不在焉地翻阅文件、拿着笔乱写乱画等。这些举动会使说话者感到倾听者很厌烦或不感兴趣。另外,这也表明其并未集中精力因而很可能会遗漏一些说话人想传递的信息。

4. 提问。在倾听过程中适当的提问能够帮助倾听者分析所听到的内容,保证理解,并使说话者知道倾听者很关注他所诉说的内容。

5. 复述。复述是指倾听者用自己的话来重述说话者所说的内容。有效的倾听者常常使用“我听你说的是……”或“你是否是这个意思……”等来呼应。有效的重述是核查倾听者是否认真倾听的最佳监控手段。如果倾听者的思想在走神或在思考接下来要说的内容,则肯定不能精确地重复出完整的内容。

6. 避免中间打断说话者。倾听者在做出反应之前应先让说话者讲完自己的想法。在说话者说话时不要去猜测他的想法,当他说完时,倾听者就会清楚地知道说话者的想法。

7. 不要多说,喧宾夺主。大多数人乐于畅谈自己的想法而不是聆听他人所说。很多人之所以倾听仅仅是因为这是能让别人听自己说话的必要付出。尽管说可能更有乐趣,沉默使人不舒服,但任何人不可能同时做到听和说。

8. 听者与说者的角色顺利转换。在大多数情景中,听与说的角色不断转换,优秀的领导者能够使从说到听以及从听再回到说的角色转换十分流畅。

补充材料

有效倾听的十个要素

要素	差的倾听者	好的倾听者
积极主动地倾听	消极的、散漫的	提出问题;总结所谈内容
找出感兴趣的方面	对乏味的主题失去兴趣	寻找新的学习机会
抵制注意力的分散	很容易分散注意力	抵制注意力分散;容忍坏习惯;知道如何集中注意力
利用思维快于语言的特点	倾向于与说话慢的人一起空想	挑战、预期、总结;注意倾听弦外之音
有责任感	很少真正切入谈话内容中去	表示同意;表示感兴趣;积极做出反馈
评价内容而不是讲话形式	如果讲话的形式不好,就很容易走神	评价内容,忽略谈话方式上的错误

续表

要素	差的倾听者	好的倾听者
控制自己的怒火	有先入为主的偏见，喜欢批评	不对内容做出评价直到明白所有的内容
听的是思想	听的是具体事件	听的是中心思想
努力进行倾听	不付出任何力气，假装表示注意	努力进行倾听；积极的肢体语言，眼睛的接触和沟通
运用自己的大脑	抵制有难度的资料，喜欢轻松、消遣的资料	使用更难的资料作为对头脑的一种锻炼

资料来源：PHILIP MORGAN，KENT BAKER. Building a Professional Image; Improving Listening Behavior [M]. Supervisory Management，1985：34-38.

三、领导者人际沟通技巧

在领导活动中存在着复杂的人际关系，需要领导者具有较好的人际沟通能力。人际关系是指发生在个人之间的因个人需要而建立的关系，是以个人感情为基础的关系。人际关系是主观的、感性的、经常变动的软规范约束的关系，处理人际关系是领导者人际沟通的主要内容。加强组织间的人际沟通，处理好工作中的人际关系，有利于良好工作环境的创造；有利于领导工作的顺利开展；有利于增强领导班子的团结和组织的凝聚力；有利于促进领导者和被领导者的成长进步和身心健康；有利于领导者自身良好形象的塑造和威信、威望的提高。

处理好人际关系是领导活动的实践需要，是领导者应具备的基本能力。人际沟通能力的开发主要包括掌握与上级沟通的艺术、与下级沟通的艺术和与同级沟通的艺术。

（一）与上级沟通的艺术

下级与上级的关系是组织关系、工作关系，一方面是人格上平等的关系，另一方面又是工作上的服从和接受领导的关系。掌握与上级沟通的艺术是搞好工作的基本前提。

1. 创造性地完成本职工作和上级交办的各项任务，是建立良好的上下级关系的基础。下级对上级的文件、指示、精神要认真学习领会，既要吃透上级精神，又要联系自身的情况把上级指示和本单位的具体情况有机结合，创造性地贯彻落实上级的决策。工作中还要注意及时请示汇报，使上令下达、下情上传。

2. 勇挑重担，为领导分忧解难。面对重任，下级应知难而进，关键时刻经得起考验，与上级同甘共苦闯难关。工作中出现困难时要帮助上级领导出谋划策，当好参谋助手。任何上级都不喜欢遇到问题绕着走、碰到困难往上推的下级。下级应体察上级处境、体谅上级难处，当有些问题上级也难以解决时，下级要充分谅解。当上级处境艰难时，下级能分担的困难需主动分担，为上级排忧解难，从相互支持中求得良好的关系。

3. 尊重上级。下级要尊重上级，对于能力较强的上级当然要尊重，也容易做到尊重；对于能力较差甚至不如自己的上级，也应该寻找他比自己强的地方，学习他的优点。同时，尊重并服从上级，努力协助他，真心实意地帮助他。与上级在工作上出现分歧时，只要不是原则问题，应在服从的前提下策略地、分场合、有分寸地表明自己的观点，切忌当面顶撞或拒不执行；切忌“恃才傲上”甚至故意晒台、拆台、出难题。尊重上级的人会得到上级对他的尊重，才能形成上下级关系融洽的局面。

4. 发挥上级的特长。只有运用上级长处才能得到上级支持。掌握上级性格特点、交往习惯和工作方法，与其灵活配合，是形成良好上下级关系的重要方法。上级领导性格各异，工作方法有别，上级最擅长和熟悉的领域往往是上级的知识、经验的集合点，是最能给下级有效支持的工作范围。上下级在工作相互支持中建立的友谊是最稳定的。同时，作为下属，应当适应各种不同性格的上级，根据上级不同的嗜好和工作特点，相应地灵活对待，方能关系融洽，工作顺利。

5. 忍让与斗争有分寸。领导工作往往在争与让之间见艺术。有限的忍让是一种美德。在与上级交往中意见不一致是常有的事，这时需要争，也需要让。大事要争，小事要让；原则问题要争，非原则问题要让；不能遇事皆争，也不能遇事皆让。该争的不争就丧失原则，该让的不让会影响团结，有损大局。“小不忍则乱大谋”，要把握住度的分寸。

（二）与下级沟通的艺术

领导就是服务，领导者要树立威信、威望，坚持民主、信任、公平、严己宽人的原则，掌握与下级沟通的艺术，是搞好领导工作的根本保证。

1. 吸引力。即领导者应该具有人际关系吸引魅力。领导者的人际关系吸引魅力主要是通过领导者的威信、威望等非权力影响力而获得的。领导者如果热爱自己的事业，对工作认真负责，有魄力、有成绩，又能尊重他人、关心他人，富于同情心，为人忠厚、热情、开朗，喜爱交往，待人诚恳，兴趣、爱好广泛，有良好的审美眼光和幽默感，一般就会有较强的人际关系的吸引魅力。相反，以权力自居，工作中缺乏民主意识，不尊重别人，对他人缺乏感情，不关心他人的情绪变化，对别人驱使意识很强的领导者，就很难具有人际关系的吸引魅力。领导者应当通过自己德才兼备的素质吸引人，通过对下级的信任、沟通和情感吸引人，通过在非原则问题中求同存异吸引人,从而建立和谐的领导环境。

2. 等距离。等距离艺术借用了等距外交的含义,其原意是指世界上一切国家之间或国内各政治派别举行政治谈判,为避免席次争执,表示参加各方的地位平等,从而采取一种"圆桌会议"的形式。在这里是指作为领导者应该从工作出发,对上级领导和下级被领导成员,都应该一视同仁,疏密有度,保持等距,建立和发展与上级、下级、同级的良好关系。

领导者在同下级的交往中,保持等距离艺术的现实意义在于,可以使领导者的影响力和吸引力持续发生作用。领导者对下级的吸引力存在于两个相对独立人格的一定距离之间。距离过大,彼此之间缺乏了解,影响力就会缩小;距离过小,彼此之间了解过深,影响力也会随之消失。保持等距离有利于领导组织内部的团结。领导者如果能够对每位下级都保持等距离,一视同仁,那么团结的组织就会更团结,就会减少不团结的因素。如果领导者与下级的距离较大,下级的心里就会出现不平衡,认为领导者与下级亲疏有别,甚至形成帮派,不团结的因素就会增加。

3. 弹性。弹性是指领导者按照自己周围的实际情况,有针对性地处理人际关系的灵活性和相对性。首先,领导的弹性是由客观对象发展的本来面貌决定的。事物的发展总是表现为多样性、动态性,工作和生活中的人际关系存在着大量的模糊现象。领导者在看待下属时不能绝对化,必须留有余地,要有伸缩性,使领导者在其中游刃有余地开展工作,把握各项工作的主动权。比如,对一个人的看法就不能简单地说是好、坏两种情况,而是有好、较好、一般、较差、很差等多种状态,而现实的情况比之更为复杂。更何况一个人的优缺点是处在不断变化、发展中,因此不能绝对化地评价人和事,必须灵活地分析,发展地把握,全面地认识。其次,领导工作的弹性原则是由领导工作的特殊性所决定的。领导者作决策、定计划要有弹性,因为事物总是在变化、发展,执行决策的人是有思想、有感情、有行为后果的,领导者做事必须考虑后果,工作中既要坚持与上级政策的一致性,又要合情、合理地处理好本单位的矛盾;既要提高办事效率,富有弹性,又要不留后患,在工作中必须坚持原则性与灵活性的辩证统一。

4. 容人意识。容人的本质就是容才,即对贤者、能者所具有的容纳程度。妒才和容才代表两种截然不同的心态和人格。领导者要有广纳百川的容人海量与气度,这样领导工作才能有坚实稳定的基础。容人就要慧眼识人,对那些心胸坦荡、具有独立意识、在某些方面甚至超过领导者水平的下级,对那些常常提出相反意见、不注意工作的方式方法,甚至得罪领导的、有争议的人才,需要领导者正确地认识和尊重,发挥他们的积极性。容人就要容忍个性差异,容忍下级在气质、性格、能力上的差别,这是领导者信任下级的重要尺度。容人就要容纳异己,领导者要能够容纳不同意见的人,甚至是反对自己反对错了的人。

5. 容错意识。即容人之错,领导者要对自己和别人的错误有正确的认识,客观地承认并努力纠错。容错也包含着对人的不足的认识,允许犯错误,也允许改正错误。“水至清则无鱼,人至察则无徒”,对于下级的小过、小错,有时可以通过暗示点到为止,有时需要装点糊涂。任何人不可能没有错误,即使水平较高、素质较好的下级有时也会出现错误和过失,需要领导的宽容、信任。相反,吹毛求疵、失去宽宏的气度就会使下级畏首畏尾、不敢创造性地开展工作,并可能失掉人心。因此,待己当从无过中求有过,待人当从有过中求无过。

(三)与同级沟通的艺术

同级特别是同一单位内部的同级领导者之间级别相同,地位平等,不存在相互之间的从属关系,彼此在素质、能力、水平上旗鼓相当,除了工作中的合作关系外,还有权力、地位、利益、成绩、荣誉等方面的竞争。这种竞争往往通过隐蔽的形式表现出来,容易使同级领导成员之间互不服气,产生缝隙,形成矛盾和摩擦。

因此,掌握与同级沟通的艺术就要有共同的使命感、集体的荣誉感和相互的认同感。正确的方法是:①相互尊重,凡事多用商量的口吻,少用命令的口吻;②相互认同,要坦诚地承认同级所取得的成绩,不要以此当作自己的压力;③不要随意评价同级的人格和工作;④不应夸大自己的工作量和难度,不片面强调本部门工作的重要性;⑤不要对同级的缺点和失误津津乐道;⑥不要随意插手同级职权范围内的工作;⑦同级之间发生矛盾或冲突时应大度宽容,妥善解决。同级之间关系要积极配合而不越位,明辨是非而不斤斤计较,相互沟通而不怨恨猜疑,支持帮助而不揽功推过。

课程思政学习专题

群众路线中的领导沟通

我们十分注意倾听人民的意见。我们通过村、乡镇、区、县的群众大会,也就是我们区域内任何地方的群众大会,通过党员同各阶层人士的交谈,通过各种会议、报纸和群众的来电来信等等一切能听到人民呼声的渠道,总是能发现群众的真正的意见。

——毛泽东:《同英国记者斯坦因的谈话》,1944 年 7 月 14 日

群众的意见,不外是几种情况。有合理的,合理的就接受,就去做,不做不对,不做就是官僚主义。有一部分基本合理,合理的部分就做,办不到的要解释。有一部分是不合理的,要去做工作,进行说服。

——邓小平:《共产党要接受监督》,1957 年 4 月 8 日

各级领导干部,必须经常深入基层,深入群众,特别是深入到艰苦的地区和困难的地方去,老老实实调查研究,老老实实听取群众的意见,老老实实改进工作,在领导改革和建设的实践中不断取得人民的支持,不断增强同人民群众的深厚感情。

——江泽民:《做一个新时期合格的领导干部》,1995 年 6 月 30 日

各级领导干部要坚持深入基层、深入群众,倾听群众呼声,关心群众疾苦,时刻把人民群众的安危冷暖挂在心上,做到权为民所用,情为民所系,利为民所谋。尤其要关心那些生产和生活遇到困难的群众,深入到贫困地区、困难企业中去,深入到下岗职工、农村贫困人口、城市贫困居民等困难群众中去,千方百计地帮助他们解决实际困难。

——胡锦涛:《坚持发扬艰苦奋斗的优良作风,努力实现全面建设小康社会的宏伟目标》,2002 年 12 月 6 日

人心向背关系党的生死存亡。党只有始终与人民心连心、同呼吸、共命运,始终依靠人民推动历史前进,才能做到坚如磐石。开展党的群众路线教育实践活动,就是要把为民务实清廉的价值追求深深植根于全党同志的思想和行动中,夯实党的执政基础,巩固党的执政地位,增强党的创造力凝聚力战斗力,使保持党的先进性和纯洁性、巩固党的执政基础和执政地位具有广泛、深厚、可靠的群众基础。

——习近平:《在党的群众路线教育实践活动工作会议上的讲话》,2013 年 6 月 18 日

本章小结

领导沟通是指领导活动中人与人之间信息的传递和交换过程。按照沟通的内容划分,可以分为工具式沟通和感情式沟通。按照沟通方法划分,可分为口头沟通、书面沟通、非言语沟通、体态语言沟通、语调沟通及电子媒介沟通等。按照组织系统划分,可分为正式沟通和非正式沟通。按照沟通方向划分,可分为下行沟通、上行沟通和平行沟通。

领导沟通的实现依靠各种沟通渠道的通畅。正式组织和非正式组织的领导沟通渠道有一定的差别。正式沟通渠道主要包括链式网络、轮式网络和全通道式网络三种。沟通原则包括准确性原则、完整性原则、及时性原则和非正式组织沟通运用原则等。影响沟通的因素包括个人因素、人际因素和结构因素等。提升领导沟通技巧包括沟通开放性、建设性反馈、合适的自我揭示和积极倾听等。领导者沟通能力开发主要从语言沟通能力、倾听能力和人际沟通技巧入手。

思考题

1. 何谓领导沟通？领导沟通有哪些作用？
2. 领导者在沟通过程中扮演着怎样的角色？
3. 沟通渠道主要包括哪几种类型，各类型有何优劣？
4. 你认为领导的沟通艺术体现在哪些方面？
5. 领导者应如何提高其沟通能力？

教学实训

沟通练习：商店打烊时

“某商人刚关上店里的灯，一男子来到店堂并索要钱款，店主打开收银机，收银机内的东西被倒了出来，而那个男子逃走了，一位警察很快接到报案”。

请认真阅读上述短文，并判断下列问题，在“正确”“错误”“不知道”中做出选择。

仔细阅读下列有关故事的提问，并在“正确”“错误”“不知道”中做出选择。

请不要耽搁时间

	正确	错误	不知道
1. 店主将店堂内的灯关掉后，一男子到达	T	F	?
2. 抢劫者是一男子	T	F	?
3. 来的那个男子没有索要钱款	T	F	?
4. 打开收银机的那个男子是店主	T	F	?

5. 店主倒出收银机中的东西后逃离	T	F	?
6. 故事中提到了收银机，但没说里面具体有多少钱	T	F	?
7. 抢劫者向店主索要钱款	T	F	?
8. 索要钱款的男子倒出收银机中的东西后，急忙离开	T	F	?
9. 抢劫者打开了收银机	T	F	?
10. 店堂灯关掉后，一个男子来了	T	F	?
11. 抢劫者没有把钱随身带走	T	F	?
12. 故事涉及三个人物：店主，一个索要钱款的男子以及一个警察	T	F	?

二、课堂讨论

1. 引发不同判断的因素有哪些？
2. 是什么导致你的判断出现偏差？
3. 事情的真相和你的判断是否一致？

三、练习：商店打烊时（答案）。

问项	答案
1. 店主将店堂内的灯关掉后，一男子到达：	? 商人不等于店主
2. 抢劫者是一男子：	? 不确定，索要钱款不一定是抢劫
3. 来的那个男子没有索要钱款：	F
4. 打开收银机的那个男子是店主：	? 店主不一定是男的
5. 店主倒出收银机中的东西后逃离：	?
6. 故事中提到了收银机，但没说里面具体有多少钱：	T
7. 抢劫者向店主索要钱款：	?
8. 索要钱款的男子倒出收银机中的东西后，急忙离开：	?
9. 抢劫者打开了收银机：	F
10. 店堂灯关掉后，一个男子来了：	T
11. 抢劫者没有把钱随身带走：	?
12. 故事涉及三个人物：店主，一个索要钱款的男子以及一个警察：	?

第十章 10

团队管理

学习目标

团队日益成为组织中重要的绩效单元，挑战着领导者的智慧和管理水平。通过本章的学习，要求掌握团队的定义、特征和作用，熟悉领导者在团队不同发展阶段的领导行为，了解新型团队领导模式的发展和变化。

引导案例

重要的一课

2008 年，美国费城举行的沃顿印度经济论坛上，印度前总统阿卜杜尔·卡拉姆讲了一个故事：1973 年，我有幸成为印度卫星运载火箭项目的总指挥。我们的任务是在 1980 年之前，将罗西尼号卫星成功送入轨道。

1979 年 8 月，我想我们已经做好了准备。作为总指挥，我去控制中心指导整个发射过程。计算机开始了各种技术指标的安检，一分钟后，计算机程序显示，有几个控制部件没有按顺序放好。在场的 5 个专家中，有一位告诉我不必担心，说他们已经进行了严格的计算，备用的燃料也很充足。于是，我没有在意计算机的检查结果。通过手动操控，火箭发射了。第一阶段，一切正常；第二阶段，出现了问题：卫星非但没有飞向轨道，反而猛冲进孟加拉湾。这是一次重大的科研事故！

距离 7:00 卫星发射之后的 7:45，印度空间研究组织主席哈万教授召开了云集着世界各地记者的新闻发布会。作为航天组织的主席，哈万教授只身一人参加了会议。让人意想不到的是，他竟然把错误归咎于自己。他说，每个人都非常努力，但是他给予的技术支持还不够。他向媒体保证，第二年，他们的团队一定会取得成功。

团队的每个人仿佛被注入了一股新的力量，大家并没有因为这次失败而灰心。第二年，1980年7月，我们又一次发射了卫星。这一次，我们成功了，举国上下一片欢腾。我们又召开了一次新闻发布会。我清楚地记得，当时哈万教授把我叫到身边，悄悄地对我说："今天，你来主持会议。"

那一天，我学到了至关重要的一课。当出现失误时，团队的领导要勇于承担；当成功来临时，请把它赋予整个团队。这是我从任何书本上都学不来的道理。

资料来源：冯国川．重要的一课[N]．番禺日报，2009-05-17.

第一节　团队概述

一、团队的出现

随着科学技术的发展，工作的难度、复杂性和强度负荷已经超出了个人所能胜任的程度，团队便开始出现了。1962年，日本科学家及工程师协会注册了第一个质量管理小组（QC），以此为标志，日本企业被认为是最早引入团队工作模式的国家。20世纪60年代早期，美国企业中的第一批团队出现在P&G公司；进入70年代中期，宾夕法尼亚的工作质量团队标志着团队已经成为改善工作绩效的一种手段；大量涌现的团队出现在80年代，许多知名公司开始采用团队管理模式。90年代中期对美国700家企业的调查发现，有一半以上的企业使用团队；有40%以上的企业，其一半以上的员工在团队工作。同样在20世纪90年代，欧洲开始引入团队工作模式，但与美国和日本相比，拥有团队的组织比较少，而组织中的团队数量也比较少。

美国专家指出，近几十年来，各类型的组织中广泛地采用了团队这一基本单位代替原来的工作组织形式。同样，我国学者发现作为组织中重要的工作模式，团队日益成为组织中重要的学习单元和绩效单元。非典时期，大量的科学家团队通力合作才在短时间内快速研制出疫苗。中国的登月计划实施长达20年，将近50万人参加，涉及2万余所企事业单位、几十所大学，没有合作谈何容易？据估计，21世纪的重大创造性活动都将依赖于跨国、跨地区、跨学科人才的群体合作，团队合作渐成发展趋势。

21世纪，随着市场竞争的日益激烈，高绩效和富有战斗力的团队建设与管理显得尤为重要。企业竞争力源于团队竞争力，企业发展源于团队的发展。提升团队建设和管理的水平，迅速发动企业内动力是企业能否保持核心竞争力和竞争优势、赢得和应变于市场的重要保证。最新的统计数字显示,《财富》排名前1000位的公司中,有半数以上都是以团队为基础开展工作的;有60%的企业准备在将来加强团队的作用。可见团队合作已经成为公司培训中最常选择的项目。对109家加拿大企业开展的研究表明,42%的企业开始大范围推广以团队为基础的活动,仅有13%的受访者表示企业中基本上没有团队活动。

二、团队的定义

关于团队的定义,存在多种观点。彼得·凯普泽奥认为,团队是一群为了共同目的而一起从事工作的人,他们必须相互依靠,以实现共同认定的目标。安弗莎妮·娜哈雯蒂将团队称为是由两个或者更多人组成的、为了完成一个特定的目标而互相作用、互相合作的小组。她认为,团队的概念暗示了共享目标和共同责任的含义。乔恩·卡曾巴赫在《团队的智慧》中把"团队"定义为由少数技能互补,并且愿意为了共同的目的、业绩和方法而相互承担责任的人们组成的群体。管理大师彼得·德鲁克指出,团队是那些才能互补、团结和谐,并且为负有共同责任的统一目标和标准而奉献的少数人的集合。德鲁克不仅强调个人的工作成绩,更强调团队的整体业绩,即团队是通过其成员的共同贡献而得到集体成果的,而且这个集体成果超过成员个人业绩的总和。

综合以上观点,笔者认为,团队是由各具特点、技能互补的人员组成的,他们相互信任、协调配合、分担职责,能够最大限度地发挥个人的能力和潜力,以更高的工作效率为实现共同目标而努力。

团队具有以下特征:

(1)团队拥有共同认可的目标。团队成员都在团队统一的目标指引下开展工作,分担各自的职责,在达成目标的方法和步骤方面保持一致。

(2)团队合作实现高效率。优势互补的团队成员通过团结协作,充分发挥个人潜力,以期获得更高绩效,从而实现团队成员共同合作的成就大于个人成就之和的协同效应。

(3)合理的分工与协作。团队成员必须具备对彼此的组织、工作过程和结果负责的意识,通过合理的分工与协作实现各自的承诺。

(4)积极参与和合作的团队文化。团队成员通过参与讨论和共同决策,以折中妥协、协同合作的方式实现良好的沟通,实现团队目标。

补充材料

群体和团队的区别

群体	团队
明确的领导人	团队成员分担领导责任
个人负责制	个人负责和共同负责相结合
个人目标与组织任务	团队成员共同确定目标
个人的工作产品或服务	集体的工作产品或服务
通过会议解决问题	团队成员参加积极解决问题的讨论会
通过考核评定个人业绩	通过考核评定团队业绩
参与讨论、决策，发挥个人的作用	团队成员共同讨论和决策，共同完成工作

三、团队的作用

越来越多的领导者发现，在激烈的市场竞争中，要迎接更高质量、更快服务和更高的顾客满意度的挑战，最好的方法就是调动所有员工的积极性共同努力。团队的出现及时满足了这种需要。

对于企业或组织，团队的作用体现在以下方面：

(1)提升组织的运行效率，提高组织业绩。团队充分利用成员各不相同的技术与技能，安排团队成员做他们擅长的工作；能够找到最有效的工作方式，工作效率必将随之提高。

(2)增强组织的民主气氛。一个真正的团队能够完成的工作并不是团队成员各自工作的简单叠加。由于团队成员参与决策的过程，因此他们可以拥有共同的目标；更多的人参与讨论并发表意见；集思广益的同时，统一对目标的理解和认识，不仅可以使决策更科学、更准确，也有助于增强团队的凝聚力和使命感。

(3)取长补短，应对多方挑战。不同技能和经验的团队成员相互信任，协调配合，共同完成工作。随着团队的成熟，团队成员具有更强的使命感并能相互支持、相互辅助、共同成长,更好地面对复杂的问题和新的挑战。

(4)具有更强的环境适应性。与传统的组织相比,在多变的环境中,团队成员凭借着协调合作,往往能够以合力来灵活地适应环境的变换,其工作方式能更好地应对变化,有助于提高团队活动的效率。

同样,加入团队对个人也有着种种益处。加入团队,和团队成员一起工作,可以降低工作带来的压力;团队成员彼此信任、共同承担责任,可以大大降低风险;团队成员之间实现互补,有助于个人成长,实现回报和赏识共享;良好的团队文化有助于增强团队成员的归属感和成就感,使团队成员的自我价值感增强。

第二节　团队领导的职能与行为

团队离开有效领导,将无法开展活动并取得绩效的提升。团队领导的职能反映了团队领导者在团队活动中应开展的工作及所能发挥的作用,因此引起广泛的关注。

一、团队领导的职能

麦格拉思(McGrath)的职能领导观将领导看作是制定方案、实现团队目标过程中解决问题的活动,他认为团队领导是情境性的,团队领导者应该做的是在保证团队效能的目标情境下需要其开展的活动。弗莱什曼(Fleishman)等人最先对团队领导的职能进行了明确的界定。在将团队解决问题需要开展的有效活动进行分类的基础上,划分出涉及 13 项具体活动的四个维度的团队领导职能(见表 10-1)。

表 10-1　团队领导职能划分

信息搜寻和结构化	运用信息解决问题	管理人力资源	管理物质资源
· 获取信息 · 组织和评估信息 · 反馈和控制	· 明确要求 · 计划和协调 · 沟通信息	· 选拔和配置人力资源 · 开发人力资源 · 激励人力资源 · 运用和监控人力资源	· 获取和配置物质资源 · 维护物质资源 · 运用和监控物质资源

资料来源:改编自曾楚宏,王斌,朱仁宏. 团队领导研究述评[J]. 外国经济与管理,2010,32(12):57~63.

首先,信息的收集和结构化工作。团队存在的大多数问题都来源于环境的不确定性和复杂性,团队领导必须诊断团队内部和外部的环境变化,收集各种必要的信息,以确定团队的目标和任务。同样,团队领导在解决问题的过程中利用获得的信息,在能够充分利用现有的一切资源的基础上,制订可行的团队活动计划,为未来团队活动的开展提供有效的控制标准和评估依据。

其次,运用信息解决问题。领导要将计划进行细化并且采用各种方式将目标和任务信息传达到每位团队成员,让他们清楚地了解实施方案所需开展的活动、团队成员之间的协调配合、目标和任务完成的条件,以确保所有团队成员都明确地知晓团队和个人的具体任务和相关要求,更好地开展合作。

再次,管理人力资源。团队领导需要对团队成员施加有效管理,包括团队成员的选拔、培训与开发、激励、协调和监控。团队领导要对团队内部结构、任务分配、工作流程进行系统的监控、管理和组织,从而使团队成员能够服从整体,统一行动,相互配合,取长补短,协调共赢。

最后,管理物质资源。团队领导实现团队目标需要实现物质资源的有效配置,涉及开展团队活动所需的物质资源的获取、分配和利用。这些活动可能是团队领导最为重要的活动,尤其体现在较低的层级上。有效的团队领导能够通过上述活动使团队适应环境变化的要求,从而确保团队目标实现。

二、基于团队发展的领导行为

团队从建立到成熟通常要经历初创、形成、规范和成熟等发展阶段。每个阶段都有各自的特点和表现。团队领导者作为团队的指挥者和引导者,在团队形成发展过程中扮演着极其重要的角色。因此,必须实现团队发展与领导行为的匹配,才能有效引领团队向前发展。

(一)初创阶段团队领导行为

团队成立的初期阶段,团队成员从四面八方聚集到一起,被选入团队的人既兴奋又紧张,每个人都迫切地想知道他们的工作任务是什么。由于团队成员由动机、需求、气质与性格不同的人组成,他们会思考我们到这里要做什么、该怎么做等问题。

此阶段团队尚未建立共同的目标,人与人之间的了解与信赖不足,过高的个人期望和许多未知因素混杂在一起,容易使团队成员产生纷乱的不安全感、焦虑和困惑,整个团队还没建立规范。这个阶段的沟通主要是单向的,由团队领导者做出决策,并明确指派团队成员任务,很少采纳员工建议。

当团队成员面对突发的情况时,往往表现不一,有的十分焦虑,有的局促不安。这一阶段,成员之间的信任一般处于低谷状态(除非成员原来就相互了解和认识)，团队成员的能力状态互相不了解，有关工作的交流有限，人际关系尚未建立。这一阶段团队的主要活动是交流思想和收集信息。

作为团队领导者，这一阶段的领导行为特点：命令型。

1. 树立权威。领导者需要依赖职权立即掌握团队，明确指令，宣布他对团队的期望，与成员分享未来成功的愿景，指明团队明确的方向和目标，以向他们展示信心和决心，鼓励团队成员快速进入状态，以降低不稳定可能带来的风险，确保团队工作的开展。

2. 设立目标。团队领导者要设立合理目标，清晰直接地告知团队成员团队目标是什么，提供团队成员所需的信息，帮助他们彼此增加了解和对团队的认识，强调成员互相支持，协调合作。

3. 明确规范。领导者要快速建立必要的行为规范，明确团队的工作任务和具体步骤，加强监督和纪律约束，让团队尽快进入正常的活动轨道。规范不能太多，否则不易被团队成员理解与接受，甚至形成束缚和障碍。

（二）形成阶段团队领导行为

随着团队活动的不断开展，团队成员逐渐了解领导者的想法，明确团队的目标，共同的工作中互相了解的增加，关系也由熟悉而产生默契；这一阶段团队成员依然对领导者有着明显的依赖，工作中遇到决策的问题，依然需要领导者做出决定，但团队成员的建议也被有限度地采纳。沟通由单向转向双向，团队成员之间的交流大为增加。在这一阶段，团队成员之间的职责划分和协调配合关系基本建立，分工合作态势已经基本形成。个性化行为逐渐向统一行为规范过渡，对团队共同目标的认识基本达成一致。成员对于组织的规范也从了解转为自觉的行为，违规的事项逐渐减少。

当团队成员从互相交流信息转向拥有共同目标时，当期望与现实相脱节，原来隐藏的问题逐渐暴露。成员间由于立场、观点、方法、经历不同产生差异与矛盾，导致人际关系紧张。成员之间可能会因为对目标不满、挫折和焦虑感、对领导权不满或者团队效率提升不明显等问题，而出现意见不一甚至产生冲突，需要引起领导者的重视。这是一个充满竞争且积极向上的阶段，问题和冲突的解决会引导团队进入新的发展阶段。

作为团队领导者，这一阶段的领导行为特点：说服型。

1. 身体力行。领导者的言行会影响团队成员的表现。领导行为应当命令与支持并重，给予明确指令的同时，也要努力倾听团队成员的想法。调整领导角色，鼓励团队成员就有争议的问题积极发表自己的看法。

2. 挑选骨干。团队领导必须挑选核心成员，使他们能够独立开展工作。借助培训，使团队成员能够面对新技术和新环境带来的挑战，从而形成团队成员的竞争力。

3. 合理授权。领导者借助授权使团队成员分担职责，做出承诺。开展定期检查与监督，建立更广泛的授权与更清晰的权责划分，提高效率的同时，有助于开发团队成员潜力，促进个人成长。

4. 创新规范。面对团队中存在的问题，鼓励团队成员参与决策和制定规范，适时调整和完善团队的行为规范，以消除误解，建立共识，化解冲突和矛盾。

（三）规范阶段团队领导行为

规范阶段，团队目标由领导者制定转变为团队成员的共同决策，形成大家一致的愿望和未来的愿景；领导者建立开放的团队氛围，允许成员提出不同的意见与看法，就有争议的问题和团队成员所关心的事公开谈论，甚至鼓励良性冲突；伴随着问题和冲突的逐渐解除，沟通之门打开，相互信任加强，人际关系由怀疑、敌对走向合作。领导者通过有效地分配任务，以求达成共识。与此同时，领导者应尽可能支持团队成员的工作，给予团队成员明确的工作反馈，以激励和调动团队成员的工作积极性。

团队形成新的合作规范，建立工作规范和流程，明确了衡量业绩的标准，并且各负其责，团队特色逐渐形成。团队成员意识到相互合作对实现团队目标的重要性，内部交流增多，彼此形成互相信赖、坦诚相见的团队关系；当团队成员理解了各自的工作任务并相互信任后，团队就开始进入和谐发展的新阶段。每个团队成员感到自己是团队的一部分，并意识到接受他人的观点有助于更好地完成任务，这也促使团队成员的意见沟通更加顺畅。团队规范由外在限制转变成内在承诺，为矛盾和冲突的解决提供了良好的条件。这个阶段团队经历了由表面团结到通过调整实现内在团结的过渡。

作为团队领导者，这一阶段的领导行为特点：参与型。

1. 自主管理。团队领导者必须借助双向沟通努力建立或归纳团队成员的共同愿望，将个人的需求融入团队目标中，鼓励成员积极承担责任，从被动管理转化为自主管理，更好地激发团队成员的积极性和创造性。

2. 开放包容。领导者通过了解每个员工的需要和特长，实现扬长避短、合理配置、优势互补，努力营造让团队所有成员积极参与的工作环境和组织氛围，允许不同的建议与意见，努力调和差异，形成合力。

3. 鼓励参与。作为团队领导者应当以身作则，多支持，少指导；多提醒，少干预。决策过程中要求团队成员的参与，创造宽松气氛鼓励下属提问，认可和主动倾听意见，并与下属共同做决定；经常举行团队会议，提供解决问题的便利条件，引导团队形成自主管理的局面。

（四）成熟阶段团队领导行为

在本阶段，团队工作顺利开展并取得成功。团队成员信心大增，通过多次合作，他们具备了多种技巧和经验，能够协力解决各种问题，有很强的独立性；团队成员之间能够相互理解、相互支持，用标准流程和规范的方式开展沟通、分配资源、化解冲突。他们通过承诺而非管制追求更佳结果，并为此受到鼓舞和激励。

团队开始充分地发挥作用，并已被团队成员完全接受，团队会议可以帮助团队做出明智的选择。团队决策由团队成员做出，所有人都能够自由而建设性地分享观点与信息；团队成员轮流担任团队领导，以确保各种新的想法和新的做法得到鼓励；团队成员间经常交流；团队领导者更多地发展与其他主管和其他团队的关系，努力交流以改进团队间的关系。

在成熟阶段，组织形成强而有力的团队，所有人都有强烈的集体感、使命感；团队成员在一种公开、信任的氛围中开展工作。组织爆发出前所未有的潜能，创造出非凡的成果，并且能以更低的成本，更好满足客户的需求。

作为团队领导者，这一阶段的领导行为特点：授权型。

1. 避免老化。团队领导者应努力保持团队成长的动力，采用领导轮流担任的方法，积极授权，鼓励有能力的年轻成员勇于承担责任，鼓励他们成长，广泛吸纳各种新的想法和建议，不断学习，随时准备为团队注入新活力，避免团队老化。

2. 不断成长。领导者与团队成员融为一体，及时赋予团队成员挑战性的目标，承认个人的贡献，促进个人发展。环境变化要求领导者必须运用系统思考，综观全局，随时变革团队工作方法与业务流程，积极构建学习型组织，开拓创新，推动团队不断成长。

高绩效的团队并非天生如此，而是需要经过一系列的发展过程才能造就。团队进化是缓慢和逐渐的，需要由浅而深，分步骤有阶段的进行。领导方式和领导行为需要配合团队发展的不同阶段的不同特点，才能有效推动团队建设向前发展。

有学者认为，团队领导的职能与行为既密切相关又有所区别。团队领导职能反映了领导者在团队活动中应开展的工作及所能发挥的作用，而团队领导行为则是领导者在行使这些职能过程中的行为模式和具体活动，是个人化的；团队领导职能需要具体化为领导行为才能得以行使，团队领导行为又以职能目标为指引和方向。虽然不同的团队领导职能需要通过差异化的领导行为来实现，但是共同的领导行为对于团队开展各项职能活动、提升团队绩效具有明确的积极作用。

第三节 新型团队领导

随着科技的发展和经济全球化进程的不断推进,合作、双赢越来越显示出勃勃生机和无限生命力。团队作为一种有效的组织形式,以其增强组织灵活性、强化激励机制、提高劳动生产率、优化内部结构、促进个人成长和提高信息传递的速度与质量等优势获得了越来越多企业或者组织的青睐,团队领导也成为团队建设中被日益关注的焦点。新型团队领导的出现很好地反映了团队建设与管理领域的新探索和尝试。

一、自我管理型团队领导

自我管理型团队是以成员为中心的团队,团队成员都有明确的分工和职责,在个人的职责范围内能够独立决策,并对自己的业绩负责。团队领导者确定方向和目标,团队成员共同制定与实施决策。这种领导方式属于自我管理型团队,即团队成员对他们的工作实行全方位的管理控制。自我管理型团队使得所有成员觉得更有挑战性,他们的工作能够产生很强的组织认同感。许多大型公司如本田、统一食品和宝洁公司已经成功地运用自我管理型团队达数十年之久。

自我管理型团队的领导特征突出表现为实行灵活的内部领导,常采用轮换制,分别由团队成员担任领导,无需外部的领导者。团队具有管理自己工作的权力,这意味着团队可以自由地选择新成员、解决问题、制定预算、筹集资源并使用。每个团队成员有不同的专业和技能,他们富有经验,他们的技能可以实现有效组合,足以承担团队的主要职责;此外团队具有执行自身决策的权力,能够与其他受自己决策影响的团队和个人进行协作。自我管理型团队符合现代社会的发展和员工个人需求增长的客观需要,能够更好地发挥个人和团队的作用。

二、虚拟团队领导

虚拟团队是由信息科技发展带来的新型工作群体,是为完成特定目标由跨越时空以及组织边界的相互独立工作的人员所组成的团体。它充分利用了信息技术,改变了团队成员的预期,打破了时空的限制,实现了全球化的成员之间的协作,极大地拓展了团队活动的范围和空间。虚拟团队是由在地理或者从属关系上彼此分散、使用先进的信息和通信技术并相互联系的成员组成,他们借助电子邮件、留言系统、电视会议甚至手机等形式,以及互联网、局域网技术和其他各类合作软件开展交流与合作，即使远隔千里，依然可以面对面地共同讨论问题并实现沟通。虚拟团队可以依仗来自全球各地优秀的成员使用非常先进的技术，更加方便灵活地开展工作。因此，很多机构都开始受到来自虚拟团队的竞争压力。虚拟团队具有较强的环境适应性，有效地降低了人才和信息成本，适应现代企业或者组织发展的需要。

虚拟团队的领导自然也面临着挑战。由于团队成员分布广泛，并借助网络进行沟通，增大了团队领导的难度。虚拟团队领导一般是由整个团队共同担任，也可能是由团队成员轮流担任。团队成员也会随着任务的变化而进行快速调整。一度只在高层领导之间进行传递的信息借助先进的通信技术可以很快传达到团队的每一个成员，使得不同层面的团队成员可以根据这些信息尽快做出决定，以保持团队的灵活性。为了有效地实现团队目标，领导者既要关注团队任务的完成，又要为员工提供充分的支持，以增强团队的凝聚力。

与其他团队相比，虚拟团队具有较大的灵活性与可变性。授权成为虚拟团队有效的领导方式之一。虚拟团队成员通常具有较高的知识水平和工作经验，自我实现的需要常常占主导地位。因此，作为领导者在设置了科学的工作目标后需要授予成员自我管理的权利，领导者只需提供完成任务必要的一些辅助性服务就可以了。领导者需要使成员了解工作信息、实现创新的目标，使之有责任和义务与其一起行使决策权，实现领导权共享，以更好地发挥凝聚团队、鼓励团队创新与知识共享的作用。

三、全球化团队领导

全球化团队是全球一体化的产物。全球化团队是由分布在多个国家的团队成员构成的。一般来说，全球化团队分成两类：一类是跨文化团队，其成员来自不同的国家和不同的文化地区，它们之间要进行面对面的交流；另一类是虚拟全球化团队，其成员依然留在各自不同的国家和地区内，通过电信方式开展工作。

全球团队可以打破国家和地域的限制，充分利用来自世界各地的优势人才进行组合，以便发挥其各自的特长，实现各种新知识和新技术的相互交流、相互融合、相互碰撞，有助于实现创新和创造。全球化团队充满挑战，团队领导者需要克服来自时间、空间和文化等方面的差异。文化差异对团队成员间的关系有着很大影响，在某些情况下，团队成员使用不同的语言和技术，并对权威、时间控制、决策制定等问题持有不同的观点。协调团队成员之间的矛盾冲突成为领导者的重要职责。

当全球化团队成员在为共同目标而努力的时候,团队领导就可以在一定程度上弥补文化和地理上的差异。领导者需要投入大量的时间和资源对团队成员展开培训,他们需要确保团队成员尽快地熟悉起来,并增进认识和相互了解,以便更好地理解团队成员之间存在的文化差异,将注意力集中在共同目标上;并且要充分地了解各自的责任,从而有助于实现团队成员之间的相互配合。为了帮助全球化团队达到最高效率,所有团队成员必须自愿地在他们各自的价值标准、道德准则上做出让步,求同存异,在领导者的指导下建立团队的行为规范,从而实现相互协作和配合。

四、共享领导

共享领导是由团队成员和指定的团队领导者共同执行的领导,是团队所有成员整体水平上表现出来的领导行为。有专家将共享领导模式看作是团队中具有高度影响力的领导者数量的一个连续体,这个连续体的一端是独裁式领导,即所有团队成员听从一个人领导;相反,在连续体的另一端,则是团队中的大多数成员对其他人产生领导影响力。为此,领导影响力来源于多个团队成员,而不是个人。在共享领导模式中,团队成员既要在自己擅长的方面提供领导,又要在其他方面服从其他成员的领导。共享领导可以存在于有一个或没有指定的正式领导人的团队中,它的核心思想是由领导者及其下属组成的管理团队共同承担领导责任。当团队成员都充分参与领导,为最大限度地提高团队效能而指导和影响其他成员时,共享领导模式便发挥作用,团队成员共同致力于提高团队的团体效能。

和其他团队不同的是,除了团队自己的领导者之外,共享领导模式还有外部领导。外部领导指共享领导团队所属的组织部门领导者,他们不直接领导该团队,只是给予工作上的指导并提供资源或者政策方面的支持。团队外部领导通过与团队互动,旨在帮助小组成员做出协调,根据任务恰当地利用团队的集体资源,从而完成团队承担的任务。通过支持型的指导,团队外部领导者可以在多方面促进共享领导的发展。第一,对表现出领导能力的成员进行鼓励、强化或及时奖励,使团队成员认识到他们具有自主权,鼓励他们乐于表现出领导才能。第二,通过提供鼓励和支持,增强团队成员对团队目标的共同承诺。第三,对员工提出适当的战略性建议,提示如何以最佳的方式管理自己的工作和进程,以确保团队成员的活动符合工作要求。共享领导是通过支持发展团队内部领导,从而实现团队外部领导者和作为内部领导的团队成员相互协调配合,共同决策,分担在团队任务达成的过程中各自所应采取的行动和发挥的作用,从而提高团队效能。

五、超越领导

查理·曼兹和亨利·西姆提出超越领导的领导模式。他们认为，应当摒弃那些将恐怖作为领导手段(铁腕式领导者)、只注重狭隘交换关系(交易型领导)或只鼓励承诺不考虑思考(远景式领导)的领导者，领导者和下属必须把注意力集中在自我领导上。作为一种结果，要对团队成员进行培训，鼓励他们自己做出决定并承担相应的责任。因此，从这个意义上看，团队成员不再需要领导。在团队范围之内的超越领导是指团队全体成员实施的自我领导和超越领导。现代科技的发展和信息化时代的到来，使大批知识型员工进入职场，使得超越领导的出现成为可能。

超越领导包括以下要素：

(1)形成积极主动的思考方式。个人和团队寻求与营造提供正能量的、具有支持性和激励性的环境。

(2)个人目标制定。个人和团队自我制定他们的绩效目标，充分发挥每个人的主观能动性。

(3)观察与自我评估。团队成员观察自己和其他团队成员的行为，做出反馈，对自己和他人的业绩进行审议和评估。

(4)自行鼓励。团队成员之间相互提供奖励与支持。

超越领导模式下的领导作用主要是引导别人实现自我领导，或"释放每个下属的自我领导能量"。从传统的英雄式领导转向超越领导和自我领导观点的基础是领导必须使下属意识到不再需要领导。实际上，通过运用工作技术设计、团队文化建设、恰当的绩效管理和自我领导模式、领导者可以建立一种内部和外部领导的替代。这种新型领导模式可以使更多团队成员的领导潜能得到充分的激发，从而带来更加明确的团队效应。

知识经济和信息化的发展促使组织不断投入大量的资源来使用团队和团队协作。各种新的团队形式不断出现，也必然导致团队领导的方式和风格进行必要的调整。大量来自实践的成功经验证明，21 世纪的企业和组织将会伴随着自身的发展积极进行组织结构的调整，借助现代通信技术和现代的管理方法，企业员工将分成不断变化的团队，以形成和发掘组织核心竞争力，实现更好的发展。

补充材料

领导挑战：执行不受欢迎的变革

上级刚刚通知你，你所在的部门将进行重大的组织结构重组，目的是提高组织绩效。她安排你去执行这项变革。此外，这项计划是总部下达的，没有商量的余地。除了削减一些职位，你所在的部门还将搬到远离市中心的一处没有什么商业价值的新地段，并且将不得不和另一个团队分享行政管理人员。高层管理者想进一步利用这次重组机会，来实施一个更为重要的新型客户关系网络系统。

你的团队有 15 名成员，他们很团结。你知道，让两名成员离开对于每名员工都很难接受。此外，对于所有人而言新办公地点都很远，你的办公室也没有原来那么好。虽然新技术受到欢迎，但是在它完全运转之前，还需要培训和支持。

从个人层面，你对这次变革并无好感。这是多年以来你第二次没有机会参与决策却不得不执行的重大变革。你感受到相当大的压力，并且开始担心团队的反应以及团队能否渡过难关。然而，你未来的职业生涯则取决于这项变革的执行情况。

讨论：

1. 你应当如何向团队提起这次变革？

2. 你将如何与团队成员分享你的个人感受？

3. 你应当采取哪些关键行动？

资料来源：安弗莎妮·纳哈雯蒂. 领导学：领导艺术与科学[M]. 7 版. 北京：中国人民大学出版社，2016.

课程思政学习专题

时代楷模：山东港口青岛港“连钢创新团队”

2020 年 12 月 30 日，中央宣传部授予山东港口集团青岛港“连钢创新团队”和“时代楷模”的荣誉称号。

“连钢创新团队”是张连钢同志为带头人的全自动化码头建设创新团队。该团队传承新时代奋斗精神，顽强挑战国际行业权威，锐意攻克世界技术难题，仅用

3年半的时间就完成了从跟跑欧美到领跑世界的嬗变，打破了国外技术垄断，实现了我国自动化码头的弯道超车，为全球智慧港口建设运营提供了“中国经验”和“中国方案”。

长期以来，自动化码头设施及核心技术主要被发达国家掌控垄断。作为全球港口大国，中国在世界前十名集装箱大港中占据7席，但在象征全球港口最强科技的全自动甚至半自动化码头榜单上却寂寂无闻。2013年2月，因肺癌手术尚在家休养的张连钢毅然决然地拉起20多名同样“不甘心”的青岛港技术骨干，抱着“为中国建设世界一流的全自动化集装箱码头贡献力量”的朴素感情和坚定信念，组建起技术项目团队，拉开了全面攻坚全自动化码头的序幕。

面对国外技术垄断，没有任何经验可借鉴，“连钢创新团队”怀揣着一颗为国争光、为民族争气的滚烫“中国心”，打破封锁，自主创新，用3年半的时间走完了国外常规8~10年的路，建成了世界一流的自动化集装箱码头，实现了当年投产、达产并盈利，装卸效率业内持续领跑、成绩引人瞩目，创造了平均作业效率36自然箱/小时、最高作业效率43.8自然箱/小时的世界纪录，超过全球同类码头50%以上，打造了港口建设史上的奇迹，站上了港口自动化领域世界最前沿。

“能建设中国自己的一流全自动化码头，此生不算虚度！”“连钢创新团队”成立之初张连钢说。团队始终秉持着“拼命都不一定能干好，不拼命肯定干不好”的信念执着前行。团队凭着一股不服输的韧劲、不怕难的勇气，一门心思扑在项目上，一遍遍地试，一点点地改，克服了数不清的困难和挫折。他们从不气馁，从未妥协，越挫越勇，向权威叫板，向难题挑战。

作为团队带头人，张连钢的“拼命”确实到了“忘我”的地步。“不能熬夜、不能劳累”的医嘱统统被抛在了脑后，党员领导干部实干在先，他带领整个团队忘我拼搏、奋勇向前。IT组负责人李永翠，每天一台笔记本电脑陪伴着上下班，为了方便与国外专家技术交流，曾连续一年多的时间经常下半夜起来工作；负责网络系统的徐永宁，在码头数据中心调试的关键时期妻子确诊癌症，在妻子生命最后的一年多时间里，他白天上班，晚上陪床，从没有耽误过工作；堆场组的管廷敬，在最后攻坚决胜阶段，连续一个月顾不上回家，甚至母亲去世时，都没能赶回去见上最后一面……靠着忘我拼搏、团结奉献，他们开创了低成本、短周期、高起点、全智能、高效率、更安全、零排放的全自动化码头建设先河。

在自动化码头领域，四家欧美工业巨头形成了行业联盟和技术垄断，实行捆绑销售。面对核心技术的封锁，团队表现出了精益求精的志气和敢为天下先的勇气，硬是凭着一股拼劲和钻劲，不断攻克技术难题，借助流程再造，对项目组织设计大胆实行“并行协同”，实行规划设计、建设集成和商业运营“三位一体”，把国外常规设计工时压缩了三分之二,进一步推动了自动化码头系统集成创新,彻底破解了自动化码头的核心技术。由于团队掌握核心技术,开港作业至今,青岛港自动化码头主要系统累计升级 173 次,优化功能 2000 多项,成为有灵魂、会思考,可智能决策、系统管理的“最强港口大脑”。

青岛港自动化码头还首创了机器人自动拆装集装箱扭锁,世界最轻、自动充电、续航时间无限制的自动导引车,轨道吊“一键锚定”系统等一批世界领先的最新技术,攻坚了一批世界级的原创性科研成果。截至目前,团队受理和授权专利 107 项,其中发明专利 64 项,实用新型专利 43 项;发表论文 70 篇;软件著作权 4 项;科技成果 15 项。获评“全球自动化集装箱码头建设杰出成就奖”“中国智能制造十大科技进展”,中国港口协会、中国航海学会等科技进步特等奖等海内外大奖 30 多项,赢得业内专家的高度评价。

2018 年 8 月,团队吹响了自动化码头二期建设的号角。2019 年 11 月 28 日,短短 15 个月,集合了全球首创氢动力自动化轨道吊、全球首创运用 5G+自动化技术等 6 项全球首创科技成果的全自动化集装箱码头二期项目投产运营,领军当今世界最先进的全自动化码头科技水平,将世界高科技码头的王冠揽入怀中,得到了世界的认可。

资料来源:节选自赵波,刘春修. 中宣部:山东港口青岛港“连钢创新团队”就是“时代楷模”[EB/OL]. https://baijiahao.baidu.com/s?id=1687550719514292326&wfr=spider&for=pc

本章小结

团队是由各具特点、技能互补的人组成,相互信任,协调配合,分担职责,最大限度地发挥个人的能力和潜力,以更高的工作效率为实现共同目标而努力。团队的特征包括:团队拥有共同认可的目标,团队合作实现高效率,合理的分工与协作,积极参与和合作的团队文化。团队作用体现在提升组织的运行效率,提高组织业绩;增强组织的民主气氛;取长补短,应对多方挑战;具有更强的环境适应性等方面。团队建设经历初创、形成、规范和成熟四个阶段,每个阶段都有各自的特点和表现,并匹配不同的领导行为。随着科技的发展和经济全球化进程的不断推进,新型团队不断涌现。

思考题

1. 什么是团队,团队与群体的区别是什么?
2. 对于企业或组织,团队的作用有哪些?
3. 为什么团队领导者的行为要与团队发展的阶段相匹配?
4. 新型团队领导的出现给了我们什么启示?

教学实训

传瓶子游戏

一、游戏目的:

(1)增强团队的合作能力,提升凝聚力。
(2)面对挑战,充分发挥学生的优势和特长。

二、游戏规则:

(1)教师将学生分为若干小组,10~18人一组。选出队长,听取大家的意见后选定本组的目标(传递最短的时间)。

(2) 设裁判员和计时员,负责监督游戏进行和记录时间。

(3)传递途中,如果瓶子掉在地上,按10秒钟处理。

(4)可借助工具,每个瓶子要在每个人手上传递,每组设定时间目标后分几轮操作,然后得到实际结果。

三、游戏过程:

小组所有成员站成一圈,以最短时间内从第一名到最后一名,然后再到第一名,传递3~4个瓶子,依次传递。听到裁判员发出开始命令后,计时员负责计时。

第一轮,各组分别制定初始目标,并写在黑板上;由第一组实际操作一下,并将该组的成绩写在黑板上;各组根据第一组的实际成绩调整初始目标并形成更新目标;然后是各组分别开始游戏并记录各组的成绩。

第二轮，第一轮完成后，根据各组的实际成绩，各组制定小组冲刺目标，并开始第二轮传递。

最后，记录各组成绩并进行比较，最后得出优胜小组。全体同学向优胜小组同学表示祝贺。

第四篇

拓展篇

11

第十一章

领导效能与领导伦理

学习目标

领导效能是领导活动中的重要方面，是领导活动的最终目标和归宿，也是评价和衡量领导活动有效性的基本维度。通过本章学习，要求理解领导效能的内涵和构成，熟悉领导效能的影响因素，掌握领导效能考核的原则和方法，熟悉领导监督的特点、原则，掌握领导监督的方法；理解领导伦理的概念、内容和作用，理解伦理型领导的管理特征，了解领导伦理理论的基本观点，掌握领导伦理建设的途径。

引导案例

年轻局长的苦恼

一年前，38 岁的姜良由原来的橡胶制品厂厂长提升为某市工业局副局长，负责干部、人事、安全、宣传和教育工作，成为该局有史以来最年轻的副局长。姜良深感领导的信任和组织的重托，就任副局长以来，他几乎将整个身心都投入到工作中，每天工作 10 余小时，连节假日都不休息。下面就是他一天较有代表性的工作纪实。

早晨 7:30 到办公室，开始批阅文件；8:25 去市政府大礼堂参加局先进生产工作者表彰大会；10:00 回办公室与干部处处长商量跃进化工厂厂长和党委书记的人选问题；10:50 到光华化工厂检查安全生产；12:00 用午餐，与光华厂负责同志商谈人才培养问题；13:10 返回办公室，向宣传处负责同志布置关于加强安全生产的宣传工作；14:00 听取保卫处长关于第三塑料制品厂溶剂仓库失火处理意见；15:00 去医院探望因病住院的橡胶制品厂副厂长王兴龙同志；16:00 接待群众来访；17:00 审批工会活动计划；18:00 去和平宾馆参加化工局一家工厂与外商合资办厂的合同签字仪式，并参加晚宴；20:30 返家，起草明天由他主持的思想政治工作交流会的发言稿。

姜良的工作日程基本上天天如此。他总感到时间不够用，工作也越积越多，怎么也干不完，而且工作绩效也不像在基层那样突出了。为此，姜良感到很苦恼。

领导效能是履行领导职能的结果，是评价和考核领导优劣的客观标准。对领导效能的有效考核和监督有助于激发领导者的积极性，从而提高领导效率，提升领导效益。

第一节　领导效能与考核

领导效能是领导活动中的重要方面，是实施领导活动的着眼点，是领导活动的最终目标和归宿，也是评价和衡量领导活动有效性的基本维度。

一、领导效能的内涵

领导效能是指领导活动及其构成要素自身所蕴藏的有效能力，以及这些有效功能在对领导活动发挥有利作用时所获取的有效成果或成效。领导效能是领导活动及其要素的有效功能与有效成果、成效的统一体。领导效能是领导活动的起点和归宿，是推动领导活动的着眼点和动力，是衡量领导活动成败的重要尺度，也是考核、评价领导者的客观依据。在领导活动中，领导效能发挥着重要的作用。

（一）领导效能是领导活动的起点和归宿

领导效能是领导活动的起点，领导者必须时刻关注领导效能，关注需要达到的目标和效率，不论从事任何活动都必须考虑它是否有利于提高领导效能。领导效能是领导活动的归宿，效率和结果是领导者追求的目的，也是评价、检验领导工作的客观标准。领导的优劣、成功与失败、有效与无效，不以领导者自身的感觉如何而定，也不以任何人的主观感觉如何而定，而是以领导活动的实践结果如何而定。

（二）领导效能是推动领导活动的动力

领导效能是推动领导活动展开的动力。人人都在追求成功，领导者也在追求成功。作为领导活动起点和归宿的领导效能不仅仅是起点和终点，同时也是达到终点的动力。有些组织中的领导活动开展得十分顺利，成员的信心和士气十分高涨，十分愿意作为集体的一分子；而有些组织中却人心涣散，对集体的使命和活动无法达成共识，难以形成强大的合力。不同组织中领导活动的效能存在着巨大的差异，追求成功就是追求效能，这一目标本身就是强大的动力。对于领导效能的追求能够使组织成员达成共识，齐心协力地完成工作，从而推动领导活动的成功开展。

（三）领导效能是衡量领导活动成败的重要尺度

对领导活动成败的衡量需要一个标尺，这一标尺如同认识的真理性标准、生产力标准一样，必须是客观公正的尺度。看领导活动是否有效，主要从几个方面进行判断：一是看领导活动的发动者、组织者、领导者是否具备合法的身份、地位和权力，是否是大家公认的领导人或法定的代表人；二是看是否采用了有效的方式、方法、措施和途径；三是看是否取得了有效的成果或成效。这是判定领导活动是否有效必须遵循的客观准则。其次，要看是否已经取得了预期的结果、效果，实现了预期的目标，达到了预期的目的，获取了预期的成效。如果领导活动取得了预期的效果，达到了预期的目标，获取了预期的成效，那么就证明领导活动是成功的。反之，若没有达到预期的效果和目标，领导活动就是不成功的或者是失败的。

（四）领导效能是考核领导者的客观依据

领导者是领导活动的组织者，领导效能离不开领导者的主导作用，从这个意义上讲，领导效能也可以成为领导者效能。正因为如此，所以通过对领导效能的考察和分析，就可以完全了解和把握领导者的领导素质、能力和水平，领导效能也就成为考核领导者的客观依据。通过对取得领导效能的因素的考察和分析，可以了解和把握领导者的思想道德水平、决策能力、用人能力、沟通能力、协调和驾驭领导要素的能力，以及运用领导方式、方法和艺术的能力等。

二、领导效能的构成

领导效能是一个相对综合的概念。具有丰富的内涵和构成，体现了领导工作的多个方面。领导效能类型分类并不统一，从不同的角度出发，领导效能的构成各不相同。从领导活动的构成角度出发，领导效能分为领导活动效能和领导要素效能两类。

（一）领导活动效能

领导活动效能主要是指领导活动的整体效能，也就是领导活动的最终结果及其一切形式的有效成果、成效和绩效，这是对领导活动最终成果的评价。领导要素构成整个领导活动，但领导活动效能并不是领导要素效能的简单累加，而是各种领导要素效能相互作用和影响的最终结果，也是领导活动的最终成效。

（二）领导要素效能

领导要素效能是指构成领导活动的各个要素所具有并获取的效能，如领导者效能、领导组织效能、领导方法效能、领导艺术效能、领导环境效能等,均属于领导要素效能。我们平时所说的用人效能、决策效能、工作效能、组织效能和时间效能等,也都属于领导要素效能,是领导要素效能的具体形态。领导要素构成繁多,划分方法也五花八门。通常从领导职能角度进行分类,领导效能由决策效能、组织效能、人事效能和执行效能构成。

1. 决策效能。决策是一切领导和管理活动的精髓。西蒙甚至认为,"管理就是决策"。对决策有效程度的评估构成了领导效能评估的一个重要方面。决策效能是指领导者是否在明智的时机、明智的条件下做出了明智的决断,是领导者选择目标的正确与否以及正确的程度如何。领导者的魄力与能力首先体现为决策的水平。把目光回溯到历史的长河中,那些在人类历史上留下深刻的记忆、扭转一个组织乃至共同体前进方向的精英,无一不具有超人的决策能力与才华。

2. 组织效能。组织效能指在领导活动中组织管理、指挥协调方面所显示的成效。组织为完成一定任务和达到既定目标,必然要花费相当数量的人力、物力、财力和时间。高超的领导者应当明确如何将这些人力、物力、财力等要素进行最有效的配置,以最少的消耗发挥最大的功效。这种配置能力充分显示着组织效能的好坏。领导活动是否具备充分效能,最终要以目标的实现与否作为标尺。成果必须符合目标的要求,它应当回答目标是否达到、在多大程度上达到以及花费了什么代价达到等问题。只有以目标作为参照系和衡量尺度,成果的质量才能得以确定。

3. 人事效能。领导所面临的问题在本质上说是以一种无形的力量将众人联合起来,以集体的作用去完成任务。因此,组织成员的调配与使用就显得十分重要。人员的任用关系到领导活动能否顺利进行,是充分实现既定目标的关键,用人效能的强弱是考察领导效能高低的重要指标。用人效能的评价可以从两个维度去进行。首先是能否知人善任,把最适当的人配置到最适当的岗位上。这就要求领导者具有伯乐一样的眼光,能够敏锐地洞察组织成员的长处和短处,做到用当其才,用当其时。其次是组织成员的实际工作发挥能力与其潜在能力相比发挥的程度。优秀的领导者善于利用一切可行因素充分调动起组织成员的潜力。组织成员的工作潜力调动得越充分,领导效能也就越大;反之,组织成员的积极性受到压抑,潜力无法调动,领导者的人事效能也就越小。

4. 执行效能。领导活动涉及决策、组织、用人等各个方面,但最终实施结果是否良好要看执行的情形。执行环节是将策略与设想转变为现实行动的关键。在现实中可以见到这样的情形:某项政策方案的提出经过了充分论证和严密考察,方案若能顺利实现也会对提升公共福利起到良好的促进作用,但最终却未产生明显的成效。其原因往往在于执行力度的缺乏。当然,领导者不必事必躬亲,但领导者却需要对计划方案的实施过程保持充分的关注与清醒的洞察,有效把握活动运转的方向,及时纠正可能的偏差。由于执行效能直接关系到领导效能的高低,我们有理由把执行效能作为领导效能的一个重要方面来考察。

三、领导效能的影响因素

实现有效的领导,是一切领导活动的出发点和最终目的,但领导活动的效能受诸多内外部因素的影响。

(一)环境因素

环境因素包括政策环境、组织性质和客观条件等。领导环境是领导主体赖以生存、发展和发挥作用的综合性客观基础和客观条件,领导的许多方面都受制于领导环境。领导环境为领导活动的开展提供了前提和基础;领导环境制约和决定着领导目标,领导环境的特性制约和决定着领导方式和领导方法;领导环境影响领导关系的建立和维系。领导环境影响领导效能的高低和领导目标的实现。有利的领导环境,如正确的方针政策、良好的人际关系、协调的组织结构、优厚的物质基础等,将十分有利于领导活动的开展;而不利的领导环境,则会给领导活动造成种种困难和障碍。

(二)领导目标

领导目标是衡量和判断领导效能有无和优劣的基本尺度。领导目标作为领导活动的预定任务、预期效果和理想追求的统一,其制定得是否合理、是否具有整体性、协同性、层次性和动态连续性,将内在地规定和制约着领导实践的性质、方向和方式,影响行政领导效能的发挥。领导目标对领导效能具有检测作用,领导效能的实质是领导目标的对象性外化和显现,对于领导绩效的测定只有以领导目标为基本参照系才能得到准确解答。如果离开了特定的领导目标,既无法测定领导绩效,更无从判断领导效能的有无和优劣。

(三)领导者素质

领导者素质指的是领导者从事领导活动所必须具备的内在基本条件,是领导者的先天禀赋和通过后天的学习、实践所获取的知识、品德、才能、个性心理等方面的总和。作为领导者,必须具备一定的基本素质。领导者是领导活动的发起者、组织者,领导者的素质成为领导权威的主要力量,是决定领导者能否很好地履行领导职责的内在因素和条件。丰富的专业知识和专业能力有助于领导活动的开展,良好的沟通能力和心理素质有助于克服领导过程中存在的困难和障碍。与此同时,拥有良好领导素质的优秀领导者能够为下属创造发挥才华的机会,使下属的潜能得以发挥,并能鼓舞下属的情绪,能够为下属提供工作的导向。因此,领导者素质的高低成为制约领导者领导效能的关键性影响因素。

(四)被领导者素质

领导者的工作效能在很大程度上要受到被领导者的影响。被领导者的素质、能力、对组织目标的认同、对领导权威的认同、对领导方式的认同、对所从事工作的喜爱、所受到的激励及凝聚力都将影响到被领导者的工作热情和态度,从而影响到领导者的领导效能和工作成绩。被领导者的工作往往是领导者指派或任命的,为了提高领导效能,领导者在用人时应“用其长,避其短”。被领导者充分发挥自身优势时,他也就具有最强烈、最稳定的工作动力。被领导者对领导效能的影响因素,无论是自身因素,还是外部引发的因素都应受到领导者的高度重视,并要求领导者根据被领导者的具体情况实施具体措施。这样,领导效能才会提高。

领导效能反映出领导活动进行的状态和结果,是评价领导活动有效性的基本维度。采用正确的方法,对于领导效能进行有效的评价,有助于领导效能的更好发挥。

四、领导效能考核

领导效能考核是针对领导活动进行的测量和评价活动,是通过运用各种实用技术手段和方法,对领导活动及领导活动的各要素所表现出来的领导效能进行的科学测量和评价。对领导效能的科学考核能够有效监控领导活动,是领导活动不可或缺的重要环节。在现实工作中通常采用对领导者效能的考核来替代领导效能考核。

(一)领导效能考核的内容

领导考核的内容繁多,从领导活动的整体上看,主要考核以下几个方面的内容:一是考核领导活动的整体效能,即看领导活动的最终结果。二是考核领导活动的要素效能,其中包括领导者效能、被领导者效能、领导组织效能、领导环境效能以及领导方法、领导艺术效能等。三是考核领导效能的成因,确定领导活动的各个要素在取得领导效能的过程中所处的地位及其作用。四是考核取得领导效能的途径,了解和掌握在取得领导效能的过程中,是否有违法、违纪、违规行为。五是考核领导活动要素的功能、作用的发挥程度,看领导活动的各个要素的功能、作用是否已得到充分发挥,还有多少或哪些潜力,即哪些潜在效能尚未得到发挥。六是考核领导效能的实现程度,以便验证领导任务、领导目标的实现程度,验证领导素质、领导能力和领导水平的高低。七是考核领导效能的价值,以确定领导效能的分量、重要性及其领导者或被领导者对领导活动、领导活动群体所做出的贡献。

> **【学习卡片】**
>
> 习近平同志多次强调，要改进实绩考核，把有质量、有效益、可持续的经济发展和民生改善、社会进步、文化建设、生态效益、党的建设等作为重要考核内容，不能简单以国内生产总值及增长率论英雄。
>
> ——节选自《红旗文稿》2015 年第 2 期

领导效能的考核应当是多维度的系统性考核，考核内容的广泛程度在一定程度上决定着考核结果的准确性。

（二）领导考核原则

为保证领导效能考核的正常开展，应当注意以下原则。

1. 民主参与原则。领导活动开展的成效如何，组织成员和其追随者更具有发言权。因此，要保证考核结果的客观准确，必须充分体现考核过程中的民主参与。一方面，领导效能的考核过程要尽可能赋予组织成员的意见以较高的权重，让他们广泛积极地参与考核的过程。另一方面，领导效能的考核过程要充分接受被领导者的监督。

2. 适度集中原则。领导效能的评估应当把民主参与作为基本原则，充分听取广大组织成员的意见；然而在评估过程中也需要适当的集中。有效的效能评估应是充分民主与适当集中的合理统一。领导效能评估过程中的民主参与意味着组织成员可以从各个角度充分表达自己的意见。但是，组织成员并非一致的整体，为使反馈意见进一步明晰化，需要建立收集各个方面的信息并做出初步归纳的机制，而这意味着要进行必要的集中。将民主参与和适度集中相结合，有利于对领导活动的效能做出更加客观与科学的评估。

3. 客观公正原则。客观公正是领导考核的一项基本原则。客观就是要以实事求是的态度对领导者的实际效能加以测量，避免掺杂个人主观因素，以保证测量结果的真实性。公正是要对被考核者一视同仁、公平对待，依据同样的标准做出评价。客观公正是考核结果准确可信的根本保证，违背客观公正原则，就有可能造成考核结果的不准确，降低其可信度，削弱领导考核的权威性。

4. 重视实绩原则。领导效能评估的结果形成对领导者的激励，因此确立实绩原则作为评估的基本方面具有十分重要的意义。注重实绩原则有利于激励领导者在管理活动中更加注重效率与效益的结合，形成扎实进取的工作作风，改变“不求有功，但求无过”的求稳心态，树立“无功即是过”的新观念。领导者一切行动都要以是否有助于实现组织的最终目标为标准，将有限的资源充分发挥出最大的效益，也就是要重视领导工作的实绩。

（三）领导效能考核的方法

1. 目标管理法。目标管理已经成为现代管理中被广泛使用的方式。在领导效能考核中，目标管理方法受到普遍的重视。目标管理法是指按照领导活动中预定的目标，通过检查其完成情况来评定被考核者工作成效的方法。既然行为效果必须对照目标而确定，因此可以说，目标管理法实际上是考核工作中最基本的要求，它渗透于各种方法之中。

2. 专家评估法。专家是指对特定的工作具备专门知识和经验的人。对于一种领导活动来说，当事的领导者是"局内人"，其他人员是"局外人"。专家的特殊之处在于，他既有"内"的属性又有"外"的身份。局内人是因为专家是内行，专家的专业知识使他可以超越普通人的认识，容易理解领导活动自身的特殊要求；局外人是因为他并不直接参与决策，因此又可以超脱某些人际关系的利害纠葛，具有"旁观者清"的优势。所以，用一定的组织形式集中专家的意见，实施领导效能考核，是一项非常重要而且必要的方法。

3. 群众评议法。群众评议法是由上级有关部门在一定的方针指引下，通过各种方式，例如，走访、座谈、实地了解等，与被领导对象进行密切接触，对领导者的工作表现与工作绩效进行考核的评议方式。运用调查研究法，必须深入下去，与群众深度接触，对有关情况进行细致研究，不能只看到一些表面现象，否则就难以得出实事求是的结论。群众评议法是在现代社会中得到广泛运用的一种考核方法，包括投票法、问卷法等。

4. 自我述职法。自我述职法是由领导者本人对领导活动的绩效与问题进行总结分析，并将基本结果向考核主体进行汇报的一种自我鉴定方法。这种考核方式的优点是考核内容由于经过事先比较认真的准备，考核工作进行得比较集中；缺点是花费成本较大，并且有可能流于形式。由于考核主体以被领导者角色出现，在缺乏广泛民主的前提下，对领导者述职报告内容难以充分了解，无法形成对领导者的有效监督。

5. 调查评估法。调查评估法是通过对领导活动全过程的跟踪调查或追踪调查，掌握每一环节的效能状况以及各个领导要素在每一环节上所发挥的作用，以便对领导效能的成因做出全面、准确、合理地评估，分清责任，明确贡献，肯定合理成分，摒弃不合理成分。

6. 统计分析法。统计分析法是通过统计部门运用数字或数据统计方法，把领导活动的有效结果统计出来，作为评估、评价领导效能的依据。然后依据统计结果，进行项目分析，以便对领导效能做出具体评价。统计分析法既可作为考核领导活动整体效能的方法，又可作为考核领导要素效能的方法。

7. 比较对照法。比较对照法是运用以往的领导效果和效益,与现实的领导效果和效益进行对照和比较,以便确定领导效能的变化。还可以采取横向比较对照法,对不同部门、不同单位、不同地区或不同领导者之间的领导效能进行比较和对照,以便对各个部门、各个单位、各个地区乃至各个领导者之间的领导工作的发展变化做出公正地评价。

8. 关键业绩指标法。关键业绩指标法(key performance index,KPI)是通过组织内部流程的输入端、输出端的关键参数进行设置、取样、计算、分析,衡量流程绩效的一种量化管理指标,是对组织运作过程中实现战略的关键成功要素的提炼和归纳,是绩效管理的有效工具。KPI 能将领导者的绩效与工作完成的效益、效果联系起来,同时,对领导过程中的非效益行为加以关注,是一种较为全面的考核方法。

9. 360 度反馈评价法。360 度反馈评价法(360 degree feedback)的出发点是从所有可能与领导者考核相关的渠道收集信息。它是一种从不同层面的人员中收集考核信息,从多个视角对领导效能进行综合考核并提供反馈的方法,或者说是一种基于上级、同事、下级和客户(包括内部客户和外部客户)等的收集信息、评估领导效能并提供反馈的方法。

第二节　领导监督

领导监督是领导科学体系的重要组成部分,也是实现领导职能的重要环节。在领导活动过程中,必须对领导进行有效的监督,才能严格按照监督程序规范领导行为。把握领导监督的原则、方法,规范领导监督制度建设,提高领导监督的水平和能力,是现代领导能力的基本要求之一。

一、领导监督的含义

领导监督是指领导者通过一定的领导组织和领导手段实现领导者与被领导者、领导者与组织、组织与组织之间的相互监察与督促,以保证领导职能的正确贯彻执行,最终实现领导目标的一种职能活动。它是领导活动过程中一个必不可少的环节,有着重要的地位和作用。

领导监督包括两个方面的监督:一是领导者对被领导者的监督,即上级对下级的监督;二是被领导者对领导者的监督,即下级对上级的监督。在领导的实践过程中,领导监督多指对领导者的监督。领导监督是社会分工的产物。领导者处于领导地位,拥有普通人所没有的资源和权力,因而有可能出现越权等滥用资源现象,对其进行监督是极其必要的。近几年,在我国各领域出现的大量领导贪污腐败、滥用权力等事件已经敲响了领导监督的警钟。

【学习卡片】

健全党统一领导、全面覆盖、权威高效的监督体系,完善权力监督制约机制,以党内监督为主导,促进各类监督贯通协调,让权力在阳光下运行。

——节选自党的二十大报告

二、领导监督的特点

领导监督的特点主要有以下几方面。

(一)领导监督的多方位制约性和强制性

领导监督的特殊功能是对其他领导职能具有制约作用。它即表现在制约着领导活动中领导者的领导行为,又表现在制约着上级组织、上级领导者的领导行为;同时,还表现在制约着下级组织和被领导者的执行行为。这种制约作用的目的在于保证领导活动的正常进行,使领导行为沿着正常的轨道运行,促使领导目标的实现。领导监督制约作用是以行使权力、追究集体和个体的责任为主要特征的,因此它带有强制性,以国家颁布的法律、法规、法令、条例及地方性法规为准绳。领导监督能够顺利进行,是以强制性为前提的。没有强制,则无法开展监督。

(二)领导监督的双向性和监督主客体的相对性

领导监督是一种双向的行为,监督既包括领导者对被领导者的监督,同时又包括被领导者对领导者的监督。在领导活动中,作为领导监督主体的领导者,同时又是领导监督的客体。领导者居于现有的组织架构中,有他们所领导的下级组织和被领导者,同时也有对他们实行领导的上级组织和领导者,他们的领导活动受着上级组织和领导者的监督。

(三)实施领导监督的社会性和群众性

无论是在政府还是在企业,领导监督都具有社会性,即领导活动是处于社会之中的,在一定程度上要接受社会评价与监督控制,其领导效能最终还是要接受社会的检验。实际上,对政府领导来说,领导监督最强有力的措施就是社会监督,尤其是舆论监督。群众是组织的主人,直接或间接地参与领导管理组织的活动。各级领导者是群众的公仆,受到群众委托管理组织事务。因此,领导者的一切领导活动都必须置于群众的监督之下。

(四)领导监督过程的公开性和监督结果的评价性

在领导活动中实行公开监督,是领导目标有效实现的要求。一方面,领导者在领导活动过程中的作用,主要是带领被领导者去实现领导目标,本质上是为领导目标服务的,人们对其进行的监督也是公开的。只有公开,领导者才能置于被领导者的监督之下,受到自下而上的广泛而有效的监督;而且也只有这样,才能真正实现领导监督的作用。

三、领导监督的作用

监督是领导活动顺利进行的基础,也是组织肌体健康、稳定发展的有力保障。领导监督的保障作用表现在以下几个方面。

(一)防范作用

防范作用主要表现在实践前的监督上。领导者或领导机关对所属组织的计划、报告、请示等进行的审查,就具有防范的性质。如在将要推行某项措施时,应对所涉及的宏观环境因素(国家政治、经济形势,法律状况,国际形势等)、微观环境(组织机构、规章制度、人际关系等)和个性因素(思想水平、道德素质、法制观念等)进行综合分析,从中找出漏洞和由此产生的种种问题,提出防范措施,做到防患于未然,从而保证措施得以顺利地实施。

(二)补救作用

领导者在实施领导过程中,每一职能的运用,都存在发生失误的可能性。这种错误或因在制定政策、计划、措施中对客观情况了解不全面,而在实施过程中暴露出来的某些缺陷、偏颇;或因领导者个人的原因,而出现违反党和国家政策法令或损害人民及国家利益的越轨行为。加强领导监督的作用就在于能及时发现不论是因制定政策的原因还是领导者个人的原因所造成的不良影响和损失,采取必要的措施予以补救,从而防止领导活动失去控制。

(三)制约作用

在复杂的社会环境中,领导者往往受到许多不良因素的诱惑,少数领导者出现组织观念淡薄、纪律松弛,甚至会导致权钱交易、以权谋私、贪污受贿等腐败现象的产生等。领导监督是有效监控腐败现象发生的一种强有力的手段。江泽民同志曾多次强调,要从严治党,建立健全一套拒腐防变的制度,采取切实有效的措施,加强党内监督和人民群众监督,同一切腐败现象进行毫不留情的斗争。

(四)改进作用

在制定决策、计划的过程中,由于各种原因,难免出现失误或不足。这些失误或不足,在实施时就会明显地暴露出来。如果对此实施有力的监督,就可以及时纠正偏差,使决策、计划中的失误与不足之处得到改进和完善。即使决策、计划是完全正确的,出于客观环境的变化,需要改进决策的情况也会经常发生。通过有效而及时的监督,就可以及时采取措施,以适应变化了的情况,或者使决策、计划更符合客观实际。

（五）桥梁和纽带作用

监督的桥梁和纽带作用表现在两方面：一方面，它是联结决策中心和执行机构的中介。对下，它负有监督执行机构认真执行决策的责任；对上，它又能随时反馈执行情况，使决策中心及时发现决策中的问题，从而起到联系正确决策和执行的桥梁作用。另一方面，它又是联系领导与群众的纽带。监督既具有领导者对被领导者的监督职能，又具有被领导者对领导者的监督职能。这种监督的双向作用，是领导联系群众、接受群众监督，从而使领导工作沿着正确的轨道运行的重要保证。

四、领导监督的原则

从当今领导活动的特点来看，领导监督应遵循如下原则。

（一）依法监督原则

领导监督工作的根本准绳，就是国家与地方政府所颁布的宪法、法律和有关领导监督的法令、法规等。领导者进行领导活动行使的是国家法律与法规授予的权力，领导监督工作的权力又来自法律规定的权限，各级领导者必须依法进行监督和接受监督。领导监督工作如果离开了法律制度，就会出现两种偏差。一种是监督工作变得“无法无天”，不受任何约束，从而干扰了正常的领导活动，使领导目标和任务不能顺利完成；另一种是“无法监督”，由于在监督上权限、程序规范、义务等方面的规定不明，使有监督权力和监督职能的个人或部门难以进行有效的监督，从而使监督工作处于瘫痪状态。显然，这两种偏差都会给监督工作带来损害。依法监督原则是领导的制度规范原则，它确定了监督的权力、职责、内容和程序。

（二）公开监督原则

领导监督要公开，包括公开领导监督主体、对象、范围；公开领导监督制度；公开领导监督程序；公开领导监督结果等。正确实施公开原则，要注意以下三种情况：一是属于一般性监督，其公开性应该是没有条件的，不论是自上而下的监督还是自下而上的监督都应该是公开的；二是特定监督，仅仅在一定的范围内公开；三是不允许公开，为了维护国家和人民的利益可以暂时不公开。实施公开原则，要建立社会协商对话制度，领导者同组织成员要直接协商对话，向群众公开报告，听取群众的批评，及时准确地了解群众的愿望、要求、建议和批评，使自己的工作更符合实际。

（三）时效监督原则

领导监督本身必须讲究效率，领导监督的时效原则就是领导监督的及时性和有效性。领导者在监督过程中,要认真把握监督的特点和规律,力求监督手段和方法的科学性,以便以最小的代价达到最佳的监督目的。在实践中贯彻监督的实效性原则,有利于克服原有领导体制效率低下的弊端。因为领导监督不仅是一种权力约束、制衡和惩戒机制,同时还应是一种社会激励机制。通过及时而有效的领导监督,就会促进领导者决策、执行等行为及时运行,提高其办事速度和效率。

(四)层级监督原则

从权力制约角度的理论上来说,监督权力一般要高于被监督的对象,这就是采取层级监督原则。所谓层级监督原则,是指在监督检查中按照纵向分为若干层次,每一个下级层次都对上一个层次负责。各个层次所管辖的地区和范围,随层次的降低而缩小。在一个领导工作系统中,领导者能够直接领导的部门在数量上应有一定的限度:数量少了,不便于发挥作用;过多则难以兼顾和协调。层级监督原则并不是绝对的,在特殊情况下,上级监督部门可以越级检查下级的工作。

五、领导监督的方法

根据不同的领导监督目的、内容和要求可以采用不同的监督方法。实际工作中,领导监督的常用方法主要有以下几种。

(一)统计分析监督法

统计分析监督法是运用统计报表从数量方面对领导计划进行监督的方法。这是一种全面监督方法。这种方法一般有四个步骤:第一,根据领导工作需要对报表的内容格式进行设计,保证以最简明的内容反映最全面的情况;第二,组织对统计报表的填写,要求做到内容客观,文字清楚;第三,对统计报表反映上来的情况进行分析和评价,找出偏差和错误;第四,根据产生偏差的原因和责任,采取措施予以追究和纠正。

(二)专题调查法

领导者除了通过监督报表掌握一般情况外,还要根据需要选择一些专题进行更加深入细致的了解和监督,即专题调查法。该方法通过抽调一些训练有素的人员组成调研组,不给他们委任固定职务,只在领导者的直接领导下,采取客观公正的态度对某个重大问题进行调查研究,找到问题产生的原因和责任者,提出处理意见。专题性调查监督往往侧重于对领导行为问题给予纠正,对违法乱纪的领导行为给予惩治。

(三)现场监督法

现场监督法是指领导者或主管人员通过蹲点调查或现场办公等形式,亲自到现场进行监察和督导的监督方法。采用这种方法便于领导者掌握第一手资料,它不仅是解决一些亟待解决的重大问题的好办法,而且也是对领导工作大有裨益的领导方法。现场监督本身有多种不同表现,如明察暗访、突然袭击、长期现场办公等。现场监督应当根据不同的环境与具体情况灵活运用。

(四)民主监督法

监督是一个双向的行为过程。领导者要对被领导者进行监督,被领导者也要对领导者进行监督,这是领导监督过程中不能分开的两个方面。在我国,民主监督的具体做法很多,大体有两种类型。一类是正规的,主要是一些社会组织、民主团体对党务、政务,对社会的经济生活、政治生活等进行监督。这类监督既有稳定的组织形式,又有一定的法律和制度来规范其监督程序。另一类是非正规的,人民群众依照其民主权利,随时、随地对整个国家事务和领导活动进行的监督。

第三节　领导伦理

面对日益严峻的市场环境,部分领导者为追求经济利益,做出违反社会伦理甚至违法犯罪的行为,既危害了社会公共利益,又影响了正常的市场秩序。2008年三鹿奶粉事件、2018年长生公司疫苗生产记录造假到2019年奔驰女车主哭诉维权等事件引发了对企业领导者个人道德丑闻的关注,也导致企业形象和利益受损。据报道,2017年至2019年不到两年间,有831.9亿美元的公司市值因为CEO个人丑闻而蒸发。领导者伦理问题成为各类型组织及学术界共同关注的问题。

一、领导伦理的概念与内容

(一)领导伦理的概念

领导伦理是指领导者在领导活动过程中应遵循的基本伦理行为规范与准则,为领导者正确处理好各种关系,培养领导者忠诚、爱民、尚公、正直、廉洁和勤奋等美德,实现领导过程的伦理价值及领导者的道德完善,提供正确的伦理道德原则和实现途径。

领导伦理是伦理在领导活动中的呈现,是领导实践与伦理要素的综合。领导与伦理结合产生了极为重要的结果:其一,尽管领导活动具有诸多的关系形态,但伦理关系是领导者与追随者关系的基本形态;其二,在领导者与追随者的关系中,事实上存在着诸如政治、法律和社会等方面的准则,但伦理视角下的领导活动主要关注的是领导者旨在维系领导—追随者关系层面的行为规范和行动准则;其三,现实的领导活动并不存在独立于政治、经济、文化和社会等活动要素之外的伦理活动和伦理关系,领导伦理渗透并蕴含于这些活动要素之中并赋予这些要素以特定的价值属性,从而决定了领导行为的好坏优劣。

(二)领导伦理的内容

领导伦理的内容包含个人品德、职业修养、法律法规意识、忠诚意识、责任意识等内容。

1. 个人品德。彼得·圣吉认为,领导者通过施加影响力使员工能心甘情愿地努力工作是最重要的事情。而影响力主要来源于非权力性影响力,在非权力性影响力的四个要素(品德、能力、知识、感情)中,最不可缺失的是品德,品德具有不可替代性,品德比智慧、能力更加重要,更高一个层次。领导者既应具备服务社会、克己利公的社会公德,又要具备诚实正直、廉洁奉公、勤勉奉献的个人私德。

2. 职业修养。领导者应具备职业所需的职业道德和品质素养,遵循行业、职业所必须的职业准则和规范。领导者不仅应当是职业伦理和职业道德的坚定践行者,更应当是职业行为的引领者和示范者,起到榜样和标杆的作用。

3. 守法意识。宪法和法律是领导公正利益原则的具体体现,遵纪守法是领导履行义务的保证。领导者必须遵守宪法和法律,更应当成为遵守法律的模范,做到在法律面前人人平等。同时,领导者的守法意识会为所在企事业单位的经济行为保驾护航,保障组织经营业务合法合规地有序开展。

4. 忠诚意识。领导者应当具备忠诚意识,在行使职权时维护国家利益、社会利益和组织利益,贯彻国家方针、政策,服从国家利益的需要,保守所在组织的商业机密,遵守竞业限制的相关规定。

5. 责任意识。从法律角度上讲,责任是一种义务,相对于权利而言,是自己必须要履行的一种职责。从本质上来讲,领导责任是领导与生俱来的使命。责任高于一切,责任比能力更重要,领导要切实履行党和人民赋予的职责,在领导活动中勤恳工作、认真负责。

领导伦理的内容范畴随着社会经济的发展,亦在不断地发展、补充和完善。

二、伦理型领导的管理特征

伦理型领导是指具有伦理特质的领导者,在组织中设置伦理规范和愿景,通过双向沟通和示范使其内化于员工,进而影响员工的伦理行为和组织决策,以有效达成组织的目标。伦理型领导管理特征主要包括:个人魅力、动机激励、思维启发和员工发展等方面。

(一)强调示范性的个人魅力

伦理型领导具有较高的示范性个人魅力。伦理型领导追求普遍的利益,不会以损失组织利益为代价而追求个人权利和地位,不会对个人权利和地位充满野心,不会炫耀或标榜自己以博得员工更多注意力。伦理型领导清楚自己的竞争能力和正确解决问题的途径,并且对自我和他人同样具有责任心。除了个人魅力的作用外,伦理型领导还必须提高组织的伦理决策、程序、过程等水平以完成组织目标。

(二)注重动机激励

伦理型领导的动机激励目标主要集中于积极的一面:和谐、仁爱、敬业等。通过真正的组织授权以实现动机激励。伦理型领导的动机激励是与组织授权相联系的,在这里,组织授权已经超过了员工参与的范围,其动机激励为企业员工提供了新的自我实现的内容。伦理型领导应该为其团体、组织和社会谋取福利,其动机激励过程也是围绕这一目标设计和展开的。

(三)实施思维启发

伦理型领导的思维启发结合了境况评估、前景预期和模式应用等过程中的开放动力机制,采用积极的精神因素鼓励员工产生更具创造性的问题解决办法,打破了组织文化和领导文化的固化影响。伦理型领导通过企业领导者正确的指导思想和中肯的工作行为,维护和提高企业员工的根本利益和满意程度,并最终带来企业员工伦理价值观念的转变。伦理型领导通过企业与员工间物质利益与精神需求的双重结合,为企业员工的开放型思维带来了更大的生存和发展空间。

(四)重视员工的个性发展

伦理型领导更加强调利他主义的必要性。伦理型领导认为,每位员工都是独立存在的个体并为其提供训练、指导和发展机会。伦理型领导鼓励企业普通员工向企业领导层发展,提供各种实际支持以提高员工个人竞争能力和获得成功的机会,维护员工的现实利益并提供非常务实的共享目标。伦理型领导通过服务他人而实现其社会经济目标。

三、领导伦理的作用

领导伦理着眼于组织谋取效益的方式是否有利于满足人的精神和道德要求,是否有利于形成和谐的人际关系,这是领导活动的基础。领导伦理具有以下方面的作用。

一是导向作用。领导者遍布政治、经济、社会各类型组织中,其领导伦理引导着社会文明发展的方向,对社会公德、个人私德均具有重要的引导和示范作用。

二是约束作用。伦理标准约束着领导者和被领导者的行为。只有符合伦理标准的领导行为才能被社会各类型组织所接纳。领导者自觉地用伦理规范约束自己的言行,才能让被领导者信服。

三是激励与凝聚作用。领导伦理提倡建立领导者与被领导者之间平等、团结、友爱、互助的良性关系。具有高水平的道德修养、符合道德规范的领导者及其领导行为,才能得到被领导者的追随。领导伦理能够有效激励被领导者的追随行为,对团队产生凝聚作用。

四是协调冲突的作用。领导伦理是解决领导者间、领导者与被领导者间冲突和矛盾的重要标准和依据。

五是提升绩效作用。以高标准道德伦理严格要求自己的领导者,能够得到下属的爱戴和拥护,有助于提升组织、团队和下属的绩效水平。

六是文化塑造作用。提升领导者道德修养,加强领导伦理建设,有助于塑造良性的德性组织文化,塑造积极向上的组织氛围。

四、领导伦理理论简介

(一)中国古代领导伦理观

中国是一个非常重视伦理道德的国家,五千多年的领导活动史基本是一部领导伦理道德的进化史。中国古代有远见的政治家、思想家都十分重视领导伦理问题,把官吏的道德看作是国家兴亡的根本,尤其把修身视为官员道德养成的极为重要的方面。

西周、汉朝、盛唐坚持德治与法治并举,以德治为基础,以法治为保障,社会长治久安。周武王时,太史辛甲"命百官,官箴王阙",即要求文武百官用箴言以诫武王过失。武则天在任时期,认为对文武百官也应该有一部指导自身言行的戒规即官德,于是组织人编写了《臣轨》一书,分上下两卷,并说明此书是为了"发挥言行,熔范身心,为事上之轨模,为臣下之准绳"。

大量古代文献对领导伦理进行了详尽阐述。《论语》记载,孔子的弟子子路问什么是君子,孔子表示"修己以敬,修己以安人,修己以安百姓"。将从自己做起,尊敬他人视为立身处世和管理政事的根本。针对春秋时期诸侯无道的暴政,孔子提出"为政以德",即执政者要以德施政,善待民众,先富后教,先惠后使,先教后杀,使"天下之民归心焉"。《礼记·大学》记载,"古之欲明明德于天下者,先治其国。欲治其国者,先齐其家。欲齐其家者,先修其身。欲修其身者,先正其心。欲正其心者,先诚其意。欲诚其意者,先致其知。致知在格物。物格而后知至,知至而后意诚,意诚而后心正,心正而后身修,身修而后家齐,家齐而后国治,国治而后天下平。"这一论断把治理国家、天下太平上升到人性的修养层面,对人本身的品行提出较高的要求。《资治通鉴》强调领导者私德中的重要品质包括

“仁”“信”“俭”等。“礼义廉耻，国之四维。四维不张，国乃灭亡。”在国家治理层面，司马光主张“立政以礼”，把“礼”作为治理国家的基本方略，将依礼行事作为中央政权与地方政权之间、领导者与追随者之间关系的根本准则。

(二)西方领导伦理观

西方最早关注领导道德问题的是古希腊思想家苏格拉底。他认为，作为统治者要有智慧、有美德，懂得统治之道，从而提出了“知识治国”的思想。柏拉图继承了这一思想，提出应由知识最高深的、德性最完善的哲学家来治理国家。柏拉图认为，领导者的品德和智慧是治理国家的基础，而且这些品德和智慧需要专门加以训练和培养。“只有靠整个的心灵转动才能从这变化的世界转到真实的世界，并且渐渐地学习着忍受真实的、最光明的、最好的光，即是善的光。”“能做国家大员的人，既不是未受教育、未闻真理的人，也不是那些永不结束他们教育的人。”同时他认为，作为统治者应着眼于整个国家的幸福，不应该为个人的福利而争权夺利。“立法的目的不在于使这个国家的任何一个阶级比其他阶级特别幸福，幸福应当属于整个国家。”“如果让那些缺少这种个人善行的人去管理公共事务，他们以为得到政权以后就可以攫取生活的福利了，这样就永不能有秩序了。”柏拉图突出智慧和德性对领导者的重要性，他的智慧和德性需要进行专门训练和培养，以及要有以整个国家的利益为重的思想，至今仍有其现实意义。

不可否认的是，西方伦理史上也有反道德主义的主张，不可避免地反映到领导伦理中。古雅典的政治家弗雄声称：“谁如果得到群众的赞同和喝彩，那就应该立刻检查自己犯了什么错误。”马基雅维利是最著名的反道德主义的代表，他的“政治无道德论”也颇为西方不少君主、统治者、高级领导者所信奉和践行。

五、领导伦理建设的途径

(一)强化领导者的伦理自律，提升领导者的伦理修养

作为领导者，要主动增强自身道德修养，提升对自身的伦理要求。曾子曰：“吾日三省吾身：为人谋而不忠乎？与朋友交而不信乎？传不习乎？”自重、自省、自警、自励是领导者提高自身修养的有效方法，应不断加强道德自律，通过自我认识、自我评价、自我监督，实现自我约束和自我超越，提高践行领导伦理的自觉性。

领导者的伦理素养是一个由量变到质变的过程，需要一个漫长的积累过程，领导干部在道德修养中，要不弃小善，不为小恶，才能积成大善，培养高尚的道德。同时，领导者应当加强个人学习，提升文化理论水平和伦理修养，以开阔的领导视野剖析领导问题，以高尚的伦理情操指导领导实践。

（二）加强对领导行为的监督，合理规范并约束领导行为

领导者的自律是塑造领导伦理的内部驱动力，领导监督是塑造领导伦理的外部驱动力。领导监督是通过一定的组织机构、方式和方法实现领导者与被领导者、领导者与组织、组织与组织之间的相互监察与督促，监督领导者行为，塑造领导伦理。它是领导活动过程中一个必不可少的环节，有着重要的地位和作用。权力监督对于权力的正当运行至关重要，必须对权力的运用进行有效监督，才能营造风清气正的组织环境和社会环境。

党的十八大以来，在全面深化改革与全面从严治党的过程中，国家为权力运行增加了诸多制度性安排。党的二十大报告提出：健全党统一领导、全面覆盖、权威高效的监督体系，完善权力监督制约机制，以党内监督为主导，促进各类监督贯通协调，让权力在阳光下运行。推进政治监督具体化、精准化、常态化，增强对“一把手”和领导班子监督实效。发挥政治巡视利剑作用，加强巡视整改和成果运用。落实全面从严治党政治责任，用好问责利器。改革开放以来，我国领导权力的制约和监督机制立足于新时期我国权力运行现状、从权力的结构和运行机制上做出创新性探索，形成了较为完善的监督体系，为国家的发展和社会的稳定提供了坚实的制度保障。

（三）努力营造组织伦理文化，强化道德认同

组织伦理文化是组织文化中以道德伦理为中心的文化形态和特质。它包括组织的伦理观念、道德情感、伦理理想、伦理规范、伦理行为以及影响道德伦理的基本因素和途径。组织伦理文化的建设，有助于规范领导者之间、领导者与被领导者之间、领导者与外部利益相关者之间的行为，要求组织领导者在道德伦理意识支配下，表现出积极的利他行为和贡献行为。

个体对自己所处的组织产生了道德认同感，对与自己职位相应的责任有了深刻的理解，便会具有成为“公正的人”的渴望。领导干部在从事行政活动、履行行政责任时，如果不是因为害怕惩罚，不是为得到他人的认同与奖赏，而是出于对道德责任的理解与领悟，履行责任不再需要外在权威的约束而主动超越其约束，做出自主的判断与选择，就会把“内在良知”作为行为的内在动力，他们的道德修养就会臻于一个完美的境界。组织伦理文化能够发挥文化的浸润效果，潜移默化地影响领导者的行为，并为组织广大员工所接受和认同，从而逐渐形成本组织的道德文化规范。

课程思政学习专题

习近平在二十届中央纪委三次全会上发表重要讲话强调
深入推进党的自我革命 坚决打赢反腐败斗争攻坚战持久战

习近平强调，我们党作为世界上最大的马克思主义执政党，如何成功跳出治乱兴衰历史周期率、确保党永远不变质不变色不变味？这是摆在全党同志面前的一个战略性问题。

党的十八大以来，在推进全面从严治党的伟大实践中，我们不断进行实践探索和理论思考，在毛泽东同志当年给出“让人民来监督政府”的第一个答案基础上，给出了第二个答案，那就是不断推进党的自我革命。

在新时代十年全面从严治党的实践和理论探索中，我们不断深化对党的自我革命的认识，积累了丰富实践经验，形成了一系列重要理论成果，系统回答了我们党为什么要自我革命、为什么能自我革命、怎样推进自我革命等重大问题。

在深入推进党的自我革命实践中需要把握好九个问题，即：以坚持党中央集中统一领导为根本保证，以引领伟大社会革命为根本目的，以新时代中国特色社会主义思想为根本遵循，以跳出历史周期率为战略目标，以解决大党独有难题为主攻方向，以健全全面从严治党体系为有效途径，以锻造坚强组织、建设过硬队伍为重要着力点，以正风肃纪反腐为重要抓手，以自我监督和人民监督相结合为强大动力。要坚持解放思想、实事求是、与时俱进、守正创新，不断进行实践探索和理论创新，不断深化对党的自我革命的规律性认识，把党的自我革命的思路举措搞得更加严密，把每条战线、每个环节的自我革命抓具体、抓深入。

资料来源：人民日报，2024-01-09.

本章小结

领导效能是指领导活动及其构成要素自身所蕴藏的有效能力，以及这些有效功能在对领导活动发挥有利作用时所获取的成果或成效。领导效能可以分为领导活动效能和领导要素效能两类。领导效能的实现受外部环境、领导目标、领导者素质和被领导者素质等因素影响。领导效能考核是针对领导活动进行的测量和评价活动，通过运用技术手段和方法，对领导活动及领导效能进行的科学测量和评价。领导考核原则包括民主参与原则、适度集中原则、客观公正原则和重视实绩原则。领导考核方法包括目标对照法、专家评估法、群众评议法、自我述职法、调查评估法、统计分析法、比较对照法、关键业绩指标法和360度反馈评价法。领导效能考核程序由考核准备、自我总结、民主评议、组织考核、绩效反馈和考核总结等步骤组成。

领导监督指领导者通过一定的领导组织和领导手段，实现领导者与被领导者、领导者与组织、组织与组织之间的相互监察与督促，以保证领导职能的正确贯彻执行，最终实现领导目标的一种职能活动。领导监督的原则包括依法监督原则、公开监督原则、时效监督原则、层级监督原则。领导监督的方法有统计分析监督法、专题调查法、现场监督法和民主监督法。

领导伦理是指领导者在领导活动过程中应遵循的基本伦理行为规范与准则，包含个人品德、职业修养、法律法规意识、忠诚意识、责任意识等内容。领导伦理具有导向、约束、激励与凝聚、协调冲突、提升绩效、文化塑造等作用。领导伦理建设途径包括：强化领导者的伦理自律，提升领导者的伦理修养；加强领导行为监督，合理规范并约束领导行为；努力营造组织伦理文化，强化道德认同。

思考题

1. 什么是领导效能？领导效能主要包括哪些方面的内容？
2. 领导效能受哪些因素的影响？
3. 领导效能评价的方法有哪些？
4. 如何开展领导效能的考核？
5. 什么是领导监督，领导监督的方法有哪些？

教学实训

一、背景资料

我国历来十分重视勤政。荀子说“凡百事之成也，必在敬之；其败也，必在慢之”。秦代将不懂法令、不识时务、苟且懒惰、不勤政等作为不良官吏的标准。到了唐代更是制定了一部内容比较完备的道德法典——《唐六典》,将德、慎、公、勤作为官员的“四善”标准。清人李文耕认为“官不勤则事废,民受其害”。但是,在现代社会中,一些地方和部门却蔓延着遇事推诿、不思进取、无所作为、贻误发展的懒政、庸政的弊病。

“懒政”具体表现为政府“未作为”和“慢作为”,反映出一些部门和领导者对待工作不愿干、不想干的心态和作风,导致一些部门和领导怠于履行或者没有及时履行自己的职责。“庸政”表现为政府“弱作为”和“假作为”,反映的是一些部门和领导在工作上“不会干”或是“不敢干”,消极低效地履行自己的职责,或忙于与执政为民无关的事务,使群众得不到满意的服务。“懒政”“庸政”在本质上都是不作为的现象和行为。

2009 年 A 县举办迎春灯展发生了踩踏伤亡事故,2010 年当地便过了一个没有灯展的元宵节。由于当年该地元宵节观灯活动少,不少市民只得驱车至邻市冒雪观灯。尽管市民理解取消灯会的原因,但更多人还是深为不满,认为这种做法是典型的因噎废食。实行这类消极防御和自我封闭的“鸵鸟政策”,管理者固然相对省事,看似消除了大安全事故的隐患,但是广大民众只怕难以满意。

2011 年 1 月 12 日多家媒体报道,截至 1 月 11 日,L 市已停止供暖 15 天。该市邻近河北,而近期属全年最冷时期,气象预报显示,11 日市最低气温为-10℃。据 L 市市长热线回复:L 市今冬将为完成节能减排任务停止供暖。1 月 8 日起热力公司全额退还市民的供暖费。为了完成节能减排任务,L 市关停了提供热源的某电厂,从而造成市民集体供暖被中断,这一事件把 L 市市政部门推到了舆论的风口浪尖。对此,该市领导表达了两难的困境——按照节能减排的要求,关闭该电厂是死任务,不能因为供暖而耽误完成节能减排任务。

如上两例,这种简单、粗暴、片面的懒政、庸政行为,必然会使民众的生活和权利空间遭受挤压,使民众福利大打折扣。这种害怕付出、拒绝承担责任与风险的封闭管理模式,怎么能够得到思想日益开放、要求日益多样的现代社会民众的认同和支持呢?

资料来源:节选自 2011 年上海市公务员考试申论试题。

二、教学组织:

1. 教师划分讨论小组。
2. 结合案例材料,以小组为单位进行讨论,制定小组方案。
3. 各小组介绍和展示各自的解决方案。
4. 小组进行方案答辩,回答其他小组的质疑。

5. 教师点评。

三、问题讨论：

1. 请概括背景材料所反映的主要内容。

2. 你认为A县取消元宵节观灯活动的行为是否正确？领导者应如何处理迎春灯展问题？

3. 试分析L市面临的两难困境。如果你是L市领导，你将如何解决该困境？

12

第十二章

领导变革

学习目标

领导变革是社会发展的必然趋势，关系到领导科学发展的未来。通过本章的学习，要求了解未来的组织和领导的变化，认识领导变革的力量及构成，掌握领导变革的程序，关注领导未来的发展。

引导案例

哈尔滨爆火背后的领导创新

哈尔滨火了。据哈尔滨市文化广电和旅游局大数据测算，2024 年元旦假期，哈尔滨市累计接待游客 304.79 万人次，实现旅游总收入 59.14 亿元，游客接待量与旅游总收入达到历史峰值。

哈尔滨爆火离不开哈尔滨的历史、交通、人文、美食等地方特色。拥有百年历史的哈尔滨是东北地区的政治、经济和文化中心，自然条件四季分明，景色优美，建筑风格中西合璧；交通便利，航空、铁路和公路网络发达；哈尔滨作为中国冰雪艺术的摇篮，有超过 60 年的积淀；冰雪大世界成为世界闻名的冰雪旅游胜地；哈尔滨美食融合了东北菜和俄罗斯菜的特点，吸引了无数食客；东北的厚重文化与冰雪旅游相结合，哈尔滨展现出大气、好客、诚信的民风，让游客感到舒适和愉悦。

哈尔滨爆火的背后，离不开文旅部门牵头、新媒体助力、服务理念创新、全方位监管联动等举措。

文旅部门牵头大力推动，提前做足准备，发展特色文化旅游。黑龙江省文旅厅厅长何晶坦言，哈尔滨的火爆并非偶然，为丰富旅游产品，提升服务质量，创新游客体验，当地已经做了一年的准备。市政府对旅游业的发展高度重视，以冰雪旅游为主打，发展特色文化旅游，持续推出各类旅游推广活动，加大宣传力度，进一步提升了哈尔滨的知名度和吸引力。

借助新媒体，实现立体化宣传营销，扩大宣传范围。哈尔滨文旅局充分利用政府网、政务平台、微信公众号、抖音官方账号等新媒体信息发布载体，公布文旅政策信息，推进文化和旅游领域政府信息公开。通过中省直媒体、市属媒体、抖音、微博、视频号新媒体，立体化宣传营销，加大对本地及周边地区的文旅推广营销力度，引流带动文旅市场。和“饿了么”联动，以“这杯我请”为主题，送专属哈尔滨的奶茶明信片；携手中国南方航空、支付宝、云闪付、高德地图等企业商家，以发放消费券、优惠券的形式，推出多重冬季文体旅惠企乐民系列活动；联合飞猪旅行，推出“到-20℃的地方过年（哈尔滨）”线上活动，活动期间向全国发放20万份旅行优惠券包……将自身独特的文化魅力传递给更多消费者，从而带动了哈尔滨的热度。

“以游客为中心”的服务理念突破，关注细节，提升旅游体验。为了更好服务游客，政府市民齐上阵，广泛收集游客意见，积极提供各种特色服务，如豆腐脑可以加糖、冻梨可切片摆盘、漂移的雪地大游艇、自带翅膀的雪地黑马、拍照工具小白狐……，管理严格的大学校园向游客开放。为了招待好来自祖国各地的“小金豆”，赫哲族人来到中央大街，唱起了《乌苏里船歌》，极难见到的鄂伦春人与游客互动了。天气寒冷，晚上不易打到出租车，热心的哈尔滨市民主动接送游客。哈尔滨地铁集团创新服务模式，推出太阳岛站至冰雪大世界地铁站间免费往返的“地铁摆渡票”，为广大市民、游客提供出行优惠。各种新举措提供了更加舒适、满意的旅游体验，从而积累了良好的口碑。

各方合力，实现全方位旅游服务联动，执行到位。元旦假期前夕，哈尔滨就组建冰雪季（冰雪大世界）服务保障专班、全市跨年夜和冰雪节开幕式安保工作专班，每日进行调度，制定跨年夜应急预案，全力确保景区秩序，为市民、游客提供全方位的保障；持续加大执法监督检查力度，发挥文旅、交通运输、市场监管、公安、城管五大执法专班的作用，对客房价格、食品安全、消防安全、社会治安、服务质量等方面加大监管力度，打击侵害旅游者合法权益的不法行为，全力维护游客的合法权益和城市的良好形象。对于违法违规行为实施“零容忍”，从重从快及时处理。一名司机因“宰客”，被责令停止运营，并处以3万元的罚款；一家饭店因为一盘锅包肉卖68元，价格过高，硬是被本地人怼得关了门。

以此为契机，哈尔滨将珍惜冰雪旅游“出圈”大好形势，促进冰雪旅游与特色餐饮、服装设计、音乐演艺、文创产品、工业遗产等深度融合，由冰雪旅游热带动关联产业。

当今世界正以前所未有的速度变化着,未来的领导将是怎样的?组织变革等因素对未来的领导提出了怎样的挑战?领导者需要怎样创新才能迎合世界的变化?我们把这一问题作为本书的结尾,作为对未来领导的尝试性探讨。

第一节　未来的组织与领导

随着信息社会和知识社会的来临,组织形态不断发生变革,领导面临巨大挑战。掌握未来组织的形态和领导的发展,进一步变革现有的领导模式,成为领导者谋求变革和发展的重要责任。新型组织的出现导致领导活动相应地发生变化,为领导者提出了新的问题。如何领导未来的组织已成为领导科学的崭新课题。

一、未来的组织

全球化时代和知识时代的来临与组织创新相伴而生,社会和经济的变化引发组织的变革,组织的变革进一步带来领导方式方法的变革。未来的组织是怎样的?

(一)组织的扁平化

传统的组织表现为一种等级鲜明的"金字塔"式的组织结构。随着网络技术的发展,组织内部信息和壁垒将被打破,组织结构呈现扁平化特征。组织成员能够在平等的基础上收集信息并进行对话和交流。随着组织中间层次的减少,命令下达、信息传输速度加快,决策与管理得到有效执行,组织变得灵活、敏捷。这种扁平化的组织形式有利于降低成本,节约管理费用并提高组织效率和效能。扁平化的组织中领导的层级大为减少而领导跨度增加,对领导者的综合素质提出了更高的要求。

(二)组织的弹性化

传统的组织规模愈大,组织行为愈僵硬,对环境变化的反应就愈迟钝。在未来的知识经济社会里,科技的迅猛发展,新产品将不断问世,产品寿命也将缩短。组织必须灵活敏捷地根据外部环境的变化对组织结构做出调整,重新配置人员。弹性化已成为必然,这也使组织在形式上更具多样性。弹性化带来的人员的工作范围的扩大,领导的范围也相应地扩大,灵活性增强。

(三)组织的虚拟化

随着计算机与网络技术的发展出现了虚拟化的组织,这种组织无总部、无规章、无等级,通过互联网等技术手段把员工联合在一起,它可在任何时间、任何地点,以任何形式保持彼此联系。在这种组织形式里,成员相互信任,彼此依赖,往往为完成组织目标而协同“作战”。这种组织并不长久，为完成组织目标可“集中兵力”，“战斗”结束就分开。这种组织形式灵活性强并能做出快捷反应。虚拟组织的出现意味着传统领导方式的改变，由固定的、层次分明的、强调个人的转向灵活的、多元的、注重整体的方向。

（四）组织的网络化

在组织中既强调等级更强调协调。网络化组织的中心有个由关键人物组成的小规模内核，他们为组织提供着持久的核心能力。网络经济条件下可以充分利用互联网强大的整合资源能力，进行网络化的管理。通过互联网的开发，将组织所面临的众多分散的信息资源加以整合利用，通过一个界面观察到很多不同的系统，从而做出迅速而准确的决策。网络化组织的沟通方式改变了领导结构，权力被再分配，扩大了领导活动的领域和范围。

（五）组织的无边界化

组织的界限越来越趋向于无形。组织再也不会用许多界限将人员、任务、工艺及地点分开，而是将精力集中于如何影响这些界限，以尽快地将信息、人才、奖励及行动落实到最需要的地方。“无边界化”并不是说组织就不需要边界了，而是不需要僵硬的边界，是使组织具有可渗透性和灵活性的边界，以柔性组织结构模式替代刚性模式，以可持续变化的结构代替原先那种相对固定的组织结构。

（六）组织的多元化

组织不再被认为只有一种合适的框架结构，组织内部不同部门、不同地域的分支结构不再是统一的模式，而是根据具体环境及组织目标来构建不同的组织结构。目标决定战略，而战略决定结构。领导者要学会利用每一种组织工具，有能力根据任务的业绩要求，选择合适的组织工具，从一种组织转向另一种组织。

未来社会组织的变化表明科学技术的发展将大大改变组织形式结构。随着计算机技术、信息技术、网络技术和数字化技术的高速发展和知识经济时代的到来，传统的组织结构和组织形态必然要适应技术创新和社会发展而不断变革，并被新的组织形式所取代。组织这些新特征的出现将给未来领导带来挑战与压力。

二、未来的领导

伴随未来组织的变革，领导也呈现出与之相适应的发展趋势，从而适应组织内外部环境的变化，保证领导效能的最终实现。

（一）从单向领导到双向领导

在20世纪，人们总是不假思索地认为领导作用的发挥是单向的、自上而下的，是领导者对被领导者的指挥控制、关心指导、激励协调和使用培养。进入21

世纪,人们发现这种形式有很多致命的缺陷,有越来越大的阻力使之难以为继。其原因主要表现为两个方面:一方面,领导者越来越难以扮演无所不知的英雄角色,因而对下级的指挥、控制和指导等越来越力不从心;另一方面,被领导者由于其知识、能力的不断提高和利益所在,因而其参与意识和利益意识日益要求参与管理和领导决策,从而使其才能得到发挥,使其利益得以表达和保障。

真正的领导活动是一种人际关系的特殊过程,其参与者即领导者和被领导者扮演着基本上等价但又是互补的角色。他们为了非凡的表现和业绩互相从对方获得灵感和动力。简言之,领导作用的发挥是双向的;一方面,领导者对被领导者施加影响和作用;另一方面,被领导者对领导者施加影响和作用。二者同等重要,谁也不能离开对方而单独发挥作用。

由于领导作用的发挥是双向的,所以领导者在实际工作中既要注意自己是施力者,又要意识到自己是受力者。领导者一方面要去激励被领导者,另一方面还要善于接受被领导者激励。领导者若能自觉地运用双向激励、双向影响的规律,就一定能够显著地提高领导工作效率。

(二)从刚性化领导到柔性化领导

在知识经济条件下,现代领导方式呈现出柔性化的发展趋势。传统的领导方式的显著特征是刚性化,带有强制性、命令性,缺少弹性和个性。21 世纪,随着被领导者素质的提高和社会的民主、文明程度的不断进步,领导者习惯了的旧有的领导思维和行为模式已经不适应现代领导实践的要求,取而代之的将是更加柔性化的领导方式和方法。

柔性领导具有内在驱动性。柔性领导的最大特点在于它主要不是依靠权力影响,即行政命令,而是依赖组织成员的心理反应,依赖于每个组织成员发自内心的主动性、积极性和创造性,从而在组织成员心理上产生内在驱动力。只有当组织规范转化为组织成员的自觉认识,组织目标才能转变为组织成员的自发行动,这时内在驱动力、自我约束力才会产生。

柔性领导影响具有持久性。柔性领导要求组织成员把外在规定转变为内心的承诺并最终转变为自觉的行动,这一转化过程需要时间。受组织成员的个体差异、文化层次及周围环境等多种因素的影响,组织目标与个人目标之间有时难以协调,这时耐心、细致和切合实际的思想工作往往能够发挥有效的作用。当目标协调一致,便能获得相对独立性,对组织成员具有强大而持久的影响力。

柔性领导激励具有有效性。一般来说,柔性领导主要满足组织成员的高层次需要,因而能从深层次激发成员的工作动机,增强员工的主人翁责任感,使其不仅仅是自觉地完成本职工作,而且往往愿意挖掘自身的潜能,发挥其天赋,取得超常规的工作成就。由于柔性领导注重培养团队精神,这就有利于在组织内部形成集体主义和相互协作的精神,有利于对各种违规现象形成一种防患于未然的保护机制。由于柔性领导人本中心的原则,使其成为刚性领导的升华和润滑剂,对于避免和缓解存在的矛盾具有十分重要的作用。

(三)从单一文化领导到跨文化领导

所谓的跨文化领导有两种理解,一种是从组织的角度来理解跨文化领导,即跨文化领导就是领导者在由不同国籍、不同价值观念和不同文化背景的组织成员构成的组织中所实施的一种统领和协调的行为。从这个角度来说,跨文化领导是存在于跨国企业和跨国组织之中的。另外一种是从文化交流和文化变迁的角度来理解,把跨文化领导视为适应全球化浪潮和服务世界性文化浪潮的一种新型领导活动。从这个角度来说,跨文化领导乃是考验领导者驾驭和适应文化挑战能力的一种独特现象。前一种理解对中国正在兴起的跨国企业具有重要的参考价值,后一种理解则对中国各级政府的领导干部来说意义非同一般。

跨文化领导是一种追求知识的活动。由于跨文化领导是在具有差异性的文化交流过程中形成的,对各种价值观念、风俗习惯、制度惯性的了解就成为对跨文化领导者的特有要求。显然,跨文化领导与原来的单一文化体系中的领导相比,对领导者知识素质的要求较高。

跨文化领导是一种在强化自我意识和尊重差异之间求取平衡的活动。对于跨文化领导者来说,强化自我意识比在传统的单一文化体系中显得更为重要。特别是对于那些高层领导者来说,在多种文化相互碰撞的过程中,通过自我意识的强化,把有效的领导理念和科学的决策贯彻到整个组织之中显得尤为重要。但是,自我意识的强化并不等于消灭文化的差异,它恰恰是在尊重差异的基础上形成的,因为尊重差异是跨文化领导不同于传统领导的重要特性。

跨文化领导是一种要求高反馈的活动。在多种文化碰撞与交流中形成的跨文化领导具有天然的高反馈要求。因为人们往往会按照不同的逻辑和不同的价值观念,对跨文化领导者的决策及其领导方式进行评判。要提高领导绩效,跨文化领导者就必须能够在及时、畅通的反馈中获取各种信息,以便及时调整自己的行为。

(四)从领导到服务

领导效能的提高依赖于领导者、被领导者和领导情境等多种因素的综合作用。有效的领导方式和领导方法一定适应于特定的领导情境。换言之,改变领导情境使之适应被领导者可以大大提高领导的效能。领导就是服务的观点与领导情境论的观点不谋而合。领导者提供服务,就是提供适合领导目标、被领导者需求的情境和环境,就能够事半功倍地提高领导工作的效能。

随着社会的进步和发展,被领导者的能力和素质不断提高,他们知道自己该干什么,怎样干好,甚至知道如何自我激励。领导者布置给被领导者的任务是简易的、结构化的,或者组织内部的规范是清晰的、制度是严密的、组织文化的内聚力是特别强的,这些因素都会部分地替代或抵消领导者的作用。

当领导者的职能和作用越来越多地被被领导者所替代或抵消时,领导者必须寻求新的领导职能。这时我们会发现,向被领导者提供服务,提供别人替代不了的服务,应是领导者的主要职能。领导者是公仆,领导者的职责是服务,既然是服务,当然也就不应该时时处于领导情境的中心地位,这样才能真正体现现代领导充当公仆的本质。

三、未来领导者

未来组织的兴起,未来领导的变革,势必对未来的领导者提出更高的要求和挑战。美国学者安弗莎妮·纳哈雯蒂指出,根据对领导科学的研究,对管理实践的分析以及社会与文化因素的预示,未来的趋势表现在以下方面:

第一,未来的领导者必须有给组织内部人员和外部利益相关者提供服务的意识。通过对下属服务,领导者可以帮助下属发展,下属则会服务于外部各相关构成和利益相关者。

第二,未来的领导者必须有全球视野和敏锐的文化意识。文化的日益多元化和知识型员工的出现,理解文化及进行跨文化交流的能力成为领导者最基本的能力。

第三,未来的领导者必须理解组织,必须懂得如何从一种综合的角度出发发挥自己的作用。他们必须懂得团队和部门也需要战略性的技能,也需要有一种组织的全局观。

第四,未来的领导者必须对新体验保持灵活开放性,乐意接纳和管理变革。21世纪的领导者必须愿意实践并克服自己原有文化的局限性,思考那些难于把握的问题。

第五,未来的领导者必须不断学习和实践,以便获得与保持领导所必需的多重能力和工具。领导能力是领导者保持高效能的基本条件。

第六,未来的领导者必须使自己能够保持平衡,设计好自己的职业。明天的领导者必须主动为自己的职业发展负责,把职业和自己的个人生活有机地平衡与结合起来。

第二节　认识领导变革

知识经济的到来,信息化革命的兴起,给旧的领导方式方法带来了巨大冲击。

组织结构日趋扁平化、柔性化和无边界化，被领导者掌握了越来越多的资源和信息，他们具有更多的机会参与领导决策，领导变革成为不可避免的趋势。

一、领导变革与稳定的博弈

变革与稳定是两个相互博弈的因素，领导活动要保持长期成功，除了善于变革外，维持一定程度的稳定性也是十分重要的（参见图 12-1）。当稳定性与适应性均很高时（方格 3），它对组织的生存与发展最有利；当组织稳定性降低后，组织生存与发展均受限制。因此，若领导者只注重一味地变革而忽略稳定性的重要地位，它将导致一系列的领导活动混乱与组织成员的精神压力。

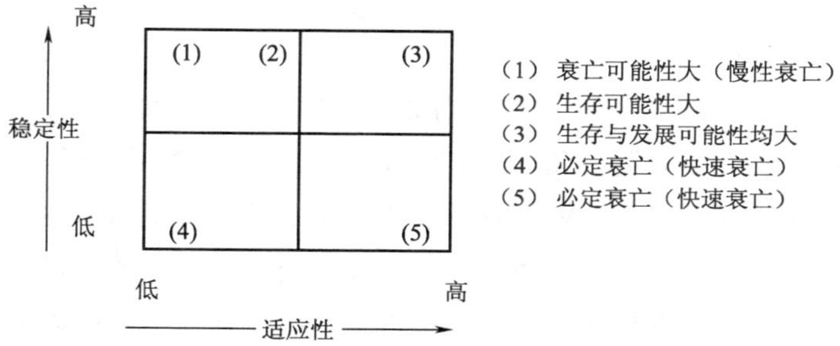

图 12-1　适应性、稳定性与组织生存发展

资料来源：科特，哈默. 未来战略[M]. 成都：四川人民出版社，2000.

二、领导变革力量

领导变革是在稳定的基础上不断推广的，在组织内部往往会出现各种变革力量推动领导进行创新和变革。领导者只有具备敏锐的观察力和判断力，及时洞悉各种变革力量，才能借助变革力量实施变革，从而帮助组织更好地迎接外部挑战。领导变革的力量主要包括外部力量和内部力量。

（一）外部力量

组织外部的变化力量主要包括市场、竞争、全球化和信息社会的变化。

1. 市场。市场变化步伐的加快是当今社会的一大主要特征，其典型表现是顾客的需要越来越变幻莫测，新产品不断推陈出新，产品寿命周期不断缩短。市场变化的方式、速度已远远超出厂商的想象和控制范围。

2. 竞争。同行业的生产者、潜在进入者、替代品生产商以及具有很强讨价还价能力的供应商和顾客，都是组织经营和赢利的竞争者。他们之间的竞争已不再是单纯的产品竞争，更是服务的竞争。竞争的手段已经从成本、价格越来越转移到质量、品种、技术、反应速度以及与成本因素的混合。

3. 全球化。随着交通和通信的迅速发展，以及全球反对贸易保护、提倡自由贸易浪潮的掀起，组织的经营和竞争已经走向了国际化、全球化。中国的企业不仅要注意开拓国际市场并研究如何抗衡国外强劲的竞争对手，同时随着我国加入世界贸易组织，在国内市场上，中国的企业也面临着越来越广泛和激烈的竞争。

4. 信息社会的变化。电子计算机的普及和现代信息与通信技术的发展，使人们的生活以及企业的经营和管理推进到一个崭新的时代。十几年前还只是空想的东西，现在已经迅速地、令人吃惊地展现在人们眼前。全球互联网和电子商务等的应用、全球村的即将到来，这些在给组织的经营和管理带来新机会的同时，也形成了许多待解决的问题。

（二）内部力量

除了组织外部环境的力量外，组织内部也孕育着多方面引发变化的力量。这些存在于组织内部的变化力量，有的可能最初就产生于组织内部的运营过程。比如，组织的成员队伍就处于不断变化之中，尤其是随着组织成员受教育程度和职业流动性的提高，他们对工作的自主性和能力发展的需要会增强，这样就要求领导工作做出相应的调整。技术的进步和新设备的引进也是引发变化的一种内部力量。领导班子的改组、组织战略的重新修订或制定、组织之间的合并重组……这些事件常常会引起领导政策和实践的变革。内部环境的变化使领导者的传统角色在不同程度上受到冲击。在此基础上，根据环境变化的频度和强度及其对组织变革管理需要程度的不同，组织的领导者需要不断地调整着各自的领导方法。

领导变革的动力可参见表 12-1。

表 12-1　领导变革动力

变革动力	范例
劳动力的性质	文化多元化 知识型员工的增加 组织成员技术不足
技术	计算机及自动化程度高 全面质量管理方案 技术革新计划
经济冲击	债券市场的暴跌 利率波动 外币波动

续表

变革动力	范例
竞争	全球竞争者 兼并与联合 专门零售商的成长
社会趋势	受大学教育者增多 年轻人婚姻推迟 离婚率上升
世界政治	政治风波 党派争端 战争

资料来源:德鲁克.未来的管理[M].成都:四川人民出版社,2000.

三、领导变革的构成

领导变革是领导本质的体现,是领导实践的要求,也是社会环境变革的必然。领导变革成为领导者优化领导环境、推动事业发展、促进和谐领导的重要因素。在领导变革过程中应注意领导观念、领导方式、领导环境和领导制度的变革和创新。

(一)领导观念变革

观念是行为的先导,人们的行为都受着一定思想观念的支配和约束。观念的变革是运用新的观点、新的思维方法去研究组织领导活动中出现的现实问题,寻求解决问题的新途径,利用全新的观念来改造组织的领导活动过程,为组织领导活动开辟了新局面。观念变革也意味着思想解放,需要每个组织成员果断地摒弃陈旧、僵化的观念,不断将自身的思想跟上时代进步和环境发展的步伐,以用来指导组织的领导实践,更好地参与领导活动。观念变革是整个组织的共同使命,不仅仅是领导者,每个组织成员都应将观念创新作为自己的职责。

(二)领导方式变革

领导方式是领导者从事领导活动所遵循的比较稳定的领导模式。一个组织在长期发展过程中往往形成了比较固定的领导模式,有着一套习惯的领导方式,或是集权式领导,或是分权式领导。然而,伴随组织内外部环境的不断变化,领导者和被领导者的状况都在不断地改变。领导者必须对各种因素的变化进行分析,因地制宜、因事制宜、因人制宜进行领导变革。领导方式变革既包括在领导活动中探索出具有突破性的全新的领导方式,也包括在组织中引入已经产生但从未在本组织运用过的领导方式。由于思维和制度的习惯，对原有领导方式的摒弃和新的领导方式的引入必然存在着较大的阻力。领导者应该知难而上，协调有关因素，善于将压力转化为动力。

（三）领导环境变革

环境是客观的，不以人的意志为转移，但这并不意味着人们在环境面前是消极被动的。正确地认识环境，是人们能否驾驭环境和开展创新的基础和前提。变革者必须对领导活动环境中的各因素进行全局性的把握，既要看到面临的机遇，同时又要看到风险和困难。只有全方位、多层次、多角度地认识环境才能为环境创新打下基础。其次，环境因素的客观性决定了在领导活动中必须遵循环境及其客观发展规律。适应环境，要求按照环境的客观规律办事，违背了环境发展规律势必要碰壁。再次，环境变革不能完全局限于适应环境，还要发挥人的主观能动性，通过领导创新活动去影响、改变环境，使环境更加有利于未来领导活动的顺利开展。

（四）领导制度变革

领导制度是组织日常领导活动中各种具体程序规则的总称，其中分配制度具有重要的意义。分配制度是对组织权力、物质资源分配的规定，也决定了领导活动的本质。分配制度在于如何根据需要将资源在组织及组织成员之间分配，以保证组织的稳定运行。分配制度包括对资源消耗的测度、对组织成员贡献的衡量、对组织成员能力的认识及资源分配的方式原则等。合理的分配制度可以保证组织运行中资源的平衡供应，激发组织成员的工作热情。分配制度创新的主旨在于寻找组织以往从未采用过的新的分配程序、分配原则、分配标准和分配方式等，实现报酬与贡献的平衡，责任与权力的平衡，静态结构与动态调整之间的平衡。

【学习卡片】

党的创新理论武装全党是党的思想建设的根本任务。我们党勇于进行理论探索和创新，以全新的视野深化对共产党执政规律、社会主义建设规律、人类社会发展规律的认识，取得重大理论创新成果，集中体现为新时代中国特色社会主义思想。

——节选自党的二十大报告

四、领导变革程序

领导变革作为现代领导行为的主要内容，受到多方面因素的影响，是一个复杂的过程。面对日益复杂的外部环境和内部要求，任何变革都不可能一蹴而就。理查德·达夫特（Richard Daft）认为，所有的领导者必须认识到，领导变革过程是分阶段进行的，各个阶段之间相互配合，需要大量的时间开展活动。约翰·科特（John Kotter）提出了领导组织变革的过程模型(见图 12-2)。

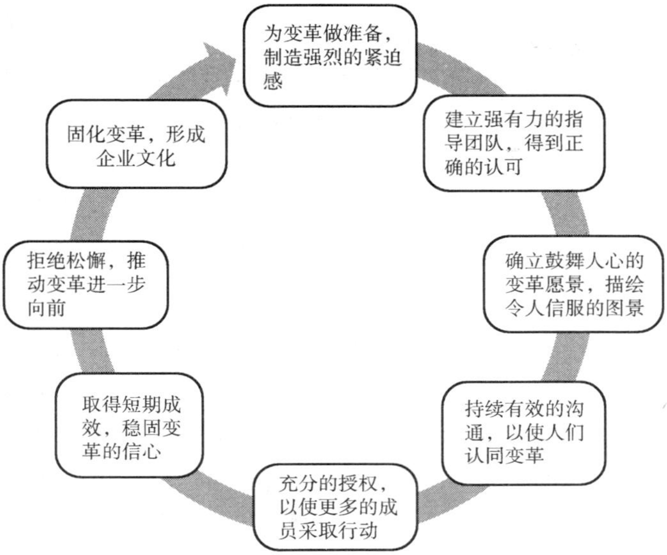

图 12-2　规划组织变革的八阶段模型

资料来源:JOHN KOTTER. Leading Change[M]. Boston:Harvard Business School Press,1996:21.

(一)为变革做准备,制造强烈的紧迫感

领导者努力让组织成员尽可能在工作中保持一定的紧迫感,这是组织开始变革的基础。紧迫感会使人们意识到进行变革的必要性和重要性,并且开始为变革采取行动。领导者要与成员沟通变革的紧迫性,使组织成员相信变化是真正必要的。为变革做准备可以消除组织中存在的不良情绪,减少对变革活动的破坏。

(二)建立强有力的指导团队,得到正确的认可

考虑到领导变革的复杂性,没有单独的人可以实现变革,尤其是主要角色孤军奋战的话。成功的变革需要建立一个强有力的指导团队,由一些有责任感的、权威的、可信任的人员组成,这样能够在面对改变时拥有共同承诺和更高的威望,更有利于变革的进行。他们被赋予足够的权力并具有较高的能力和威望,以确保变化的发生,同时可以使组织成员和用户接受改变。

(三)确立鼓舞人心的变革愿景,描绘令人信服的图景

变革愿景常与战略、规划和预算相联系,然而计划和预算仅是变革的必要条件。人们需要清晰的愿景来激励他们相信更美好的未来,并且他们可以通过自己的行动去实现它。因此,组织更需要符合实际情况的、能够得到组织成员

认同的、清晰的变革愿景，用以激发组织成员的干劲，让组织成员明确努力的方向，并为其提供具体的行动指引。促使个人和组织真正变革的力量来自他们认可这种变化。领导者必须通过创建令人鼓舞的未来愿景，帮助组织成员理解变革的努力以及变革对实现长期目标的帮助，鼓舞所有的成员融入组织变革中。

（四）持续有效的沟通，以使人们认同变革

约翰·科特强调沟通，沟通，还是沟通。领导者应该不止一次，而是一次又一次地通报消息，将确立的变革愿景有效地传递到组织中去，使所有的组织成员对此达成共识。沟通过程中，领导者的实际行动比言语更为有效，表率比指令更起作用。

（五）充分的授权，以使更多的成员采取行动

更多的授权是在组织中进行成功变革的必要环节。领导者需要根据时间、知识、资源和决策权来采取行动，让变革发生。这可能意味着修改阻碍或破坏变革的结构、系统或流程，消除障碍同时授予员工行动的权力是开展变革的重要内容。执行变革措施的组织成员，如果缺乏必要的权力，就难以开展工作，很容易阻碍变革的进行。

（六）取得短期成效，稳固变革的信心

变革通常是一个缓慢且逐步实现的过程，在某一具体阶段，其成效并不明显。除非人们看到自身努力后积极的结果，在重大变革中魅力和动力可能会逐渐减弱，持续太久，会给组织成员造成一定的心理压力，怀疑变革的结果。为保持改革势头，领导者需要适时地创造短期成效，肯定变革成果，以鼓舞人心。高度可见的和成功的短期成果会提高变革的可信度，同时能鼓舞每个人的热情。

（七）拒绝松懈，推动变革进一步向前

一项研究表明，近50%的变革最终崩溃只是因为缺乏关注。重点是领导者在早期成果中建立信誉，并保持这种变革继续前进。在取得短期成果之后，组织成员的信心被调动起来，变革行动获得支持，这个时候需要进一步制定各种政策和措施维持组织成员的情绪，继续推进组织的变革。否则一旦放松，变革士气就很难再次回升。

（八）固化变革，形成企业文化

变革取得成功后，领导者需要积极寻找方法，使新的行为规范和工作流程制度化，努力将新价值和模式集成到每个人的工作习惯之中。组织需要通过建立一定的企业文化来巩固变革成果，以企业文化来培养组织成员共同的价值观，推进变革活动的深入。

变革过程中的各阶段会相互关联，彼此重叠，然而每个阶段对于变革成功都

是至关重要的。领导者可以有效使用八阶段变化过程为成功开展组织变革提供坚实的基础。

课程思政学习专题

开辟马克思主义中国化时代化新境界

在推进马克思主义中国化时代化的历史进程中，我们党取得了毛泽东思想、邓小平理论、“三个代表”重要思想、科学发展观、习近平新时代中国特色社会主义思想等重大理论成果，始终坚持解放思想、实事求是、与时俱进、求真务实，使马克思主义在中国焕发出强大生命力。党的二十大报告在总结历史经验基础上，提出并阐述了“两个结合”“六个必须坚持”等推进党的理论创新的科学方法，为继续推进党的理论创新提供了根本遵循，我们要坚持好、运用好。

第一，始终坚守理论创新的魂和根。马克思主义中国化时代化这个重大命题本身就决定，我们决不能抛弃马克思主义这个魂脉，决不能抛弃中华优秀传统文化这个根脉。坚守好这个魂和根，是理论创新的基础和前提，理论创新也是为了更好坚守这个魂和根。

第二，及时科学解答时代新课题。当今世界正在经历百年未有之大变局，处在民族复兴关键时期的当代中国正在经历着有史以来最为广泛而深刻的社会变革，正在推进中国式现代化这个人类历史上非常宏大而独特的实践创新。

第三，着力推进党的创新理论体系化学理化。推进理论的体系化学理化，是理论创新的内在要求和重要途径。党的十九大报告将党的十八大以来党的创新理论的主要内容概括为“八个明确”“十四个坚持”，经过党的十九届六中全会的概括，到党的二十大报告概括为“十个明确”“十四个坚持”“十三个方面成就”，并总结提炼和深刻阐述“两个结合”“六个必须坚持”等推进党的理论创新的科学方法，表明新时代中国特色社会主义思想的发展是一个不断丰富拓展并不断体系化、学理化的过程。随着实践进程的深化，党的理论创新成果会越来越丰富。马克思主义理论研究和建设工程要不断深化理论研究阐释，重点研究阐释我们党提出的新理念新论断中原理性理论成果，把握相互的内在联系，教育引导全党全国更好学习把握新时代中国特色社会主义思想的理论体系。

资料来源：节选自习近平总书记 2023 年 6 月 30 日在二十届中央政治局第六次集体学习时的讲话，《求是》2023 年第 20 期。

本章小结

技术革命和经济的全球化造成组织环境持续变化,不断引领领导变革。未来领导将实现从单向领导到双向领导、从刚性化领导到柔性化领导、从单一文化领导到跨文化领导、从领导到服务的转变。领导者应掌握适应性、稳定性与组织生存发展的博弈关系,从而指导领导变革。领导变革的推动力量包括外部力量和内部力量,外部力量来自市场、竞争、全球化和信息社会的变化。同时组织内部也孕育着多方面引发变革的力量。领导变革是领导本质的体现,也是变革社会环境的必然。领导变革应注意领导观念、领导方式、领导环境和领导制度的变革和创新。领导变革包括环境扫描分析、信息的处理、形成变革方案、变革实施和反馈与控制等步骤。

思考题

1. 未来组织的主要发展趋势有哪些?
2. 未来领导的主要发展趋势有哪些?
3. 柔性化的领导方式有哪些优势?
4. 什么是跨文化领导?跨文化领导对领导者提出了哪些要求?
5. 领导变革的主要内容有哪些,如何实现领导变革?

教学实训

一、背景材料

组织变革角色扮演

假设你是哈普斯花园(Harpeth Gardens)非营利疗养院的新负责人。哈普斯花园是由富兰克林居民保健中心管理的20个老年人护理中心的一个。疗养院有

56个病人，中心完全负责他们的卫生、营养和日常娱乐活动。许多患者可以自己走动，但有少数人吃饭、穿衣和疗养等院内活动需要帮助。值白班时，护士长和4名注册护理助理在这里工作，护理助理负责不同的楼层。夜班岗由1名注册护士负责，另外3名护理助理协助工作。周末，上班的护理助理也是3名，护士长和注册护理中的1位会随时待命。

其他几个工作人员也直接向你报告，包括维修主管、记账管理信息系统人员和自助餐厅人员。值班医生每周一次检查病人情况。你一共有26名全职和兼职员工，他们负责不同的工作。

在你应聘这一工作时，你了解到之前的负责人管理非常严格。他认为只有遵照严格的规定和程序，才能为疗养院的病人提供最好的服务。虽然他并没有医学学位，但他要亲自批准每项决定，甚至包括如何护理病人的决定。当时疗养院的人员流动率非常高，而雇用新工人、培训新员工需要时间，因此总有几张床位空着。而同一地区其他的疗养院却总是人满为患，很多想进去的人不得不等待。

在哈普斯花园疗养院，非护理部门与护理部门之间相互接触很少。内勤人员除了上班和回家，不会做别的事情。总体来看，你觉得哈普斯花园的工作环境非常沉闷。人们似乎已经忘记：对病人来说同情心至关重要，对在医疗护理环境中工作的人来说，同情心也很重要。你认为如果要使员工更具责任心、提高员工士气、减少人员流动率和填满那些空床位，需要采用新的战略和组织文化。你已经学习过关于领导组织变革的内容，希望你能应用一些新的创意，使哈普斯花园的组织文化更具创造性、民主性和参与性。你决定先尝试两个想法：让员工参与决策和鼓励部门之间加强直接合作。如果这两个办法都有效果的话，你就会实施其他变革。

在你上任的第一个星期，你会见了所有员工，你看到了前任负责人的严格管理对他们的影响。你要在下星期五下午召开全体员工会议。

你的任务是决定你将用何种方法实施变革，并确定你在员工会议上的讲话内容。首先，你将决定如何完成前三个步骤，写下这三个问题的答案：

(1)你如何让员工感受到一种紧迫感？

(2)你将如何组建指导联盟，该联盟包括哪些人？

(3)你将提出怎样的愿景才能引起员工的兴趣，激发他们的工作热情？

你的下一个任务是准备向你的员工做一次有关愿景的演讲，向员工介绍你将实施哪些变革。在演讲中，你需要向员工展示你对哈普斯花园美好未来的憧憬和实现变革的紧迫性，向他们详细介绍你认为变革应该包括哪些内容，他们为什么应该同意进行变革，并帮助你实施变革。列出你将在演讲中提到的观点。

资料来源：理查德·达夫特.领导学[M].6版. 苏保忠，苏晓雨，译.北京：清华大学出版社，2018：429~430.

二、教学组织

教师可以把班级分成小组，讨论以上三个问题的答案，并用头脑风暴法思考在愿景演讲中可能提到的要点。当各个小组决定了这名负责人的发言内容后，教师可以请一些小组中愿意发言的学生进行实战演练，做一次即将开启哈普斯花园向学习型组织转型的演讲。

演讲的关键点包括：

(1)演讲是否重点涉及激励员工帮助实施变革的问题？

(2)演讲传达了一个远大的目标和急迫感吗？

(3)演讲是否联系了员工的个人实际？

(4)演讲是否指出了哈普斯花园面临的现实问题？

参考文献

[1]辞海编辑委员会．辞海[M]．上海:上海辞书出版社,2003:193,651,1204.

[2]英国朗文公司．Longmen dictionary of contemporary english[M]．上海:上海世界图书出版公司重印,1993:592-593.

[3] KOTTER P. Leadingchange [M]. Boston, MA: Harvard Business School Press,1996:21-26.

[4]加西亚．领导效能新论[M]．北京:三联书店,1989:7,99-106.

[5]本尼斯．怎样成为领导[M]．北京:九州图书出版社,1999:3.

[6]科林伍德,柯比．领导力一日谈[J]．哈佛商业评论,2001(12):12.

[7]丁杰．领导科学[M]．武汉:华中科技大学出版社,2003:14.

[8]达夫特．领导学:原理与实践[M].2 版．杨斌,译．北京:机械工业出版社,2005:11-12,23,429-430.

[9]科特．现代企业的领导艺术[M]．史向东,颜艳,译．北京:华夏出版社,1997.

[10]王乐夫．领导学:理论、实践与方法[M]．广州:中山大学出版社,1998:13.

[11]王俊柳,邓二林．管理学教程[M]．北京:清华大学出版社,2003:3,99.

[12]哈格斯,吉纳特,柯菲．领导学[M].4 版．北京:清华大学出版社,2004:92-93,326.

[13]罗宗毅．汲取古代治国理政智慧 提升新时代党的领导力[J]．中国领导科学,2018(4):19-22.

[14]刘静,李朋波．马化腾领导风格演变对腾讯企业文化塑造的影响研究:基于领导权变理论的视角[J]．中国人力资源开发,2015(20):99-104.

[15]李德伟,马璐．领导是什么[M]．北京:中国经济出版社,2004:44-61.

[16]孙奎贞．领导科学教程新编[M].2 版．北京:中国人民公安大学出版社,2005:165-171,278,345-346.

[17]孙耀君．西方管理思想史[M]．太原:山西人民出版社,1987:346,391-392,398-401,696,701.

[18]德鲁克．有效的管理者[M]．北京：工人出版社，1989：112－114，126，127－128，182－184.

[19]罗宾斯．管理学[M]．黄卫伟，等，译．北京：中国人民大学出版社，1996：410－428.

[20]邱霈恩．领导学[M]．北京：中国人民大学出版社，2004：107，140，185－209.

[21]姜法奎，刘银花．领导科学[M]．大连：东北财经大学出版社，2002：31－32，69－70，207－208.

[22]孔茨，韦里克．管理学[M]．10版．北京：经济科学出版社 1998：331.

[23]GRAEN G B，UHL－BIEN M. Relationship－based approach to leadership：development of leader－member exchange（LMX）theory of leadership over 25 years：Applying a multi－level multi－domain perspective[J]. Leadership quarterly，1995，6（2）：219－247.

[24]BAUERT N，GREEN S G，BAUER T N. Development of leader － member exchange：a longitudinal test[J]. Academy of management journal，1996，39（6）：1538 －1567.

[25]李明，凌文辁．领导理论研究的中国化：CPM 理论的探索[M]．北京：格致出版社，2018.

[26]PEARCE C L，CONGER J A. All those years ago：the historical underpinnings of shared leadership[M]. Thousand Oaks：Sage Publications，2003：1－18.

[27]翁清雄，王婷婷，吴松，等．情感型领导：量表开发及与员工离职倾向和建言行为的关系[J]．外国经济与管理，2016，38（12）：74－90.

[28]姚明晖，李元旭．包容性领导对员工创新行为作用机制研究[J]．科技进步与对策，2014，31（10）：6－9.

[29]卢俊婷，张喆，贾明．公仆型领导对员工组织公民行为影响的跨层次研究：一个有中介的调节模型[J]．管理评论，2017，29（7）：187－199.

[30]徐智华．国外真实型领导研究述评[J]．领导科学，2016（9）：37－40.

[31] OWENS B P，HEKMAN D R. Modeling how to grow：an inductive examination of humble leader behaviors，contingencies，and outcomes[J]. Academy of management journal，2012，55（4）：787－818.

[32]陈于后．我国古代领导者素质理论的现代启示[J]．四川理工学院学报：社会科学版，2007（5）：19－22.

[33]李新烽．论曼德拉精神及其产生原因[J]．西亚非洲，2014（6）：65－81.

[34]霍金森．领导哲学[M]．昆明:云南人民出版社,1987:113.

[35]刘建军．领导学原理:科学与艺术[M]．上海:复旦大学出版社,2001:135.

[36]叶宇伟．领导六艺[M]．深圳:海天出版社,2001:196-202.

[37]本尼斯,唐森德．重塑领导者对话集[M]．北京:九州出版社,1999:13.

[38]周浪．领导艺术是领导方法的升华[J]．领导科学,2003(14):24.

[39]毛泽东．毛泽东选集:第3卷[M]．北京:人民出版社,1991.

[40]孙晓莉．近30年来中国女性领导研究:回顾与反思[J]．国家行政学院学报,2015(5):122-127.

[41]海克曼,约翰逊．领导学[M]．王瑞华,译．上海:上海人民出版社,2004.

[42]苏保忠．领导科学与艺术[M]．北京:清华大学出版社,2004:38-39,78.

[43]列宁．列宁全集:第1卷[M]．北京:人民出版社,1984:225.

[44]易钢,周振林．现代领导学[M]．广州:华南理工大学出版社,2007:29-30.

[45]马向平,曾伟．领导学:本质、主体与过程[M]．武汉:中国地质大学出版社,2006:126-127.

[46]戈德史密斯．未来的领导[M]．成都:四川人民出版社,2000.

[47]常健．现代领导科学[M]．天津:天津大学出版社,2004:187-189.

[48]蒋桂权．有效“管理”你的上司[J]．领导科学,2013(4):36-38.

[49]VRIES. Do you hate your boss? [J]. Harvard business review, 2016: 94(12):101.

[50]任正非．华为的冬天[J]．中国电力企业管理,2001(11):53-56

[51]韩永学．深层管理学[M]．哈尔滨:哈尔滨地图出版社,2005.

[52]德鲁克．21世纪的管理挑战[M]．北京:机械工业出版社,2009.

[53]马克思,恩格斯．马克思恩格斯选集:第四卷[M]．北京:人民出版社,1995:483.

[54]高丹．丰田开启新一轮组织大变革[J]．中外管理,2016(4):60 -63.

[55]马军生．十分钟悲剧带来的启示[N]．中国会计报,2011-10-21(8).

[56]张玉利．管理学[M]．天津:南开大学出版社,1999:102-103.

[57]沈传亮．邓小平的决策智慧[J]．党课参考,2021(9):108-111.

[58]杨国强．诸葛亮在用人问题上的功过[J]．广东行政学院学报,2001

(6):91-94.

[59]中国社会科学院语言研究所词典编辑室. 现代汉语词典[M]. 北京:商务印书馆,2005:1260.

[60]纳哈雯蒂. 领导力[M]. 2版. 王新,译. 北京:机械工业出版社,2003:116-117,277-278.

[61]王银江,王通讯. 未来人才学[M]. 贵阳:贵州人民出版社,1988.

[62]吴继金. 毛泽东任用干部的艺术[J]. 共产党员,2020(17):58.

[63]周三多,陈传明,鲁明泓. 管理学:原理与方法[M]. 上海:复旦大学出版社,2001.

[64]MORGAN P,BAKER K. Building a professional Image:Improving Listening Behavior[M]. Supervisory Management,1985:34-38.

[65]冯国川. 重要的一课[N]. 番禺日报,2009-05-17.

[66]曾楚宏,王斌,朱仁宏. 团队领导研究述评[J]. 外国经济与管理,2010,32(12):57 -63.

[67]纳哈雯蒂. 领导学:领导艺术与科学[M]. 7版. 北京:中国人民大学出版社,2016.

[68]周振林. 现代领导科学基础[M]. 北京:中国经济出版社,2001:316-317.

[69]胡宗仁. 领导伦理与伦理领导[J]. 领导科学,2020(10):43-46.

[70]邱素琴. 社会转型期的领导伦理研究[J]. 领导科学论坛:理论,2013(5):30-33.

[71]顾承卫. "领导伦理"若干重要范畴辨析及引申[J]. 湘南学院学报,2010,31(1):1-5,20.

[72]李启成. 个体伦理:新时期领导道德修养的路径选择[J]. 内蒙古农业大学学报:社会科学版,2008(2);167-168,171.

[73]刘余莉. 领导三忌:《群书治要》论领导者易犯的毛病[J]. 中国领导科学,2020(5):117-120.

[74]科特,哈默. 未来战略[M]. 成都:四川人民出版社,2000.

[75]德鲁克. 未来的管理[M]. 成都:四川人民出版社,2000.

[76]博克. 重新定义团队:谷歌如何工作[M]. 北京:中信出版社,2015.

[77]琼斯,乔治,希尔. 当代管理学[M]. 2版. 李建伟,等,译. 北京:人民邮电出版社,2003:300.

[78]居继清,余维祥．新编领导科学概论[M]．武汉:华中科技大学出版社 2012:102.

[79]仵凤清,王立岩,胡阿芹,等．领导学方法与艺术[M]．北京:机械工业出版社,2009:101.